-GUIDE PRATI

JEAN PINET

SARL - EURL

RÉUSSIR LA CRÉATION,

LA GESTION & LE DÉVELOPPEMENT

Optimiser la fiscalité - Réduire les coûts

Dossier Société d'exercice libéral : SELARL - SELARL U

EO
Partenariat

Partenariat Entrepreneur de Compétences

© Jean PINET, 2017

ISBN 978-2-9558208-2-7

L'auteur veille à la fiabilité des informations publiées, lesquelles ne sauraient toutefois engager sa responsabilité.

Sommaire

Livre ①

→ SARL

Société à responsabilité limitée

Partie 1

Réussir la création de la SARL

Créer une SARL est simple et peu coûteux. Les créateurs doivent cependant être prudents lorsqu'ils rédigent les statuts car leur contenu est crucial pour l'avenir. Une mauvaise rédaction peut avoir un impact non négligeable sur les coûts de constitution et de fonctionnement de la SARL.

La première partie de cet ouvrage sera particulièrement utile pour faire de votre SARL un outil adapté aux besoins de l'activité et aux attentes des associés.

Chaque étape de la constitution est expliquée de manière simple et complète. Vous pourrez ainsi déterminer au mieux les caractéristiques de votre société et limiter les coûts de constitution et d'imposition ce qui favorisera vos chances de réussite !

Enfin, vous serez guidé pour établir les statuts de votre SARL et accomplir les démarches et formalités nécessaires à sa constitution.

Mettez toutes les chances de réussite de votre côté ! Suivez le guide et vous éviterez l'essentiel des pièges dans lesquels tombent bon nombre de créateurs de sociétés !

Sommaire

Chapitre 1

Caractéristiques de la SARL

Sommaire

①   **Les associés**

②   **L'objet social**

③   **Le siège social**

④   **La dénomination sociale**

⑤   **La durée de la société**

⑥   **Les apports**

⑦   **Le capital social**

⑧   **Le gérant et son conjoint ou partenaire de PACS**

① Les associés

Une SARL peut avoir de 2 à 100 associés personnes physiques ou personnes morales. Lorsqu'elle n'a qu'un associé, il s'agit d'une EURL *(voir p. 417 s.)*.
Si après la création, le nombre de 100 associés est dépassé, vous disposez d'un an pour régulariser la situation ou changer la forme sociale, à défaut, la société est dissoute.

1. Les associés personnes physiques

Contrairement aux idées reçues, toute personne physique peut devenir associé d'une SARL.
Les membres d'une même famille peuvent sans restriction créer ensemble une SARL mais doivent prêter une attention particulière aux incidences du régime auquel ils sont soumis *(voir p. 23 s.)*.

À savoir : Dans le cadre familiale, l'option pour le régime fiscal de **la SARL de famille** est possible sous conditions *(voir p. 240 s.)*. L'intérêt est d'échapper durablement au champ d'application de l'impôt sur les sociétés par l'option à l'impôt sur le revenu (IR), ce qui peut être avantageux lors de la constitution (exonération des droits de mutation) et s'avérer particulièrement favorable si les associés relèvent des tranches basses de l'IR et que la SARL à des résultats modestes, ou encore, si la SARL a des résultats déficitaires.

2. Les associés personnes morales

La SARL peut compter des personnes morales parmi ses associés (voire être exclusivement composée d'associés personnes morales). Relevons toutefois que la **réglementation sur les participations croisées** doit être respectée *(voir p. 346)*.

À savoir : Au delà de simples prises de participations, la détention de parts sociales par une personne morale peut entrainer la filialisation de la SARL au sein d'un groupe de sociétés *(voir p. 341 s)*.

En bref : Peuvent-ils devenir associé de SARL ?

Majeur	OUI
Majeur sous sauvegarde de justice	OUI
Majeur sous curatelle (sous réserve d'être assisté par son curateur)	OUI
Majeur sous tutelle (sous réserve d'être représenté par son tuteur)	OUI
Mineur (non émancipé)	OUI (1)
Mineur émancipé	OUI (2)
Personne de nationalité étrangère	OUI
Personne physique frappée d'interdiction de gérer ou d'administrer	OUI (3)
Fonctionnaire	OUI
Professionnel libéral (ex. : médecin, architecte, expert-comptable, etc.)	OUI
Officier ministériel (ex. huissier, notaire, commissaire priseur, etc.)	OUI
SARL et EURL	OUI
Société anonyme (SA)	OUI
Société par actions simplifiée (SAS) et société par actions simplifiée unipersonnelle (SASU)	OUI
Société en commandite par actions (SCA)	OUI
Société européenne	OUI
Société en nom collectif (SNC)	OUI
Société en commandite simple (SCS)	OUI
Sociétés civiles de droit commun	OUI
Groupements d'intérêt économiques (GIE et GIEE)	OUI (4)
Syndicats	OUI (5)
Associations déclarées conformément à la loi du 1er juillet 1901	OUI (6)
État	OUI
Établissements publics	OUI (7)
Régions, Départements et Communes	OUI (8)

(1) *Ainsi, un nouveau-né peut valablement devenir associé de SARL !* Toutefois, les **mineurs non émancipés** ne pouvant pas agir personnellement, les **parts sociales doivent être souscrites par son administrateur légal** (depuis le 01/01/2016, l'administration légale appartient aux parents. Si l'autorité parentale est exercée en commun par les 2 parents, chacun d'entre eux est administrateur légal. Dans les autres cas, l'administration légale appartient à celui des parents qui exerce l'autorité parentale) **ou par son tuteur** s'il est en tutelle (certaines autorisations destinées à protéger le patrimoine du mineur peuvent être nécessaires).
(2) Les mineurs émancipés peuvent librement devenir associés de SARL sans aucune formalité particulière. L'émancipation est possible à partir de 16 ans. Elle peut résulter :
- soit d'une décision du juge des tutelles à la demande des 2 parents (ou de l'un d'eux) ou du conseil de famille (la convocation du conseil de famille peut être demandée par le tuteur, par un membre du conseil ou par le mineur),
- soit par le mariage.
(3) Sous réserve de ne pas gérer la SARL en droit ou en fait.
(4) Uniquement si la souscription des parts de la SARL contribue à faciliter ou à développer l'activité économique des membres du GIE (ou GEIE).
(5) Uniquement si la souscription des parts de la SARL sert l'intérêt collectif de leur profession représentée par le syndicat.
(6) Uniquement si la souscription des parts de la SARL a pour but de favoriser la réalisation de l'objet de l'association.
(7) Uniquement si l'activité est compatible avec l'objet de l'établissement.
(8) Pour les communes et départements une autorisation accordée par Décret en Conseil d'État.

② L'objet social de la SARL

1. Qu'est-ce que l'objet social ?

L'objet social est l'activité de la société telle qu'elle est inscrite dans les statuts, autrement dit, c'est l'activité statutaire.

Pour optimiser son fonctionnement juridique et sa fiscalité, l'activité réelle de la SARL doit être conforme à l'objet social.

Zoom

Attention, un objet social mal délimité entraîne de fâcheuses conséquences fiscales !

Il est important de délimiter correctement l'activité statutaire car le « profond » changement d'objet social d'une SARL soumise à l'IS ou le changement de son activité réelle entraine :
- l'interdiction du report des déficits résultant de l'ancienne activité sur les résultats de la nouvelle activité,
- l'imposition immédiate des bénéfices non encore taxés (autres que les bénéfices en sursis d'imposition, les plus-values latentes et les profits latents sur stock),
- la réintégration des provisions réglementées dans le résultat imposable.
L'objet social doit donc être suffisamment réfléchi…

2. Quelles activités peuvent être exercées sous forme de SARL ?

La plupart des activités peuvent être exercées sous forme de SARL. L'activité peut donc être commerciale ou civile (par exemple, artisanale, agricole et même libérale) sous réserve naturellement d'être possible, licite et conforme aux bonnes mœurs et à l'ordre public.

Seules quelques rares activités sont interdites aux SARL : les activités d'assurance autres que les mutuelles, de capitalisation et d'épargne, d'investissement en valeurs mobilières, de crédits différés, de bureaux de tabac, les sociétés d'économie mixte locales.

D'autres sont réglementées et ne pourront être exercées sous forme de SARL que si les associés ou les gérants ont les diplômes nécessaires : par exemple, les activités d'expertise comptable, d'architecture, de carrosserie, d'auto-école etc.).

Relevons que l'activité de la SARL peut être commerciale ou civile, mais que dans tous les cas, la SARL reste une société commerciale par la forme soumise aux règles du droit commercial[1].

---

[1] Par exception, les SELARL sont soumises à la compétence des tribunaux civils.

3. La rédaction de l'objet social : une étape essentielle !

On l'a dit, la délimitation de l'objet social est une étape à ne pas négliger, car elle entraîne des conséquences pour la société, les associés, le gérant et les tiers.

À savoir : La capacité juridique des personnes morales, et donc des SARL, est limitée aux actes utiles à la réalisation de leur objet social (tel que défini par les statuts) et aux actes qui leur sont accessoires (art. 1145 al. 2 C. civ. nouv.). La SARL est donc soumise à un « principe de spécialité » selon lequel elle ne peut, en principe, accomplir que les actes correspondant à son objet statutaire. Cependant, si le gérant concluait un acte en outrepassant l'objet social, la SARL pourrait néanmoins être engagée *(voir p. 74 s.)*.

Un objet social mal délimité peut notamment avoir des conséquences fiscales très préjudiciables pour la société *(voir p. 12)*.

Un objet social trop vague qui viserait par exemple « toute activité autorisée par la loi » ou « toute opération commerciale, industrielle ou financière » sans autre précision serait insuffisant et assimilé à une absence d'objet social (il convient au minimum d'indiquer le type d'activité concernée).

Un objet social trop précis limitera le champ d'action de la société et obligera les associés à modifier les statuts de la SARL si son développement entraîne un élargissement des activités exercées.
La modification statutaire imposera l'accomplissement de formalités et le paiement de droit d'enregistrement. En outre, une profonde modification de l'objet social a des incidences fiscales qu'il est pourtant facile d'éviter *(voir p. 12)*. Enfin, la réalisation ou l'extinction de l'objet social entraînerait la dissolution de la société[1]. **Une délimitation trop réductrice de l'objet social est donc déconseillée.**

Un objet social trop large n'est pas sans risque. La société et les associés verraient leurs pouvoirs de contrôle du gérant largement amoindris.

4. Comment délimiter judicieusement l'objet social de la SARL ?

Les associés peuvent trouver un bon compromis en indiquant le **type d'activité**, comme par exemple :
- « la fabrication et le commerce de tous vêtements »,
- « le commerce de produits alimentaires »,
- ou encore « les activités de réparation de véhicules automobiles » etc.
- **...suivi de la mention** « ainsi que la réalisation de toute activité se rattachant directement ou indirectement à cette activité ».

---

[1] Cass. com. 30 mars 2016, n°14-13.729.

③ Le siège social de la SARL

1. Qu'est-ce que le siège social ?

Le siège social doit correspondre au lieu effectif d'administration et de direction de la SARL. C'est en quelque sorte le domicile de la société. La SARL peut établir son siège social :
- dans un local professionnel propre à la société,
- dans un local d'habitation *(voir p. 14)*,
- ou encore grâce à la domiciliation collective *(voir p. 15)*.

L'adresse du siège social doit être mentionnée dans les statuts. Le greffe du tribunal de commerce ne procédera à l'immatriculation de la SARL au Registre du Commerce et des Sociétés (RCS) que si les fondateurs fournissent les justificatifs de la jouissance du local où le siège social est installé.

Zoom

Les conséquences juridiques de la localisation du siège

Juridiquement c'est le lieu du siège social qui détermine :
- le lieu où doivent être accomplies les formalités légales de publicité lors de la constitution et en cours de vie sociale,
- la fiscalité applicable (notamment locale) : l'impact fiscal de l'implantation doit être évalué *(voir p. 294)*,
- la nationalité de la société et la loi applicable,
- le tribunal territorialement compétent (sauf exceptions), notamment lorsque la SARL est assignée en justice ou en cas de procédure de sauvegarde ou de procédure collective.
Le transfert ultérieur du siège social est soumis à des règles spécifiques *(voir p. 100 s.)*.

Conséquences du siège social statutaire fictif : En pratique, le siège statutaire ne correspond pas toujours à la réalité. Dans cette hypothèse, les tiers pourront se prévaloir, au choix, soit du siège social statutaire soit du siège social réel. Et cela pour tout litige y compris en matière fiscale...

Exemple : Si une SARL a son siège statutaire et les locaux dans lesquels elle exerce son activité à Paris, mais qu'elle est dirigée et administrée depuis Bordeaux, le siège social est en réalité à Bordeaux. Dans cet exemple, il y a discordance entre le siège social statutaire (Paris) et le siège social réel (Bordeaux). Si un litige naissait avec un tiers, celui-ci aurait le choix d'assigner la SARL soit devant les juridictions de Paris soit devant celles de Bordeaux. En revanche, la société ne pourrait quant à elle se prévaloir que de son siège statutaire, c'est-à-dire Paris (autrement dit, la SARL ne pourra pas opposer aux tiers son siège social réel).

2. Peut-on établir le siège social au domicile du gérant ?

Établir le siège social au domicile du gérant est possible et peut être une bonne source d'économie, à plus ou moins long terme, lorsque l'activité le permet.

Toutefois, cette possibilité ne permet pas :
- de changer la destination du local d'habitation (il ne peut donc pas servir à accueillir la clientèle ou à en faire un lieu de fabrication)
- de se prévaloir de l'application du statut des baux commerciaux.

→ **La SARL peut établir son siège social au domicile du gérant…**

… à titre permanent	Une domiciliation permanente au domicile du gérant est possible lorsqu'aucune règle légale ou contractuelle ne s'y oppose. Elle peut avoir lieu à tout moment : lors de la création ou en cours de vie sociale, sous réserve de respecter les règles applicables au transfert de siège social (*voir p. 100 s.*).
… ou à titre <u>provisoire</u>	Une domiciliation provisoire au domicile du gérant est possible même si des règles légales ou contractuelles (par exemple le règlement de copropriété) s'oppose à une telle domiciliation. Par dérogation, la loi l'autorise alors pour une durée maximum de 5 ans à compter de la création de la SARL. Pour bénéficier de ce droit, la SARL doit, préalablement au dépôt de sa demande d'immatriculation ou de modification au registre du commerce et des sociétés (RCS), notifier par écrit son intention d'user de cette faculté au bailleur, au syndicat de la copropriété ou au représentant de l'ensemble immobilier. **À savoir :** 3 mois avant l'expiration du délai de 5 ans précité, le greffier adressera une lettre invitant la SARL à lui communiquer l'adresse de son nouveau siège. **Attention**, faute pour la SARL d'avoir régularisé sa situation dans le délai imparti, le greffier procèdera à sa radiation du RCS.

3. La domiciliation collective

La domiciliation collective est une pratique courante. Elle peut être motivée pour réaliser des économies ou pour bénéficier d'une adresse prestigieuse (par exemple, avenue des Champs-Élysées à Paris).

→ **Le siège social peut être établi…**

… chez un domiciliataire	Les domiciliataires abritent les sièges sociaux de plusieurs entreprises. Si les associés recourent à ce type d'hébergement, ceux-ci devront fournir le « contrat de domiciliation » lors la demande d'immatriculation de la SARL. Ce contrat écrit doit être conclu pour une durée d'au moins 3 mois renouvelable par tacite reconduction, sauf préavis de résiliation. Le domiciliataire ne peut pas limiter son activité à celle de simple « boite aux lettres ». Il doit mettre à la disposition des locaux permettant d'assurer la confidentialité et de tenir les réunions des organes de gestion et des assemblées générales. Les locaux doivent également permettre la tenue, la conservation et la consultation des livres, registres et documents imposés par les lois et règlements.
… ou dans un local commun à d'autres sociétés du groupe	Cette possibilité concerne les SARL appartenant à un même groupe de sociétés. Lorsque ces sociétés installent leur siège dans un même local, dont la jouissance appartient à l'une d'elles, celles-ci ne sont pas tenues de conclure de contrat de domiciliation.

④ La dénomination sociale

La dénomination sociale (ou appellation) est le nom de la société. Elle doit apparaître sur tous les documents émanant de la SARL et doit être immédiatement précédée ou suivie des mots « société à responsabilité limitée » ou des initiales « SARL » ainsi que du montant du capital social[1].

Sous réserve de respecter les règles présentées ci-dessous, les associés peuvent choisir librement la dénomination de la SARL, qui peut être de pure fantaisie ou incorporer le nom d'un ou plusieurs associés.

Zoom

🔑 **Donner son nom patronymique à la société justifie quelques précautions...**

Faute de prévoir expressément les conditions dans lesquelles l'associé qui donne son nom à la société pourra en récupérer l'usage commercial, celui-ci ne peut plus le récupérer sans l'accord des autres associés. Le nom devient en effet un droit de propriété incorporel de la société.

Une telle mésaventure est arrivée à M. Pierre Bordas, l'un des fondateurs de la SARL « Éditions Bordas »[2].

Afin d'être en mesure de récupérer l'usage commercial son nom patronymique, notamment en cas de départ de la société, il est prudent que l'intéressé conditionne l'attribution de son nom à la société à une possibilité de retrait dont les conditions seront définies dans les statuts[3].

1. Assurez-vous de la disponibilité de l'appellation choisie !

Avant l'immatriculation de la SARL, vous devez impérativement vous assurer que la dénomination choisie est disponible, c'est-à-dire qu'elle ne reproduit pas ou n'imite pas un nom qui bénéficie d'un droit antérieur pour des activités qui seraient identiques ou similaires aux vôtres. La propriété du nom commercial est en effet acquise par la société ou le commerçant qui l'utilise le premier (droit d'antériorité).

La dénomination choisie doit être suffisamment différente de celle des concurrents pour ne pas créer la confusion dans l'esprit du public : le choix d'une dénomination phonétiquement ou visuellement trop proche de celle d'un concurrent doit donc être écartée.

Relevons que le risque de confusion dans l'esprit du public s'apprécie en tenant compte de la notoriété du nom, du secteur d'activité (entendu au sens large, par exemple le secteur du luxe) et du rayon géographique de l'activité.

Vous ne pouvez pas non plus choisir comme dénomination une marque déposée par un tiers ou une marque très connue bien que non déposée (« marque notoire ») ou encore un nom commercial ou

---

[1] Art. L. 223-1 C. com.

[2] Cass. com., 12 mars 1985.

[3] Cette règle connait des tempéraments lorsque le nom patronymique est déjà notoirement connu au moment où il est attribué à la SARL : une illustration topique peut être trouvée avec la SARL A. Ducasse - (Cass. Com,. 6 mai 2003).

une enseigne utilisés dans la zone de votre activité (c'est-à-dire dans la zone du rayonnement de la clientèle : ville, département, région, pays…).

> **Attention !**
> Si la dénomination choisie n'est pas disponible, les titulaires de droits antérieurs pourraient par exemple vous attaquer en contrefaçon ou en concurrence déloyale et vous interdire d'utiliser le nom de votre SARL.

Zoom

Comment vérifier la disponibilité de la dénomination choisie ?

Il est conseillé de consulter l'INPI (Institut National de la Propriété Industrielle) qui tient le Registre national du Commerce et des sociétés (RNCS). Vous pourrez ainsi vérifier que la dénomination envisagée est disponible.

Attention, si vous créez un logo, vous devez également vérifier que ce dessin n'a pas déjà été créé.

Les 2 étapes pour vérifier la disponibilité d'un nom de société à l'INPI :

1ère étape : Vérifiez qu'il n'existe pas de noms identiques à celui que vous avez choisi :
- dans un domaine d'activité identique ou similaire,
- pour des produits ou services similaires.

Vous pouvez faire cette recherche sur le site Internet de l'INPI (www.inpi.fr) ou dans les délégations de l'INPI à Paris et en région avec l'aide de documentalistes.

2nde étape : Faites une recherche « de similarités » qui vous permettra de vérifier les ressemblances orthographiques, phonétiques et intellectuelles qui peuvent exister entre le nom que vous avez choisi et ceux qui sont déjà déposés ou enregistrés. En effet, même s'il n'existe pas de noms identiques au vôtre, des noms proches de celui que vous avez choisi peuvent constituer une « antériorité » (c'est-à-dire un droit antérieur) et vous conduire à devenir contrefacteur malgré vous. Cette seconde prestation de l'INPI est payante mais recommandée. Il vous appartiendra d'interpréter les résultats fournis par l'INPI. Cette interprétation étant un exercice délicat, dans le doute, n'hésitez pas à consulter un spécialiste tel qu'un conseil en propriété industrielle.

2. La protection des éléments d'identification appartenant à la SARL

En cours de vie sociale, différents éléments servent également à identifier la société et les services ou produits qu'elle propose : la dénomination sociale, les noms commerciaux[1], l'enseigne[2], les marques[3], les noms de domaine Internet[4]…

---

[1] Le nom commercial est le nom sous lequel l'activité de votre société sera connue du public. Il est parfois le même que la dénomination sociale. Il pourra figurer sur les documents commerciaux, les cartes de visite, le papier à en-tête de la société ou les factures, en plus des mentions obligatoires (dénomination sociale, siège social, numéro SIREN, etc.).

[2] L'enseigne est un signe visible permettant d'identifier et de localiser géographiquement un établissement.

[3] La marque est le signe ou le terme, parfois identique au nom commercial, apposé sur des produits ou accompagnant certains services afin de les distinguer de produits ou de services émanant d'entreprises concurrentes.

[4] Le nom de domaine qui prend la forme bien connue www.site.fr (ou .com, .org, .net, .paris etc.), est un moyen technique d'identification et de localisation et d'accès aux pages web.

Les modalités de protection de ces éléments d'identification sont différentes. La propriété sur votre dénomination sociale s'acquiert au moment de l'immatriculation de votre entreprise au Registre du Commerce et des Sociétés (RCS) et sera protégée par l'antériorité (voir ci-dessus).

En revanche, la protection du nom commercial et de l'enseigne naît du premier usage public, c'est-à-dire de leur utilisation (par exemple, sur des documents d'affaires, des documents publicitaires, des factures…) et se conserve par l'utilisation. Le nom commercial ou l'enseigne peuvent être mentionnés au RCS.

À savoir : La protection de la dénomination sociale a une portée nationale. En revanche, la protection du nom commercial ou d'une enseigne a une portée territoriale circonscrite au rayonnement de la clientèle (ville, département, région, pays).

Sachez également que si vous souhaitez vendre des produits ou proposer des services qui portent le nom de la SARL, vous pouvez les protéger en déposant une marque auprès de l'INPI.

Enfin, si vous souhaitez créer un site Internet, il existe des règles spécifiques liées au « nom de domaine ». Pour en savoir plus, consultez le site de l'afnic : www.afnic.fr

⑤ La durée de la société

La durée de la société est librement fixée dans les statuts par les associés dans la limite de 99 ans[1] à compter de l'immatriculation au Registre du commerce et des Sociétés.

Sauf cas particulier, retenir la durée maximale de 99 ans apparait être une bonne solution.

Il faut en effet éviter les durées trop courtes car à l'approche du terme statutaire, la poursuite de l'activité nécessite que les associés votent la prorogation de la société (c'est-à-dire sa continuation pour une nouvelle période)[2]. Cette décision sera prise à la majorité exigée pour modifier les statuts *(voir p. 101)*. Et dans ce cas, un ou plusieurs associés qui disposeraient de la minorité de blocage pourraient s'opposer à la prorogation, ce qui entrainerait la dissolution de la SARL *(voir p. 407)*.

En outre, la prorogation a un coût puisqu'elle doit être publiée et enregistrée[3].

À savoir : Les statuts peuvent également lier la durée de la SARL à la survenance d'un évènement (sans que la durée finale ne puisse dépasser 99 ans). Cet évènement ne doit pas être hypothétique. Parmi, les exemples parfois rencontrés, citons la durée liée à la construction d'un immeuble ou le décès d'un ou plusieurs associés.

---

[1] art. R. 210-2 C. com.
[2] Une prorogation qui interviendrait après l'expiration du terme prévu dans les statuts est sans effet : la société est dans ce cas définitivement dissoute.
[3] Tarifs indicatifs : Publicité légale (180 € environ), dépôt d'acte au greffe (89,80 € à Paris), délivrance de l'extrait K bis (8,40 €) et droits d'enregistrement (500 € ou 375 € si le capital social est inférieur à 225 000 €).

⑥ Les apports

Pour devenir associé, il faut obligatoirement réaliser un apport. 3 types d'apports sont possibles :

- les **apports en numéraire** (apports de sommes d'argent) ;

- les **apports en nature** (apports de biens meubles (corporel ou incorporel) ou immeuble),

- les **apports en industrie** (apports d'un savoir-faire, de connaissances techniques, de travail ou de services) [1].

Les statuts doivent obligatoirement contenir l'évaluation de chaque apport souscrit. Cette évaluation permet d'attribuer aux associés un nombre de parts sociales à proportion de la valeur de leurs apports respectifs.

> **Attention !**
> Si les statuts ne prévoient pas de répartition spécifique, la participation des associés aux bénéfices, aux économies et aux pertes se fait proportionnellement aux apports de chaque associé *(voir p. 22)*.

Sachez que le capital social est seulement composé des apports en numéraire et en nature, les apports en industrie ne sont pas pris en compte dans la détermination de son montant.

Quel que soit le type d'apport réalisé, l'associé reçoit des parts en contrepartie. Ces parts sont appelées « parts sociales » lorsqu'elles sont la contrepartie d'apports en numéraire ou en nature et « parts en industrie » lorsqu'elles sont la contrepartie d'apports en industrie.

Dans tous les cas, chaque part donne droit à une voix lors des prises de décision et permet de participer aux résultats de la SARL.

1. Comment évaluer les apports réalisés ?

→ L'évaluation des apports en numéraire

L'apport en numéraire est l'apport d'une somme d'argent. Pour ce type d'apport, il n'existe aucune difficulté d'évaluation : le capital social tient compte du montant souscrit (et non uniquement du montant libéré).

Les associés ne sont pas obligés de libérer immédiatement la totalité des apports en numéraire promis dans les statuts (ils n'ont que l'obligation de libérer immédiatement le 1/5ème du montant promis, le solde pourra alors être libéré dans un délai de 5 ans sur appel du gérant) [2].

---

[1] Sous réserve que les statuts le prévoient pour les apports en industrie.

[2] Lorsqu'il n'a pas été procédé dans un délai légal aux appels de fonds pour réaliser la libération intégrale du capital, tout intéressé peut demander au président du tribunal statuant en référé soit d'enjoindre sous astreinte aux gérants de procéder à ces appels de fonds, soit de désigner un mandataire chargé de procéder à cette formalité.

Cependant une libération complète du capital est souhaitable, notamment parce qu'elle conditionne certains avantages fiscaux *(voir p. 34)*.

> **Attention !**
> L'associé qui ne respecte pas son engagement d'apporter la somme souscrite devient de plein droit et sans demande, débiteur des intérêts de cette somme à compter du jour où elle devait être payée et ce sans préjudice de plus amples dommages-intérêts, s'il y a lieu.

→ L'évaluation des apports en nature

Les apports en nature correspondent aux apports de biens autres qu'une somme d'argent. Il peut s'agir de :
- biens meubles corporels (machines, outillages, stocks etc.),
- biens meubles incorporels (fonds de commerce, brevets, licences, droit au bail, créances etc.),
- ou encore de biens immeubles (terrain, locaux etc.).

Les apports en nature sont réalisés par le transfert des droits correspondants et par la mise à la disposition effective des biens. Généralement, l'apport en nature est réalisé par un transfert de la pleine propriété du bien[1].

L'évaluation du bien apporté en nature peut poser difficulté. La surévaluation du bien est préjudiciable à la fois aux autres associés (le nombre de parts sociales attribuées en contrepartie du bien étant artificiellement gonflé) et aux créanciers de la SARL (le capital social qui leur sert de garantie étant lui aussi artificiellement gonflé). Quant à la sous-évaluation, elle peut être motivée par une fraude aux droits d'enregistrement de l'apport. Aussi, les apports en nature sont en principe évalués par un **commissaire aux apports**.

Toutefois, lors de la constitution, lorsqu'aucun apport en nature n'a une valeur supérieure à 30 000 € et que la valeur totale de l'ensemble des apports en nature n'excède pas la moitié du capital social, les associés peuvent décider à l'unanimité de ne pas faire appel à un commissaire aux apports, ce qui est une source d'économie *(voir p. 34)*.

À savoir : Le commissaire aux apports est choisi parmi les commissaires aux comptes inscrits sur la liste établie par le Haut conseil du commissariat aux comptes ou parmi les experts inscrits sur l'une des listes établies par les cours et tribunaux. Il est désigné, le cas échéant, par ordonnance du président du tribunal de commerce statuant sur requête.

Cas particulier de l'EURL : Lorsque la société est constituée par une seule personne, le commissaire aux apports est désigné par l'associé unique. Toutefois le recours à un commissaire aux apports n'est

---

[1] Sachez cependant qu'un apport en nature peut également être réalisé en usufruit ou en jouissance :
L'apport en jouissance n'opère pas transfert de propriété, il consiste en une mise à disposition d'un bien par l'apporteur à la SARL. La société en a le libre usage, mais l'associé en reste propriétaire. L'apporteur est donc garant envers la société comme un bailleur envers son preneur (art. 1843-3 al. 4 C. civ.). L'intérêt de l'apport en jouissance intervient à la dissolution de la société, puisque le bien n'étant pas compris dans le patrimoine social, il échappe à l'action des créanciers de la SARL. Malgré cet avantage, l'apport en jouissance est peu pratiqué.
Par exception, si l'apport en jouissance porte sur des choses fongibles ou des biens appelés à être renouvelés (par exemple des marchandises), la société devient propriétaire des biens apportés, à charge pour elle d'en rendre l'équivalent. Les risques sont alors transférés à la société (art. 1843-3 al. 4 C. civ.).
L'apport en usufruit ne transfert pas la nue propriété. La société n'acquiert donc pas le droit de disposer du bien. Relevons que l'usufruit volontaire concédé à une société ne peut pas durer plus de 30 ans (art. 619 C. civ.).

pas obligatoire si les conditions du paragraphe précédent sont réunies ou si l'associé unique, personne physique, exerçant son activité professionnelle en nom propre avant la constitution de l'EURL apporte des éléments qui figuraient dans le bilan de son dernier exercice.

> **Attention !**
> Si vous décidez de ne pas recourir à l'évaluation d'un commissaire aux apports ou de retenir dans les statuts une valeur différente de celle proposée par le commissaire aux apports, chaque associé sera solidairement responsable pendant 5 ans, à l'égard des tiers, de la valeur attribuée aux apports en nature lors de la constitution de la société.

→ L'évaluation des apports en industrie

Un apport en industrie est l'apport d'un savoir-faire, de connaissances techniques, de travail ou de services. Ce type d'apport n'est pas pris en compte dans la détermination du montant du capital social mais donne bien droit à des parts (appelées parts en industrie) dont le nombre est déterminé par les statuts. Si les statuts ne prévoient rien, l'apporteur en industrie se voit attribuer le même nombre de part que le plus petit des autres apporteurs.

Remarque : Afin d'anticiper une éventuelle transformation future de la SARL en société anonyme (société qui interdit les apports en industrie), il est recommandé de prévoir d'emblée dans les statuts le sort des apporteurs en industrie. Cette précaution permet d'éviter que ces derniers bloquent la décision de transformation.

Zoom

Comment les statuts peuvent répartir les bénéfices et les pertes ?

Les associés ont vocation à se répartir les bénéfices résultant de l'activité de la SARL, mais également, le cas échéant, les pertes. Deux possibilités leurs sont offertes pour se répartir les résultats de la société :

1re possibilité : Ne pas prévoir de répartition spécifique dans les statuts
Dans ce cas, la participation des associés aux bénéfices, aux économies et aux pertes se fait proportionnellement aux parts détenues par chaque associé (c'est-à-dire proportionnellement à leurs apports).

2nde possibilité : Prévoir une répartition spécifique dans les statuts
Cette répartition statutaire sera valable à condition qu'elle laisse subsister pour chacun des associés un espoir de profit et un risque de perte. **Ainsi, il n'est pas possible de prévoir une clause :**
- attribuant à un associé la totalité du profit procuré par la société ;
- excluant totalement un associé du profit ;
- exonérant un associé de la totalité des pertes ;
- mettant à la charge d'un associé la totalité des pertes.
Chacune de ces clauses serait qualifiée de léonine et réputée « non-écrite », ce qui conduirait à revenir à une répartition des résultats proportionnelle aux apports.

Remarque : Au-delà des obligations légales, les statuts peuvent également décider qu'une partie des bénéfices sera mis en réserve : la dotation prévue par les statuts s'imposera alors aux associés lors de l'AGOA avant la répartition des bénéfices (voir p. 127 s.).

2. Quelles sont les conséquences du mariage sur les apports et les parts de la SARL ?

Le régime juridique des apports et des parts varie selon le régime matrimonial des époux. Cependant, quel que soit le régime matrimonial des époux, deux règles s'imposent toujours :

- un apport ne doit pas entraîner un manquement grave aux devoirs de l'époux ni mettre en péril les intérêts de la famille,

- un époux ne peut, sans l'accord de l'autre, apporter à une société les « droits par lesquels est assuré le logement de la famille » (droit de propriété, droit au bail, parts ou actions donnant vocation à la jouissance ou à la propriété du logement, etc.) et du mobilier dont il est garni.

→ Régime de la séparation de biens ou de la participation aux acquêts

Si vous êtes mariés sous le régime de la séparation de biens ou de la participation aux acquêts, vous êtes libre de vos apports à la SARL (dans la limite des deux règles présentées ci-dessus).

→ Régimes de communauté

Il faut distinguer les biens propres des biens communs :

> **Biens propres :** Chaque époux peut librement apporter ses biens propres à la SARL (dans la limite des deux règles présentées ci-dessus).

> **Biens communs :** L'apport d'un bien commun (comme l'utilisation de biens communs pour acheter des parts sociales) nécessite en revanche le respect de conditions qui dépendent de la nature du bien apporté.

L'apport de la plupart des biens communs ne nécessite qu'une simple **information** du conjoint (qui devra faire l'objet d'une justification dans l'acte d'apport). Cette procédure d'information est suffisante[1] pour tous les biens communs autres que ceux visées dans les exceptions ci-dessous.

Par exceptions, le **consentement** du conjoint de l'apporteur est nécessaire, à peine de nullité de l'apport, pour l'apport des biens suivants :
- apport d'un immeuble, d'un fonds de commerce, d'une exploitation agricole ou artisanale, de parts sociales, ou encore de meubles corporels dont la vente est soumise à publicité (par exemple, avions, yacht ; mais non les véhicules terrestres à moteur tels que les automobiles ou les motos etc.) *(art. 1424 C. civ.)* ;
- apport du logement familial *(art. 215 C. civ.)* ;
- apport par un commerçant ou un artisan d'éléments du fonds de commerce ou de l'entreprise artisanale dépendant de la communauté qui, par leur importance ou par leur nature, sont nécessaires à l'exploitation de l'entreprise, si le conjoint participe à l'activité de l'entreprise en qualité de conjoint associé, salarié ou collaborateur, son consentement est obligatoire *(art. 121-5 C. com.)* ;
- apport d'un bien quelconque relevant de la communauté lorsque le contrat de mariage contient une clause d'administration conjointe (En ce cas les actes d'administration et de disposition des biens communs sont faits sous la signature conjointe des deux époux) *(art. 1503 C. civ.)*.

---

[1] Chacun des époux a le pouvoir de disposer des biens communs. Les actes accomplis sans fraude par un conjoint sont opposables à l'autre. Par dérogation, lorsqu'un bien commun est nécessaire à l'exercice de l'activité professionnelle d'un époux, seul ce dernier peut en faire apport à la société (Art. 1421 C. civ.).

À savoir : Si l'un des époux est hors d'état de manifester sa volonté ou si son refus n'est pas justifié par l'intérêt de la famille, son conjoint peut être autorisé par décision de justice à passer seul un acte pour lequel le concours ou le consentement de son conjoint serait nécessaire[1].

En l'absence de consentement préalable (sauf s'il a ratifié l'acte a posteriori), le conjoint peut demander l'annulation de l'apport. L'action en nullité peut être intentée pendant 2 ans à partir du jour où il a eu connaissance de l'acte (un an en cas d'apport du logement familial), sans jamais être intentée plus de 2 ans après la dissolution de la communauté *(art. 1427 C. civ.)*.

Lorsqu'un bien commun est apporté à la société, **le conjoint de l'apporteur peut revendiquer la qualité d'associé ou renoncer à cette qualité :**

Si la revendication de la qualité d'associé est concomitante à l'apport	La qualité d'associé est reconnue pour moitié au conjoint qui a notifié à la société son intention d'être personnellement associé : l'agrément de l'apporteur vaut pour les deux époux (autrement dit les associés ne sauraient accepter l'apport du bien commun sans agréer les deux époux).
Si la revendication de la qualité d'associé est postérieure à l'apport	Les clauses d'agrément prévues à cet effet par les statuts sont opposables au conjoint ; lors de la délibération sur l'agrément, l'époux associé ne participe pas au vote et ses parts ne sont pas prises en compte pour le calcul du quorum et de la majorité. Si le conjoint n'est pas agréé, seul l'apporteur a la qualité d'associé pour la totalité des parts sociales.
Le conjoint peut renoncer par écrit à la qualité d'associé	Cette renonciation est définitive lorsqu'elle est donnée sans réserve.

N.B. : Ces règles ne sont applicables que jusqu'à la dissolution de la communauté (art. 1832-2 C. civ.).

À noter : L'épouse est autorisée à n'apparaître dans les statuts et dans les documents soumis à publicité que sous son nom de jeune fille sans indication de son nom d'épouse. Rappelons en effet que seul le nom qui figure dans l'acte de naissance, est imposé pour désigner une personne physique.

3. Quelles sont les conséquences du PACS sur les apports et les parts de SARL ?

Les règles applicables aux biens des partenaires de Pacte civil de solidarité (PACS) ont été modifiées par la loi du 1er janvier 2007. Chaque partenaire de PACS conclu depuis cette date est individuellement propriétaire des biens qu'il acquiert avant, pendant et après la conclusion du PACS. Ils ont cependant la possibilité d'opter pour le régime de l'indivision (soit lors de la signature du PACS, soit ultérieurement par convention modificative qui n'a d'effets que pour le futur).
Lorsque l'indivision résulte d'une option des partenaires, ce régime ne concerne que les parts sociales créées ou acquises postérieurement à l'option.

---

[1] L'acte passé dans les conditions fixées par l'autorisation de justice sera opposable à l'époux dont le concours ou le consentement a fait défaut, sans toutefois qu'il en résulte à sa charge aucune obligation personnelle (art. 217 C. civ.).

Régime du PACS	→ Conséquences
Si les partenaires sont soumis au régime de la séparation de biens (Principe depuis 2007)	Les parts de la SARL sont considérées comme des biens propres. Le partenaire qui a réalisé l'apport ou acheté les parts exerce seul les droits qui leur sont attachés (actes d'administration ou de disposition), sans avoir à obtenir l'accord de l'autre partenaire. Par conséquent : - la convocation aux assemblées générales doit être adressée au seul partenaire concerné, - et il n'est pas nécessaire d'obtenir le consentement du partenaire pour les opérations sur les parts sociales (vente, nantissement, location etc.).
Si les partenaires sont soumis au régime de l'indivision (Sur option depuis 2007)	Les parts de la SARL sont considérées comme des biens indivis. Les droits sociaux appartiennent alors pour moitié à chacun des partenaires. Ils acquièrent tous deux la qualité d'associé. Le partenaire qui a réalisé l'apport ou acheté les parts sociales doit respecter le régime de l'indivision. Un partenaire ne pourrait être l'unique propriétaire des parts sociales que si celles-ci ont été financées par des fonds propres, reçues par succession ou donation, ou encore acquise avant la signature du PACS ou de la convention modificative.

En bref : Régime juridique des partenaires

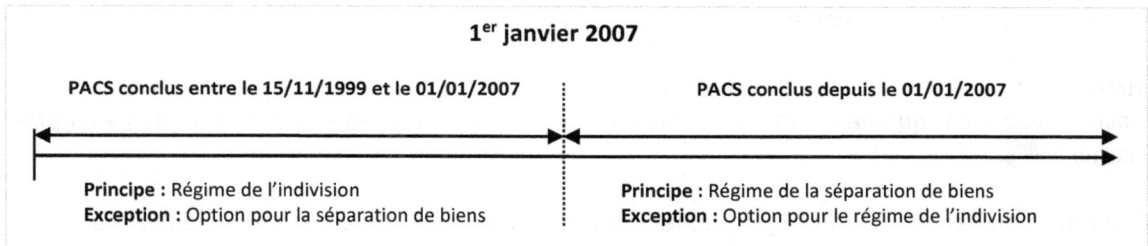

1er janvier 2007

PACS conclus entre le 15/11/1999 et le 01/01/2007 | PACS conclus depuis le 01/01/2007

Principe : Régime de l'indivision
Exception : Option pour la séparation de biens

Principe : Régime de la séparation de biens
Exception : Option pour le régime de l'indivision

→ Quelles sont les conséquences de la résiliation du PACS ?

Régime du PACS	→ Conséquences
Séparation de biens	Le partenaire étant seul propriétaire des parts sociales, son partenaire ne peut prétendre à une partie de celles-ci Sachez que cet inconvénient peut facilement être évité grâce à des apports réalisés par chaque partenaire ou encore une convention particulière.
Indivision	Le partenaire a droit à la moitié de la valeur des parts sociales.

→ Quelles sont les conséquences du décès d'un partenaire ?

Quel que soit le régime du PACS (séparation ou indivision), le partenaire survivant conserve ses propres droits et peut, sous certaines conditions, avoir des droits sur les parts sociales du défunt selon les héritiers et/ou le testament. Il peut bénéficier d'une exonération des droits de succession.

⑦ Le capital social

1. Comment fixer le montant du capital social ?

Le montant du capital social est librement fixé par les associés dans les statuts. On l'a dit, il correspond à la somme des apports en numéraire et en nature réalisés par les associés.

📄 ***Exemple :*** *Si 4 associés réalisent les apports suivants :*
Associé 1 : une somme d'argent de 5 000 € (apport en numéraire)
Associé 2 : une somme d'argent de 1 000 € (apport en numéraire)
Associé 3 : une machine évaluée à 4 000 € (apport en nature)
Associé 4 : son savoir-faire (apport en industrie)
Le montant du capital social sera de 11 000 € (soit la somme des apports en nature et en numéraire).

Nous verrons que les associés ne sont pas obligés de libérer immédiatement la totalité des apports en numéraire souscrits (c'est-à-dire promis dans les statuts). Cette faculté permet la constitution d'une SARL avec un capital social d'un montant suffisant même lorsque les associés n'ont pas la disponibilité immédiate des sommes promises.

Attention !
Sachez cependant qu'une libération partielle du capital social présente des inconvénients au plan fiscale *(voir p. 34)*.

Le montant du capital devra obligatoirement figurer sur tous les documents émanant de la société (factures, courriers…).

2. Pourquoi prévoir un capital social suffisant ?

Bien que la loi n'exige aucun montant minimum (pourvu qu'un capital social existe) les associés doivent s'assurer que les capitaux investis sont suffisants pour faire face aux premiers besoins de l'activité envisagée.

Si la constitution de la SARL se faisait avec des fonds propres trop faibles, les associés fondateurs seraient jugés fautifs en cas de difficultés (notamment en cas de dépôt de bilan) et pourraient perdre le bénéfice de la responsabilité limitée aux apports. Il en serait de même pour le gérant qui s'obstinerait à poursuivre l'activité sans prendre les mesures adéquates pour remédier à l'insuffisance de fonds propres.

En outre, un capital social trop faible rend difficile le financement par crédit bancaire. Dans cette situation, le banquier sera naturellement conduit à demander des garanties personnelles aux gérants et associés (caution personnelle, hypothèque, nantissement…) pour accorder un prêt à la société. En cas de défaillance de la SARL, la responsabilité limitée des associés serait alors court-circuitée par les garanties demandées.

Attention !

La création d'une SARL au capital social de 1 € ne pourra être raisonnablement envisagée que si les fondateurs ont établi un business plan sérieux démontrant que les ressources initiales affectées au projet (capital social, comptes courants, prêts) sont suffisantes pour permettre le développement de l'activité envisagée et supporter les premiers aléas financiers.

On comprend donc que si la loi n'empêche plus de créer une SARL au capital social d'1 €, votre bon sens devra vous l'interdire pour nombre d'activité. En définitive, cette faculté peut souvent se révéler préjudiciable à la fois aux intérêts de la société et de ses dirigeants et associés.

3. Le cas particulier de la SARL à capital variable[1]

Il est possible de constituer une SARL à capital variable. Pour cela, il est nécessaire d'inclure une clause de variabilité du capital dans les statuts. Cette faculté permet des augmentations et des diminutions du capital entre le « capital plancher » et « le capital plafond » sans être obligé de procéder aux formalités de dépôt et de publication habituelles[2].

Attention !

Les associés de SARL à capital variable sont soumis à un régime de responsabilité particulier : L'associé qui cesse de faire partie de la SARL, soit par l'effet de sa volonté, soit par décision de l'assemblée générale, reste tenu, pendant 5 ans, envers les associés et envers les tiers, de toutes les obligations existant au moment de son retrait.

À savoir : Tous les actes et documents de la société destinés aux tiers doivent indiquer que la SARL est « à capital variable ».

→ Pour le détail des opérations sur le capital variable, reportez-vous page 139

_____

[1] Art. L. 231-1 à L. 231-8 C. com.
[2] Sauf si la diminution fait suite au retrait d'un associé qui est gérant.

Zoom

Le capital selon le plan comptable général
(extraits)

Selon l'article 441/10 du plan comptable général appliqué à la SARL, le capital représente la valeur nominale des parts sociales.

Le compte 101 « Capital social « enregistre à son crédit le montant du capital figurant dans les statuts. Il retrace l'évolution de ce montant au cours de la vie de la société suivant les décisions de l'assemblée générale des associés.

Il est crédité lors des augmentations de capital :
• du montant des apports en espèces ou en nature effectués par les associés, sous déduction des primes liées au capital social ;
• du montant des incorporations de réserves.

Il est débité des réductions de capital, quelle qu'en soit la cause par exemple, absorption de pertes ou remboursement aux associés.

Le compte 1018 « Capital souscrit soumis à des réglementations particulières « enregistre à son crédit le montant du capital provenant d'opérations particulières telles que l'incorporation de plus-values nettes à long terme, qui sont isolées en application de dispositions législatives et réglementaires. Ce compte est subdivisé autant que de besoin.

Exemple de bilan simplifié lors de la création de la SARL

Une SARL a été constituée avec un capital social de 100 000 € (1 000 parts sociales de 100 €). Le capital est constitué d'un apport en nature de matériel informatique évalué à 20 000 € et d'apports en numéraire de 80 000 € (dont 50 000 € sont immédiatement libérés et déposés en banque).
Rappelons que doivent être libéré immédiatement la totalité des apports en nature et 1/5ème au minimum des apports en numéraire.

Le bilan simplifié peut être présenté ainsi :

	Actif			Passif	
109	Capital non appelé	30 000	101	Capital	100 000
218	Matériel	20 000			
512	Banque	50 000			
	Total	100 000		Total	100 000

⑧ Le gérant de la SARL et son conjoint ou partenaire de PACS

La SARL doit obligatoirement désigner un ou plusieurs gérants personne physique (associé ou non). Le nombre des gérants est librement fixé par les statuts. Les gérants sont désignés par les associés, dans les statuts ou par un acte postérieur.

Le gérant a un rôle crucial : il est le **représentant légal** de la SARL, gère la société et exerce les prérogatives de tout **chef d'entreprise**.

Ainsi, c'est au gérant qu'appartient de passer les contrats, d'embaucher et licencier les salariés, d'exercer le pouvoir disciplinaire, d'assurer l'hygiène et la sécurité, de négocier les accords d'entreprise, d'être l'interlocuteur des administrations fiscale et sociale ou des établissements bancaires et de crédit, de consentir des garanties au nom de la société (cautionnement, aval...) ou encore, par exemple, d'agir en justice pour défendre les intérêts de la SARL.

Face à l'ampleur de la mission, il peut déléguer une partie de ses prérogatives à une ou plusieurs personnes de son choix.

→ *Les règles applicables au gérant de la SARL sont développées page 57 à 98.*

Sachez enfin, que tout conjoint ou partenaire de PACS du gérant qui participe de manière régulière à l'activité de la SARL doit **obligatoirement** opter pour l'un des 3 statuts suivants :
- statut de salarié,
- statut d'associé,
- statut de collaborateur.

→ *Les règles applicables au conjoint ou partenaire du gérant sont développées page 306 s.*

Cette obligation s'applique quel que soit le régime matrimonial des époux ou le contenu de la convention passée entre les partenaires d'un PACS.

En revanche, elle ne concerne pas le concubin du gérant. Cependant, s'il participe de manière régulière à l'activité de la société le choix du statut de salarié ou d'associé est vivement recommandé pour ne pas s'exposer à une sanction pour travail dissimulé (relevons que le concubin ne peut pas adopter le statut de collaborateur).

Chapitre 2

Réduire les coûts de création de la SARL

Sommaire

Zoom

Quels sont les coûts fixes liés à l'immatriculation de la SARL ?

Les créateurs de la SARL doivent prévoir les frais suivants :

1. La rédaction des statuts ne vous coûtera que du temps et les frais d'impression si vous les rédigez vous-même.

Rédiger soit même les statuts est possible et simple, dès lors qu'on est guidé car il faut prendre garde aux couteuses erreurs ! Vous vous reporterez attentivement aux conseils de l'ouvrage.

Si en revanche vous avez recours à un professionnel il vous en coûtera entre 1 000 et 4 000 € pour une SARL qui ne présente aucune complexité juridique *(sur ce point, voir p. 49).*

2. La publication dans un Journal d'Annonces Légales (JAL) : aux alentours de 200 €. Le tarif est fonction du département. Il est fixé à la ligne chaque année en euros HT par arrêté préfectoral. Par exemple en 2017, en Ile de France, les tarifs étaient les suivants :

Départements	75	77	78	91	92	93	94	95
Prix en euros HT à la ligne	5, 50	5, 25	5, 25	5, 25	5, 50	5, 50	5, 50	5, 25

Pour en savoir plus : www.petites-annonces.leparisien.fr/legales/produits

3. Les frais d'immatriculation au Registre du Commerce et des Sociétés : environ 74 € pour une SARL.

→ *Pour en savoir plus : www.infogreffe.fr/societes/infos-rcs/tarifs-formalites-greffe-personnes-morales*

4. La prestation du CFE est, en principe, gratuite ; cependant si vous demandez une aide individuelle la prestation vous coûtera entre 40 et 60 € selon les CFE pour une assistance de base.

5. Le cas échéant : Droits d'enregistrement et de mutation, TVA, imposition des plus-values (voir ci-dessous).

La constitution de la SARL entraîne un certain nombre de dépenses obligatoires à la charge de la société ou des associés.

Sachez que vous pouvez réaliser d'importantes économies en appliquant quelques règles simples ignorées de nombreux créateurs de sociétés.

Limiter les coûts de constitution et conserver de la trésorerie n'est jamais inutile pour favoriser les chances de réussites de votre SARL !

Les économies envisageables dépendront essentiellement :
- de la possibilité de réaliser vous-même la constitution de la SARL,
- des apports réalisés et de leurs modalités (lesquels peuvent être exonérés d'impôts ou au contraire entraîner l'exigibilité de droits d'enregistrement, de droits de mutation, d'impôt sur les plus-values ou de TVA),
- du recours ou non à un commissaire aux apports,
- des réductions d'impôt auxquels les associés peuvent prétendre,
- des possibles aides, exonérations (notamment en raison de l'activité ou du lieu d'implantation),
- des crédits d'impôts,
- et des éventuelles reprises d'actes.

Attention !
Les dispositions permettant un allègement d'impôts doivent pour la plupart être prises <u>avant</u> l'enregistrement des statuts. *Gare aux immatriculations hâtives… vous pourriez en être pour vos frais !*

---

1. Réaliser soi-même la constitution de la SARL

La première économie consiste à réaliser soi-même la constitution de la SARL. Mais attention, pas d'improvisation en la matière car l'étape de la rédaction des statuts est fondamentale pour l'avenir.

Les statuts matérialisent le contrat de société. C'est le pacte qui lie les associés et qui précise les caractéristiques et les règles de fonctionnement de la SARL. Les conséquences juridiques, sociales et fiscales qu'ils entra" nent imposent aux associés fondateurs de prendre le temps d'une réflexion sereine et éclairée.

Vous devez vous poser la question de savoir si vous pouvez rédiger les statuts vous-même ou s'il est préférable de recourir aux services d'un professionnel *(voir p. 49)*. Si vous décidez de les rédiger vous-même, reportez-vous aux pages 41 et suivantes, vous trouverez de précieux conseils pour établir des statuts adaptés et tirer profit des avantages offerts par les législations commerciale, sociale et fiscale. Vous serez ainsi en mesure d'éviter de nombreuses erreurs et déconvenues !

2. Limiter les coûts liés aux apports

Trop peu de créateurs d'entreprises le savent, mais la nature et les modalités des biens qu'un associé apporte à une société peuvent entraîner des coûts importants. Ces coûts sont pourtant souvent évitables, et d'importantes **économies fiscales** peuvent être réalisées lorsque les associés ont pris connaissance de quelques règles relativement simples. Mais attention, pour réaliser ces économies, la plupart des mesures doivent être prises **avant** l'enregistrement des statuts... après, il est trop tard et l'impôt est du !

→ *Reportez-vous page 220* : *« **Optimiser la fiscalité de la création de la SARL** » et n'hésitez pas à solliciter les services des impôts afin d'accroître les chances de réussite de votre SARL !*

Lors de la réalisation des apports, ayez en tête que les apports en numéraire n'entrainent pas l'exigibilité de taxes particulières et peuvent donner lieu à des avantages fiscaux *(voir p. 220 s.)*. Il faudra cependant être en mesure de libérer rapidement l'intégralité des apports en numéraire souscrits car certains avantages fiscaux en dépendent *(voir ci-dessous)*.

Les apports en nature peuvent dans certains cas se révéler fiscalement couteux : droits d'enregistrement ou de mutation, TVA ou encore imposition des plus-values. Il est néanmoins souvent possible d'éviter toute imposition grâce à des mesures simples prévues par la loi *(voir p. 220 s.)*.

Si vous êtes déjà entrepreneur individuel (commerçant, artisan...) sachez bénéficier intégralement du régime fiscal de faveur qui vise à inciter la mise en société des entreprises.

3. Libérer intégralement les apports pour bénéficier des avantages fiscaux

La possibilité offerte par la loi de ne libérer qu'1/5ème des apports en numéraire souscrits lors de la constitution est utile lorsque les associés n'ont pas suffisamment d'argent disponible immédiatement mais constitue un handicap fiscal. Deux **avantages fiscaux** sont en effet subordonnés à la **libération totale** du capital :
- le taux réduit à 15 % d'impôt sur les sociétés. La SARL est donc imposée à 28 % et/ou 33,1/3 % tant que le capital n'est pas entièrement libéré[1] ;
- la déduction des intérêts alloués aux comptes courants d'associés[2].

De plus, le financement par augmentation de capital par apports en numéraire est en principe subordonné à la libération totale du capital ancien. Le gérant doit donc aussi vite que possible appeler les associés à libérer le solde des apports qu'ils ont souscrits sans attendre la fin du délai maximal de 5 ans !

4. Tirer profit du lieu d'implantation

Le choix du lieu d'implantation du siège social et des établissements est essentiel. Si l'implantation géographique a souvent un impact sur le développement de l'activité, il a aussi une incidence directe sur les aides à la création *(voir p. 35)* et sur mesures d'exonération *(voir p. 221 s.)* auxquelles vous pouvez prétendre ainsi que sur les montants futurs de la contribution économique territoriale *(voir p. 294 s.)*. L'implantation peut donc d'emblée constituer un atout ou à l'inverse un handicap concurrentiel. Cet

---

[1] Art. 219-I CGI.
[2] Art. 39-1.3 CGI.

aspect est trop souvent négligé par les créateurs d'entreprises, prenez le temps de réaliser une étude d'impacts préalable.

À savoir : Si les associés acquièrent le local abritant le siège social ou l'activité, il peut être judicieux de se poser la question de la constitution d'une **société civile immobilière (SCI)** chargée d'acquérir l'immeuble en vue de le louer à la SARL. La détention de l'immeuble par l'intermédiaire d'une SCI créée par les associés de la SARL (et fréquemment les membres de leur famille) peut permettre une optimisation juridique, financière et fiscale. Prenez le temps d'étudier la question avec votre conseil qui évaluera l'opportunité du montage dans votre situation particulière.

5. Limiter le recours à un commissaire aux apports

Le commissaire aux apports a pour mission d'évaluer sous sa responsabilité la valeur des biens apportés à la SARL. Le commissaire aux apports est choisi sur la liste des commissaires aux comptes ou des experts judiciaires de la Cour d'Appel du ressort du siège social de votre SARL.

Sachez qu'à la double condition, que la valeur totale des apports en nature n'excède pas la moitié du capital social <u>et</u> qu'aucun apport en nature ne dépasse la valeur de 30 000 €, les associés peuvent décider à l'unanimité de se dispenser du recours à un commissaire aux apports.

> *Attention !*
> Ne pas désigner de commissaire aux apports permet de réaliser une économie, mais n'est pas sans **risque**. Lorsqu'il n'y a pas eu de commissaire aux apports ou lorsque la valeur retenue par les associés dans les statuts est différente de celle proposée par le commissaire aux apports, les associés sont solidairement responsables pendant 5 ans, à l'égard des tiers, de la valeur attribuée aux apports en nature.
> En outre, gare aux surévaluations, dans l'hypothèse où la surévaluation serait frauduleuse, la loi frappe de lourdes sanctions pénales l'apporteur malhonnête (art. L. 241-3-1° C. com. ; jusqu'à 5 ans d'emprisonnement et/ou amende jusqu'à 375 000 €).

Lorsque vous y recourez, les honoraires du commissaire aux apports sont libres et varient en fonction du type et de la valeur du bien apporté. Il est recommandé de demander une estimation d'honoraires.

6. Solliciter les aides publiques et privées

Un certain nombre d'aides mises en place par l'État ou les collectivités territoriales, voire le secteur privé, visent à faciliter la création et le développement d'entreprise. Ne négligez pas cette étape, prenez le temps de faire l'inventaire des aides auxquelles la SARL ou vous-même pouvez être éligibles, elles peuvent constituer un coup de pouce décisif.

Ces dispositifs d'incitation et de soutien prennent différentes formes :
- aides financières (subventions, avances, prêts à taux zéro etc.),
- allègements d'impôts,
- exonérations de charges sociales,
- conseil et assistance,
- mise à disposition de locaux…

Ces aides peuvent dépendre de la situation de votre SARL ou de ses associés. **Pour connaitre l'ensemble des aides publiques** concernant tous les moments de vie de la SARL (création, développement, projets d'exportation, d'investissement, de recrutement), consultez le « Répertoire des aides publiques à la création d'entreprise » sur le site www.aides-entreprises.fr

Au-delà des dispositifs visés par le répertoire ayez également en tête que les régions, les départements et les communes peuvent accorder des aides au cas par cas, mais encore faut-il les solliciter !

7. La réduction d'impôt sur le revenu pour les associés

Jusqu'au 31 décembre 2016, vous pouvez bénéficier d'une réduction d'impôt au capital social pour les versements effectués en numéraire lors de la création ou de l'augmentation de capital d'une SARL en phase d'amorçage, de démarrage ou d'expansion[1]. Le taux de la réduction d'impôt applicable correspond à 18 % des versements effectués (dans une limite annuelle de 50 000 € pour les personnes seules et de 100 000 € pour les personnes mariés ou liés par un Pacs soumis à une imposition commune).

La société bénéficiaire des versements doit remplir les conditions suivantes :
- employer moins de 50 salariés,
- réaliser un chiffre d'affaires annuel ou avoir un total de bilan inférieur à 10 millions d'euros au cours de l'exercice,
- être créée depuis moins de 5 ans,
- être en phase d'amorçage, de démarrage ou d'expansion,
- ne pas être une entreprise qualifiable d'entreprise en difficulté,
- ne pas exercer son activité dans le secteur de la construction navale, de l'industrie houillère ou de la sidérurgie.

Ces conditions ne sont pas exigées des « entreprises solidaires »[2].

> *Attention !*
> La réduction d'impôt fait l'objet d'une reprise en cas de remboursement des apports aux souscripteurs avant l'expiration de la 10ème année pour les souscriptions (5ème année pour les parts sociales « d'entreprises solidaires »).
> Par exception, aucune reprise n'est effectuée en cas de licenciement, d'invalidité ou de décès du contribuable ou de son conjoint ou d'annulation des titres suite à la liquidation judiciaire de la PME opérationnelle dans laquelle le contribuable a souscrit des titres. Il en est de même en cas de donation des titres à une personne physique, si celui-ci reprend à son compte l'obligation de conservation des titres de 5 ans (le donataire ne bénéficie pas de la réduction d'impôt).

8. La réduction d'ISF au titre de la souscription

Les apporteurs passibles de l'impôt de solidarité sur la fortune (ISF) peuvent imputer sur leur contribution **50 % des versements effectués** dans la limite globale annuelle de **45 000 €**[3]. Les

---

[1] Article 199 terdecies-0 A du CGI, BOI-IR-RICI-90
[2] Les entreprises solidaires sont visées par l'article L. 3332-17-1 du code du travail.
[3] Art. 885-0 V bis du CGI.

versements déductibles concernent ceux réalisés lors de la création de la SARL[1] ou lors des augmentations de capital ultérieurs. Ces versements peuvent avoir été réalisés en numéraire ou en nature par apport de biens nécessaires à l'activité à l'exception d'immeubles ou de valeurs mobilières). Le bénéfice de cet avantage fiscal est subordonné à la conservation par le redevable des titres reçus en contrepartie de ses versements jusqu'au 31 décembre de la 5ème année suivant celle de la souscription[2].

9. La reprise par la SARL des actes accomplis avant son immatriculation

Faire reprendre par la SARL les actes accomplis dans son intérêt avant l'immatriculation peut être judicieux à la fois en termes de responsabilité et de fiscalité.

La reprise n'est pas compliquée à mettre en œuvre, mais nécessite de **respecter scrupuleusement les conditions** prévues par la législation, à défaut elle ne produirait pas les effets attendus (Cass. 3ème civ., 15 octobre 2015). Outre l'immatriculation de la SARL au RCS, vous devez à la fois respecter des conditions relatives à l'acte et des conditions de procédure.

Vous trouverez ci-dessous tous les conseils pour une reprise réussie ! Lorsque l'acte à reprendre à une valeur importante, il est cependant conseillé d'être assisté d'un avocat ou d'un notaire pour sécuriser l'opération.

→ Quel est l'intérêt de la reprise par la SARL ?

Avant son immatriculation, la SARL ne peut passer elle-même aucun acte. Aussi, tous les actes nécessaires à son activité future sont conclus par d'autres (associé(s), futur gérant etc.) qui engagent alors leur propre responsabilité financière à cette occasion. Une fois immatriculée, la SARL est une personne morale, et la loi l'autorise à reprendre les actes et contrats qui ont été accomplis pour elle durant sa formation : les actes repris sont alors réputés avoir été souscrits dès l'origine par la SARL[3].

1er intérêt : La SARL est substituée aux personnes qui ont agi pour son compte, en les déchargeant de toute obligation personnelle, notamment financière (le créancier ne peut plus leur demander d'honorer l'acte, seule la SARL en est tenue).

2nd intérêt : La reprise est fiscalement avantageuse. D'une part, l'acte sera pris en considération au titre de l'impôt sur les sociétés de l'exercice courant à compter de l'immatriculation (ainsi, qu'en matière d'amortissement). D'autre part, elle permet le cas échéant de ne pas être tenu au versement de nouveaux droits de mutation et d'enregistrement (par exemple, en cas de reprise d'un fonds de commerce ou d'un immeuble).

→ Quels actes la SARL peut-elle reprendre ?

Seuls les actes (ou contrats) remplissant **3 conditions** peuvent être repris :

1- Il doit s'agir d'un acte juridique...

2- conclu dans l'intérêt de la SARL...

3- et au nom de la SARL en formation.

---

[1] Pour le détail des SARL éligibles : article 885-0 V bis du CGI I 1 b.
[2] Art. 885-0 V bis II.-1 du CGI.
[3] Art. L. 210-6 C. com. ; Cass. 3ème civ., 7 avril 2016, n° 15-10.881.

Par conséquent, il est nécessaire que le document qui constate l'acte fasse apparaître sans aucune ambiguïté que l'acte est *« conclu au nom de la SARL en formation [dénomination de votre future SARL]… »*. À défaut, la reprise par la société serait inopposable aux tiers[1].

📑 *Modèle*

> **Attention :**
> Ce modèle n'est pas destiné à être reproduit à l'identique, il doit être adapté à chaque situation particulière.

Acte accompli pour le compte de la société en formation
(indiquez la future dénomination)

LA PRESENTE CONVENTION EST CONCLUE ENTRE LES SOUSSIGNES :
- **Monsieur/Madame** *(Nom, Prénom)*, demeurant *(adresse)*, **agissant pour le compte de la société en formation** *(dénomination future)* qui aura son siège social au *(adresse du futur siège social)* **d'une part,**
ET
- **Monsieur/Madame** (Nom, Prénom) [Ou si l'acte est conclu avec une autre société sa dénomination, son numéro de RCS et l'adresse de son siège social] ***d'autre part.***

IL A ETE CONVENU CE QUI SUIT :
Vous indiquerez ici, comme pour tout autre contrat les obligations découlant de l'acte : objet du contrat, prix, durée etc.
Rappel : Celui-ci doit être passé dans l'intérêt de la société en formation

Le présent acte sera repris (au sens de l'article L. 210-6 al. 2 du Code de commerce) par la société une fois celle-ci immatriculée au RCS.

Fait en deux exemplaires originaux,
À *(lieu)***, le** *(date)*

Signature des parties

Si la mention précitée est une condition d'opposabilité de la reprise, elle **ne garantit pas que la reprise par la SARL aura effectivement lieu**. Elle ne constitue donc, pour les parties originelles à l'acte, qu'une information sur les suites qui pourraient affecter l'acte.

Les associés qui passent l'acte pour la SARL en formation doivent toujours garder en tête qu'ils pourraient rester personnellement tenu par l'acte si la reprise n'est finalement pas décidée ! *Gare aux « associés pigeons »* !

---

[1] Dans plusieurs affaires au dénouement semblable, la Cour de cassation a rappelé l'importance de cette mention pour le débiteur. Dans ces cas d'espèces, un acte avait été conclu avant l'immatriculation de la société par l'un des associés, voire par l'associé unique, sans la mention « au nom de la société en formation X… ». L'acte fut néanmoins repris par les sociétés concernées. Ces sociétés furent par la suite mises en redressement judiciaire, et faute de mention, la reprise déclarée inopposable aux créanciers qui n'étaient réputés connaître que leurs co-contractants initiaux (pour une illustration topique : Cass. com., 23 janv. 2007).

Astuce : Afin de limiter le risque d'une absence de reprise, il est conseillé, dans la mesure du possible, de conclure l'acte sous condition suspensive : par exemple, celle de la reprise de l'engagement par la société. Dans ce cas, l'acte ne sera définitivement conclu qu'à la réalisation de la condition suspensive (c'est-à-dire dans ce cas au moment même de la reprise).

→ Les procédures de reprise

Il existe 2 grands modes de reprise :
- la reprise automatique au moment de l'immatriculation : dans ce cas, la procédure à respecter varie selon que l'acte a été passé avant ou après la signature des statuts,
- la reprise volontaire par vote des associés qui intervient après l'immatriculation.

> Les procédures de reprise automatique :

Pour ce type de reprise, c'est le moment où l'acte à reprendre a été conclu qui détermine la procédure à suivre pour que la reprise ait lieu « automatiquement » lors de l'immatriculation :

- Si l'acte a été conclu avant la signature des statuts : Dans ce cas, la reprise des actes s'opère automatiquement, s'ils sont recensés dans un état (une liste détaillée) annexé aux statuts, avec l'indication pour chacun d'eux des engagements qui en résulteront pour la société. La signature des statuts vaut alors ratification des engagements figurant dans l'état et emportera reprise automatique par la société au moment de son immatriculation au Registre du Commerce et des Sociétés (RCS).

- Si l'acte a été conclu entre la signature des statuts et l'immatriculation : Dans ce cas, la reprise est automatique lorsque les actes ont été accomplis en vertu d'un **mandat spécial** accordé par les associés à l'un d'eux par les statuts ou par acte séparé. Le mandat peut également être donné au gérant non associé. Relevons, qu'en toute hypothèse le mandat ne doit pas être ni trop général ni implicite. La sanction serait l'inopposabilité du mandat aux tiers et à la société.

> *Attention !*
> Pour que la reprise automatique ait lieu, le mandat doit déterminer avec précision les actes à passer au nom de la société en formation ainsi que leurs modalités.
> La validité du mandat est également essentielle si la société n'est finalement pas immatriculée. En effet, dans cette hypothèse, par dérogation au droit commun du mandat, mandants et mandataires seront indéfiniment et solidairement tenus des engagements pris par ces derniers au nom de la société en formation.

Si la procédure de reprise automatique vous semble trop complexe, vous pouvez procéder à une reprise volontaire des actes après l'immatriculation de la société.

> La procédure de reprise volontaire :

Lorsque la société est immatriculée, les associés peuvent décider de reprendre les actes qui n'ont pas fait l'objet d'une reprise automatique. Mais attention, les 3 conditions relatives à l'acte doivent être remplies !

Pour que la reprise soit valable, les règles de **majorité** applicables aux **décisions ordinaires** doivent être appliquées (sauf clause statutaire exigeant une majorité plus élevée) : *voir p. 101.*

La reprise ne peut donc jamais être implicite, même si la SARL exécute lesdits engagements postérieurement à son immatriculation[1]

En conclusion, soyez attentif à ce que les conditions et procédures de reprise soient respectées car, aucune autre modalité ne permettrait une reprise opposable aux tiers, pas même si tous les associés ont participé à la conclusion de l'acte et y ont apposé leur signature[2]. Et dans ce cas, la responsabilité des personnes qui ont agi au nom de la SARL en formation n'aura juridiquement jamais cessé.

En bref : Les procédures de reprise

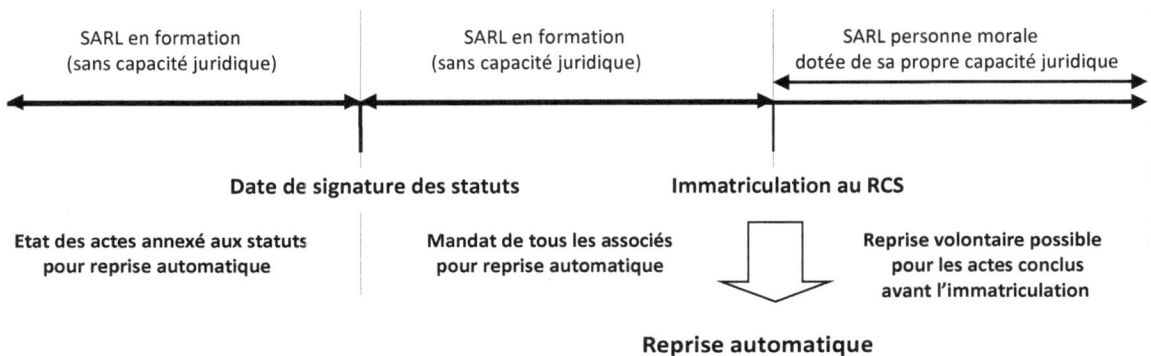

SARL en formation (sans capacité juridique) | SARL en formation (sans capacité juridique) | SARL personne morale dotée de sa propre capacité juridique

Date de signature des statuts — **Immatriculation au RCS**

Etat des actes annexé aux statuts pour reprise automatique | Mandat de tous les associés pour reprise automatique | Reprise volontaire possible pour les actes conclus avant l'immatriculation

Reprise automatique

Zoom

Aspects comptables des actes repris

D'un point de vue comptable, les dépenses engagées à l'occasion de la création de la SARL constituent des frais d'établissement[3].

Ces dépenses peuvent être comptabilisées de deux manières :

- **soit en charges :** dans ce cas les dépenses sont déductibles intégralement la première année (exercice au cours duquel l'engagement est repris). Si le résultat du premier exercice est insuffisant pour déduire la totalité, l'excédent pourra être imputé sur le ou les exercices suivants ;

- **soit en amortissements :** dans ce cas, ils peuvent alors être amortis, en linéaire, sur une période maximale de 5 ans.

Attention !

Si vous optez pour l'amortissement, tant que les frais d'établissement ne sont pas intégralement amortis, la société n'aura le droit de procéder à une distribution de dividendes que si le montant des réserves facultatives est au moins égal à celui des frais non amortis.

---

[1] Cass. civ. 1re, 26 avr. 2000.
[2] Cass. com., 6 déc. 2005, n°03-16.853 ; Cass. com., 23 mai 2006, n° 03-15.48 ; Cass. civ. 3,15 oct. 2015, n° 13-24.355.
[3] DB 4 C-231 ; Instr. 30 déc. 2005, *BO* 4 A-13-05, n° 45 à 47.

Chapitre 3

Créer sa SARL en 3 étapes

Donner naissance à une SARL est à la portée du plus grand nombre lorsque la société est simple. Mais encore faut-il le faire de manière éclairée.

Ce chapitre vous permettra de déterminer au mieux les caractéristiques de votre SARL et vous guidera tout au long de sa création.

3 étapes doivent être suivies pour donner naissance à votre SARL :

ÉTAPE 1	ÉTAPE 2	ÉTAPE 3
Préparer la rédaction des statuts	Rédiger les statuts de la SARL	Accomplir les formalités de publicité

Chaque étape est expliquée de manière **simple et complète**, vous **éviterez ainsi les pièges** dans lesquels tombent bon nombre de créateurs de sociétés.

> *Attention !*
> Si vous n'avez pas de connaissances juridiques en la matière, prenez le temps de lire attentivement le chapitre 1 intitulé « Les caractéristiques de la SARL » *(voir p. 9 s).*

① Préparer la rédaction des statuts

Cette étape préparatoire est importante pour réussir la constitution de la SARL. Prenez le temps d'une concertation entre futurs associés, répondez aux questionnaires **(1.)**, réunissez les documents utiles et procédez aux vérifications nécessaires **(2.)** et anticipez les questions de nature fiscale **(3.)**. Posez-vous également la question de l'utilité d'une promesse de société **(4.)**.

1. Répondre aux questions préparatoires

Les deux séries de questions qui suivent vous permettront de mener à bien la rédaction des statuts et les formalités d'immatriculation. Vous devez obligatoirement répondre à la première série de questions. La seconde est en revanche facultative, mais vous permettra d'améliorer le fonctionnement de votre SARL.

À savoir : Pour conserver une trace des engagements pris, vous pouvez mettre par écrit les questions et les réponses apportées par chaque associé. Si vous répondez à toutes les questions obligatoires, il s'agit déjà d'une **promesse de contrat de société** *(voir p. 48 s.)*. Pour donner à cet écrit valeur de preuve, le document devra être daté et signé par tous les futurs associés.

→ **Les questions auxquelles il faut obligatoirement pouvoir répondre :**

Si vous souhaitez en savoir plus, reportez vous aux pages indiquées

Qui sera associé de la SARL ?	p. 10 s.
De 2 à 100 associés au maximum. S'il n'y a qu'un associé, il s'agit d'une EURL.	p. 418 s.
Quelle sera l'activité de la SARL ? Relève-t-elle d'une activité réglementée et, dans l'affirmative, le futur gérant remplit-il les conditions requises par la loi ?	p. 12 s.
La délimitation de l'objet social entraîne des conséquences importantes. Ne négligez pas cette étape.	
Qui sera désigné gérant ? Sera-t-il un associé majoritaire ou minoritaire ? Sera-t-il un tiers non associé ? Le gérant remplit-il les conditions ?	p. 29 et p. 58 s.
Le statut fiscal et social du gérant est lié à la notion de contrôle de la SARL par ce dernier (qui tient compte non seulement des parts détenues personnellement mais aussi par son conjoint ou partenaire de pacs et ses enfants mineurs et les éventuels cogérants (voir p. 302 s.).	
À quelle adresse sera établi le siège social de la SARL ?	p. 14 s.
Quelle sera la dénomination sociale ?	p. 16 s.
Assurez-vous que celle-ci n'est pas déjà utilisée par une recherche à l'INPI.	

Quel sera le montant du capital social ? Sera-t-il fixe ou variable ?	p. 26 s.
Le montant du capital social correspond à celui des apports en numéraire et en nature.	
Quels seront le ou les apports de chaque associé ?	p. 20 s.
3 types d'apports sont possibles : en numéraire, en nature ou en industrie.	
Qui sera le dépositaire des fonds constituant les apports en numéraire ?	p. 20 s.
La loi prévoit que les apports en numéraire peuvent être déposés auprès d'une banque, d'un notaire ou encore à la Caisse des dépôts et consignations. Le choix de déposer les apports à la banque peut être judicieux car il permet parfois de nouer un premier contact.	
Si des apports en nature sont réalisés, les futurs associés sont-ils d'accord sur le choix du commissaire aux apports ou sont-ils tous d'accord pour ne pas recourir à un commissaire aux apports ?	p. 34 s.
Lors de la constitution, si aucun apport en nature n'excède 30 000 € et que la valeur totale des apports en nature n'excède pas la moitié du montant du capital social, il est possible de décider à l'unanimité des associés de ne pas recourir à un commissaire aux apports. En écartant le recours à un commissaire aux apports vous ferez des économies, mais attention, chaque associé sera solidairement responsable pendant 5 ans, à l'égard des tiers, de la valeur attribuée aux apports en nature lors de la constitution.	
En cas d'apport de biens communs, le conjoint ou le partenaire de pacs de l'apporteur est-il informé ou d'accord ?	p. 23 s.
Selon les cas, une information ou une autorisation sera nécessaire. Le conjoint ou partenaire pourra revendiquer la qualité d'associé de la SARL.	
En combien de parts sociales le capital sera-t-il divisé ?	
Il s'agit de déterminer la valeur unitaire des parts sociales. Le montant unitaire doit être identique pour toutes les parts mais son montant est libre, ce choix appartient aux associés. Par exemple, un capital social de 10 000 € peut être divisé en 100 parts sociales de 100 €, en 500 parts sociales de 20 € etc. (relevons qu'une division du capital social en un nombre de parts importants pourra faciliter les cessions partielles de capital par la suite).	
Si le conjoint du gérant participe à l'activité de la société, pour quel statut optera-t-il ? Conjoint collaborateur, conjoint associé ou conjoint salarié ?	p. 29 et p. 306
Un choix de statut est obligatoire si le conjoint participe à l'activité de la SARL.	
La SARL aura-t-elle un commissaire aux comptes ?	p. 148
Lorsque la SARL ne dépasse pas les seuils légaux, les associés peuvent décider de ne pas désigner de commissaire aux comptes.	
Quelle sera la durée de la SARL ?	p. 19
Au maximum 99 ans.	
Quels seront les régimes d'imposition des bénéfices (IS ou IR) et de TVA (franchise, réel simplifié ou réel normal) ?	p. 240 s. et 244 s.
Qui sera chargé de rédiger les statuts et de procéder aux formalités nécessaires ?	p. 49 s.
Ce peut être un associé, le futur gérant, un tiers ou un professionnel.	

→ Les questions facultatives

Si les futurs associés sont tous d'accord sur les réponses apportées à la série de questions précédente, les caractéristiques de la SARL sont déjà déterminées. Toutefois, pour **améliorer le fonctionnement de la société** il est conseillé d'essayer de répondre à tout ou partie de cette seconde série de questions. Patience, il ne restera plus qu'à effectuer quelques vérifications avant de compléter les statuts et de réaliser les formalités qui donneront naissance à votre SARL !

Si vous souhaitez en savoir plus, reportez vous aux pages indiquées

Les pouvoirs du gérant seront-ils limités par les statuts ? Une limitation des pouvoirs du gérant peut permettre un meilleur contrôle de son action par les associés. Tout dépassement permettra d'engager sa responsabilité civile personnelle en cas de préjudice.	**p. 75**
Les bénéfices seront-ils distribués proportionnellement aux apports (et donc au nombre de parts détenues par chaque associé) **ou une autre répartition sera-t-elle prévue par les statuts ?** Si les statuts ne prévoient rien de particulier, la répartition des bénéfices sera proportionnelle aux apports.	**p. 22**
Les associés ont-ils des liens de parenté ? Cette question est utile si vous souhaitez créer une **SARL de famille** ou pour déterminer le statut fiscal et social du gérant.	**p. 241**
Les ventes de parts sociales à un associé, un conjoint, un ascendant, un descendant seront-t-elles libres ou soumises à agrément ? Si les statuts ne prévoient rien, les ventes de parts sociales à ces personnes seront libres. Elles seront en revanche soumises à un agrément obligatoire lorsque l'acheteur est un tiers.	**p. 169**
En cas de décès d'un associé, la société continuera-t-elle ? Si les statuts ne prévoient rien, la société continuera avec les héritiers du défunt. Ceux-ci ne seront soumis à agrément que si les statuts l'ont prévu.	**p. 169**
Comment les décisions des associés pourront-elles être prises ? Vous devez répondre ici à plusieurs questions :	
• **Les règles de majorité seront-elles durcies pour certaines décisions ?** Si les statuts ne prévoient rien, les règles de majorité prévues par la loi s'appliqueront.	**p. 100 s.**
• **Les statuts autoriseront-ils le recours à la visioconférence ou à la télétransmission lors de la tenue des assemblées ?** **Attention** : Si les statuts ne prévoient rien, ces procédés techniques seront interdits. Relevons qu'en toute hypothèse, ces procédés ne peuvent jamais être utilisés pour l'assemblée générale annuelle appelée à statuer sur les comptes.	**p. 105**
• **Les statuts autoriseront-ils les consultations écrites des associés ?** Si les statuts ne prévoient rien, elles seront interdites.	**p. 111**

• **Les statuts autoriseront-ils les prises de décision par tous les associés dans un acte unique ?**	**p. 113**
Si les statuts ne prévoient rien, elles seront interdites.	
• **Qui pourra recevoir procuration pour représenter un associé en assemblée générale ?**	**p. 105 s.**
Si les statuts ne prévoient rien et que le nombre d'associés est supérieur à 2, un associé peut donner procuration à son conjoint (associé ou non) ou à un autre associé pour le représenter en assemblée (mais non à une autre catégorie de personnes sauf si les statuts le prévoient).	
• **En cas de démembrement de parts sociales, comment seront répartis les droits du nu-propriétaire et de l'usufruitier ?**	**p. 303 s.**
Si les statuts ne prévoient rien, le nu-propriétaire votera lors des décisions extraordinaires et l'usufruitier lors des décisions ordinaires (et dans tous les cas lors des décisions relatives à la répartition du résultat).	
Attention, le démembrement de parts sociales peut avoir une incidence sur la détermination du caractère majoritaire ou minoritaire du gérant.	
La SARL pourra-t-elle émettre des obligations ?	**p. 388 s.**
L'émission d'obligations n'est possible que sous certaines conditions et si les statuts le prévoient.	
Les associés donneront-ils mandat à l'un d'entre eux pour conclure certains actes utiles à la future SARL ?	**p. 37 s.**
Pour éviter toute contestation ultérieure et/ou pour faciliter la reprise automatique de ces actes par la SARL, il peut être judicieux que tous les associés donnent mandat à l'un d'entre eux pour conclure certains actes utiles à la société (exemple : ouverture d'une ligne téléphonique, conclusion d'un abonnement pour le site internet de la société, conclusion d'un contrat de bail, achat de matériel etc.).	
La SARL reprendra-t-elle certains actes conclus pour les besoins de sa création ?	**p. 37 s.**
La reprise des actes accomplis pour son compte est possible sous réserve de respecter les conditions prévues par la loi.	
A quelle date au plus tard la SARL sera-t-elle immatriculée au RCS ?	**p. 52 s.**

2. Réunir les documents utiles et effectuer quelques vérifications

Documents à réunir et vérifications à effectuer concernant...	
... les futurs associés	• *Pour les associés personnes physiques :* - 1 pièce d'identité ; - 1 extrait du livret de famille (afin de vérifier le régime matrimonial et, le cas échéant, mettre en œuvre la procédure prévue pour l'apport d'un bien commun). • *Pour les associés personnes morales :* - 1 extrait K-bis à jour ; - 1 original ou 1 copie de la décision de l'organe habilité à autoriser la souscription au capital de la SARL, ainsi que le pouvoir donné à la personne physique qui signera les statuts de la SARL et la pièce d'identité de cette dernière.
... le(s) gérant(s)	- 1 pièce d'identité ; - 1 extrait de naissance ou une fiche d'état civil de moins de 3 mois ; - une déclaration de non condamnation de nature à lui interdire de gérer ou contrôler une société commerciale. Cette déclaration peut se faire sur papier libre[1].
... le capital social	- 1 certificat délivré par la banque attestant du dépôt des fonds correspondant à la partie du capital en numéraire libéré (au minimum 1/5è des apports en numéraire souscrits)[2] ; - vérifier l'existence et la propriété des apports en nature : acte d'achat (s'il s'agit d'un matériel ou d'un fonds de commerce acquis). Si le fonds a été créé par l'apporteur, vérifier cette mention sur l'extrait K-bis de l'apporteur. Toutes les pièces relatives à la propriété des apports en nature et permettant de les identifier (par exemple : droits de propriété industrielles [brevet, dessin, modèles...], cartes grises des véhicules etc.) ; - si des biens propres sont apportés par une personne mariée sous le régime de la communauté (ou par une personne pacsée) il faut obtenir un justificatif de l'apporteur du caractère propre des biens ; - si un fonds de commerce ou un fonds artisanal est apporté : les comptes annuels des trois derniers exercices certifiés conformes par l'apporteur (pour les déclarations obligatoires), un exemplaire du bail. Il convient en outre de s'assurer que les conditions de forme imposées par le bail sont respectées (acte authentique, appel du propriétaire à concourir à l'acte, etc.). Le non-respect de ces dispositions entraînerait la nullité de l'apport. **Rappel :** Pour l'apport d'un immeuble ou d'un fonds de commerce, les statuts doivent être rédigés par un notaire.
... les apports en industrie	Il est nécessaire de vérifier la réalité et la teneur de l'apport en industrie qui sera effectué au cours de la vie de la société. Si l'apport en industrie requiert un diplôme : obtenir une copie du diplôme.
... le siège social	Selon les cas : - le titre de jouissance (bail ou titre de propriété) du local qui abritera le siège social ; - le titre de jouissance (bail ou titre de propriété) du gérant domiciliataire ; - vérifier et prendre copie du règlement de copropriété du local ; - l'éventuel contrat de domiciliation conclu avec le domiciliataire.

---

[1] Art. 128-1 C. com.
[2] Il convient en pratique de remettre à la banque, avec les fonds, le projet de statuts, non signé, de la future SARL (les statuts ne sauraient être valablement signés tant que le rédacteur n'est pas en possession de l'attestation bancaire de dépôt des fonds constituant la part de capital libéré).

3. Anticiper les questions de nature fiscale

La fiscalité de la création de la SARL et quelques conseils d'optimisation sont présentés page 218 et suivantes. Mais sachez également que l'administration fiscale a mis en place un certain nombre de dispositifs visant à faciliter votre information, le choix du régime fiscal et le respect des déclarations obligatoires.

Utilisez pleinement ces dispositifs, vous éviterez bien des déconvenues et serez certain d'appliquer les dernières mesures fiscales. Vous gagnerez ainsi temps et argent !

→ Solliciter l'assistance du service des impôts des entreprises (SIE)

Le SIE est votre interlocuteur pour toutes les questions fiscales relatives à votre activité. Il pourra répondre à toutes les demandes d'information et peut vous recevoir sur rendez-vous pour vous aider dans vos démarches fiscales lors de la création de votre SARL ou lors de son premier anniversaire (site www.impots.gouv.fr, rubrique : contacts).

Pour un premier contact, consultez le site www.impots.gouv.fr, rubrique : contacts. Pour les contacts ultérieurs, les coordonnées de votre **interlocuteur fiscal unique** figurent en tête de vos déclarations fiscales.

Vous pouvez également consulter le « Livret fiscal du créateur d'entreprise « mis en ligne gratuitement par la direction générale des Finances publiques (DGFiP).
(site www.impots.gouv.fr, rubrique professionnels : vos préoccupations, création)

→ La procédure de rescrit : une garantie fiscale

Le rescrit est une procédure entièrement gratuite permettant d'obtenir l'analyse de l'administration fiscale sur les conséquences fiscales d'une situation donnée au regard d'un texte fiscal.

Les questions susceptibles d'être posées par rescrit peuvent concerner l'application d'un texte fiscal à une situation de fait ou encore l'application de certains régimes fiscaux (ex. : le crédit d'impôt recherche, le statut de jeune entreprise innovante...).

L'intérêt de cette procédure est que la réponse apportée engage l'administration fiscale (sous certaines conditions). Dès lors, elle ne pourra plus procéder à aucune autre imposition supplémentaire qui serait fondée sur une appréciation différente de cette situation.

Consultez le site www.impots.gouv.fr, rubrique « Vos droits « destinée aux professionnels ou aux particuliers.

→ Le correspondant « entreprises nouvelles »

Chaque direction régionale ou départementale des Finances publiques met à votre disposition un **correspondant « entreprises nouvelles »** chargé de vous renseigner sur les avantages fiscaux et autres allègements existant en faveur de la création d'entreprise. Le SIE vous indiquera, votre correspondant.

→ Le service des impôts des particuliers (SIP) ou la trésorerie principale

Le SIP peut répondre à vos questions sur le paiement de l'impôt sur le revenu (en particulier si vous opter pour l'IR) et de certains impôts locaux.

→ Actualisation des données fiscales

Le portail fiscal de la direction générale des Finances publiques (DGFiP) (www.impots.gouv.fr) offre les services en ligne suivants : recherche d'information, documentation, formulaires, déclaration en ligne, paiement direct en ligne, consultation de vos avis d'acompte et avis d'imposition de CFE-IFER.

4. Faut-il conclure une promesse de contrat de société entre futurs associés ?

Lorsque plusieurs personnes veulent créer une société ensemble, sans vouloir ou pouvoir la constituer immédiatement, il est possible de concrétiser leur accord au moyen d'une promesse de société. Une promesse écrite permet d'éviter que l'un d'eux ne puisse revenir sans conséquences sur ses engagements.

> **Attention !**
> L'écrit qui matérialise la promesse doit au minimum indiquer : l'identité des futurs associés et les caractéristiques essentielles de la future société, c'est-à-dire au minimum sa forme (SARL), son objet social, sa durée, le montant du capital social, la nature et le montant des apports de chaque associé et la répartition des parts sociales. La promesse doit en outre être datée et signée par l'ensemble des associés qui s'engagent.

La promesse de société ne permet pas de contraindre celui qui revient sur son engagement d'intégrer « de force » la société mais permet de demander réparation du préjudice qui résulterait de l'inexécution de la promesse.

À cet égard, il est possible d'insérer une clause pénale dans la promesse de société qui prévoit par avance le montant de l'indemnité qui sera versée en cas d'inexécution.

Relevons que le juge peut diminuer le montant de la pénalité si elle est manifestement excessive ou, à l'inverse l'augmenter si elle apparaît dérisoire[1].

Astuce : Il est possible de conclure la **promesse de société conditionnelle**[2]. Juridiquement, une condition est un évènement *futur* et *incertain* auquel est subordonné la formation ou la disparition d'une obligation. La promesse peut être conclue soit, **sous condition suspensive** de la réalisation d'un évènement (par exemple l'acquisition d'un fonds de commerce déterminé) soit, **sous condition résolutoire** (la promesse existe mais prendrait fin si un évènement précisé par la condition arrivait, par exemple, l'impossibilité pour un associé d'obtenir un prêt ou la renonciation d'un associé déterminé etc.)[3]. Dans ce cas, aucun dommages-intérêts ne serait dû.

Si l'enjeu est important, faites-vous assister d'un professionnel du droit (avocat ou notaire) car la validité de la promesse de société sous condition est soumise à des règles strictes.

---

[1] Article 1231-5 C. civ. issu de l'ordonnance du 10 février 2016.

[2] Le régime des obligations conditionnelles figure aux articles 1304 à 1304-7 du Code civil (ordonnance du 10 février 2016).

[3] L'accomplissement de la condition résolutoire éteint rétroactivement l'obligation, sans remettre en cause, le cas échéant, les actes conservatoires et d'administration. Toutefois, la rétroactivité n'a pas lieu si telle est la convention des parties ou si les prestations échangées ont trouvé leur utilité au fur et à mesure de l'exécution réciproque du contrat.

② Rédiger les statuts de la SARL

Les statuts doivent être établis par écrit[1] : soit sous seing privé soit par acte authentique (acte notarié).

> **Attention !**
> L'acte notarié est obligatoire lorsqu'un apport fait à la SARL implique une mutation de propriété immobilière, assujettie à la publicité foncière apport d'un immeuble, d'un fonds de commerce, bail de plus de 12 ans...)[2].

→ Utiliser des statuts-types ?

L'utilisation de statuts-types est une pratique courante qui offre d'indéniables facilités. Cependant, cette faculté ne peut être utilisée judicieusement que si la SARL dont vous projetez la création ne présente pas de complexité juridique.

Si votre temps et vos compétences sont suffisantes www.entrepreneur-competences.fr peut vous adresser un modèle de base sur demande (Rubrique « Nous contacter »)[3]. Le site Afecreation.fr propose également des modèles de statuts vierges pour les SARL les plus simples.

En toute hypothèse, il est indispensable de comprendre chacun des articles des statuts car ils détermineront les règles juridiques, sociales et fiscales applicables à votre SARL.

→ Rédiger soi-même des statuts adaptés à vos besoins ?

La rédaction de statuts adaptés à vos besoins nécessite que vous disposiez de compétences suffisantes. *Pas d'improvisation en la matière !* Certaines erreurs dans la rédaction de clauses pourraient, par la suite, s'avérer dommageable ou ne pas produire les effets escomptés (les stipulations pourraient être réputées non écrites ou inopposables).

Si vous ne disposez pas du temps nécessaire ou si l'opération vous semble complexe, adressez-vous à un professionnel du droit qui sécurisera la création de votre SARL et vous apportera les conseils nécessaires pour bien démarrer. C'est un investissement de départ qui peut vous éviter bien des déconvenues ultérieures.

→ À quel professionnel s'adresser ?

Avocats, Notaires, Experts-comptables et Conseils en création d'entreprise pourront vous apporter leur savoir-faire et leur expertise pour la rédaction des statuts. Aucune de ces professions n'est tenue de respecter un barème de tarifs. Les honoraires demandés sont, par conséquent, variables, mais également négociables. Ils seront généralement fonction de la complexité de la société, du montage

---

[1] Art. L. 210-2 C. com.

[2] D. n° 55-22, 4 janv. 1955, art. 4 et 28.

[3] Les statuts types pour SARL simples sont adressés gratuitement sur justification d'achat de cet ouvrage.

juridique envisagé et du nombre d'associés. Les honoraires pratiqués en la matière par les **avocats**[1] et **notaires**[2] varient généralement de 1 000 à 5 000 € pour une SARL simple, mais peuvent aller bien au-delà si la SARL nécessite un montage juridique plus complexe. Rappelons, que l'intervention d'un notaire est obligatoire si vous réalisez un apport en nature constitué d'un immeuble, d'un bail de plus de douze ans sur un immeuble ou encore, d'un fonds de commerce.

Certains **Experts-comptables**[3] acceptent parfois une rédaction gratuite en vue de s'attacher un nouveau client, mais il s'agit souvent de statuts types qui ne répondent pas au plus près aux besoins des créateurs.

Il existe enfin des **organismes et structures spécialisés dans l'aide à la création d'entreprises**. L'étendue de leurs services varie de l'information à l'accompagnement tout au long de la création. Leurs tarifs sont généralement attractifs. Plusieurs structures spécialisées dans la création d'entreprise vous garantissent un conseil de qualité et une sécurité juridique.

> *Attention !*
> Les conseils en création d'entreprise se sont multipliés et leurs compétences sont très variables. Vous devez donc être particulièrement vigilants et ne pas vous laisser abuser par de trop nombreuses structures de « conseil en création d'entreprise » qui ont pignon sur rue ou sur Internet et qui disposent de compétences bien trop superficielles en droit des sociétés et en fiscalité.

→ Faut-il établir des statuts simples ou des statuts développés ?

Tout rédacteur de statuts se pose la question de leur contenu. Les statuts doivent-ils se contenter de reprendre les seules mentions indispensables ou bien exposer en détail les règles de fonctionnement de la société ?

Rédiger des statuts simples est recommandé car la SARL est une société dont le fonctionnement est minutieusement prévu par les dispositions du Code de commerce[4]. Il n'est donc utile de prévoir des stipulations supplémentaires que dans le cas où vous souhaitez apporter des précisions au fonctionnement de la société (sous réserve que la loi l'autorise) ou lorsque vous souhaitez ne pas voir s'appliquer la règle légale supplétive.

> *Attention !*
> La pratique qui consiste à reproduire intégralement la loi dans les statuts est à proscrire. Les modifications de la loi, fréquentes en la matière, imposeraient de modifier les statuts et entraîneraient donc le paiement de droit d'enregistrements.

---

[1] Si vous choisissez un Avocat, il est très important de vous assurer que ce dernier est compétent en droit des sociétés et en fiscalité, ce qui n'est pas toujours le cas.
Tout Avocat non spécialiste peut accepter de rédiger des statuts en assurant « un service minimum ». Il vous appartient donc d'être vigilant. Une spécialisation du praticien en droit des sociétés ou en droit des affaires est un gage de sécurité. Pour vous en assurer n'hésitez pas à contacter le Barreau dont vous dépendez : www.cnb.avocat.fr

[2] Si vous recherchez un Notaire exerçant dans votre région adressez-vous au CSN : www.notaires.fr

[3] Pour obtenir la liste des Experts-comptables exerçant dans votre région, adressez-vous au Conseil Supérieur de l'ordre des Experts-comptables : www.Experts-comptables.com

[4] Vous trouverez ces textes sur www.legifrance.gouv.fr ; Reportez-vous notamment aux articles L. 223-1 à L. 223-43 et R. 223-1 à R. 223-36 du Code de commerce.

→ Combien d'exemplaires de statuts les associés doivent-ils établir ?

Vous devez rédiger au moins quatre exemplaires originaux paraphés et signés (un pour le dépôt au siège social, un pour les formalités d'enregistrement, deux pour le dépôt au greffe du tribunal de commerce, bien que la remise d'une copie au greffe soit désormais possible[1]). Il faudra également remettre un exemplaire des statuts à chaque associé[2].

Enfin, il conviendra d'établir plusieurs copies sur papier libre, certifiées conformes par le représentant légal destinées à certains différents interlocuteurs de la société (banques...).

---

[1] Art. R. 123-103 C. com.
[2] Art. R. 223-1 C. com.

③ Accomplir les formalités de publicité

Une fois les statuts rédigés et signés, il vous suffit de publier l'avis de constitution dans un journal d'annonces légales (JAL), de remplir le formulaire M0 et de transmettre le dossier complet au centre de formalité des entreprises (CFE).

1. Publier un avis de constitution dans un JAL

Avant de vous adresser au CFE, vous devez faire publier un avis de constitution dans un Journal d'Annonces Légales (JAL) du département du siège social[1] *(voir illustration page suivante)*. Cette formalité peut être réalisée sur internet ou par téléphone. Une attestation vous sera délivrée en quelques minutes.

L'avis de constitution doit obligatoirement contenir :
1- la dénomination sociale suivie, le cas échéant, de son sigle,
2- la forme de la société (SARL ou EURL),
3- le montant du capital social,
4- l'adresse du siège social,
5- l'objet social, indiqué sommairement,
6- la durée de la société,
7- les nom, prénom usuel et domicile du ou des gérants,
8- l'indication du greffe du tribunal où la société sera immatriculée au Registre du Commerce et des Sociétés.
Si la société est à capital variable, l'avis en fait mention et indique le montant au-dessous duquel le capital ne peut être réduit.

Illustration : Avis de constitution dans un JAL

Par acte sous seing-privé en date du 25 août 2017, il a été constitué une société.
Dénomination sociale : OPTIMAL CREATION
Sigle : OC
Forme : SARL
Capital social : 10 000 euros
Siège social : 10 rue de la Madone, 75 018 PARIS
Durée : 99 ans
Objet : Création de sites internet
Gérant : M. Pierre Martin demeurant 10 rue de la Madone, 75 018 PARIS
Immatriculation au RCS de Paris

À savoir : Le prix de la publication de l'avis dépend du nombre de lignes saisies *(voir p. 31)*.

---

[1] Pour connaitre les journaux habilités de votre département, consultez le site www.actulegales.fr.

2. Le Centre de formalités des entreprises (CFE)

L'ultime étape consiste à remplir le formulaire M0 (disponible sur www.greffes-formalites.fr) puis à déposer au CFE le dossier d'immatriculation de la SARL. Cette formalité peut être accomplie de 3 manières :
- en vous déplaçant au CFE,
- sur internet : **greffes-formalites.fr** ou cfenet.cci.fr,
- ou encore par voie postale.

Afin d'éviter toute perte de temps, demandez à votre CFE la liste des documents attendus. D'une manière générale, vous devrez préparer et transmettre au CFE les documents suivants :

- 1 formulaire rempli de demande d'immatriculation « M0 » et un formulaire « TNS » (en cas de gérance majoritaire)

- 1 exemplaire du Journal d'annonces légales (JAL) dans lequel l'avis de constitution a été publié ou une copie de l'attestation de parution indiquant la référence du journal et la date de parution : Voir page précédente ;

- 2 exemplaires des statuts paraphés à chaque page, datés et signés (3 exemplaires si l'activité est artisanale) ;

- 2 exemplaires des actes de nomination du ou des gérants s'ils n'ont pas été nommés dans les statuts ;

- 2 exemplaires de l'acte de nomination du ou des commissaires aux comptes (s'il en existe et qu'ils ne sont pas nommés par les statuts) ;

- 2 exemplaires du rapport du commissaire aux apports si la société y a eu recours : *voir p. 21*

- 1 copie du titre de jouissance du local où sera situé le siège social (titre de propriété, bail, mise à disposition…) et le cas échéant règlement de copropriété du local1 ou encore contrat de domiciliation conclu avec le domiciliataire : Voir p. 14 et suivantes ;

- 1 extrait d'acte de naissance (ou une copie de la carte d'identité ou du passeport du ou des gérants accompagnés dans les deux derniers cas d'une déclaration faisant connaître leur filiation) ;

- 1 attestation du gérant sur l'honneur de non condamnation à une peine interdisant l'exercice de la gestion ou le contrôle d'une société commerciale ;

- 1 copie de la carte professionnelle ou du diplôme du ou des gérant si l'activité de la SARL est réglementée ;

- si le ou les gérants sont immatriculés au RCS à titre personnel ou en qualité de dirigeant d'une autre société : un extrait K ou K bis de l'entreprise concernée datant de moins de 3 mois ;

- si le conjoint d'un gérant participe à l'activité de l'entreprise, la déclaration d'option pour le statut de conjoint collaborateur, associé ou salarié : *voir p. 306 s.*

En outre, pour les activités artisanales, il sera demandé l'attestation de suivi, par le gérant, d'un stage de préparation à l'installation ou une dispense si l'intéressé en a fait la demande préalable auprès de la Chambre des Métiers). Pour les activités de commerce ambulant, une copie de l'attestation provisoire délivrée par la Préfecture sera nécessaire.

- si le gérant est de nationalité étrangère (hors Union Européenne ou Espace Économique Européen et Confédération Suisse) : 1 copie de la carte de séjour temporaire commerçant ou artisan ou de sa carte de résident (10 ans) ;

- 1 chèque d'un montant de 85 € environ libellé à l'ordre du « greffe du tribunal de commerce de (indiquer le lieu) »

Dans certains cas spécifiques, le CFE peut être amené à demander la production d'autres pièces.

Si votre dossier est complet, le CFE vous remettra un **récépissé de dépôt de dossier de création d'entreprise (valable 1 mois)** comportant la mention « en attente d'immatriculation » qui vous permettra de déclarer votre entreprise (sans attendre l'extrait Kbis) auprès des organismes publics et privés (Engie, Orange, SFR, Bouygues Télécom, La Poste, etc.).

Le CFE transmettra les pièces nécessaires au greffe du tribunal de commerce en vue de l'immatriculation de la SARL au RCS ainsi que toutes les pièces de votre dossier aux organismes et

---

[1] Rappelons que l'article L.123-11-1 du Code de commerce permet d'établir le siège de la SARL au domicile du gérant sans limitation de durée dès lors qu'il n'existe pas de dispositions législatives ou contractuelles contraires ou pendant une durée de 5 ans s'il existe de telles dispositions *(voir p. 16)*.

administrations destinataires[1]. Le greffier du tribunal procédera à l'insertion au BODACC[2] et vous adressera l'extrait **Kbis** qui atteste de l'immatriculation de la SARL au RCS (vous recevrez également au siège social un courrier des divers organismes et administrations concernées).

C'est fait votre SARL est créée ! Il ne reste plus qu'à réussir son lancement et son développement !

Zoom

Kbis, SIREN, SIRET, code NAF... qu'est-ce donc ?

L'extrait Kbis

L'extrait Kbis est un document délivré par le greffe du tribunal de commerce qui atteste de l'existence juridique de la société (plus précisément de son immatriculation au RCS).

L'extrait Kbis est en quelque sorte la carte d'identité de la société. Il énonce notamment les caractéristiques de la société : greffe d'immatriculation, date d'immatriculation, numéro d'identification (numéro SIREN), numéro de SIRET, dénomination sociale, forme juridique (SARL), montant du capital social, adresse du siège, identité et adresse du ou des gérants, activité, adresse du principal établissement, date d'expiration de la société.

Le numéro SIREN

Le numéro SIREN (Système d'Identification du Répertoire des Entreprises) est attribué par l'INSEE lors de l'inscription de l'entreprise au répertoire national des entreprises, il comporte 9 chiffres.

La SARL conservera ce numéro durant toute son existence. Le numéro SIREN doit figurer sur tous les documents commerciaux (devis et factures, documents publicitaires, papiers en-tête, etc.).

Pour en savoir plus : www.sirene.fr

Le numéro SIRET

Le numéro SIRET (Système d'Identification du Répertoire des Établissements) est l'identifiant des établissements de l'entreprise lorsque celle-ci en possède plusieurs. Cet identifiant comporte les 9 chiffres du SIREN, suivi de 5 chiffres complémentaires[3] propres à chaque établissement de votre entreprise (soit 14 chiffres).

Le code NAF ou APE

Le code NAF (Nomenclature des Activités Françaises) [toujours appelé code APE dans le langage courant] est attribué en fonction de l'activité principale exercée par l'entreprise.

L'activité principale exercée (APE) est déterminée en fonction de la ventilation des différentes activités de l'entreprise. La valeur ajoutée des différentes branches d'activité étant souvent difficile à déterminer à partir des enquêtes statistiques, c'est la ventilation du chiffre d'affaires ou des effectifs selon les branches qui est utilisée comme critère de détermination. Si la SARL a plusieurs établissements, chacun d'eux se voit attribuer par l'Insee, lors de son inscription au répertoire SIRENE, un code caractérisant son activité principale par référence à la nomenclature d'activités françaises (NAF rév. 2). Plus précisément, on distingue le code APEN pour l'entreprise et le code APET pour les établissements.

Pour en savoir plus : www.insee.fr

---

[1] C'est-à-dire à l'INSEE, qui inscrit l'entreprise au Répertoire National des Entreprises (RNE) et lui attribue un numéro SIREN, un numéro SIRET et un code d'activité NAF : voir page suivante ; les services fiscaux ; les organismes sociaux : URSSAF (qui transmet au Pôle emploi), caisse d'assurance maladie, caisse de retraite ; le répertoire des métiers, si votre activité est artisanale ; les caisses sociales concernant les salariés ainsi que l'inspection du travail, si la déclaration indique que votre activité démarre avec des salariés.

[2] Bulletin Officiel des Annonces Civiles et Commerciales : www.bodacc.fr

[3] Numéro Interne de Classement (NIC), se compose d'un numéro d'ordre à quatre chiffres attribué à l'établissement et d'un chiffre de contrôle, qui permet de vérifier la validité de l'ensemble du numéro SIRET.

Partie 2

Réussir la gestion de la SARL

Sommaire

Chapitre 1

Le gérant de la SARL : Règles clés

Sommaire

① La désignation du gérant

L'importance de ses pouvoirs et son rôle clé pour la bonne marche de la société nécessitent que le gérant désigné soit une personne de confiance.

À savoir : Le statut social du gérant est fonction de son caractère majoritaire, minoritaire (ou égalitaire) ou non associé :

Majoritaire, il sera rattaché au régime social des indépendants (RSI) ;

Minoritaire ou égalitaire, il sera affilié au régime général des salariés. Il faut préciser que les gérants minoritaires ou égalitaires doivent être rémunérés pour bénéficier de l'affiliation au régime général, dans le cas contraire ils ne relèvent d'aucun régime obligatoire de sécurité sociale.

Non associé, il sera en principe assujetti au régime général des salariés, sauf à être assimilé à un gérant majoritaire, auquel cas il relèvera du régime social des indépendant (RSI).

→ *Pour le détail, reportez-vous au régime social et fiscal du gérant p. 301 s.*

---

1. Qui peut devenir gérant ?

Seules les **personnes physiques** peuvent devenir gérant de SARL. Le gérant peut être choisi parmi les associés ou en dehors d'eux (il est toutefois possible de prévoir dans les statuts que le gérant soit obligatoirement associé).

Le gérant doit avoir la capacité civile d'exercice, autrement dit, il doit être majeur ou s'il est mineur, il doit être émancipé.

La personne physique choisie ne doit pas être frappée d'une interdiction de gérer ou d'administrer, d'incompatibilité. Les époux (quel que soit leur régime matrimonial), les concubins et les partenaires d'un PACS peuvent être gérant de la même SARL et cela, même s'ils en sont les seuls associés.

En bref : **Peuvent-ils devenir gérant de SARL ?**

Personnes physiques	Personne physique (associé ou non de la SARL)	**OUI**
	Mineur non émancipé	**NON**
	Mineur émancipé	**OUI**
	Majeur	**OUI**
	Majeur sous sauvegarde de justice	**NON** (1)
	Majeur sous tutelle ou curatelle	**NON** (1)
	Personne physique frappé d'interdiction	**NON**

	Majeur exerçant une profession incompatible	**NON** (2)
	Fonctionnaire	**NON** (3)
	Personne de nationalité étrangère	**OUI** (4)
Personnes morales (5)	Personne morale associé de la SARL	**NON**
	Personne morale non associé de la SARL	**NON**

(1) La nomination n'est pas interdite mais dépourvue de tout effet juridique (art. 1146 et 1160 C. civ.).
(2) Sauf dans le cadre des SELARL s'agissant des professions réglementées.
(3) Sauf dérogation : *voir p. 62.*
(4) Dans les cas prévus par la loi : *voir p. 62.*
(5) C'est-à-dire, par exemple, des sociétés, des GIE, des associations, des syndicats.

Relevons que l'exercice par la société de certaines activités réglementées peut supposer que le gérant remplisse des exigences particulières (par exemple, le gérant d'une SARL dont l'objet social est l'expertise comptable doit obligatoirement être expert-comptable).

2. Comment le gérant est-il désigné ?

Lors de la création de la SARL, le ou les premiers gérants sont désignés par les associés dans les statuts ou par un acte postérieur. Un gérant doit obligatoirement être nommé avant l'immatriculation de la société.

En cours d'activité, le gérant est désigné par les associés aux conditions de majorité des décisions ordinaires (50% des parts + une). Si cette majorité n'est pas obtenue lors de la première consultation, les associés sont convoqués ou consultés une seconde fois, la décision est alors prise à la majorité des votes émis, quel que soit le nombre des votants. Sachez toutefois que les statuts peuvent valablement écarter la possibilité de cette seconde convocation.

À savoir : Les associés peuvent prévoir dans les statuts une majorité plus élevée (majorité dite qualifiée) pour désigner le gérant. Les associés minoritaires seront ainsi davantage pris en compte lors du choix du gérant ou des gérants.

En cours d'activité, la nomination du gérant, comme la cessation des fonctions de l'ancien gérant, doivent faire l'objet de mesures de publicité.

Les mesures de publicité à accomplir sont les suivantes :
- insertion d'un avis dans un journal d'annonces légales (JAL),
- inscription modificative au CFE qui le transmettra au greffe du tribunal de commerce pour inscription modificative au RCS (il est possible de s'adresser directement au greffe),
- insertion d'un avis au BODACC.

Remarque : La reconduction d'un gérant dans ses fonctions au terme de son mandat ne nécessite pas l'accomplissement des mesures de publicité.

> **Attention !**
> Le changement de gérant n'est opposable aux tiers qu'à partir du 16ème jour suivant l'insertion au BODACC lorsque ces derniers prouvent avoir été dans l'impossibilité de connaître le changement (art. L. 210-5 al.1 C. com.). Autrement dit, les tiers peuvent valablement opposer à la SARL un acte conclu avec l'ancien gérant entre la nomination du nouveau gérant et le 16ème jour suivant l'insertion de l'avis de nomination du nouveau gérant au BODACC.

Relevons enfin, que les associés doivent être particulièrement attentifs au respect des conditions de nomination du gérant car, une fois les mesures de publicité accomplies, le gérant engage valablement la société même si la nomination est irrégulière, les mesures de publicité ayant pour effet de purger la nomination de ses éventuelles irrégularités)[1].

À savoir : En l'absence de publicité, la nomination n'est pas opposable aux tiers sauf si la société parvient à établir que le tiers avait personnellement connaissance des changements intervenus (ce qui est très difficile en pratique).

3. La personne désignée gérant doit-elle accepter les fonctions ?

Oui, l'intéressé doit accepter sa nomination en qualité de gérant. L'acceptation peut être expresse et résulter, par exemple, d'une lettre adressée à la SARL ou de sa signature au bas du procès-verbal de la résolution l'ayant nommé, précédée de la mention « *Bon pour acceptation des fonctions de gérant* ». Mais, elle peut également être tacite en découlant de l'exécution par l'intéressé des fonctions de gérant qui lui a été confiées par les associés. En interne, c'est à compter de cette acceptation que sa nomination prend effet.

En revanche, à l'égard des tiers, sa nomination n'est opposable que si les mesures de publicité légales ont été accomplies. Ces mesures doivent donc être soigneusement respectées si vous ne voulez pas que les tiers tentent d'échapper à leurs obligations vis-à-vis de la SARL.

4. Combien de gérant peut-on nommer ?

La SARL peut avoir **un ou plusieurs gérants**. Le nombre de gérant est librement fixé par les statuts qui peuvent imposer un nombre minimum ou à l'inverse interdire la pluralité. **Ce choix est stratégique :**

Un **gérant unique** offre une concentration des pouvoirs qui permet une approche unitaire de la gestion de la SARL. Lorsque celui-ci est doué des compétences nécessaires, cela peut être un atout pour le développement de la société.

Une **pluralité de gérants** offre une possibilité de division du travail, de spécialisation des tâches et simplifie la continuité de la gestion en cas d'empêchement ou de décès de l'un des gérants. Mais la pluralité de gérants peut aussi être à l'origine d'une certaine cacophonie dans la gestion de la SARL *(voir p. 74 s.)*. Afin de limiter ce risque, les associés peuvent mettre en place un conseil de gérance *(voir page suivante)*.

Ne vous laissez pas piéger, la pluralité de gérants peut avoir des effets statutaires importants car pour apprécier le caractère majoritaire ou minoritaire de la gérance, il convient d'additionner les parts détenues par l'ensemble des co-gérants (ainsi que celles de leur conjoint et leurs enfants mineurs, tant en pleine propriété qu'en usufruit). Si en application de cette règle ils sont considérés comme majoritaires, deux conséquences en résultent :

- 1ère conséquence : ils auront tous le statut de travailleur indépendant, et relèveront du régime social des indépendants (RSI),

---

[1] Si la nomination est irrégulière, la société peut obtenir sa révocation en justice ou le révoquer (les actes qu'il aura passés alors qu'il était en fonction demeureront valables). La révocation fait cependant courir le risque des conséquences d'une révocation sans juste motif.

- **2nde conséquence** : il leur sera interdit le cumul de leur mandat de gérant avec un contrat de travail *(voir p. 67)*.

📄 **Exemple** : *Une SARL (au capital social divisé en 1 000 parts sociales) comprend trois associés co-gérants détenant respectivement :*
Mme Claire (associée et gérant) : 450 parts sociales ;
M. Pierre (associé et gérant) : 300 parts ;
M. Marc (associé et gérant) : 250 parts.
Chaque co-gérant sera considéré comme gérant majoritaire, alors même que chacun d'eux, pris isolément, ne possède pas cette majorité.

Le détail des règles de détermination du caractère majoritaire ou minoritaire du gérant est développé page 302 et suivantes.

Zoom

🔑 **Le conseil de gérance**

Lorsque plusieurs gérants ont été nommés par les associés, ces derniers organisent parfois un conseil de gérance.

Avantages : La mise en place de cet organe de gestion permet d'encadrer l'activité des gérants et de faciliter leur coordination. Il offre également les avantages d'une prise de décision collégiale.

Modalités de fonctionnement : Aucune disposition légale ou réglementaire ne prévoit les modalités de fonctionnement de cet organe. Il appartient donc aux statuts de prévoir les modalités de fonctionnement du Conseil de gérance : conditions des prises de décisions, répartition des tâches etc.... Faute de stipulation statutaire sur ces points, chacun des gérant peut agir séparément dans les conditions classiques.

Opposabilité du Conseil de gérance : Les modalités statutaires du Conseil de gérance n'ont d'effet qu'en interne. Le ou les gérants qui ne respecteraient pas les règles relatives au Conseil de gérance imposées par les statuts engageraient leur responsabilité (la violation statutaire constituerait un juste motif de révocation).

En revanche, cette organisation interne est inopposable aux tiers, pour qui chacun des gérants est réputé jouir des pouvoirs les plus étendus pour agir en toute circonstance au nom de la SARL.

→ *Sur les pouvoirs du gérant, reportez-vous page 73 et suivantes.*

5. Existe-t-il une limite d'âge pour devenir gérant ?

La loi ne prévoit aucune limite d'âge mais les statuts peuvent en prévoir une. L'intérêt d'une limitation statutaire est de permettre d'une part, d'interdire la nomination en qualité de gérant d'une personne ayant atteint un âge jugé trop avancé et d'autre part, de rendre démissionnaire d'office le gérant en fonction qui atteindrait cette limite. Relevons, que si les associés le juge opportun, il sera toujours possible de modifier ou de supprimer cette limite d'âge sous réserve de respecter les conditions applicables aux décisions extraordinaires *(voir p. 101)*.

6. Existe-t-il des incompatibilités ?

Une incompatibilité empêche de devenir gérant en conservant sa profession (il faut faire un choix). L'exercice de certaines professions est incompatible avec la fonction de gérant de SARL. Tel est le cas des avocats, notaires, agents territoriaux, personnels des établissements de crédit, membres du gouvernement ou du parlement. Par exception, les professionnels libéraux et professions réglementées peuvent être gérants des sociétés d'exercice libéral à responsabilité limitée (SELARL) *(voir p. 445)* dans le cadre desquelles ils exercent leur activité professionnelle. Les commissaires aux comptes peuvent être gérants de SARL sauf naturellement, de celles dans lesquelles ils exercent leurs missions et, sous réserve de ne pas enfreindre l'interdiction d'exercer toute activité commerciale (L. 822-10 C. com.).

7. Être fonctionnaire et gérant de SARL est temporairement possible !

Il est en principe interdit aux fonctionnaires d'être gérant de SARL[1]. Toutefois, la loi prévoit plusieurs dérogations temporaires à l'interdiction faite aux fonctionnaires de devenir gérant de SARL. Ces dérogations sont prévues pour une durée maximale d'une année, renouvelable une **fois.** À l'issue de ces périodes, il appartient à l'intéressé de faire un choix entre les deux statuts.

La dérogation est applicable dans deux cas suivants :

- si la durée de travail du fonctionnaire est inférieure ou égale à un mi-temps,

- si le fonctionnaire crée ou reprend une SARL.

À savoir : Afin de mener à bien le projet de création ou de reprise, il leur est possible de réduire leur service en demandant un temps partiel (l'autorisation étant accordée de plein droit par l'autorité administrative).

Sachez qu'un gérant de SARL qui serait recruté par l'administration en qualité de fonctionnaire (ou assimilé) peut également cumuler les deux fonctions durant une année renouvelable une fois.
Enfin, une dernière dérogation, non limitée dans le temps, permet aux fonctionnaires des services publics et des établissements publics de recherche de participer, après autorisation administrative, à la création ou à la gérance d'une SARL ayant pour objet d'assurer la valorisation des travaux de recherche qu'ils ont réalisés dans l'exercice de leurs fonctions[2].

8. Un salarié de la SARL peut-il devenir gérant ?

Le cumul des deux fonctions de salarié et de gérant est possible sous certaines conditions. Ce cumul présente **de réels avantages :** *voir p. 67.*

9. Une personne de nationalité étrangère peut-elle devenir gérant de SARL ?

Les personnes de nationalité étrangère peuvent devenir gérant si elles remplissent les conditions suivantes :
- Les ressortissants de l'Union européenne et des autres États de l'espace économique européen (Island, Liechtenstein et Norvège) ainsi que de la Suisse sont dispensés de toute formalité spécifique

---

[1] Lorsque le fonctionnaire viole l'interdiction, celui-ci peut être tenu de reverser les sommes indûment perçues par retenue sur son traitement (Loi 83-634 du 13 juillet 1983 art. 25 modifié par la loi 2007-148 du 2 février 2007).
[2] Pour en savoir plus : art. L. 413-1 s. Code recherche ; D. 2007-611 du 27 avril 2007, art. 4 s..

s'ils ne résident pas en France[1] (s'ils établissent leur résidence habituelle en France, ils devront se faire enregistrer auprès du Maire de leur commune)[2].

- Les ressortissants d'un autre État que ceux cités ci-dessus doivent être titulaires d'une carte de séjour temporaire autorisant l'exercice d'une activité professionnelle si elles établissent leur résidence en France[3], ou procéder à une déclaration en Préfecture si elles conservent leur résidence habituelle à l'étranger, à défaut il ne peut requérir sa mention en qualité de gérant au registre du commerce et des sociétés.

Toutefois, les ressortissants de certains États sont dispensés de produire une carte de séjour temporaire (ressortissants d'Algérie, de Monaco et d'Andorre).

Enfin, les personnes de nationalité étrangère titulaires d'une carte de résident sont dispensées de produire une carte de séjour temporaire[4].

10. Une personne condamnée à une interdiction de gérer peut-elle devenir gérant de SARL ?

Non, durant la condamnation, une personne qui aurait été condamnée par la justice à une interdiction de gérer ou d'administrer ne peut pas devenir gérant. Mais sachez qu'au moment du prononcé de la condamnation ou ultérieurement, il est possible de demander au juge :
- un **relevé de l'interdiction ou** la **non-inscription de la condamnation** au bulletin 2 du casier judiciaire : ce qui permettra dans les deux cas de devenir gérant,
- une limitation de la durée de l'interdiction.

---

[1] Art. L. 122-1 al. 2 du Code des étrangers
[2] Art. L. 121-2 et R. 121-5 du Code des étrangers
[3] Art. L. 313-10 du Code des étrangers
[4] Art. L. 314-4 du Code des étrangers

② La rémunération du gérant de SARL

Les fonctions de gérant peuvent être rémunérées ou exercées gratuitement. Lorsqu'une rémunération est allouée au gérant, celle-ci peut être fixe, proportionnelle ou à la fois fixe et proportionnelle.

> **Attention !**
> Les rémunérations du gérant, y compris les indemnités, allocations, avantages en nature, ne sont admises en déduction des résultats que si elles correspondent à un travail effectif et ne sont pas excessives eu égard à l'importance du service rendu[1].
> D'une manière générale, son montant doit être justifié par la mission, autrement dit, elle ne doit pas être abusivement élevée car une telle rémunération pourrait engager la responsabilité du gérant (civile, pénale et fiscale).

Lorsque le gérant est associé, il est pertinent de s'interroger sur le mode de rémunération le moins onéreux fiscalement : rémunération en qualité de mandataire ou dividendes en qualité d'associé. Une simulation au cas par cas doit être faite.

De plus, lorsque le gérant est associé minoritaire (ou n'est pas associé), il peut cumuler son mandat avec un contrat de travail lorsque les conditions sont remplies. Cette hypothèse mérite également d'être envisagée. Aussi, un gérant s'il demeure associé minoritaire peut tirer de la SARL trois sources de revenus distinctes :
- une rémunération allouée en contrepartie de son mandat de gérant *(voir ci-dessous)*,
- des dividendes en sa qualité d'associé *(voir p. 161 s.)*,
- une rémunération en qualité de salarié *(voir p. 67 s.)*.

1. Comment la rémunération du gérant est-elle fixée ?

La rémunération du gérant ou ses modalités de calcul peuvent être déterminées par les statuts ou résulter d'une décision collective des associés. En l'absence, de décision concernant sa rémunération, le gérant peut saisir le tribunal afin que le juge en fixe le montant ou les modalités de calcul.

→ Fixation de la rémunération par les associés

Il est vivement recommandé de fixer la rémunération du gérant par décision collective des associés. En pratique, il est fréquent d'insérer dans les statuts une clause prévoyant que ladite rémunération est déterminée par une décision des associés dont les statuts prévoient les règles de majorité. L'acte de nomination du gérant peut également organiser ses modalités de rémunération. Lorsque le gérant est associé, il est prudent de l'exclure du vote qui déterminera sa rémunération.

---

[1] Art. 39-1-1°, alinéa 2 CGI

→ Fixation de la rémunération dans les statuts

Bien que possible, il est **déconseillé** de fixer la rémunération ou ses modalités de calcul dans les statuts : Toute modification ultérieure imposerait une modification des statuts à la majorité des décisions extraordinaires et l'accomplissement des mesures de publicité. Le seul intérêt d'une fixation statutaire est une stabilité accrue des modalités de rémunération du gérant puisqu'elles ne peuvent être remises en cause qu'en modifiant les statuts.

→ Fixation de la rémunération par le juge

Lorsque le gérant ne parvient pas à obtenir une décision des associés permettant de fixer sa rémunération, il lui est possible de saisir le tribunal de commerce à cette fin.
L'intervention du juge ne peut être que subsidiaire : le gérant ne peut pas agir en justice lorsque, conformément aux statuts, il lui appartenait de solliciter une décision collective des associés sur cette question. *A fortiori*, la rémunération fixée par les statuts ou décidée par les associés ne peut pas être modifiée par le juge (sauf abus de droit de vote des associés : *voir p. 200*).

2. Montant de la rémunération : Rémunération fixe ou proportionnelle ?

Lorsque qu'une rémunération est allouée au gérant, celle-ci peut être fixe, proportionnelle ou mixte, c'est à dire à la fois fixe et proportionnelle, ce qui peut constituer un choix judicieux.

→ Rémunération fixe

Faire le choix d'une rémunération fixe présente l'inconvénient de nécessiter des réajustements périodiques soit en raison de l'évolution des prix, soit en raison de la situation plus ou moins florissante de la société. En outre, une rémunération fixe ne lie pas aux résultats la rémunération à laquelle le gérant peut prétendre. Si le choix d'une rémunération fixe est néanmoins retenu, il est recommandé :
- par soucis de **simplicité**, de pallier sa dévalorisation en prévoyant dès l'origine ses modalités d'évolution, en l'indexant par exemple sur l'indice des prix, afin d'éviter la lourdeur d'une modification statutaire ou l'intervention périodique des associés,
- et par soucis de **sécurité**, de prévoir un plafonnement de rémunération en cas de mauvais résultats de la SARL.

→ Rémunération proportionnelle

Faire le choix d'une rémunération en tout ou partie proportionnelle aux résultats permet d'intéresser le gérant au développement de la SARL, ce qui peut être un facteur de motivation !

Le calcul de la rémunération proportionnelle peut prendre pour base :
- le **chiffre d'affaires** de la SARL : c'est la formule la plus simple et la plus utilisée en pratique. Son inconvénient est de déconnecter la rémunération du bénéfice réellement réalisé et donc de toute bonne gestion.
- le **bénéfice** de la SARL : cette base de calcul est sans doute la plus équitable, mais elle doit être utilisée avec prudence car ses modalités de calcul peuvent être source de litiges ultérieurs et avoir une influence négative sur la gestion de la société en vue de maximiser les bénéfices dégagés sur un exercice (par exemple en retardant un investissement ou en ne constituant pas les provisions nécessaires...).

Attention !

Lorsque les associés choisissent néanmoins d'utiliser les bénéfices de l'exercice comme base de calcul, il convient aux associés d'indiquer avec précision la nature du bénéfice pris en compte (bénéfice brut, bénéfice net, bénéfice comptable, bénéfice fiscal...) et s'il sera ou non tenu compte des amortissements, des provisions, des réserves etc.

- un **indice** ou une **assiette vérifiable** : Il est en effet possible d'asseoir le calcul de la part proportionnelle de rémunération du gérant sur toute autre base de calcul vérifiable. Certaines sociétés choisissent par exemple de l'indexer sur un indice, la progression du chiffre l'affaires ou encore le montant de la taxe sur la valeur ajoutée payée par la SARL.

→ Rémunération mixte

Opter pour une rémunération mixte est souvent judicieux. Elle garantit une certaine sécurité pécuniaire au gérant tout en l'intéressant aux bons résultats de la SARL.

La rémunération se composera alors d'un montant minimum quel que soit les résultats de la société et d'une partie proportionnelle aux résultats. Un résultat identique peut être obtenu avec une rémunération entièrement proportionnelle mais assortie d'un plancher de rémunération. Un plafond de rémunération, stipulé par une clause, est d'ailleurs conseillé lorsque la rémunération est indexée sur un indice afin d'éviter toute mauvaise surprise en cas de variation importante de ce dernier (pour un résultat similaire, il est aussi possible de plafonner la variation elle-même).

3. Quels autres avantages le gérant peut-il percevoir ?

Outre les sommes précitées perçues en espèces, la rémunération du gérant est fréquemment composée d'avantages (en nature ou en argent), de gratifications ou encore de primes.

→ Les avantages en nature

Les avantages en nature consistent pour la société à mettre à la disposition du gérant, pour son usage privé, des biens (logement, véhicule, ordinateur, téléphone portable...) ou des services (travaux, garde d'enfants, personnel domestique...). Cette mise à disposition peut être gratuite ou faire l'objet d'une participation financière pour un prix inférieur à sa valeur.

Attention !

Des avantages en nature qui ne seraient ni identifiés explicitement en comptabilité, ni inscrits sur le relevé des frais généraux constitueraient des avantages occultes imposables dans la catégorie des revenus de capitaux mobiliers pour le dirigeant et réintégrés dans le bénéfice de la SARL.

→ Les avantages en argent

Les avantages en argent consistent pour la société à prendre en charge des dépenses personnelles incombant nominativement au gérant, tels que des cotisations obligatoires ou facultatives, des primes d'assurances ou des loyers...

→ Les gratifications et primes

En fin d'exercice, le gérant peut percevoir des gratifications ou primes exceptionnelles.

③ Cumuler un mandat de gérant avec un contrat de travail

Le gérant de SARL a la qualité de mandataire social et non celle de salarié. Il ne bénéficie donc pas des dispositions protectrices du Code du travail, ni de l'ensemble de la couverture sociale des salariés (ex. : absence d'allocation chômage).

Le cumul d'un mandat de gérant avec un contrat de travail au sein d'une même SARL présente donc de réels avantages mais doit respecter de strictes conditions.

1. Quelles sont les conditions de validité du cumul ?

→ Le gérant doit être minoritaire ou non associé et subordonné à la société

La validité du cumul suppose que, dans l'exercice de ses fonctions salariales, le gérant soit placé dans **un état de subordination** à l'égard de la société[1].

Par conséquent, le gérant associé majoritaire ou égalitaire ne peut pas cumuler ses fonctions avec un contrat de travail : seuls les gérants associés minoritaires ou non associés peuvent cumuler leur mandat avec un contrat de travail. De plus, l'intéressé ne peut pas avoir le monopole des compétences techniques, ce qui exclurait également tout subordination réelle.

> **Attention !**
> Le caractère majoritaire, égalitaire ou minoritaire est apprécié au vu des parts détenues en propre par le gérant, mais également par son conjoint (quel que soit le régime matrimonial) ou son partenaire lié par un Pacte civil de solidarité (PACS) et ses enfants mineurs.
> En cas de pluralité de gérants, doivent également être prises en compte les parts détenues par l'ensemble des cogérants (ainsi que leurs conjoints, partenaires de PACS ou enfant mineur). Entrent dans le calcul, les parts détenues en toute propriété ou en usufruit *(voir p. 302 s.)*.

→ Nécessité de fonctions techniques distinctes des fonctions sociales

La jurisprudence exige une nette distinction entre les attributions relevant du mandat social (c'est à dire les fonctions de direction et d'administration) et les attributions techniques qui découlent du contrat de travail. Chacune des fonctions doit ainsi être délimitée et nécessite une technicité particulière.

---

[1] L'exigence d'un lien de subordination s'oppose à ce que l'intéressé dispose de tous les pouvoirs sans aucun contrôle et à ce qu'il puisse exercer ses missions en toute indépendance sans avoir à en référer à quiconque. Autrement dit, il ne saurait disposer des pouvoirs les plus étendus (Cass. soc., 5 juill. 1989, n° 86-18.534 ; Cass. soc., 18 oct. 1989, n° 86-44215). Toujours en ce sens, le dirigeant ne doit pas jouir du monopole des connaissances techniques, ce qui s'opposerait à tout lien de subordination réel (Cass. soc., 17 janv. 1989, n° 86-11.686).

> *Attention !*
> Lorsque la taille de la SARL est modeste, cette dualité de fonctions est rarement reconnue en justice[1].

→ Application de la procédure des conventions réglementées

Deux cas doivent être distingués :

> **lorsqu'un gérant devient salarié :** la procédure des conventions réglementées doit être respectée,

> **en revanche lorsqu'un salarié devient gérant :** la procédure des conventions réglementées n'est pas applicable.

> *Attention !*
> Dans les deux cas, toute modification ultérieure du contrat de travail devra respecter la procédure des conventions réglementées *(voir p. 146 s.).*

Afin d'éviter qu'à l'occasion de la nomination d'un salarié aux fonctions de gérant, le contrat de travail ne soit considéré comme ayant pris fin, il convient de préciser expressément sa continuation, de confier au gérant salarié la poursuite de fonctions techniques spécifiques, et de lui allouer une seconde rémunération en qualité de gérant (deux rémunérations distinctes).

L'établissement d'un contrat de travail par écrit qui reprend chacun de ces points est donc préconisé dans tous les cas.

→ Exigence d'une rémunération en qualité de salarié

Si la fonction de gérant peut être exercée à titre gratuit, les fonctions de salarié doivent, en revanche, impérativement être **rémunérées aux conditions salariales normales** de l'emploi. Une rémunération excessive ou dérisoire pourrait faire douter de la réalité du contrat de travail[2].

En bref : Conditions du cumul du mandat de gérant avec un contrat de travail dans la SARL

1- Le gérant doit être associé minoritaire ou non associé (un lien de subordination à l'égard de la société étant indispensable),

2- Le contrat de travail doit correspond à un emploi effectif, c'est-à-dire réel et sérieux (à défaut, il serait fictif et de pure complaisance) et répondre aux conditions du salariat. Le gérant doit donc, dans le cadre de son contrat de travail, exercer des fonctions techniques distinctes de celles accomplies en vertu de son mandat,

3- La procédure des conventions réglementées doit être respectée lorsque le mandat est antérieur au contrat de travail,

4- Sa rémunération doit être conforme à la législation et non excessive.

---

[1] Cass. soc., 21 oct. 1998, n° 97-40.879 ; Cass. soc., 21 oct. 1998, n°96-41.958 ; Cass. soc., 28 févr. 2006, n° 05-40.953.
[2] Cass. soc. 23 juin 1988, n° 85-46.078

2. Quelles sont les conséquences du non-respect des conditions du cumul ?

Lorsque les conditions du cumul des fonctions de gérant et de salarié ne sont pas réunies, le contrat de travail peut être nul, suspendu, résilié ou encore faire l'objet d'une novation.

→ La nullité du contrat de travail

La nullité sanctionne les contrats de travail consentis de façon illicite à un gérant, soit en raison d'une interdiction de cumul, soit en raison de la violation de la procédure des conventions réglementées, soit enfin pour fraude à la loi.

La nullité du contrat de travail entraîne en principe restitution des salaires perçus. Cependant, si un travail distinct des attributions sociales a été effectué, le dirigeant peut formuler une demande d'indemnité[1]. L'enrichissement sans cause de la société peut être invoqué (art. 1371 C. civ.).
S'agissant des cotisations sociales indûment versées aux divers organismes, la jurisprudence n'est pas figée, tout semble affaire d'espèces[2].

> **Attention !**
> Soyez particulièrement attentifs aux conditions de validité du cumul pour éviter les actions en nullité du contrat de travail. Nombreux sont ceux qui pourraient avoir intérêt à agir en nullité du contrat de travail. Parmi eux, les organismes sociaux sont particulièrement pugnaces dès qu'un doute sur la validité du cumul existe. Les associés ne sont pas en reste notamment lorsque la procédure des conventions réglementées n'a pas été respectée, et la société, elle-même, y trouve parfois intérêt pour éviter le versement d'indemnités de licenciement...

→ La suspension du contrat de travail

Le contrat de travail est suspendu de plein droit lorsque le cumul est autorisé mais qu'il est rendu impossible faute de respecter les conditions de validité énoncées ci-dessus.
Ainsi, le contrat de travail d'un salarié devenu gérant et qui a cessé d'être lié à la société par un lien de subordination est suspendu pendant le temps où il est mandataire[3].

→ La résiliation du contrat de travail

Les parties peuvent conventionnellement décider d'écarter la suspension en décidant de mettre fin au contrat de travail. La cessation pourra également se faire unilatéralement par démission, accord conventionnel ou licenciement dans les conditions du droit commun.

→ La novation du contrat de travail

La novation est un contrat qui a pour objet de substituer à une obligation, qu'elle éteint, une obligation nouvelle qu'elle crée[4]. Ainsi par contrat écrit, il est possible de substituer le mandat social au contrat de travail[5].

---

[1] En ce sens : Cass. soc., 6 mai 1982, n° 80-40.170
[2] Cass. soc., 6 mai 1982, n° 80-40.170 ; Cass. soc., 16 mai 1995, n° 93-43.796.
[3] Les droits du salarié « promu » gérant sont donc protégés puisqu'au terme du mandat social, le contrat de travail reprend effet de plein droit (Cass. soc., 30 nov. 1999, n° 97-41431 ; Cass. soc., 26 avr. 2000, n° 97-44.241).
[4] Article 1329 s. du Code civil issu de l'ordonnance du 10 février 2016
[5] Cass. soc., 23 juin 2004, n° 02-42.009.

④ Durée et causes de cessation des fonctions du gérant

1. Quelle est la durée du mandat de gérant ?

Si les statuts ne limitent pas la durée de son mandat, le gérant est nommé pour la durée de vie de la SARL. Dans cette hypothèse, le mandat ne prendra fin qu'en cas de survenance d'une des causes de cessation du mandat visées à la page suivante. Il est donc particulièrement **recommandé aux associés de prévoir une limitation de durée du mandat de gérant**, notamment en raison des règles auxquelles obéit sa révocation *(voir p. 207 s.).*

> **Attention !**
> Cette limitation n'est valable que si la durée est déterminée par les statuts ou que ceux-ci autorisent cette possibilité. Dans ce dernier cas, il devient possible :
> - de déterminer la durée du mandat dans l'acte de nomination aux fonctions de gérant,
> - ou de lier le terme des fonctions du gérant à la survenance d'un ou plusieurs évènements (par exemple, un changement de majorité, une limite d'âge, la fin d'une activité ou d'un contrat etc.).
> À défaut de prévisions statutaires autorisant ces limitations, la durée indiquée est réputée non écrite.

Le décompte de la durée du mandat des premiers gérants commence à compter du jour de l'immatriculation au registre du commerce et des sociétés. Quant à l'écoulement de la durée du mandat des gérants nommés en cours de vie sociale, celui-ci commence à compter du jour de sa nomination par les associés. En pratique, il est conseillé de prévoir une clause statutaire laissant aux associés la liberté de nommer les gérants soit pour une durée limitée, soit pour une durée illimitée.
De même, afin d'éviter toute difficulté relative à la convocation de l'assemblée générale qui nommera le nouveau gérant au terme du mandat de l'actuel, il est conseillé de prévoir dès l'origine que le mandat du gérant prendra fin lors de l'assemblée générale ordinaire annuelle qui statuera sur les comptes sociaux d'un exercice déterminé (le seul risque pour les associés étant que la durée de ce mandat soit allongée si le gérant demande au tribunal de commerce une prorogation judiciaire du délai de tenue de l'assemblée).

Zoom

Panorama des causes entrainant la fin des fonctions du gérant

	Voir page
L'arrivée du terme du mandat de gérant	70
La révocation du gérant par les associés ou décision judiciaire	207 s.
La démission du gérant	71
L'incapacité, l'interdiction ou la faillite personnelle du gérant	58 s.
Le décès du gérant	106
La transformation de la SARL	321

La liquidation de la SARL	412

Les 5 premières causes citées doivent faire l'objet des mesures de publicité habituelles :

- insertion d'un avis dans un journal d'annonces légales (JAL) ;

- déclaration au CFE qui transmettra au greffe du tribunal de commerce pour inscription modificative au RCS (il est toutefois possible de s'adresser directement au greffe du tribunal de commerce) ;

- insertion d'un avis au BODACC.

→ *Pour accomplir ces mesures de publicité, passez par le portail : www.pple.fr*

2. Quelles conséquences entraine l'arrivée du terme du mandat de gérant ?

Lorsque le mandat du gérant est limité dans le temps, l'arrivée du terme stipulé entraîne la fin de son mandat sans qu'il soit nécessaire de respecter un préavis ou de lui signifier son congé.

Sachez que lorsque les associés ne reconduisent pas le gérant dans ses fonctions, ce dernier n'a droit à aucune indemnité de ce fait[1].

3. Le gérant peut-il être indéfiniment renouvelé dans ses fonctions ?

Oui, sauf stipulation statutaire contraire, le gérant est indéfiniment rééligible à la majorité légale ou statutaire *(voir p. 59)*. Le renouvellement de son mandat ne donne pas lieu à l'accomplissement de mesure de publicité[2].

> **Attention !**
> Si, malgré l'arrivée du terme et l'absence de renouvellement de son mandat, le gérant continue à gérer la SARL, celui-ci est alors qualifié de **gérant de fait**. Le renouvellement de ses fonctions ne pouvant pas avoir lieu par tacite reconduction.

4. La démission du gérant

La démission est un acte unilatéral du gérant qui ne peut pas être refusée, elle ne nécessite donc aucune acceptation de la société. Lorsqu'elle est valablement donnée, la démission est irrévocable. Si l'intéressé entend reprendre ses fonctions, il doit faire l'objet d'une nouvelle nomination.

→ Le gérant peut-il démissionner de ses fonctions à tout moment ?

Le gérant peut démissionner à tout moment sous réserve que ce droit ne soit pas exercé dans des conditions abusives. Par conséquent, si le gérant démissionne brutalement et à contretemps (par exemple en cours de négociation d'un contrat crucial pour l'avenir de la SARL) celui-ci s'expose à une action en dommages-intérêts si un préjudice en découle pour la société. Il en serait de même si les circonstances de la démission étaient injurieuses ou vexatoires pour la société ou les associés, ou encore, si le gérant donnait sa démission sans juste motif en causant un préjudice à la société.

Il est recommandé aux associés d'encadrer statutairement la démission du gérant *(voir p. 72)*.

---

[1] Cass. com., 17 déc. 2002, n° 98-21.918.
[2] AN 17 mai 1972 p. 1561 n° 230022.

→ La démission doit-elle respecter une forme particulière ?

La loi ne prescrit aucune forme obligatoire, mais la démission doit être donnée de manière expresse. Il est recommandé au gérant de la matérialiser par un écrit qu'il adressera à la société par lettre recommandée avec accusé de réception.

En cas d'enjeu important, la signification (notification par acte d'huissier) de la démission est préférable pour éviter toute contestation sur la date et le contenu de l'écrit matérialisant la démission du gérant.

À savoir : La démission peut être donnée pour une date postérieure à sa notification à la société (ce préavis permet d'assurer une période de transition dans la gestion). Elle ne peut en revanche jamais prévoir d'effet rétroactif.

→ Publicité de la démission

La démission doit faire l'objet de mesures de publicité semblables à la révocation *(voir p. 70)*.

Zoom

Prévoir un encadrement statutaire du droit à la démission du gérant

Principe : Les statuts peuvent encadrer les conditions du droit de démissionner du gérant en prévoyant valablement :
- le respect d'un délai de préavis,
- la motivation expresse de la démission,
- l'obligation de prendre les mesures transitoires nécessaires à la continuité de la bonne marche de l'entreprise : convocation de l'assemblée chargée de nommer le nouveau gérant, maintien en fonction temporaire pour assurer une bonne transmission des dossiers etc.,
- l'indemnisation conventionnelle à hauteur du préjudice subi par la société.

Limites : L'aménagement statutaire du droit de démissionner du gérant ne doit pas porter une atteinte trop importante à la possibilité d'exercice de ce droit. Un encadrement trop sévère qui lui interdirait en fait ou en droit l'exercice de cette faculté serait inopposable au gérant.

Chapitre 2

Pouvoirs, obligations et responsabilité du gérant

Le gérant est le représentant légal de la SARL. Il doit assumer les missions de gestion imposées par la loi ou confiées par les associés. Tout au long de son mandat, il doit agir au mieux de l'intérêt social, en apportant toute l'activité nécessaire. Il a un devoir de diligence, de vigilance et de loyauté et doit respecter les pouvoirs dévolus par la loi aux associés.

Lorsqu'il passe des actes en qualité de gérant, il agit au nom et pour le compte de la SARL : seule la société est engagée.

N'oubliez pas !

Lors de la création de la SARL ou de la modification des statuts, la formulation de l'objet social *(voir p. 13)* et les limitations de pouvoirs du gérant *(voir p. 157)* sont essentielles. Ces limitations offrent aux associés un meilleur contrôle des prises de décisions par le gérant et permettent d'engager sa responsabilité en cas de dépassement de ces limites statutaires.

Afin d'assurer au mieux sa mission, le gérant peut déléguer une partie de ses fonctions techniques à un associé, un salarié ou un tiers *(voir p. 75)*.

Sommaire

①   **Pouvoirs du gérant**

②   **Obligations du gérant**

③   **Responsabilité du gérant**

① Pouvoirs du gérant de SARL

1. Quels sont les pouvoirs du gérant à l'égard des tiers ?

À l'égard des tiers, le gérant est le seul représentant légal de la société : il a la signature sociale. Lorsqu'il agit dans le cadre de ses fonctions, seule la SARL est engagée. Autrement dit, le gérant n'est pas tenu de répondre personnellement des engagements qu'il a souscrits au nom et pour le compte de la société auprès des tiers.

Pour accomplir sa mission, le gérant est investi des pouvoirs les plus étendus pour agir en toute circonstance au nom de la SARL. Ses pouvoirs sont cependant limités par les pouvoirs que la loi attribue expressément aux associés.

Zoom

Les pouvoirs relevant de la compétence exclusive des associés

Relève du seul pouvoir des associés : l'approbation des comptes de l'exercice, l'affectation du résultat, les modifications statutaires, le changement de nationalité de la société, la nomination et la révocation du gérant *(pour le détail, voir p. 99 s.)*. Ces actes n'engagent donc pas la société lorsque le gérant les accomplit seul.

S'agissant de l'interdiction de toute décision entrainant des modifications statutaires, relevons que par exception, la loi permet au gérant de :

1- décider de déplacer le siège social sur le territoire français,

2- mettre les statuts en harmonie avec les dispositions impératives de la loi et des règlements,

3- lorsque des parts sociales sont louées *(voir p.183)*, le gérant peut inscrire dans les statuts la mention du bail et du nom du locataire à côté du nom de l'associé concerné. Il peut également dans les mêmes conditions supprimer cette mention en cas de non renouvellement ou de résiliation du bail.

Dans les 3 cas précités, la décision du gérant est prise sous réserve de ratification par les associés aux conditions de majorité des décisions ordinaires.

Afin d'éviter toute mauvaise surprise, il est recommandé de **prévoir dans les statuts une limitation des pouvoirs du gérant** *(voir p. 157)*, qui soumet la possibilité de conclure certains actes à l'autorisation préalable de l'assemblée des associés.

Cette limitation de pouvoir peut concerner le montant des actes (par exemple, pour les actes dépassant un certain montant, ou pour tous les actes conclus au-delà d'un certain montant sur une période déterminée), ou la nature des actes (par exemple, conclusion d'emprunt, cession d'immeuble ou de fonds de commerce etc.).

> **Attention !**
> La SARL est engagée par les actes du gérant même s'ils ne relèvent pas de l'objet social. La société devra donc les honorer à moins qu'elle ne prouve que le tiers sût que l'acte dépassait cet objet ou qu'il ne pouvait l'ignorer compte tenu des circonstances (la publication des statuts ne suffit pas à constituer cette preuve)[1]. En pratique cette preuve est très difficile à rapporter.
>
> Relevons en outre que les clauses statutaires limitant les pouvoirs des gérants sont inopposables aux tiers, même si ces derniers en avaient connaissance. De telles limitations de pouvoirs présentent cependant un grand intérêt pratique puisqu'en cas de non-respect, le gérant pourra être révoqué sur juste motif et être condamné à indemniser la SARL en cas de préjudice.

2. Conséquences du non-respect de l'objet social ou d'une clause limitant les pouvoirs du gérant

→ Conséquences pour le gérant

Le non-respect de l'objet social ou d'une limitation de pouvoir constituent une violation des statuts. Si la société a subi un préjudice résultant de ce comportement fautif, elle pourra demander réparation au gérant. Ces violations permettent en outre de révoquer le gérant pour juste motif *(voir p. 207)*.

→ Conséquences pour les tiers

Ces violations n'ont aucune conséquence, on l'a dit, la SARL demeure engagée par l'acte passé en violation des statuts. Les clauses limitatives de pouvoir sont en effet inopposables aux tiers, et cela, même si ce dernier avait connaissance de la limitation de pouvoirs.

Zoom

Cas de la pluralité de gérants

La possibilité de nommer plusieurs gérants permet une division du travail et une spécialisation des tâches. La cogérance présente également l'avantage de faciliter la continuité de la gestion en cas d'empêchement ou de décès de l'un des gérants. Elle est également censée garantir une meilleure surveillance de la gestion au quotidien puisque chacun d'eux a un devoir de surveillance des autres gérants[2]. Mais encore faut-il que les cogérants jouent la même partition... ***gare aux cacophonies !***

Pouvoirs respectifs : En cas de pluralité de gérants, chacun détient séparément l'intégralité des pouvoirs de chef d'entreprise et de représentant légal : tous peuvent, séparément, engager la société.

Droit d'opposition : Un gérant peut cependant s'opposer à la conclusion d'un acte par un autre gérant (droit d'opposition). Mais encore faut-il que le gérant ait notifié son opposition au tiers cocontractant avant la conclusion de l'acte. Lorsque le tiers a été informé de l'opposition et passe outre en concluant l'acte, la société n'est pas engagée.

---

[1] Art. L. 223-18 al. 6 C. com.
[2] Le défaut de surveillance peut engager la responsabilité d'un cogérant.

Aménagements statutaires : Les statuts peuvent prévoir des aménagements[1], soit en confiant à chacun des gérants des domaines de compétences exclusifs, soit en prévoyant la signature conjointe pour tous les actes ou certains d'entre eux, soit en prévoyant une prise de décision collégiale par la mise en place d'un conseil de gérance.

Cependant, ces aménagements statutaires sont inopposables aux tiers : la société est engagée par les actes d'un gérant qui seraient passés en violation de l'une ou l'autre de ces stipulations. Ils ne sont pourtant pas dépourvus d'intérêt, puisque leur non-respect par un ou plusieurs gérants engagerait leur responsabilité civile en cas de préjudice pour la société et permettrait leur révocation pour juste motif.

Lorsque la cacophonie est à craindre, mais que la charge est trop lourde pour l'intéressé, privilégiez une gérance unique avec délégation de pouvoirs *(voir ci-dessous)*.

3. Quels sont les pouvoirs du gérant dans ses rapports avec les associés ?

Dans ses rapports avec les associés (en interne), l'étendue de ses pouvoirs est déterminée par les statuts. À défaut de précisions statutaires, le gérant peut faire tous les actes de gestion qui relèvent de l'intérêt de la société quels qu'en soient l'importance (actes d'administration comme de disposition)[2], sous réserve naturellement des pouvoirs attribués par la loi aux associés.

> *Attention !*
> Si le gérant ne dispose d'aucune indépendance par rapport aux associés dans l'exercice de son mandat, la situation juridique peut être requalifiée judiciairement : requalification du mandat en contrat de travail avec toutes les conséquences qui en découlent[3].

Zoom

La délégation de pouvoirs du gérant

Le gérant de la SARL peut déléguer une partie de ses pouvoirs à une ou plusieurs personnes de son choix (associés, salariés, tiers) qui aura le rôle et la responsabilité de « délégué » (ou « fondé de pouvoirs »).
La délégation confère le pouvoir d'accomplir, au nom et pour le compte de la SARL, certaines fonctions clairement déterminées.

Pour être valable, la délégation doit être expresse et précise. Une délégation trop générale (délégation de l'ensemble des pouvoirs), imprécise ou implicite serait nulle. Elle doit être acceptée par le délégué.

Tant qu'elle n'est pas révoquée, la délégation de pouvoirs subsiste même lorsque le gérant qui l'a consentie a cessé ses fonctions (la délégation de pouvoirs est donnée au nom et pour le compte de la société, et non au nom du gérant)[4].

Remarques : Il ne faut pas confondre « délégation de pouvoirs » et « délégation de signature ». Le gérant qui délègue sa signature se contente de charger le délégué de son choix de signer pour son compte tel acte déterminé relevant de ses pouvoirs. Lors de la cessation des fonctions du gérant qui a consenti la délégation de signature, celle-ci prend fin immédiatement.

---

[1] Art. L. 223-18 al. 6 C. com. Par conséquent, leur introduction en cours de vie sociale ne peut résulter que d'une décision prise par les associés en assemblée générale extraordinaire (CA Versailles, 31 octobre 2002).
[2] Art. L. 223-18 al. 5 et L. 221-4 C. com.
[3] Cass. civ. 2ème, 7 mai 2014.
[4] Cass. com. 4 février 1997 ; Cass. com. 15 mars 2005.

4. Les actes du gérant soumis à un régime particulier

Si le gérant est investi des pouvoirs les plus étendus pour agir en toute circonstance au nom de la SARL, il lui est cependant interdit de conclure certains actes et d'autres actes sont soumis à autorisation ou ratification des associés.

→ Quels sont les actes interdits au gérant ?

Deux catégories d'actes sont purement et simplement interdits au gérant et frappés de nullité absolue : « les conventions interdites ». D'autres actes relèvent de la compétence exclusive des associés.

Ainsi, il est interdit au gérant d'octroyer au nom de la SARL **un prêt (en compte courant ou autrement) ou un découvert à son profit ou au profit d'un associé**. Il lui est également interdit de faire **cautionner ou avaliser[1] par la SARL ses engagements personnels ou ceux des associés**. Ces interdictions s'appliquent également aux conjoints, ascendants et descendants du gérant et des associés ainsi qu'à toute personne interposée (par exemple, une autre société dans laquelle ils auraient des intérêts directs ou indirects)[2].

→ Pour le détail des conventions interdites reportez-vous p. 146 s.

De même, le gérant serait fautif s'il accomplissait seul les actes relevant de la compétence exclusive des associés *(voir p. 74)* : ces actes n'engageraient alors pas la société.

→ Quels sont les actes soumis à autorisation ou ratification des associés ?

Les statuts peuvent imposer au gérant l'autorisation préalable des associés pour conclure certains actes *(voir p. 74)*.

De plus, dans tous les cas, la procédure d'autorisation ou de ratification des « conventions réglementées » *(voir p. 146 s.)* doit être appliquée aux contrats conclus au nom de la SARL avec :

- son ou ses gérants

- ses associés

- les conjoints, ascendants et descendants des gérants ou associés ainsi que toute personne interposée.

Cette procédure s'applique également aux contrats passés entre la SARL et une autre société dont un associé indéfiniment responsable ou un dirigeant est simultanément gérant ou associé de la SARL en question.

À savoir : Les prêts que la SARL peut désormais consentir aux entreprises avec lesquelles elle entretient des liens économiques le justifiant sont également soumises à la procédure des conventions réglementées[3].

→ Pour le détail des conventions réglementées reportez-vous p. 146 s

---

[1] L'aval est le cautionnement d'un signataire d'une lettre de change.
[2] Par exception, l'interdiction ne s'applique pas, si la SARL est un établissement financier et que l'acte en question, constitue pour la SARL, une opération courante et qu'elle est conclue à des conditions normales
[3] Art. L. 511-6, 3 bis et R. 511-2-1-1 s. C. mon. fin.

② Obligations du gérant

Accepter d'assumer les fonctions de gérant suppose de mesurer l'ampleur des obligations qui en découlent. La préoccupation constante du gérant doit être d'agir au mieux des intérêts de la SARL en apportant toute l'activité et la diligence nécessaire à la réalisation de l'objet social tant dans son activité interne que dans ses relations avec les tiers. Il lui incombe donc, au quotidien, d'assurer ses missions avec vigilance, réactivité, soin et loyauté (tant à l'égard de la société que des associés). Il doit ainsi assurer au mieux la mise en œuvre des décisions prises par les associés.

En bref : **Les principales obligations du gérant de SARL**	Voir page
Représenter la SARL	78
Respecter la législation, les statuts et l'intérêt social	79
Respecter les droits des associés	144 s.
Organiser la tenue des assemblées générales d'associés	80
Établir et conserver les procès-verbaux d'assemblées	86
Garantir la tenue de la comptabilité	80 s.
Publier les comptes sociaux	83
Consulter les associés si les capitaux propres sont inférieurs à la moitié du capital	85
Respecter les obligations fiscales	84
Informer les tiers et procéder aux mesures de publicité	83- 87
Veiller à la désignation d'un CAC lorsqu'elle est obligatoire	85
Procéder aux déclarations fiscales et sociales	249 s.
Mettre à jour les statuts	87
Être loyal à l'égard de la société et des associés	88

1. Représenter la SARL

Le gérant est le seul **représentant légal** de la société : il a la signature sociale. Il lui incombe de représenter et de gérer la SARL. Ainsi, le gérant assume au nom de la société des missions de nature très diverses. Il doit préparer, convoquer et présider les assemblées générales d'associés, établir les procès-verbaux d'assemblée, mettre en œuvre les décisions prises par les associés, s'assurer de la tenue de la comptabilité, passer les contrats, honorer les engagements, embaucher et licencier les salariés, exercer le pouvoir disciplinaire, assurer l'hygiène et la sécurité, négocier les accords d'entreprise, être l'interlocuteur des administrations fiscale et sociale ou des établissements bancaires, consentir des garanties au nom de la société (cautionnement, aval...) ou encore, par exemple, agir en justice pour défendre les intérêt de la société etc.[1]

→ En cas de pluralité de gérant, voir p 75 s.

2. Respecter la législation, les statuts et l'intérêt social

→ Respecter la législation

Il va sans dire que le gérant doit être attentif aux évolutions de la législation applicable aux SARL. En consultant cet ouvrage, vous connaîtrez les principales obligations légales.

→ Respecter les statuts

Les dispositions prévues par les statuts s'imposent au gérant. Il doit ainsi respecter toutes les règles spéciales y figurant et notamment la limite de l'**objet social** (voir p. 12 s.) et de ses pouvoirs (voir p. 157).

→ Respecter l'intérêt social

L'intérêt de la SARL ne doit pas être confondu avec l'intérêt des associés. Si les deux vont parfois de pair, ce n'est pas toujours le cas ! La SARL est une personne morale autonome, distincte de ses associés : elle a un intérêt propre (l'intérêt social) qui ne doit pas être confondu avec les intérêts (individuels ou communs) des associés. Associés et gérant(s) doivent donc respecter l'intérêt social lors de chaque décision. Et l'intérêt de la SARL doit toujours primer sur celui des associés.

Le gérant doit également prendre garde à ne pas rompre l'égalité entre associés.

Zoom

🔑 Quelles sont les conséquences de la violation de l'intérêt social par le gérant ?

L'appréciation du respect de l'intérêt social relève des juges qui doivent en déterminer le contour pour chaque SARL. Lorsqu'ils estiment que l'intérêt social est violé par le gérant, les sanctions peuvent être multiples :

- **Sanctions civiles :** Le gérant dont l'action ne respecte pas l'intérêt social commet une faute de gestion : il engagera sa responsabilité civile en cas de préjudice et pourra dans tous les cas être révoqué pour juste motif. En outre, la SARL pourra obtenir en justice la nullité de l'acte s'il repose sur une cause illicite[2].

- **Sanctions pénales :** Lorsque le gérant confond son intérêt personnel et celui de la société, il peut encourir des sanctions pénales (par exemple, le délit d'abus de biens sociaux) : voir p. 91 s.

- **Sanctions fiscales :** En cas d'acte anormal de gestion (par exemple, le gérant vend un bien à la SARL au prix de 10 000 € alors que sa valeur réelle est 2 000 €), l'administration fiscale procédera à un double rehaussement (voire un redressement accompagné des sanctions en découlant) :

- redressement de la SARL qui s'est indûment appauvrie : le bénéfice imposable sera calculé comme si le prix facturé par le gérant était de 10 000 € : soit un supplément de résultat imposable de 8 000 €,

- redressement du gérant qui s'est indûment enrichi : l'assiette servant de base au calcul de son impôt sur le revenu sera augmentée de 8 000 €.

---

[1] Face à l'ampleur de la mission, le gérant peut déléguer une partie de ses prérogatives à une ou plusieurs personnes de son choix (voir p. 91).
[2] Cass. com. 13 décembre 2005.

3. Respecter les obligations comptables

La SARL doit tenir une comptabilité régulière[1]. Naturellement, il n'est pas demandé au gérant d'être expert-comptable, mais uniquement de s'assurer du respect des obligations comptables qui incombent à la société. *Pas d'improvisation en la matière !* Dans tous les cas, le gérant est responsable non seulement du non-respect des obligations comptables mais aussi des conséquences fiscales qui en découleraient.

Au fil de l'activité, la SARL doit enregistrer chronologiquement les mouvements affectant son patrimoine et au moins une fois tous les 12 mois, procéder à un contrôle par inventaire, tout ceci en vue d'établir les comptes annuels à la clôture de l'exercice. Ces enregistrements doivent être réalisés, sous forme électronique ou papier, dans les documents suivants :

> **le livre-journal** (enregistrement chronologique de toutes les opérations : achats, ventes, etc.) ; les opérations de même nature, réalisées en un même lieu et au cours d'une même journée, peuvent être récapitulées sur une pièce justificative unique,

> **le grand livre** (sur lequel les écritures du livre-journal sont ventilées selon le plan des comptes),

> **le livre d'inventaire** (éléments chiffrés de l'actif et du passif de la SARL qui doivent être suffisamment détaillés pour justifier du contenu de chacun des postes du bilan).

Les documents comptables doivent être établis en euros et en français. Ils doivent être conservés pendant 10 ans avec l'ensemble des pièces justificatives[2].

La tenue de la comptabilité est un travail qui peut être très **consommateur de temps**, même si les logiciels de gestion facilitent cette tâche.

Lorsque le gérant n'a pas de réelles compétences en la matière, pour sécuriser cet aspect de la gestion, il est conseillé de recourir aux services d'un comptable qualifié, d'un expert-comptable ou d'un organisme de gestion agréé. Vous pourrez en outre consacrer davantage de temps au développement de la société !

Les documents comptables imposés par la loi varient selon les caractéristiques et l'importance de la SARL[3]. Ils sont mis à la disposition des associés et le cas échéant des commissaires aux comptes.

→ Les comptes annuels classiques

Les SARL qui ne remplissent pas les conditions pour l'établissement de comptes annuels simplifiées, doivent établir des comptes annuels classiques qui comprennent le bilan, le compte de résultat et l'annexe.

---

[1] Selon l'article 120-1 du plan comptable général, la comptabilité est un système d'organisation de l'information financière permettant de saisir, classer, enregistrer des données de base chiffrées et présenter des états reflétant une image fidèle du patrimoine, de la situation financière et du résultat de l'entité à la date de clôture. La comptabilité permet d'effectuer des comparaisons périodiques et d'apprécier l'évolution de l'entité dans une perspective de continuité d'activité.

[2] Le livre-journal et le livre d'inventaire sont côtés et paraphés sauf s'il s'agit de documents informatiques. Dans ce dernier cas, les documents doivent être identifiés, numérotés et datés dès leur établissement par des moyens offrant toute garantie en matière de preuve. S'ils sont sous format électronique, ces documents n'ont plus à être numérotés dès leur établissement, mais simplement identifiés et datés.

[3] Art. L. 123-25 à L123-27, R. 123-203, R123-204 et R123-207 C. com.

Le bilan fait apparaitre en 2 colonnes[1] :

- **l'actif** qui comprend tous les biens et droits que possède la SARL : immeubles, fonds de commerce, matériel, créances, brevets déposés, etc. Il distingue l'actif immobilisé (fonds de commerce, matériel, etc.), de l'actif circulant (stocks, créances, solde bancaire créditeur, etc.),

- **le passif** qui est constitué des ressources de l'entreprise : les capitaux propres (passif immobilisé) et les dettes (passif circulant).

L'actif doit toujours être égal au passif.

Le gérant doit s'assurer qu'est annexé au bilan, un état des cautionnements, avals et garanties et sûretés données par la SARL.

Le compte de résultat qui rassemble les produits (ventes, intérêts de capitaux placés, etc.) et les charges (achats, salaires, impôts, etc.). Il fait apparaître le bénéfice ou la perte de l'exercice, après déduction des amortissements et des provisions.

L'annexe complète et commente le bilan et le compte de résultat (par exemple, l'indication des méthodes comptables utilisées, montant des pensions et compléments de retraite). Les mentions obligatoires de l'annexe varient selon la taille de l'entreprise.

Les documents des comptes annuels forment un tout indissociable.

---

[1] Pour illustrations, reportez-vous aux articles 821-1 et suivants du plan comptable général sur www.anc.gouv.fr

→ Les comptes annuels simplifiés

1er cas	Les SARL qui ne dépassent pas 2 des 3 seuils suivants : - 350 000 € de total de bilan, - 700 000 € de chiffre d'affaires net, - 10 salariés. Peuvent adopter une présentation simplifiée des comptes annuels comportant uniquement : - le bilan, - et le compte de résultat. *Art. 123-16-1 et D 123-200 C. com.*
2ème cas	Les SARL qui ne dépassent pas 2 des 3 seuils suivants : - 4 000 000 € de total de bilan, - 8 000 000 € de chiffre d'affaires net, - 50 salariés. Peuvent adopter une présentation simplifiée comportant le **bilan, le compte de résultat et l'annexe**, N.B. : Lorsque la SARL dépasse ou cesse de dépasser 2 de ces 3 seuils, cette circonstance n'a d'incidence que si elle se produit pendant 2 exercices consécutifs. *Art. 123-16 et D 123-200 C. com.*
3ème cas	Les SARL placées sous le régime réel simplifié d'imposition peuvent présenter une annexe abrégée. *Art. L. 123-25 C. com.*

→ Les comptes consolidés et documents prévisionnels

Outre le contenu classique présenté ci-dessus, la SARL peut être tenue de publier des comptes consolidés et/ou des documents prévisionnels :

Comptes consolidés	Cas des SARL contrôlant de manière exclusive ou conjointe une ou plusieurs autres entreprises et dont le groupe dépasse 2 des 3 seuils suivants : - 24 millions € de total de bilan, - 48 millions € de chiffre d'affaires HT, - 250 salariés. **Obligations :** Le gérant doit publier des comptes consolidés ainsi qu'un rapport sur la gestion du groupe. *Art. L 233-16 C. com.*
Documents prévisionnels	Cas des SARL ayant : - 300 salariés ou plus, - ou un chiffre d'affaires net égal ou supérieur à 18 000 000 €. **Obligations :** Le gérant doit établir une situation de l'actif réalisable et disponible, valeurs d'exploitation exclues, et du passif exigible, un compte de résultat prévisionnel, un tableau de financement en même temps que le bilan annuel et un plan de financement prévisionnel. *Art. L. 232-2 et R. 232-2 C. com.*

4. Établir le rapport de gestion

Le rapport de gestion expose la situation de la SARL durant l'exercice écoulé, son évolution prévisible, les événements importants survenus entre la date de la clôture de l'exercice et la date à laquelle il est établi et les activités de la SARL en matière de recherche et de développement.

Remarque : Certaines EURL en sont dispensées *(voir p. 433)*.

5. Publier les comptes sociaux et les informations obligatoires

En principe, la publication des comptes de l'exercice est obligatoire, toutefois, par exception, les petites SARL peuvent opter pour la confidentialité de leurs comptes.

→ La publication des comptes

En principe, le gérant doit procéder à la publication des comptes de la SARL au registre du commerce et des sociétés.

À cette fin, dans le mois qui suit l'approbation des comptes annuels par l'assemblée générale ordinaire des associés, le gérant dépose au greffe du tribunal de commerce en double exemplaire :
- les comptes annuels,
- le rapport de gestion (si le gérant a cessé ses fonctions et qu'un nouveau l'a remplacé, sauf impossibilité, le rapport de gestion est établi par les deux gérants, ancien et nouveau).
- le cas échéant, les rapports des commissaires aux comptes sur les comptes annuels et les comptes consolidés, éventuellement complétés de leurs observations sur les modifications apportées par l'assemblée aux comptes annuels qui leur ont été soumis,
- si la SARL est une société mère, les comptes consolidés, le rapport sur la gestion du groupe,
- la proposition d'affectation du résultat soumise à l'assemblée et la résolution d'affectation votée.

En cas de refus d'approbation, une copie de la délibération de l'assemblée est déposée dans le même délai[1].

> **Attention !**
> Lorsque le gérant ne procède pas au dépôt des comptes annuels dans les délais, il encourt une amende de 1 500 € et le président du tribunal de commerce peut lui adresser une injonction de le faire sous astreinte.
> Sachez que si cette injonction n'est pas suivie d'effet, le président du tribunal sera en droit d'obtenir communication de tous les renseignements relatifs à la situation économique et financière de la SARL auprès du commissaire aux comptes, des membres et représentants du personnel, des administrations publiques, des organismes de sécurité sociale et de la Banque de France.

→ L'option pour la confidentialité des comptes sociaux

Les SARL de taille modeste ont la possibilité de demander que leurs comptes annuels déposés au RCS ne soient pas rendus publics. Dans ce cas, seules les administrations, les autorités judiciaires ou la Banque de France y auront accès.

---

[1] Art. L. 232-22 C. com.

La SARL ne pourra opter pour la confidentialité de ses comptes qu'à condition de remplir au moins 2 des critères suivants :
- un total de bilan de moins de 350 000 €,
- un chiffre d'affaires net de moins de 700 000 €,
- un nombre de salariés inférieur à 10.

Pour les SARL plus importantes, il est possible d'opter pour la confidentialité du seul compte de résultat (l'actif et le passif restent publics), à condition de ne pas dépasser 2 des 3 seuils suivants : 4 millions d'€ au total de bilan - 8 millions d'€ de chiffres d'affaires HT - un nombre moyen de 50 salariés.

À savoir : La SARL souhaitant bénéficier de cette option doit formuler la demande lors du dépôt des comptes annuels, en y joignant une déclaration de confidentialité. Des modèles-types sont à votre disposition sur le site : www.service-public.fr/professionnels-entreprises/

Ces options de confidentialité ne sont pas possibles si la SARL appartient à un groupe.

→ Les autres publications obligatoires

Outre la publicité des comptes sociaux, l'obligation d'information des tiers sur la situation de la SARL impose au gérant de procéder aux mesures d'enregistrement et de publicité chaque fois que la législation le prévoit. Tel est le cas lors d'une modification des statuts ou d'un changement des informations ayant donné lieu à publicité au JAL. Ces obligations sont rappelées tout au long de l'ouvrage.

6. Respecter les obligations fiscales

L'ensemble des obligations fiscales présentées tout au long de l'ouvrage sont à la charge du gérant. Sachez que lorsque le non-respect grave et répétée des obligations fiscales de la SARL a rendu impossible le recouvrement des impositions et des pénalités dues par la société[1], le gérant peut être déclaré solidairement responsable des impôts et des pénalités.
Le gérant ne peut s'exonérer dans ce cas que s'il démontre que la gestion de la société était en fait assurée par un autre associé.

En cas de fraude fiscale de la SARL (par exemple, dissimulation volontaire de sommes assujetties à l'impôt, organisation d'insolvabilité de la SARL), les sanctions fiscales indiquées ci-dessus mais également de très lourdes sanctions pénales (500 000 € d'amendes et 5 ans d'emprisonnement pour les peines encourues les plus faibles : art. 1741 CGI).

7. Respecter le droit d'information des associés

Les obligations du gérant sont multiples en la matière. Ainsi, outre son obligation générale de loyauté vis-à-vis de la société et des associés, ce qui lui interdit toute dissimulation, le gérant doit remplir son obligation d'information des associés : *Pour le détail desdites obligations, reportez-vous p. 193 s. et p. 115 s. (pour l'AGOA).*

---

[1] Art. L. 267 LPF

8. Veiller à la désignation d'un commissaire aux comptes (CAC)

Lorsque sa nomination est obligatoire, il appartient au gérant de convoquer l'assemblée générale des associés en vue de désigner un commissaire aux comptes.

> **La nomination d'un CAC est obligatoire** lorsqu'à la clôture d'un exercice social, la SARL dépasse 2 des 3 seuils suivants :
- 1 550 000 € au total du bilan,
- 3 100 000 € de chiffre d'affaires hors taxe,
- un nombre moyen de 50 salariés au cours de l'exercice.

> **La nomination d'un CAC est facultative** lorsque ces seuils ne sont pas franchis. Elle peut néanmoins dans ce cas être demandée par un ou plusieurs associés représentant au moins 10 % du capital social. Il est nommé à la majorité des associés. Si cette majorité n'est pas obtenue et sauf stipulation contraire des statuts, les associés sont, selon les cas, convoqués ou consultés une seconde fois, et les décisions sont prises à la majorité des votes émis, quel que soit le nombre des votants *(voir p. 101)*.

9. Convoquer l'assemblée des associés en cas de pertes importantes

Si en raison de pertes constatées lors de l'approbation des comptes, les capitaux propres de la SARL sont devenus inférieurs à la moitié du capital social[1], la loi impose au gérant de convoquer une AGE dans les 4 mois suivant l'approbation des comptes ayant constaté lesdites pertes afin que les associés décident s'il y a lieu ou non à une dissolution anticipée de la SARL *(voir p. 140)*.

Exemple de bilan simplifié d'une SARL ayant perdu plus de la moitié de ses capitaux propres

ACTIF		PASSIF	
Immobilisations	65 000	Capital	100 000
Stocks	5 000	Report à nouveau négatif	(90 000)
		Capitaux propres	10 000
Trésorerie	10 000	Emprunts	70 000
Total	80 000	Total	80 000

Les capitaux propres de cette SARL représentent 10 % du capital social, le gérant doit convoquer l'assemblée en vue de voter la poursuite d'activité ou la dissolution.

La loi impose cette prise de décision en assemblée car la situation économique et financière est dès lors préoccupante, non seulement pour la SARL, mais aussi pour ses associés et créanciers.

Si la dissolution est écartée, la société est tenue, au plus tard à la clôture du deuxième exercice suivant celui au cours duquel les pertes ont été constatées, de réduire son capital d'un montant au moins égal à celui des pertes qui n'ont pu être imputées sur les réserves, si, dans ce délai, les capitaux propres n'ont pas été reconstitués à concurrence d'une valeur au moins égale à la moitié du capital social.

→ *Sur les techniques permettant de régulariser la situation, reportez-vous p. 141*

---

[1] Art. L. 223-42 al. 1 C. com.

Si le gérant ou le commissaire aux comptes restent inactifs ou si les associés n'ont pu délibérer valablement, tout intéressé peut demander en justice la dissolution de la société. Dans tous les cas, le tribunal peut accorder à la société un **délai supplémentaire de 6 mois** pour régulariser sa situation.

Ces règles ne sont pas applicables aux sociétés en procédure de sauvegarde ou de redressement judiciaire ou qui bénéficient d'un plan de sauvegarde ou de redressement judiciaire.

10. Organiser la tenue des assemblées générales d'associés

L'obligation de convoquer une assemblée générale d'associés peut découler d'une obligation légale, d'une obligation statutaire ou résulter de la volonté d'associés.

Origine...	Cas de convocation obligatoire d'une assemblée générale	Voir page
...légale	Convocation de l'assemblée générale annuelle appelée à statuer sur les comptes sociaux dans les 6 mois suivant la clôture de l'exercice.	117
	Lorsque les capitaux propres deviennent inférieurs à la moitié du capital social.	140
	À la demande d'un ou plusieurs associés détenant au moins la moitié des parts sociales ou à la demande d'un groupe d'associés représentant au moins 10 % du nombre d'associés et 10 % des parts sociales.	196
	Lorsque des modifications statutaires sont envisagées (par exemple modification du capital social, de l'objet social, du siège social, d'une clause limitative de pouvoirs du gérant, des règles de fonctionnement ou de majorité etc.).	99
	En cas de demande d'agrément d'un nouvel associé,	168
	Lorsque la désignation d'un commissaire aux comptes devient obligatoire.	148
	Lorsque la conclusion d'une convention entre la SARL et l'un de ses gérants ou associés est conclue ou envisagée selon les cas.	146 s
	En cas de dépenses somptuaires.	117
	Lorsque le nombre d'associé est devenu supérieur à 100.	409
...statutaire	Dans tous les cas prévus par les statuts, la réunion d'une assemblée générale d'associés s'imposera au gérant. Par exemple, si les statuts prévoient une autorisation de l'assemblée générale des associés préalablement à la conclusion de certains contrats par le gérant (en raison de la nature ou du montant desdits contrats).	

→ *L'ensemble des règles relatives aux assemblées est développé p. 104 et suivantes.*

11. Établir et conserver les procès-verbaux des assemblées générales

Il incombe au gérant d'établir et de signer les procès-verbaux des délibérations d'assemblée générale d'associés[1]. Il devra par ailleurs en assurer la conservation au siège social de la SARL.

→ Que doit contenir le procès-verbal de l'assemblée générale d'associés ?

Sous peine de nullité, toutes les délibérations de l'assemblée générale des associés doivent être constatées par un procès-verbal qui indique :
- la date et le lieu de réunion,
- les nom, prénom(s) et qualité du président de l'assemblée (en principe, le gérant),
- les nom et prénoms des associés présents ou représentés avec l'indication du nombre de parts sociales détenues par chacun,
- les documents et rapports soumis à l'assemblée,
- un résumé des débats, le texte des résolutions mises aux voix et le résultat des votes[2].

En cas de consultation écrite, il en est fait mention dans le procès-verbal, auquel est annexée la réponse de chaque associé.

Les procès-verbaux visés ci-dessus sont établis sur un **registre spécial** (tenu au siège social) **côté et paraphé** soit par un juge du tribunal de commerce, soit par un juge du tribunal d'instance, soit par le maire de la commune du siège social ou un adjoint au maire, dans la forme ordinaire et sans frais. Toutefois, les procès-verbaux peuvent être établis sur des **feuilles mobiles numérotées sans discontinuité, paraphées** dans les conditions visées ci-dessus et revêtues du sceau de l'autorité qui les a paraphées. Dès qu'une feuille a été remplie, même partiellement, elle est jointe à celles précédemment utilisées. Toute addition, suppression, substitution ou interversion de feuilles est interdite.

Les **copies ou extraits** des procès-verbaux des délibérations des associés sont certifiés conformes par un seul gérant. Au cours de la liquidation de la société, leur certification est effectuée par un seul liquidateur.

→ Combien de temps les procès-verbaux d'assemblées générales doivent-ils être conservés ?

La loi impose de conserver les procès-verbaux d'assemblée générale durant au minimum 5 ans. Mais, au-delà des délais de prescription, ces registres sont la mémoire des délibérations des associés, il est donc recommandé de les conserver sans limitation de durée.

12. Mettre à jour les statuts

En cours de vie sociale, il appartient au gérant de procéder à la mise à jour des statuts de la SARL chaque fois que cela s'impose à la suite d'une décision des associés. Il doit également mettre les statuts en harmonie avec les dispositions impératives de la loi et des règlements. De même, lorsque des parts sociales ont fait l'objet d'un contrat de location *(voir p. 183)*, le gérant peut inscrire dans les statuts (ou supprimer) la mention du bail et du nom du locataire à côté du nom de l'associé concerné. Les associés devront ensuite ratifier la modification des statuts aux conditions de majorité des décisions ordinaires[1]. Les mesures de publicité classiques devront être accomplies.

---

[1] Le cas échéant, ils sont également signés par le président de séance.
[2] Article R. 223-24 C. com.

13. Honorer son devoir de loyauté

Le gérant a un double devoir de loyauté : envers la SARL et envers les associés.

Devoir de loyauté envers la SARL : Le gérant ne doit pas faire concurrence à la société directement ou indirectement, par exemple, en assumant parallèlement les fonctions de représentant d'une société concurrente.

En revanche, à la fin de son mandat, le gérant peut faire concurrence à la SARL qu'il gérait sous réserve que cette concurrence soit loyale. Par exemple, il serait déloyal de débaucher de nombreux salariés de la SARL qu'il gérait ou encore d'attirer la clientèle de ladite société par un courrier annonçant son départ et invitant cette clientèle à le rejoindre.

Pour encadrer l'obligation de non concurrence du gérant il est conseillé d'introduire une clause dans les statuts ou dans l'acte de nomination du gérant qui prévoit une obligation de non-concurrence pendant un délai prédéterminé *(sur l'action en concurrence déloyale, reportez-vous page 216)*.

Devoir de loyauté envers les associés : le gérant ne doit pas profiter à titre personnel des informations qu'il détient sur la situation de la société.

14. Les autres obligations du gérant

Enfin, lorsque la situation se présente, le gérant doit :
- appeler à la libération du solde des apports dans les conditions prévues par la loi,
- convoquer une assemblée lorsqu'un associé envisage de céder ses parts à un tiers (ou à un associé si les statuts le prévoient),
- mettre en paiement les dividendes votés,
- demander au juge la désignation d'un commissaire aux apports en cas d'augmentation de capital social par apport en nature,
- et d'une manière générale réaliser tous les actes qu'impose l'intérêt de la SARL.

---

[1] Art. L. 223-18 C. com. modifié par la loi du 6 aout 2015.

③ Responsabilité du gérant

La mise en cause de la responsabilité individuelle des gérants de sociétés est très fréquente en pratique. Le gérant est responsable civilement **(3.1)**, pénalement **(3.2)**, fiscalement **(3.3)** et socialement **(3.4)**. Pour éviter tout risque, le gérant doit correctement cerner le domaine de sa responsabilité.

③.1 Responsabilité civile du gérant

Le gérant de la SARL peut engager sa responsabilité civile personnelle s'il est à l'origine d'un dommage causé à la SARL elle-même, à un ou plusieurs associés, ou encore un tiers (client, créancier, fournisseur etc.).

Zoom

L'action en responsabilité civile contre le gérant : un droit protégé

Le droit d'agir en responsabilité civile contre le gérant est protégé par la loi puisque :
- toute clause statutaire de renonciation par les associés à une telle action est réputée non écrite,
- toute clause des statuts qui aurait pour effet de subordonner l'action en responsabilité à une autorisation ou à un avis de l'assemblée générale est également réputée non écrite,
- le quitus[1] donné par une assemblée ne peut pas faire obstacle à une action ultérieure en responsabilité contre le gérant pour faute commise dans l'exercice de son mandat.

En dehors de la responsabilité du droit commun fondée sur les articles 1240 et suivants du Code civil (ancien articles 1382 et suivants), le gérant est responsable envers la SARL, les associés ou les tiers.

1. Conditions spécifiques de l'action en responsabilité civile contre le gérant
Les conditions de l'action sont différentes selon la qualité de la victime qui en toute hypothèse devra rapporter la preuve d'un préjudice causé par la faute du gérant.

→ Lorsque la victime est la SARL

Qui peut intenter l'action ? L'action en réparation peut être exercée par un cogérant ou par les nouveaux gérants contre les anciens (on parle alors d'action sociale *ut universi*). Si l'action n'est pas mise en œuvre par ces derniers, elle peut alors être exercée par un associé[2] (on parle alors d'action *ut singuli*) ou par un groupe d'associé représentant au moins 10 % du capital social (on parle alors d'action sociale *ut plures*).

---

[1] Le quitus de l'assemblée est le vote par lequel l'assemblée reconnait que la gestion est exacte et régulière.
[2] Même s'il ne détient qu'une part.

Il est en outre possible à tout associé de demander en justice la nomination d'un mandataire *ad hoc* qui mettra en œuvre l'action sociale.

Dans tous les cas l'action est intentée contre les dirigeants *au nom et pour le compte de la société.* En cas de succès, les dommages-intérêts sont alloués intégralement à la société[1].

Quelle preuve devra être rapportée ? Pour obtenir réparation, la SARL devra prouver que son préjudice découle de l'un des agissements suivants de son gérant :

- **soit de la violation des dispositions législatives ou réglementaires** applicables aux SARL, par exemple, l'inobservation des formalités de constitution, le défaut de publication des modifications des statuts, l'octroi d'un prêt à un associé ou au gérant, non-respect des règles de convocation, de tenue ou de constatation des décisions des assemblées, le refus de communication de documents sociaux à un associé, le défaut de publication des comptes sociaux, déclarations fiscales fallacieuses etc. ;

- **soit de la violation des statuts,** par exemple le dépassement de l'objet social ou d'une clause limitative de pouvoirs etc. ;

- **soit d'une faute de gestion,** par exemple des commandes excessives, des recrutements déraisonnables, manque de surveillance de salariés, irrégularités comptables etc.

→ Lorsque la victime est un associé

Un associé ne peut agir à titre personnel que si le préjudice qu'il subit en raison des agissements du gérant ne découle pas d'un préjudice premier subi par la SARL, ce qui est rare en pratique.

→ Lorsque la victime est un tiers

Les tiers peuvent agir en responsabilité contre le gérant à condition que ce dernier ait commis une faute séparable de ses fonctions : il en est ainsi lorsque le gérant « commet intentionnellement une faute d'une particulière gravité incompatible avec l'exercice normal des fonctions sociales ». Dans les autres cas, les tiers ne peuvent agir que contre la SARL et non contre son gérant. Le fondement de l'action en responsabilité civile du tiers contre la SARL pourra être de nature contractuel (en cas d'inexécution d'une obligation contractuelle) ou délictuel (lorsque la SARL est à l'origine d'un dommage en dehors de l'exécution d'un contrat).

2. Règles communes aux actions civiles

→ Délais de prescription

L'action en responsabilité civile se prescrit par 3 ans à compter du jour du fait dommageable ou, s'il a été dissimulé, de sa révélation (20 ans si l'infraction est qualifiée de crime : *pour le détail, voir p. 96*).

→ Sanctions

Les juridictions commerciales ou pénales (lorsque la faute est une infraction) sont seules compétentes pour trancher le litige.

Lorsque l'action aboutit, le gérant est condamné à réparer le préjudice causé en versant des dommages-intérêt à la victime (cette somme d'argent est prélevée sur le patrimoine personnel du gérant). En cas de pluralité de gérants, chaque gérant n'est responsable que de ses propres fautes.

---

[1] Art. L. 223-22 al. 3 C. com.

Cependant, si plusieurs gérants ont contribué à la réalisation d'un dommage, le tribunal détermine la part de responsabilité de chacun d'eux. Une condamnation solidaire des gérants peut être prononcée, ce qui est une garantie intéressante pour la victime qui pourra obtenir de l'un d'eux la réparation intégrale du préjudice. Le gérant qui aura dédommagé la victime se retournera alors contre les autres gérants pour leur réclamer leur part contributive.

3. L'assurance RCMS

On l'a vu, les mises en cause de la responsabilité du gérant peuvent provenir de tiers, des associés ou encore de la SARL elle-même. La souscription d'un contrat d'assurance responsabilité civile des mandataires sociaux (RCMS) n'est pas toujours obligatoire mais peut s'avérer judicieuse, car les contrats d'assurance responsabilité civile classiques ne couvrent souvent que la seule SARL, mais non son gérant à titre personnel.

Le contrat d'assurance RCMS couvre quant à lui le gérant (ou ses délégués) des actions en responsabilité civile personnelle liée à l'exercice de ses fonctions.

L'assurance garantira les pertes et dommages causés aux tiers par des personnes dont le gérant est civilement responsable en vertu de l'article 1242 du Code civil[1] (c'est-à-dire les salariés de la SARL) et cela quelles que soient la nature et la gravité des fautes de ces personnes[2]. La plupart des contrats couvrent également les frais de défense dans un procès civil, pénal ou administratif.

En revanche, le contrat ne couvrira pas les pertes et dommages provenant d'une faute intentionnelle ou dolosive du gérant[3].

À savoir : Le contrat d'assurance RCMS peut être souscrit par la SARL pour le compte de ses gérants.

③.2 Responsabilité pénale du gérant

Les développements qui suivent présentent les infractions les plus couramment imputées aux gérants de SARL **(1.)** et exposent l'intérêt du recours à une délégation de pouvoirs qui sous certaines conditions permet l'exonération de responsabilité pénale du gérant **(2.)**.

Attention !

La responsabilité pénale de la SARL peut également être engagée si l'infraction est commise pour son compte et dans son intérêt, par ses organes ou représentants.[4] Toutes les infractions peuvent ainsi lui être imputables en qualité d'auteur ou de complice (avec des peines d'amendes portées au quintuple).

La responsabilité de la SARL ne fait pas obstacle à la responsabilité d'une ou plusieurs personnes physiques auteurs ou complices des mêmes faits, à condition que ces dernières aient commis une faute distincte qui leur soit personnellement imputable.

---

[1] Ancien article 1384 du Code civil abrogé par l'ordonnance 2016-131 du 10 février 2016.
[2] Art. L. 121-2 C. assur.
[3] Art. L. 113-1 C. assur.
[4] Art. 121-2 C. pén.

1. Les infractions les plus fréquentes

Les gérants sont passibles de toutes les infractions de droit commun mais également d'infractions spécifiques aux SARL[1]. Nous présenterons les infractions les plus fréquentes, toutes imputables aussi bien aux gérants de droit qu'aux gérants de fait[2].

Les infractions concernant la constitution de la SARL, l'approbation des comptes, la modification des statuts et les mesures de publicité sont quant à elles présentées au fil des paragraphes concernées.

→ L'abus de biens sociaux

Ce délit est caractérisé lorsque le gérant fait, de mauvaise foi, des biens de la société, un usage qu'il sait contraire à l'intérêt de celle-ci, à des fins personnelles ou pour favoriser une autre société ou une entreprise dans laquelle il est intéressé directement ou indirectement[3]. Par conséquent 4 éléments doivent être réunis :

1- Un usage des biens de la SARL... L'usage consiste à se servir du bien, même de façon temporaire avec l'intention de le restituer. Tous les biens de la SARL peuvent être concernées, qu'ils soient matériels (argent, véhicules, immeubles, stocks etc.) ou immatériels (créances, brevet, marques, clientèle etc.). L'usage abusif peut prendre la forme d'une appropriation officielle ou dissimulée (prêts irréguliers, rémunérations disproportionnées du gérant, paiement par la SARL de factures ne lui incombant pas, détournements de fonds etc.) ou d'un simple usage de biens de la SARL à des fins personnelles (véhicule, matériel, salariés utilisés pour des besoins étrangers à l'activité sociale etc.).

2- ...contraire à l'intérêt social... le juge répressif appréciera si l'usage est contraire à l'intérêt social.

3- ...accompli dans un intérêt personnel... Cet intérêt peut être matériel (par enrichissement direct ou en évitant de s'appauvrir par une prise en charge de frais personnels par la SARL) ou moral (sauvegarde d'une réputation, entretien de relations etc.). Il peut être accompli dans l'intérêt du gérant lui-même ou pour favoriser une autre société ou une autre entreprise dans laquelle ils sont intéressés directement ou indirectement.

4- ...et de mauvaise foi. Cet élément est caractérisé par la conscience que l'usage porte atteinte à l'intérêt social (ce que le juge retient généralement compte tenu de la position du gérant).

> Peines : 5 ans d'emprisonnement et 375 000 € d'amende - Peines complémentaires possibles.

---

[1] Outre les peines présentées ci-dessous, la plupart de ces infractions peuvent entrainer des peines complémentaires particulièrement lourdes telles que :
- l'interdiction des droits civiques, civils et de famille,
- l'interdiction d'exercer l'activité professionnelle ou sociale dans l'exercice de laquelle l'infraction a été commise,
- l'interdiction d'exercer une profession commerciale ou industrielle,
- l'interdiction d'exercer, de diriger, d'administrer, de gérer ou de contrôler à un titre quelconque, directement ou indirectement, pour son propre compte ou pour le compte d'autrui, une entreprise commerciale ou industrielle ou une société commerciale etc.
- l'interdiction, pour une durée de 5 ans au plus, d'émettre des chèques autres que ceux qui permettent le retrait de fonds par le tireur auprès du tiré ou ceux qui sont certifiés,
- l'affichage ou la diffusion de la décision,
- la fermeture, pour une durée de 5 ans au plus, des établissements ou de l'un ou de plusieurs des établissements de l'entreprise ayant servi à commettre les faits incriminés.
[2] Art. L. 241-9 C. com.
[3] Art. L. 241-3 C. com.

→ L'abus du crédit, des pouvoirs ou des voix

Ces délits sont caractérisés lorsque le gérant fait, de mauvaise foi, du crédit, des pouvoirs qu'ils possèdent ou des voix dont ils disposent, en cette qualité, un usage qu'il sait contraire aux intérêts de la société, à des fins personnelles ou pour favoriser une autre société ou une autre entreprise dans laquelle ils sont intéressés directement ou indirectement.

Jumelles de l'abus de biens sociaux, ces infractions sont respectivement caractérisées par un **usage abusif**...

...du crédit de la SARL, c'est-à-dire de sa réputation, de la confiance qu'elle inspire, de sa capacité à emprunter ou à garantir une dette,

...des pouvoirs reconnus aux gérants par la loi ou les statuts de la SARL,

...ou des voix, c'est-à-dire des procurations données aux dirigeants sociaux par les associés.

Les autres éléments sont identiques à l'abus de biens sociaux, l'usage du crédit, des pouvoirs ou des voix doit être contraire à l'intérêt social, accompli dans un intérêt personnel et de mauvaise foi

> Peines : 5 ans d'emprisonnement et 375 000 € d'amende - Peines complémentaires possibles.

→ La surévaluation des apports en nature

L'infraction consiste à attribuer frauduleusement à un apport en nature une évaluation supérieure à sa valeur réelle.

> Peines : 5 ans d'emprisonnement et 375 000 € d'amende - Peines complémentaires possibles.

→ La répartition de dividendes fictifs

L'infraction consiste à opérer entre les associés la répartition de dividendes fictifs, en l'absence d'inventaire ou au moyen d'inventaires frauduleux.

> Peines : 5 ans d'emprisonnement et 375 000 € d'amende - Peines complémentaires possibles.

→ La présentation de comptes annuels ne donnant pas une image fidèle

Cette infraction est caractérisée lorsque les gérants présentent aux associés des comptes annuels ne donnant pas, pour chaque exercice, une image fidèle du résultat des opérations de l'exercice, de la situation financière et du patrimoine à l'expiration de cette période en vue de dissimuler la véritable situation de la société. L'infraction est caractérisée même en l'absence de toute distribution de dividendes.

> Peines : 5 ans d'emprisonnement et 375 000 € d'amende - Peines complémentaires possibles.

→ L'escroquerie

« L'escroquerie est le fait, soit par l'usage d'un faux nom ou d'une fausse qualité, soit par l'abus d'une qualité vraie, soit par l'emploi de manœuvres frauduleuses, de tromper une personne physique ou morale et de la déterminer ainsi, à son préjudice ou au préjudice d'un tiers, à remettre des fonds, des valeurs ou un bien quelconque, à fournir un service ou à consentir un acte opérant obligation ou décharge. »[1]

---

[1] Art. 313-1 C. com.

Pour être caractérisée, l'escroquerie suppose la réunion de 4 éléments constitutifs :

1- la mise en œuvre d'un ou plusieurs moyens frauduleux :
- usage d'un faux nom ou d'une fausse qualité,
- abus d'une qualité vraie,
- emploi de manœuvres frauduleuses.

2- que ces moyens frauduleux aient trompé la victime et entrainés la remise de la chose, la fourniture du service ou le consentement opérant obligation ou décharge,

3- une intention frauduleuse de l'auteur du délit,

4- la conscience du préjudice subi par la victime directe ou un tiers.

Le délit se prescrit par 3 ans à compter de la remise. La tentative d'escroquerie est punissable des mêmes peines que l'infraction consommée

> Peines : 5 ans d'emprisonnement et 375 000 € d'amende - Peines complémentaires possibles.
> Peines aggravées : Reportez-vous à l'article 313-2 du Code pénal.

→ L'abus de confiance

« L'abus de confiance est le fait par une personne de détourner, au préjudice d'autrui, des fonds, des valeurs ou un bien quelconque qui lui ont été remis et qu'elle a acceptés à charge de les rendre, de les représenter ou d'en faire un usage déterminé. »[1]
Le délit d'abus de confiance suppose donc l'existence préalable d'un contrat (écrit ou oral) portant sur la remise d'une chose[2] à titre précaire par la victime et l'acceptation (par l'auteur) de la rendre, de la représenter ou d'en faire un usage déterminé. Par exemple, la remise de la chose à titre précaire dans le cadre d'un contrat de prêt, contrat de dépôt, contrat de bail etc.

Cette condition préalable remplie, l'abus de confiance est caractérisé en présence :

1- d'un détournement de la chose préjudiciable à autrui[3].

2- et d'une intention coupable qui suppose à la fois la connaissance par l'auteur de la précarité de sa possession, et de la prévisibilité du résultat dommageable de son comportement.
En pratique, les juges déduisent l'intention coupable des circonstances, ainsi par exemple, le fait d'utiliser la chose d'une façon non prévue au contrat, démontre la volonté du prévenu de s'approprier le bien, puisqu'il l'utilise comme un véritable propriétaire.

Le délit d'abus de confiance se prescrit par 3 ans à compter du détournement ou du jour où l'abus de confiance a été découvert.

> Peines : 3 ans d'emprisonnement et 375 000 € d'amende - Peines complémentaires possibles.
> Peines aggravées : Reportez-vous à l'article 314-2 du Code pénal.

---

[1] Art. 314-1 C. com.
[2] Fonds, valeurs ou biens quelconques (corporel ou incorporel) à l'exclusion des immeubles.
[3] Le détournement consiste en un changement de destination de la chose remise (la chose peut donc également être dissipée : c'est la forme la plus grave du détournement). Le préjudice causé à « autrui » : le texte visant « autrui », la victime du préjudice peut également être une autre personne que celle ayant conclu le contrat. Ce préjudice peut être de toute nature (matériel ou moral). Par exemple parce que la chose est temporairement ou définitivement indisponible, ou encore affectée dans sa substance ou sa valeur etc.

→ Le faux et l'usage de faux

« Constitue un faux toute altération frauduleuse de la vérité, de nature à causer un préjudice et accomplit par quelque moyen que ce soit, dans un écrit ou tout autre support d'expression de la pensée qui a pour objet ou qui peut avoir pour effet d'établir la preuve d'un droit ou d'un fait ayant des conséquences juridiques. »[1]

Deux types de faux existent :

- **Le faux matériel** qui est constitué lorsque l'auteur falsifie physiquement les signes du support. C'est le cas d'un support créé de toute pièce, de la fausse signature, de la contrefaçon d'écriture, des altérations de l'écrit (surcharge, biffures, grattages, taches pour masquer, moyens chimiques, modifications de la substance etc.) ;

- **Le faux intellectuel** est constitué lorsque les signes ne sont pas matériellement falsifiés, mais que le faux porte sur le contenu, la substance, les circonstances de l'acte. La forme de l'acte n'est pas remise en question, seul son contenu ne correspond pas à la réalité.

Tous deux sont punissables des mêmes peines.

Le support falsifié peut être de toute nature (support papier, numérique etc.) pourvu qu'il puisse servir de preuve pour faire valoir des droits indus causant ainsi un préjudice (actuel ou éventuel).

Pour que le délit soit caractérisé, l'auteur ou l'utilisateur du faux doivent avoir connaissance de l'altération de la vérité (de produire un écrit non valable) susceptible d'avoir des conséquences juridiques.

À savoir : L'usage du faux est un comportement matériel distinct de la fabrication du faux. L'usage est punissable même lorsque l'utilisateur n'est pas le faussaire.

Les délits de faux et d'usage de faux se prescrivent par 3 ans à compter du dernier usage délictueux. La tentative de faux est punissable des mêmes peines (article 441-9 du Code pénal).

> **Peines :** 3 ans d'emprisonnement et 45 000 € d'amende - Peines complémentaires possibles.
> **Peines aggravées :** Reportez-vous aux articles 441-2 et suivants du Code pénal.

→ Le recel

« Le recel est le fait de dissimuler, de détenir ou de transmettre une chose, ou de faire office d'intermédiaire afin de la transmettre, en sachant que cette chose provient d'un crime ou d'un délit. Constitue également un recel le fait, en connaissance de cause, de bénéficier, par tout moyen, du produit d'un crime ou d'un délit. »[2]

Le délit de recel n'est caractérisé qu'à la double condition que les choses proviennent d'un délit ou d'un crime réalisé par un tiers (vol, escroquerie, abus de confiance, abus de biens sociaux, usage de faux, banqueroute, contrefaçon, extorsion, délit d'initié etc.) et que le prévenu ait connaissance de l'origine frauduleuse des choses recelés.

En pratique, le recel peut prendre plusieurs formes :
- **Recel dissimulation**, consistant à dissimuler ou faire dissimuler (par un tiers complice ou de bonne foi) la chose provenant d'un crime ou d'un délit,

---

[1] Art. 441-1 du Code pénal.
[2] Art. 321-1 du Code pénal.

- **Recel détention**, consistant à détenir ouvertement la chose provenant de l'infraction d'origine. La durée de cette détention est indifférente,
- **Recel transmission**, consistant à transmettre matériellement la chose provenant d'un crime ou d'un délit,
- **Recel intermédiaire**, consistant à faire office d'intermédiaire afin de transmettre la chose provenant d'un crime ou d'un délit,
- **Recel bénéfice**, consistant à bénéficier de la chose provenant d'un crime ou d'un délit.

Le délit de recel se prescrit par 3 ans à compter du jour où la détention a pris fin. Sachez que le délit de recel est distinct de l'infraction d'origine, par conséquent la prescription est indépendante de la prescription de l'infraction d'origine. La tentative de recel n'est pas punissable.

> Peines : 5 ans d'emprisonnement et 375 000 € d'amende - Peines complémentaires possibles.
> Peines aggravées : Reportez-vous à l'article 321-2 du Code pénal.

2. L'effet exonératoire de la délégation de pouvoirs

Pour les actes susceptibles de délégation, le gérant peut être exonéré de sa responsabilité pénale s'il a donné délégation de pouvoirs. Le responsable sera alors le délégué auteur de l'infraction.

Pour être exonératoire de responsabilité pénale, la délégation de pouvoirs :
- doit être donnée à un préposé, et non à un tiers,
- être expresse et précise (c'est-à-dire ni trop général, ni implicite),
- le délégué doit être pourvu des compétences et des moyens nécessaires pour mettre en œuvre la délégation,
- le gérant ne doit plus s'immiscer dans les domaines de la délégation.

Si une infraction est commise dans le cadre de la délégation, il appartient au gérant qui a délégué ses pouvoirs d'en rapporter la preuve. Il sera dans ce cas exonéré de sa responsabilité pénale. Seul le délégataire et la SARL pourront alors être condamnés le cas échéant. Relevons que si le gérant a néanmoins participé à la commission de l'infraction, il sera poursuivi comme coauteur ou complice.

La prescription de l'action en matière pénale

La réforme issue de la loi du 27 février 2017 allonge les délais de prescription de l'action publique (art. 7 s. CPP). Désormais, les délais de prescription sont de :
- 6 ans pour les délits (3 ans auparavant),
- 20 ans pour les crimes (10 ans auparavant),
- 1 an pour les contraventions (inchangé).

En principe, ces délais courent du jour où l'infraction est commise. Toutefois, pour les infractions occultes ou dissimulées, les délais ne commencent à courir qu'à partir du moment où elles ont été découvertes, mais avec un délai butoir commençant à courir dès la commission de l'infraction, et au-delà duquel l'infraction est prescrite.

Ce délai butoir est de 12 ans pour les délits et de 30 ans pour les crimes.

Ces nouvelles règles sont applicables y compris aux infractions commises avant le 1er mars 2017 (date d'entrée en vigueur de la loi).

③.3 Responsabilité fiscale du gérant

On l'a dit, la vigilance s'impose particulièrement en matière fiscale. Le gérant peut être condamné à payer personnellement les impôts, taxes et pénalités dues par la SARL s'il s'est rendu coupable de manœuvre frauduleuses ou d'inobservation graves et répétées des obligations fiscales ayant rendu impossible le recouvrement des impositions et pénalités (art. L. 267 du Livre des procédures fiscales).

Sa responsabilité fiscale peut être engagée même si celui-ci fait l'objet d'une action en comblement de passif ou encore si un jugement de clôture de la liquidation judiciaire de la SARL a été prononcé pour insuffisance d'actif.

→ *Pour le détail, reportez-vous aux pages 78 et 249 et suivantes.*

③.4 Responsabilité sociale du gérant

Le Code de la sécurité sociale prévoit que le cotisant, qui ne s'est pas conformé aux prescriptions de la législation de sécurité sociale peut faire l'objet de poursuites.[1]

Ces poursuites sont engagées devant le tribunal de police à la demande :
- du ministère public, éventuellement sur la demande du ministre chargé de la sécurité sociale,
- ou de toute partie intéressée et, notamment, de tout organisme de sécurité sociale.

En pratique, le gérant de la SARL peut être condamné sur son patrimoine personnel à verser les pénalités et dommages intérêts relatifs aux sommes dues par la SARL.

---

[1] Art. L. 244-1 du Code de la sécurité sociale

Chapitre 3

Les décisions des associés

Sommaire

① Distinction des décisions « ordinaires » et « extraordinaires »

Certaines décisions essentielles à la bonne marche de la SARL relèvent exclusivement des pouvoirs de la collectivité des associés. Ces décisions font en principe l'objet d'un débat suivi d'un vote pour lequel chacun des associés a autant de voix qu'il détient de parts sociales.

> **1 part = 1 voix**

Par conséquent, plus un associé a de parts, plus il a de voix et donc plus il a d'influence sur la prise de décision. Ainsi, par exemple, un associé (ou un groupe d'associés) qui détient plus de 50 % des parts (et donc des voix) peut faire adopter toutes les « décisions ordinaires » ou bloquer leur adoption.
Une société fonctionne un peu comme une démocratie : les associés majoritaires l'emportent généralement et peuvent imposer leurs décisions aux associés minoritaires. Nous verrons cependant que tout n'est pas permis aux associés majoritaires car les droits de chaque associé sont protégés, tout comme ceux de la société et du gérant *(voir notamment p. 200 s.)*.

Deux catégories doivent être distinguées : les **décisions ordinaires** et les **décisions extraordinaires**. C'est de cette distinction que découlent en principe les règles de majorité permettant d'adopter valablement la décision. À défaut, la sanction encourue serait la nullité de la décision *(voir p. 101 s.)*.

1. Les décisions ordinaires

→ Notion de décisions ordinaires

Les décisions ordinaires sont celles qui n'entraînent pas de modification des statuts (sauf exceptions) ou qui ne concernent pas l'agrément de nouveaux associés.

> **Constituent des décisions ordinaires :**
> - l'approbation des comptes de l'exercice écoulé et le « quitus »[1] donné au gérant- l'affection du résultat (dividendes, reports à nouveau et affectations aux réserves)
> - la nomination et la révocation du gérant (y compris statutaire)
> - la rémunération du gérant
> - la nomination d'un commissaire aux comptes (s'il y a lieu)
> - l'augmentation de capital par incorporation de bénéfices ou de réserves
> - l'approbation ou l'autorisation des conventions réglementées (conventions passées entre la SARL et le gérant ou les associés)
> - la ratification du transfert du siège social sur le territoire français
> - la ratification de la mise en harmonie des statuts par le gérant avec la loi et les règlements
> - la transformation de SARL dont les capitaux propres excèdent 750 000 € en société anonyme

---

[1] Le *quitus* donné par l'assemblée est l'acte qui reconnait que le gérant a correctement accompli sa mission concernant les comptes de l'exercice et le décharge de toute responsabilité civile sur ce point à l'égard de la société.

→ Quelles sont les règles de majorité pour adopter une décision ordinaire ?

La majorité requise pour l'adoption d'une décision ordinaire est en principe la majorité absolue, c'est-à-dire plus de la moitié de l'ensemble des parts sociales (50 % + 1 parts). Cependant, lorsque la consultation se déroule en assemblée et que le nombre d'associés participant est insuffisant pour que la majorité des parts soit atteinte, les associés sont alors convoqués à une nouvelle assemblée au cours de laquelle l'adoption des décisions est soumise à des règles de majorité moins exigeantes : sur seconde consultation, la décision est prise à la simple majorité des voix exprimées, quel que soit le nombre d'associés présents. Les statuts peuvent cependant écarter la possibilité d'une seconde consultation.

En bref : Majorité des décisions ordinaires en assemblée générale

Sur 1ère consultation	Majorité absolue, c'est-à-dire plus de la moitié de l'ensemble des parts sociales (50 % + 1 parts). Si le nombre d'associés participant à l'assemblée est insuffisant pour que cette majorité soit réunie, les associés sont consultés une seconde fois. Les règles de majorité sont alors moins exigeantes *(voir ci-dessous)*. **Remarque :** Les statuts peuvent écarter la possibilité d'une seconde consultation.
Sur 2nde consultation	Majorité des voix exprimées, quel que soit le nombre d'associés présents. **Attention :** Il est important de participer à la seconde consultation, car un faible nombre de voix peut suffire à l'adoption des décisions. Par exemple, si un seul associé participait à cette seconde consultation, il pourrait prendre les décisions seul !

Dans les deux cas les statuts peuvent prévoir des majorités plus élevées, sauf s'il s'agit de la révocation des gérants.

2. Les décisions extraordinaires

→ Notion de décisions extraordinaires

Les décisions extraordinaires sont celles qui entraînent une modification des statuts ou qui concernent l'agrément de nouveaux associés.

Constituent des décisions extraordinaires :
- l'augmentation ou la réduction du montant du capital social
- la modification de l'objet social
- le changement de dénomination
- la prorogation de la durée de vie de la société
- l'agrément de nouveaux associés
- l'agrément de locataires de parts sociales
- la transformation en une autre forme de société (exemples : SAS, SNC etc.)
- le transfert du siège social à l'étranger
- la prorogation de la société
- ainsi que les modifications de toute clause statutaire *(sauf exceptions légales : voir p. 101)*

→ Quelles sont les règles de majorité pour adopter une décision extraordinaire ?

Les règles de majorité applicables varient selon la date de création de la SARL :

Pour les SARL créées après le 3 août 2005

Les SARL constituée après le 3 aout 2005 sont soumises aux règles suivantes : Tout d'abord, il existe une condition de quorum (le quorum est le nombre minimum de parts qui doivent être présentes ou représentées lors de la consultation pour que les associés puissent valablement voter).

Le quorum exigé est le suivant :

- Sur 1ère consultation : 25 % des parts sociales doivent être présentes ou représentées

- Sur 2ème consultation : 20 % des parts sociales doivent être présentes ou représentées. À défaut d'atteindre ce quorum, la deuxième assemblée peut être prorogée sous 2 mois à partir de la date à laquelle elle avait été convoquée (aux mêmes conditions de quorum).

Lorsque le quorum est atteint, la **majorité requise est de 2/3 des parts présentes ou représentées** lors de la consultation. Un associé (ou un groupe d'associés) qui détient plus d'1/3 des parts dispose de ce que l'on appelle la « minorité de blocage » : il peut bloquer les décisions extraordinaires auxquelles il est opposé.

À savoir : Les statuts peuvent prévoir un quorum et une majorité plus élevés, sans pouvoir exiger l'unanimité.

Relevons toutefois que certaines décisions extraordinaires sont soumises à d'autres règles de majorité *(voir ci-dessous).*

Pour les SARL créées jusqu'au 3 août 2005

Les règles applicables sont plus simples, mais plus exigeantes : les associés favorables à la décisions extraordinaire doivent représenter **au moins 75 % des parts sociales**. Toute clause exigeant une majorité plus élevée est réputée non écrite. Un associé (ou un groupe d'associés) qui détient plus de 25% des parts dispose de la « minorité de blocage ».

À savoir : Les associés d'une SARL constituée avant le 4 août 2005 peuvent décider à l'unanimité de soumettre la société au régime des sociétés constituées à compter de cette date.

Décisions modifiant les statuts soumises à d'autres règles de majorité

Par exception, les décisions suivantes sont soumises à un régime particulier :
> la révocation du gérant statutaire reste une décision ordinaire,
> la décision d'augmenter le capital par incorporation de bénéfices ou de réserves est prise par les associés représentant au moins la moitié des parts sociales,
> le déplacement du siège social est décidé par un ou plusieurs associés représentant plus de la moitié des parts (art. L. 223-30 C. com. al. 3),
> le changement de nationalité de la société (art. L. 223-30 al. 1 C. com.), l'augmentation des engagements sociaux d'un associé (art. L. 223-30 al. 5 C. com.) [par exemple, si la SARL se transforme en société en nom collectif ou en société civile], la transformation en SAS requiert l'unanimité,
> enfin, en matière d'agrément, on exige une double majorité en tête et en voix.

② Modes de consultation des associés

Il existe **3 modes de consultation** des associés permettant l'adoption d'une décision :

- la réunion d'une assemblée générale **(2.1)**,

- la consultation écrite **(2.2)**,

- la décision unanime dans un acte juridique **(2.3)**.

La réunion d'une assemblée générale est le mode habituel de consultation des associés. Elle est obligatoire pour l'adoption de certaines décisions, notamment pour l'approbation des comptes annuels.

La consultation écrite et la décision unanime dans un acte ne sont possibles que si les statuts l'autorisent. Relativement peu utilisés en pratique, ces deux modes de consultation peuvent néanmoins être utiles en cas d'emplois du temps incompatibles des associés pour la réunion d'une assemblée. Ils peuvent également permettre d'éviter les tensions interpersonnelles pouvant exister entre certains associés lors des prises de décisions.

②.1 Les décisions prises en assemblée générale

La réunion d'une assemblée générale est le mode traditionnel de consultation des associés. Certaines décisions doivent obligatoirement être prises en assemblée générale.

> **Attention !**
> Relevons que s'est développée dans les sociétés comportant peu d'associés une pratique consistant à tenir des « assemblées papiers » : les associés ne se réunissent pas dans la réalité, mais un procès-verbal d'assemblée est néanmoins rédigé et signé par tous.
> Fréquente, cette pratique n'en est pas moins condamnable puisqu'elle constitue un délit de faux et d'usage de faux *(voir p. 95)*. Elle n'est donc pas conseillée.

1. Dans quels cas la réunion d'une assemblée est-elle obligatoire ?

La réunion d'une assemblée générale est obligatoire dans **6 cas** :

1- pour l'approbation des comptes annuels,

2- lorsqu'une assemblée générale est demandée au gérant par un ou plusieurs associés détenant au moins la moitié des parts sociales,

3- lorsqu'une assemblée générale est demandée au gérant par un groupe d'associés représentant au moins $1/10^{ème}$ des associés et $1/10^{ème}$ des parts sociales,

4- lorsqu'un associé demande en justice la désignation d'un mandataire chargé de convoquer l'assemblée et de fixer son ordre du jour,

5- pour l'émission d'obligations,

6- pour l'approbation d'une modification de capital prévue par un plan de sauvegarde ou de redressement.

Dans tous les autres cas, si les statuts en prévoient la possibilité, la consultation des associés peut avoir lieu par écrit ou dans un acte juridique exprimant le consentement de tous les associés *(voir p. 109 s. et 113 s.)*.

2. Où se déroule l'assemblée générale ?

Le lieu de réunion des assemblées est librement fixé par les statuts. Les associés peuvent prévoir qu'elles se tiendront au siège social ou en tout autre lieu précisé par les statuts. Si les statuts ne prévoient rien, l'auteur de la convocation (le gérant en principe) devra l'indiquer dans la lettre de convocation. Le lieu de réunion devra être d'accès aisé pour la plupart des associés (il n'est pas toujours possible de contenter chaque associé).

3. L'assemblée générale peut-elle se dérouler par visioconférence ?

À l'exception de l'assemblée qui délibère sur les comptes annuels qui doit obligatoirement se tenir « physiquement », les autres assemblées peuvent se tenir par visioconférence si les statuts autorisent cette possibilité. Si la visioconférence n'a pas été prévue, l'adoption d'une décision extraordinaire sera nécessaire afin d'inscrire cette possibilité dans les statuts.

Les associés participant par visioconférence sont réputés présents à l'assemblée pour le calcul du quorum et de la majorité *(voir p 99 s.).*

Précisons que les statuts peuvent attribuer un droit d'opposition à l'utilisation de la visioconférence à un nombre déterminé d'associés ou prévoir que ce procédé sera écarté pour certaines délibérations déterminées.

Attention !

Afin de garantir l'identification et la participation effective des associés, la législation impose à la SARL d'aménager un site internet exclusivement consacré à cette fin et auquel les associés ne peuvent accéder qu'après s'être identifiés au moyen du code fourni préalablement à la tenue de l'assemblée. Le site doit au moins permettre d'entendre la voix des participants et satisfaire à des caractéristiques techniques permettant la retransmission continue et simultanée des délibérations.

---

4. Un associé peut-il se faire représenter lors de l'assemblée ?

Un associé peut se faire représenter en assemblée en donnant procuration soit :
- à son conjoint sauf si la SARL ne comprend que les deux époux comme associés,
- à un autre associé sauf si la SARL ne comprend que deux associés,
- à un tiers mais uniquement si les statuts le permettent.

Lorsqu'un associé donne procuration c'est obligatoirement pour l'ensemble des voix dont il est titulaire.

Illustration

Procuration pour l'assemblée générale du 15 août 2017

Je soussigné, Jean Martin, né le 10 octobre 1987, demeurant 15 avenue de la République, 75 011 Paris, propriétaire de 100 parts sociales de la SARL Optimal au capital social de 50 000 €, dont le siège social est situé au 52 boulevard Ornano, 75 018 Paris, et immatriculée au RCS de Paris sous le n° 456 568 888, donne pouvoir à Mme Juliette Dupuis, née le 16 janvier 1990, demeurant au 10 rue de la Madone, 75 018 Paris, pour me représenter et voter en mon nom lors de l'assemblée générale qui se tiendra au siège social de la société, le 15 août 2017 à 14 heures, afin de délibérer sur l'ordre du jour suivant :

  - Nomination de M. Yves Traille pour une durée de 6 ans au poste de co-gérant,
  - Rénovation des locaux du siège social.

Si la majorité requise pour délibérer valablement n'était pas atteinte lors de cette assemblée, la présente procuration conserverait ses effets pour l'assemblée réunie avec le même ordre du jour sur seconde consultation.

Paris, le 2 août 2017

Jean Martin

J Martin

Attention !
La procuration donnée par un associé n'est valable en principe que pour une seule assemblée. Par exception, elle peut cependant être donnée pour deux assemblées tenues le même jour ou dans un délai de 7 jours.
Relevons enfin que la procuration donnée pour une assemblée vaut pour les assemblées successives convoquées avec le même ordre du jour.

5. Le vote en assemblée peut-il avoir lieu par correspondance ?

Non, dans la SARL le vote par correspondance lors des assemblées est interdit. Seule est autorisée la consultation par correspondance **hors assemblée** *(voir p. 110 s.)* ou la consultation par la signature d'un acte unanime *(voir p. 113)*.

6. La convocation de l'assemblée

→ Qui convoque les assemblées ?

En principe, il appartient au gérant de prendre l'initiative de convoquer les associés aux assemblées générales. Toutefois, les associés ont toujours la possibilité de demander au gérant qu'il convoque l'assemblée générale. Cette demande s'imposera au gérant à condition qu'elle émane :

- d'un associé (ou d'un groupe d'associés) qui représente plus de la moitié des parts sociales,

- ou d'un associé (ou d'un groupe d'associés) qui représente au moins 10 % des associés et 10 % des parts sociales.

Toute clause contraire est réputée non écrite.

Par ailleurs, en cas de carence du gérant, tout associé peut demander au Président du tribunal de commerce la désignation d'un mandataire judiciaire chargé de convoquer l'assemblée et de fixer son ordre du jour[1]. Cette demande doit être faite dans l'intérêt de la société et suppose que le gérant ait été préalablement mis en demeure de convoquer l'assemblée.

Enfin, le commissaire aux comptes (s'il en existe un) peut également la convoquer en cas de carence du gérant lorsqu'une réunion est nécessaire.

À savoir : En cas de **décès du gérant unique**, tout associé (ou le commissaire aux comptes) peut convoquer l'assemblée générale, mais uniquement pour procéder à la nomination d'un gérant.

→ Quel délai doit-être respecté entre la convocation et la réunion de l'assemblée ?

Les associés doivent en principe être convoqués au moins **15 jours** avant la réunion de l'assemblée. Toutefois, sur seconde consultation (lorsque le quorum n'a pas été atteint sur première consultation) le délai est réduit à **8 jours** au minimum.

De même, le délai est ramené à **8 jours** lorsque l'assemblée est convoquée en raison du **décès du gérant** unique afin de procéder à son remplacement.

---

[1] Pour être recevable, la demande doit être conforme à l'intérêt social (Cass. com. 16 juin 1990) et la SARL doit être partie à l'instance de demande de désignation du mandataire judiciaire : l'associé demandeur doit donc nécessairement assigner la société (en ce sens, Cass. com. 3 nov. 2004, rendu à propos d'une société civile).

→ Comment est adressée la convocation ?

La convocation est adressée à chacun des associés par lettre recommandée[1] qui indique l'ordre du jour.

La communication électronique est possible pour les associés ayant donné leur accord écrit (par lettre recommandée ou par voie électronique au plus tard 20 jours avant la date de la prochaine assemblée).

À savoir : Le procédé est réversible car les associés peuvent ultérieurement demander le retour à un envoi postal à condition de le faire (par mail ou par lettre recommandée) au plus tard 20 jours avant la date de l'assemblée suivante[2].

Relevons cependant que, lorsqu'il existe un climat de confiance entre associés, il est possible de se contenter d'une simple convocation verbale. Mais pour écarter tout risque ultérieur de contestation relative à la convocation verbale, il est nécessaire :
- que les associés aient accès à tous les documents nécessaires à leur information,
- et que tous les associés soient présents ou représentés lors de la réunion de l'assemblée.

→ Que doit contenir la convocation ?

La convocation doit contenir le lieu, la date de la réunion et indiquer les questions inscrites à l'ordre du jour de l'assemblée. Ces questions doivent être libellées de telle sorte que leur contenu et leur portée apparaissent clairement, sans qu'il y ait lieu de se reporter à d'autres documents.

Au-delà des questions explicitement à l'ordre du jour, il est généralement ajouté une rubrique « questions diverses » qui ne peut toutefois couvrir que les questions de minime importance.

→ *Pour une illustration, reportez-vous p. 109*

→ Quelles sont les conséquences d'une convocation irrégulière ?

Une assemblée irrégulièrement convoquée peut être annulée. Le prononcé de la nullité est laissé à l'appréciation des juges. L'action en nullité n'est plus recevable lorsque tous les associés étaient présents ou représentés lors de l'assemblée et ont accepté de voter.

7. Un associé peut-il demander l'inscription d'une question à l'ordre du jour ?

Oui. Depuis l'ordonnance du 4 mai 2017, un ou plusieurs associés détenant au minimum 5 % des parts sociales ont la faculté de faire inscrire à l'ordre du jour de l'assemblée des points ou des projets de résolution qui sont portés à la connaissance des autres associés. Toute clause contraire des statuts est réputée non écrite *(voir p. 196).*

---

[1] Néanmoins en pratique, généralement dans les SARL comportant peu d'associés, une convocation par lettre simple, voire orale, est possible si tous les associés sont présents ou représentés lors de la réunion de l'assemblée et que le droit de communication et d'information est respecté (la nullité ne pouvant plus être encourue).
[2] Art. R 223-20 C. com.

8. Comment sont adoptées et consignées les décisions adoptées en assemblée ?

→ Conditions d'adoption des décisions en assemblée

Les conditions d'adoption des décisions dépendent de la nature de la décision Les règles applicables en la matière sont développées page 99 et suivantes.

→ Procès-verbaux d'assemblées générales

Toutes les délibérations d'assemblées doivent être constatées par un procès-verbal qui indique :

- la date et le lieu de réunion,

- les nom, prénoms et qualité du président,

- les nom et prénoms des associés présents, présents par visioconférence (ou télécommunication électronique) ou représentés avec l'indication du nombre de parts sociales détenues par chacun, les documents et rapports soumis à l'assemblée,

- un résumé des débats,

- le texte des questions mises aux voix,

- le résultat des votes.

En cas d'incident technique relatif à la visioconférence ou à la télécommunication électronique ayant perturbé le déroulement de l'assemblée, le procès-verbal doit l'indiquer.

Les procès-verbaux sont établis et signés par les gérants et, le cas échéant, par le président de séance.

→ *Modèle de procès-verbal page 124 - voir également : www.entreprises.cci-paris-idf.fr*

À savoir : En cas de consultation écrite *(voir p. 110 s.)*, il en est fait mention dans le procès-verbal, auquel est annexée la réponse de chaque associé.

→ Le support des procès-verbaux

Les procès-verbaux d'assemblées ne peuvent pas être dressés sur n'importe quel support. Ils doivent obligatoirement être établis :

- soit sur un registre spécial côté et paraphé tenu au siège social,

- soit sur des feuilles mobiles numérotées sans discontinuité et paraphées. Dès qu'une feuille a été remplie, même partiellement, elle est jointe à celles précédemment utilisées. Toute addition, suppression, substitution ou interversion de feuilles est interdite.

À savoir : La demande de paraphe ou de cote peut se faire au greffe du tribunal de commerce et dans certaines mairies. Cette formalité est payante[1] sauf en mairie.

→ Un associé peut-il obtenir une copie des procès-verbaux ?

Oui. Les copies ou extraits de procès-verbaux seront certifiés conformes par le gérant. Au cours de la liquidation de la société, la certification est effectuée par le liquidateur.

---

[1] Le tarif est de 2,96 € par livre, auquel s'ajoutent des frais d'envoi.

▤ *Illustration*

SARL OPTIMAL

Capital social de 10 000 €

52 boulevard Ornano

75 018 PARIS

n° SIREN (9 chiffres) RCS de Paris

Madame Juliette Dupuis
10 rue de la Madone
75 018 Paris

Lettre recommandée AR

Paris, le 20 juillet 2017

Objet : Convocation à l'Assemblée Générale Ordinaire des associés

Madame,

J'ai l'honneur de vous convoquer à l'Assemblée Générale Ordinaire des associés qui se tiendra le 15 août 2017 à 14 heures, au siège social (52 boulevard Ornano, 75 018 Paris) afin de délibérer sur l'ordre du jour suivant :
- Prise à bail d'un local situé 78 boulevard Ornano, 75 018 Paris
- Abandon de créance au profit de la Société Ludomedic ;
- Questions diverses.

Nous vous remettons en outre sous ce pli, pour votre information :
- un exemplaire du projet de bail relatif au local situé 78 boulevard Ornano, 75 018 Paris ;
- les motifs de l'abandon de créance au profit de la société Ludomedic ;
- notre rapport ;
- ainsi que le texte des deux résolutions que je vous propose de soumettre au vote de l'Assemblée.

Vous pouvez prendre connaissance ou copie au siège social de ces mêmes documents.

Dans le cas où il ne vous serait pas possible d'être présente à cette réunion, vous pourrez vous y faire représenter par un autre associé ou par votre conjoint en complétant et signant la formule de procuration ci-jointe.

Je vous prie d'accepter, Madame, mes sincères salutations.

Le gérant, M. Jean Duquesne

J. Duquesne

②.2 Les décisions exprimées par correspondance

La consultation des associés par correspondance évite la tenue d'une assemblée générale. Le recours à ce mode de consultation peut être apprécié et permettre le cas échéant d'échapper à des débats tendus en raison des questions mises aux votes.

Rappelons que le vote par correspondance n'est possible qu'en dehors des assemblées (le vote par correspondance aux assemblées est interdit).

Modèle

> **Attention :**
> Ce modèle n'est pas destiné à être reproduit à l'identique, il doit être adapté à chaque situation particulière.

SARL (Appellation)

Capital social de (montant) €

(Adresse du siège social)

n° SIREN (9 chiffres) RCS de (ville)

Bulletin de vote par correspondance

Par lettre recommandée en date du (date)**, le gérant de la SARL** (appellation) **propose de soumettre à l'approbation des associés les résolutions suivantes :**

- **1ère résolution :** (Intitulé et texte de la résolution)

- **2ème résolution :** (intitulé et texte de la résolution)

- **etc.**

N.B. : une réponse par OUI ou NON doit pouvoir être apportée à chaque résolution proposée

VOTES :

Le soussigné, (Nom, prénoms, adresse), titulaire de (nombre de parts sociales ou en industrie) parts déclare voter ainsi qu'il suit, par OUI ou par NON sur les résolutions susvisées :

- **1ère résolution** (rappel de l'intitulé) : (OUI ou NON)

- **2ème résolution** (rappel de l'intitulé) : (OUI ou NON)

- **etc.**

Fait à (lieu)**, le** (Date)
(Signature de l'associé)

---

1. La consultation par correspondance est-elle toujours possible ?

Non, ce mode de consultation est interdit pour les décisions statuant sur les comptes annuels. En outre, elle n'est possible que si les statuts ont prévu que toutes les autres décisions ou certaines d'entre elles peuvent être prises par consultation écrite des associés.

Le gérant sera ensuite seul habilité à mettre en œuvre ces consultations par correspondance.

2. Comment les associés sont informés de la consultation ?

En cas de vote par correspondance, le texte des résolutions proposées ainsi que les documents nécessaires à l'information des associés sont adressés à chacun d'eux par **lettre recommandée**.

3. De combien de temps disposent les associés pour répondre ?

Les associés doivent disposer de **15 jours au moins** pour émettre leur vote par écrit. Le délai court à compter de la date de réception des projets de résolution.

4. Comment est constaté le sens des votes des associés ?

La réponse de chaque associé est annexée à un **procès-verbal** qui indique que la consultation a eu lieu par écrit. Le procès-verbal est établi et signé par le gérant *(modèle page suivante)*.

5. Les règles de quorum et de majorité sont-elles les mêmes qu'en assemblée ?

Oui, ce mode de consultation ne modifie en rien les conditions de quorum (sur 1ère et 2nde consultation) et de majorité respectivement requises pour les décisions ordinaires et extraordinaires *(voir p. 100 s.)*.

📑 *Modèle*

SARL (Appellation)

Capital social de (montant) €

(Adresse du siège social)

n° SIREN (9 chiffres) RCS de (ville)

Procès-verbal de consultation par correspondance des associés

Le (date), le soussigné (identité du gérant), gérant de la SARL (appellation) au capital social de (montant), dont la totalité des parts sociales (et en industrie) sont réparties entre les associés de la manière suivante :

- (Nom, prénoms, adresse), titulaire de (nombre de parts sociales ou en industrie) parts ;

- (Nom, prénoms, adresse), titulaire de (nombre de parts sociales ou en industrie) parts ;

- (Nom, prénoms, adresse), titulaire de (nombre de parts sociales ou en industrie) parts ;

- etc.

Déclare et constate que :

- les associés ont été consultés par correspondance conformément à l'article (numéro de l'article) des statuts sur la résolution suivante : (indiquer la question soumise au vote des associés),

- à cette fin, les associés (et le commissaire aux comptes s'il en existe un) ont reçu par lettre recommandée datée du (date) un bulletin de vote mentionnant le texte de la résolution et les documents suivants : (indiquer les documents joints nécessaires à la prise de décision),

- la lettre recommandée préc tée indiquait que pour être pris en compte les bulletins de vote des associés devaient être retournés avant le (date limite au minimum 15 jours après réception de la lettre recommandée),

- le dépouillement des bulletins de vote permet de constater qu'ont voté OUI :

- (Nom, prénoms, adresse), représentant (nombre de parts sociales ou en industrie) parts ;

- (Nom, prénoms, adresse), représentant (nombre de parts sociales ou en industrie) parts ;

- (Nom, prénoms, adresse), représentant (nombre de parts sociales ou en industrie) parts ;

- etc.

Ces associés représentant ensemble (indiquer le pourcentage), la résolution mise au vote est adoptée (ou rejetée).

Copies des lettres recommandées adressées et des bulletins de vote reçus en retour sont annexés au présent procès-verbal.

(Signature du gérant), gérant et cachet de la SARL

②.3 Les décisions de tous les associés dans un acte unique

Comme pour les consultations écrites, ce mode de consultation n'est possible que si les statuts le prévoient et est interdit pour les décisions statuant sur les comptes annuels.

Le gérant est seul habilité à mettre en œuvre cette consultation. La décision de tous les associés est exprimée dans un acte juridique unique. Ce mode de consultation ne peut donc être utilisé qu'en cas d'unanimité des associés sur la question posée. L'acte qui constate la décision unanime des associés doit être mentionné sur le registre des délibérations de la SARL et un original doit être conservé au siège social.

🗋 *Modèle*

Attention :
Ce modèle n'est pas destiné à être reproduit à l'identique, il doit être adapté à chaque situation particulière.

SARL (Appellation)

Capital social de (montant) €

(Adresse du siège social)

n° SIREN (9 chiffres) RCS de (ville)

Acte unique constatant les décisions des associés de la SARL (appellation)

Conformément à l'article (numéro) des statuts et à l'article 223-27 du Code de commerce qui autorisent l'adoption de décisions par le consentement de tous les associés exprimé dans un acte unique, les soussignés :

- *(Nom et prénoms)*, demeurant *(adresse du domicile)* titulaire de *(nombre) de parts,*
- *(Nom et prénoms)*, demeurant *(adresse du domicile)* titulaire de *(nombre) de parts,*
- *(Nom et prénoms)*, demeurant *(adresse du domicile)* titulaire de *(nombre) de parts,*

Titulaires ensemble de la totalité des parts sociales émises par la SARL, soit (nombre de parts sociales total) ont adopté les décisions suivantes :

- **Décision n° 1 :** Texte de la décision
- **Décision n° 2 :** Texte de la décision
- (...)

Le présent acte, en date du (J/M/A), sera mentionné sur le registre des délibérations de la société et un original sera conservé au siège social. Un original est dès à présent remis au gérant de la SARL qui reconnait l'avoir reçu.

Fait à (lieu) le (date),

Noms et signatures de chaque associé et du gérant s'il n'est pas associé

Dossier pratique

L'assemblée générale ordinaire annuelle

L'assemblée générale ordinaire annuelle des associés (AGOA) est la seule assemblée dont la tenue est obligatoire chaque année. Cette assemblée a pour objet :
- l'approbation des comptes de l'exercice écoulé et du rapport de gestion,
- l'approbation des conventions réglementées,
- l'approbation de certaines dépenses somptuaires non déductibles fiscalement,
- l'affectation du résultat (distribution de dividendes aux associés ou mise en réserve),
- de donner *quitus* au gérant : le *quitus* est l'acte qui reconnait que le gérant a correctement accompli sa mission concernant les comptes de l'exercice écoulé et le décharge ainsi de toute responsabilité civile sur ce point à l'égard de la société.

1. Dans quel délai le gérant doit-il convoquer l'AGOA ?

La convocation de l'AGOA doit obligatoirement intervenir dans les 6 mois qui suivent la clôture de l'exercice social (sauf demande préalable d'un délai supplémentaire au Président du tribunal de commerce par le gérant).

En bref : Chronologie de l'approbation des comptes de l'exercice écoulé

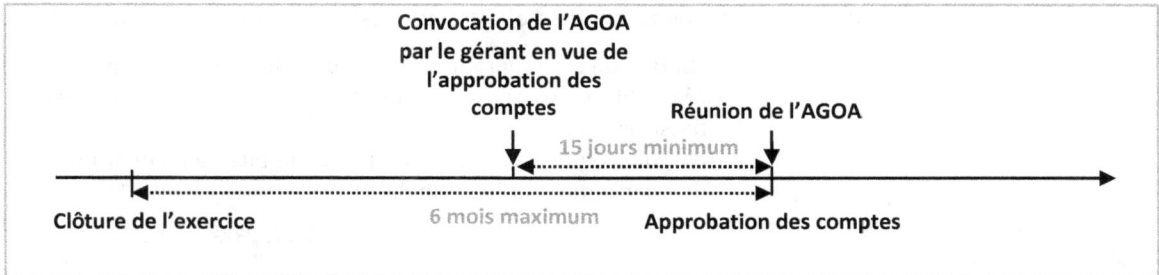

Exemple :

Pour une clôture de l'exercice le 31 décembre N, le gérant devra adresser les convocations à l'AGOA au plus tard le 15 juin N+1. L'approbation des comptes devra intervenir avant le 30 juin N+1 (sauf prorogation du délai par le Président du tribunal de commerce).

2. Quel est le rôle du gérant en vue de l'approbation des comptes annuels ?

→ Préparer l'AGOA

Le gérant doit accomplir un certain nombre d'actes préparatoires en vue de l'AGOA. Si vous avez un expert-comptable, celui-ci vous fournira l'essentiel des documents nécessaires. Pour préparer l'AGOA, il est recommandé de consulter les statuts de la SARL afin de vérifier que certaines règles particulières n'ont pas été prévues au sein de votre société.

> **Attention !**
> Une sanction de 9 000 € d'amende est encourue par le gérant qui n'établit pas ces documents.

Documents à établir		
Principe	**- les comptes annuels** (modalités selon la taille de la SARL *(voir p. 80 s.)* **- l'ordre du jour et le texte des résolutions de l'AGOA** *(voir p. 80 s.)*, **- le rapport spécial sur les conventions réglementées** *(voir p. 145 s.)*, **- le rapport de gestion** *(voir p. 121)*	
Cas particuliers	**Comptes consolidés** et rapport sur la gestion du groupe	Si la SARL contrôle de manière exclusive ou conjointe une ou plusieurs autres entreprises et dont le groupe dépasse 2 des 3 seuils suivants : - 24 millions € de total de bilan, - 48 millions € de chiffre d'affaires HT, - 250 salariés. *Art. L 233-16 C. com.*
	Documents prévisionnels	Cas des SARL ayant : - 300 salariés ou plus, - ou un chiffre d'affaires net égal ou supérieur à 18 000 000 €. **Obligation :** Le gérant doit établir une situation de l'actif réalisable et disponible, valeurs d'exploitation exclues, et du passif exigible, un compte de résultat prévisionnel, un tableau de financement en même temps que le bilan annuel et un plan de financement prévisionnel. *Art. L. 232-2 et R. 232-2 C. com.*

→ Convoquer l'AGOA

Le gérant doit ensuite convoquer les associés à l'AGOA par lettre recommandée en respectant impérativement l'ensemble des délais et règles de communication. À défaut l'AGOA ne peut pas se tenir valablement (voir le calendrier des opérations ci-après et le modèle de lettre de convocation).

→ *Pour les règles de convocation et de tenue de l'AGOA, reportez-vous p. 80 et 115 et suivantes.*

Zoom

Le calendrier des opérations relatives à l'AGOA

Au plus tard	Opérations à réaliser	
Dans le mois de la clôture de l'exercice	**Uniquement si la SARL a un commissaire aux comptes (CAC)**	Avis au CAC des conventions réglementées conclues et autorisées au cours d'exercices antérieurs
1 mois au moins avant la convocation de l'AGOA		Mise à disposition du CAC au siège social (et remise d'une copie sur demande) : - des comptes annuels, - du rapport de gestion *(voir p. 121)* et le cas échéant des comptes consolidés et du rapport sur la gestion du groupe *(voir p. 118)*.
15 jours au moins avant la réunion de l'AGOA	→ **Convocation des associés à l'AGOA par lettre recommandée :** la convocation indique la date et le lieu de la réunion et joint les documents suivants (sauf si les associés sont gérants) : - comptes annuels de l'exercice écoulé - ordre du jour et texte des résolutions proposées - si la SARL à un CAC : rapport du CAC sur les comptes annuels - rapport de gestion - comptes consolidés et rapport sur la gestion du groupe, le cas échéant. → **Mise à disposition de l'inventaire au siège social** **À savoir :** À compter de la communication de ces documents, tout associé a la possibilité de poser par écrit des questions auxquelles le gérant est tenu de répondre au cours de l'assemblée. → **Convocation du CAC, s'il en existe un, au plus tard lors de la convocation des associés.** → **Communication de l'ensemble des documents au comité d'entreprise s'il en existe un.**	
6 mois après la clôture de l'exercice	**Réunion de l'AGOA qui mettra au vote :** - l'approbation du rapport de gestion - l'approbation des comptes de l'exercice écoulé (bilan, compte de résultat, annexe), de l'inventaire - constater l'existence de sommes distribuables - l'affectation du résultat (distribution de dividendes aux associés ou mise en réserve) : *voir p. 162* - l'approbation des conventions réglementées - l'approbation des dépenses somptuaires non déductibles fiscalement (si la SARL est à l'IS) - le *quitus* donné au gérant **À savoir :** L'AGOA est également compétente pour adopter toute autre <u>décision ordinaire</u> figurant à l'ordre du jour ou sur incident de séance.	
1 mois après l'AGOA	**Dépôt au greffe du tribunal de commerce des documents suivants :** - Comptes annuels ; - Rapport de gestion ; - Résolutions votées ; - Le cas échéant : Rapport(s) du CAC, comptes consolidés et rapport de gestion de groupe. **En cas de refus d'approbation des comptes :** une copie certifiée conforme du procès-verbal de l'AGOA	

Modèle : **Lettre de convocation de l'AGOA**

> **Attention :**
> Ce modèle n'est pas destiné à être reproduit à l'identique, il doit être adapté à chaque situation particulière.

SARL (Dénomination sociale)
au capital social de (montant) €
Siège social : (adresse du siège social)
n° SIREN (9 chiffres) RCS de (vi le)

Madame Prénom Nom

Adresse

Lettre recommandée AR

Lieu, le (date)

Objet : Convocation à l'Assemblée Générale Ordinaire Annuelle des associés (AGOA)

Madame,

J'ai l'honneur de vous convoquer à l'Assemblée Générale Ordinaire Annuelle des associés qui se tiendra le (date) à (heure), au siège social (adresse) afin de délibérer sur l'ordre du jour suivant :

- approbation du rapport de gestion (indiquer l'année),

- approbation des comptes de l'exercice clos le (indiquer l'année),

- approbation des conventions réglementées,

- approbation des dépenses somptuaires non déductibles fiscalement (si la SARL est à l'IS),

- *quitus* donné au gérant,

- constatation de l'existence de sommes distribuables,

- affectation du résultat (distribution de dividendes aux associés ou mise en réserve),

- Questions diverses.

Nous vous remettons en outre sous ce pli, pour votre information :

- les comptes annuels de l'exercice clos le (Indiquer l'année) (bilan, compte de résultats, annexe), de l'inventaire de l'année,

- le rapport de gestion,

- le rapport du commissaire aux comptes sur les comptes annuels *(si la SARL a un CAC),*

- les comptes consolidés et rapport de gestion de groupe *(si la SARL contrôle une autre entreprise),*

- ainsi que le texte des résolutions que je vous propose de soumettre au vote de l'Assemblée.

Vous pouvez prendre connaissance de l'inventaire au siège social et consulter ou prendre copie de tout autre document utile à votre réflexion.

Dans le cas où il ne vous serait pas possible d'être présente à cette réunion, vous pourrez vous y faire représenter par un autre associé ou par vctre conjoint en complétant et signant la formule de procuration ci-jointe.

Je vous prie d'accepter, Madame, mes sincères salutations.

Le gérant, M. Prénom, Nom

Signature et cachet

3. Que doit contenir le rapport de gestion ?

Le rapport de gestion expose :

- la situation de la SARL durant l'exercice écoulé et son évolution prévisible,

- les événements importants survenus entre la date de la clôture de l'exercice et la date à laquelle le rapport de gestion est établi,

- les activités réalisées en matière de recherche et de développement,

- le total des dividendes distribués au cours des 3 exercices précédents,

- les dépenses somptuaires si la société est soumise à l'impôt sur les sociétés,

- les prises de participation significatives dans des sociétés ayant leur siège social en France.

- la décomposition du solde des dettes à l'égard des fournisseurs par date d'échéance à la clôture des 2 derniers exercices[1].

À savoir : Si toutes les SARL doivent établir un rapport de gestion, seules les EURL dépassant 2 des 3 seuils suivants sont tenues d'établir un rapport de gestion :

- 4 millions € de total de bilan,

- 8 millions € de chiffre d'affaires HT,

- 50 salariés.

---

[1] Pour les SARL les plus importantes les informations supplémentaires suivantes doivent être indiquées (art. L 225-100-1 C. com.) :
- une analyse objective et exhaustive de l'évolution des affaires, des résultats et de la situation financière de la société, notamment de sa situation d'endettement, au regard du volume et de la complexité des affaires. Dans la mesure nécessaire à la compréhension de l'évolution des affaires, des résultats ou de la situation de la société et indépendamment des indicateurs clés de performance de nature financière devant être insérés dans le rapport en vertu d'autres dispositions du présent code, l'analyse comporte le cas échéant des indicateurs clés de performance de nature non financière ayant trait à l'activité spécifique de la société, notamment des informations relatives aux questions d'environnement et de personnel.
- des indications sur l'utilisation des instruments financiers par l'entreprise, lorsque cela est pertinent pour l'évaluation de son actif, de son passif, de sa situation financière et de ses pertes ou profits. Ces indications portent sur les objectifs et la politique de la société en matière de gestion des risques financiers, y compris sa politique concernant la couverture de chaque catégorie principale de transactions prévues pour lesquelles il est fait usage de la comptabilité de couverture. Elles portent également sur l'exposition de la société aux risques de prix, de crédit, de liquidité et de trésorerie.

📑 *Modèle :* **Rapport de gestion (à développer)**

(Dénomination sociale)
Société à responsabilité limitée au capital de (montant) €
Siège social : (adresse du siège social)
n° SIREN (9 chiffres) RCS de (ville)

Rapport du gérant sur les opérations de gestion de l'exercice clos le (date)

Mesdames, Messieurs,

En application de l'article 223-26 du Code de commerce, j'ai l'honneur de soumettre à l'approbation de l'assemblée le présent rapport de gestion relatif à l'exercice écoulé et clos le (date).

Nous exposerons successivement la situation de la société durant l'exercice écoulé, son évolution prévisible, les événements importants survenus entre la date de la clôture de l'exercice et la date à laquelle il est établi, ses activités en matière de recherche et de développement.

1. Situation de la SARL durant l'exercice écoulé et son évolution prévisible :

Depuis (date de début d'activité), notre société exerce ses activités dans les secteurs suivants :
(décrire les activités les plus significatives relevant de l'objet social).

Au cours de l'exercice écoulé, nous avons enregistré une évolution de (exposer l'évolution intervenue en terme de production, productivité, produits commercialisés, nouvelles implantations, marchés etc.)

La progression significative du chiffre d'affaires et des résultats nets de la société (présenter des données chiffrées comparées aux exercices précédents) encourage la poursuite de la politique de commercialisation votée lors de l'assemblée générale du (date) et mise en œuvre depuis le (date).

Plusieurs secteurs d'activité ont participé de manière significative à la progression du chiffre d'affaires :
- (indiquer l'activité) est en croissance de (indiquer la progression en %) en raison de (indiquer les raisons)
- (indiquer l'activité) est en croissance de (indiquer la progression en %) en raison de (indiquer les raisons)
- (...)

Pour accompagner cette croissance de l'activité :
Nous avons procédé aux investissements en matériel suivants : (présenter les investissements chiffrés, les modalités de financement) ;
Nous avons également recruté : (présenter le nombre de salariés embauchés, la nature et l'objet de leurs contrats).

L'endettement de la société a diminué (ou augmenté) de (indiquer le %) par rapport à l'exercice précédent (montant en N) contre montant en N-1), ce qui demeure une charge supportable.

2. Activités réalisées en matière de recherche et de développement :

Nous avons réalisé d'importants investissements, partiellement éligibles au crédit impôt recherche (à décrire et chiffrer) (si tel n'est pas le cas, indiquer que la SARL n'a réalisé aucune activité directe ou indirecte en matière de recherche et de développement au cours de l'exercice écoulé).

3. Événements importants survenus entre la date de la clôture de l'exercice et la date du présent rapport :

Aucun événement important n'est survenu entre la date de la clôture de l'exercice et la date d'établissement du présent rapport (si tel était le cas, il conviendrait d'indiquer tous les événements importants pouvant avoir une incidence pour la SARL, par exemple, une opération sur le capital social, le départ d'un important associé de la SARL, la perte d'un client ou d'un marché, un litige, un sinistre, de nouveaux procédés de commercialisation d'un produit à forte valeur ajoutée etc.).

4. Évolution prévisible de la SARL :

La gérance prévoit une évolution significative du chiffre d'affaires de (à chiffrer si possible) (indiquer les prévisions positives ou négatives, qui peuvent porter sur la politique d'investissement ou de financement, l'évolution des marges, d'un marché, de commandes etc.

5. Affectation du résultat :

Nous proposons à l'assemblée d'affecter le bénéfice (ou la perte) de l'exercice qui s'élève à (montant) € (selon le cas, dotation aux réserves, report à nouveau, distribution de dividendes).

(N.B. : rubrique à détailler en fonction des documents comptables)

6. Rappel des dividendes distribués au titre des 3 derniers exercices (art. 243 bis du CGI) :

Les dividendes distribués au titre des trois exercices précédents s'élèvent à (montant) € dont (montant) éligibles à l'abattement de 40 %.

(ou : Aucun dividende n'a été distribué au cours des trois derniers exercices)

7. Dépenses somptuaires non déductibles des bénéfices (art. 223 quater du CGI)

La société a exposé la somme de (montant) € correspondant à des charges somptuaires non déductibles fiscalement (pour les SARL soumises à l'IS).

8. Les conventions réglementées (Le cas échéant, ajouter le rapport spécial sur les conventions réglementées)

Le gérant,

Date, signature

N.B. : Ce modèle doit être développé et les mentions entre parenthèses doivent être renseignées

4. Quelles sont les conditions de majorité pour adopter les délibérations mises aux votes ?

L'assemblée générale annuelle est une assemblée ordinaire, les conditions de majorité sont donc les suivantes :

Sur première consultation : La majorité absolue est exigée, c'est-à-dire plus de la moitié de l'ensemble des parts sociales (50 % + 1 part). Si le nombre d'associés participant à l'assemblée est insuffisant pour que cette majorité soit réunie lors du premier vote, les associés sont consultés une seconde fois.

Remarque : Les statuts peuvent écarter la possibilité d'une seconde consultation.

Sur seconde consultation : Les règles de majorité sont moins exigeantes. La décision est prise à la simple majorité des voix exprimées, quel que soit le nombre des associés présents.

> *Attention !*
> Il est important de participer à la seconde consultation, car un faible nombre de voix peut suffire à l'adoption des décisions. Par exemple, si un seul associé participait à cette seconde consultation, il pourrait prendre les décisions seul !

L'assemblée générale annuelle doit être constatée dans un procès-verbal *(voir page suivante)*. Le procès-verbal est établi et signé par le(s) gérant(s) et, le cas échéant, par le président de séance.

5. Que doit contenir le procès-verbal de l'assemblée générale annuelle ?

Le procès-verbal (établi et signé par les gérants et, le cas échéant, par le président de séance) doit indiquer :

- les date et lieu de la réunion de l'assemblée,

- les nom, prénoms et qualité du président

- les nom et prénoms des associés présents ou représentés avec l'indication du nombre de parts sociales détenues par chacun, les documents et rapports soumis à l'assemblée,

- un résumé des débats et le texte des résolutions mises aux voix, c'est-à-dire notamment, les textes relatifs à : l'approbation du rapport de gestion ; l'approbation des comptes de l'exercice écoulé (bilan, compte de résultat, annexe), de l'inventaire ; l'affectation du résultat (distribution de dividendes aux associés ou mise en réserve) ; l'approbation des conventions réglementées ; l'approbation des dépenses somptuaires non déductibles fiscalement (si la SARL est à l'IS) ; le *quitus* donné au gérant.

- et le résultat des votes.

🗇 *Modèle :* **Procès-verbal de l'AGOA**

Attention :
Ce modèle n'est pas destiné à être reproduit à l'identique, il doit être adapté à chaque situation particulière.

(Dénomination sociale)
Société à responsabilité limitée au capital de (montant) €
Siège social : (adresse du siège social)
n° SIREN (9 chiffres) RCS de (ville)

Procès-verbal de l'assemblée générale annuelle du (date)

Les associés de la société à responsabilité limitée (dénomination sociale), se sont réunis le (date) à (heure) en assemblée générale ordinaire annuelle au siège social, (adresse), sur convocation du gérant.

L'assemblée est présidée par (Nom, prénoms) en sa qualité de gérant. Les fonctions de secrétaire sont assurées par (Nom, prénoms).

Une feuille de présence signée par les associés présents et les mandataires des associés représentés (à laquelle sont annexés les pouvoirs des associés représentés) a été établie.

Les associés présents sont :
- (Nom, Prénoms, domicile), propriétaire de (nombre) parts,
- (Nom, Prénoms, domicile), propriétaire de (nombre) parts,
- (...)

Les associés représentés sont (pouvoirs annexés au présent procès-verbal) :
- (Nom, Prénoms, domicile), propriétaire de (nombre) parts, représenté par (Nom, Prénoms, domicile),
- (Nom, Prénoms, domicile), propriétaire de (nombre) parts, représenté par (Nom, Prénoms, domicile),
- (...)

Soit un total de (nombre) parts détenues par les associés présents ou représentés sur un nombre total de (nombre) parts émises par la SARL.

Le président met à disposition de l'assemblée :
- les copies des convocations et les récépissés postaux ;
- la feuille de présence ;
- les pouvoirs des associés représentés ;
- le rapport de gestion ;
- l'ordre du jour et le texte des résolutions proposées.

L'assemblée reconnait que tous les documents nécessaires à la présente assemblée générale annuelle ont été adressés aux associés en même temps que la convocation et tenus à leur disposition au siège social quinze jours au moins avant la tenue de ladite assemblée.

Le président rappelle aux associés l'ordre du jour de l'assemblée générale aux associés qui délibérera sur :
- le rapport de gestion ;
- l'approbation des comptes annuels de l'exercice clos le (date)
- le quitus à la gérance ;
- l'affectation du résultat ;
- le rapport spécial du gérant sur les conventions réglementées et l'approbation de ces conventions ;
- (...)

Le président donne lecture du rapport de gestion et ouvre les débats.

(Résumé des débats)

Plus personne ne demandant la parole, le président met successivement aux voix les résolutions inscrites à l'ordre du jour.

- Résolution n°1 : Approbation du rapport de gestion et des comptes annuels – Quitus à la gérance

L'assemblée générale a pris connaissance des comptes annuels de l'exercice clos le (date), approuve le rapport de gestion précédemment lu ainsi que les comptes annuels de l'exercice clos le (date) qui font apparaître un bénéfice (ou une perte, le cas échéant) de (montant) euros ;

L'assemblée générale donne quitus à la gérance de l'exécution de son mandat pour l'exercice clos (date). Cette résolution, mise aux voix, est adoptée par (nombre) voix sur (nombre) voix soit plus de la majorité requise. En conséquence, la résolution n°1 est adoptée.

- Résolution n° 2 : Affectation du résultat

L'assemblée générale décide d'affecter le bénéfice (ou, la perte le cas échéant) de l'exercice clos s'élevant à (montant) euros : (décrire les modalités d'affectation)

Cette résolution, mise aux voix, est adoptée par (nombre) voix sur (nombre) voix soit plus de la majorité requise. En conséquence, la résolution n°2 est adoptée.

- Résolution n° 3 : Approbation des conventions réglementées

L'assemblée générale, après avoir pris connaissance du rapport spécial sur les conventions soumises aux dispositions de l'article L. 223-19 du Code de commerce, approuve ledit rapport et les conventions qui y sont mentionnées.

Cette résolution, mise aux voix, est adoptée par (nombre) voix sur (nombre) voix soit plus de la majorité requise. En conséquence, la résolution n°3 est adoptée.

- Résolution n°4 : (…)

L'assemblée générale (…)

Cette résolution, mise aux voix, est rejetée par (nombre) voix sur (nombre) voix soit plus de la majorité requise. En conséquence, la résolution n°4 est rejetée.

L'ordre du jour étant épuisé et plus personne ne demandant la parole, le président déclare la séance levée à (heure).

Le présent procès-verbal qui traduit fidèlement le déroulement de l'assemblée générale annuelle, après lecture, a été signé par le président de séance.

Lieu, Date
Signature du président de séance

N.B. : Ce modèle doit être développé et les mentions entre parenthèses doivent être renseignées

Zoom

Le traitement des résultats de la SARL

Le résultat de l'activité de votre SARL correspond à la différence entre les produits et les charges (ou encore à la différence entre les capitaux propres constatés en début et en fin d'exercice).

Si le résultat est positif (les produits sont supérieurs aux charges) : il s'agit d'un **bénéfice.**

Si le résultat est négatif (les charges sont supérieures aux produits) : il s'agit d'une **perte.**

Le **compte de résultat** présente le résultat de l'activité en détaillant la manière dont la SARL s'est enrichie ou appauvrie durant l'exercice écoulé. Il retrace les **produits** de l'activité (principalement les ventes) et les **charges** qui ont été nécessaires pour réaliser cette activité.

→ Comment affecter le résultat ?

Sachez que lors de chaque exercice, un prélèvement d'au moins 5 % du bénéfice est obligatoirement affecté à la réserve légale. Cette obligation prend fin lorsque le montant de la réserve légale atteint 10 % du montant du capital social.

○   **Ce que vous pourrez faire des bénéfices...**

Distribuer le bénéfice aux associés...	Le bénéfice distribuable aux associés est égal au bénéfice de l'exercice diminué des pertes antérieures et des sommes portées en réserves, augmenté du report bénéficiaire.
	Il sera distribué :
	- **sous forme de dividendes** après approbation des comptes annuels et constatation de sommes distribuables, l'AGO décide de la part qui sera attribuée aux associés sous forme de dividendes[1],
	- **ou d'acomptes sur dividendes** si un bilan établi au cours ou à la fin de l'exercice (certifié par un commissaire aux comptes) fait apparaître que la société a réalisé un bénéfice depuis la clôture de l'exercice précédent. Le gérant aura alors compétence pour décider de répartir un acompte à valoir sur le dividende et pour en fixer le montant et la date. Le montant ne pourra pas excéder celui du bénéfice[2].
	→ Pour la procédure détaillée, reportez-vous page 161 et suivantes

---

[1] Art. L. 232-11 et L. 232-12 C. com.

[2] Ce bénéfice est déterminé après constitution des amortissements et provisions, déduction le cas échéant des pertes antérieures, des sommes à affecter aux réserves légales ou statutaires et en tenant compte du report bénéficiaire (art. L. 232-12 et R. 232-17 C. com.).

Mettre le bénéfice en réserve	Les réserves sont des sommes prélevées sur les bénéfices au profit de la SARL. On peut distinguer plusieurs catégories de réserves :
	- La réserve légale : La loi prévoit qu'un prélèvement d'au moins 5 % du bénéfice est obligatoirement affecté à la réserve légale. Cette obligation prend fin lorsque le montant de la réserve légale atteint 10 % du montant du capital social.
	- La réserve statutaire : Il s'agit d'une réserve éventuellement prévue par les statuts. La dotation prévue par les statuts s'impose aux associés lors de l'AGOA.
	- La réserve facultative : Il s'agit également d'une réserve éventuellement prévue par les statuts, mais sans obligation de dotation. Les associés restent libres d'affecter des sommes à cette réserve.
	Les sommes affectées aux réserves statutaires et facultatives peuvent servir à l'apurement de pertes, à la distribution de dividendes, à une augmentation de capital ou au rachat de parts sociales.

o **Ce que vous pourrez faire des pertes…**

Reporter à nouveau	Laisser subsister cette perte au compte « report à nouveau ».
Imputer sur les réserves	L'imputation des pertes peut se faire sur l'ensemble des réserves y compris les réserves légales.

Attention, si les pertes constatées en AGOA ont pour conséquences de rendre les capitaux propres inférieurs à la moitié du capital social, le gérant a 4 mois pour convoquer une AGE qui décidera de la dissolution ou de la poursuite de l'activité de la SARL : *reportez-vous page 140.*

Chapitre 4

Les opérations sur le capital social

Sommaire

① L'augmentation de capital social

Diverses raisons peuvent conduire la SARL à augmenter son capital social : un nouveau besoin de financement (pour faciliter l'expansion d'une société prospère ou pour absorber des pertes), l'entrée de nouveaux associés sans que les associés actuels n'aient à céder de parts, l'incorporation de réserves ou de bénéfices dans le capital afin que ceux-ci restent définitivement à disposition de la société, l'apurement d'une partie des dettes par compensation de créances etc.

L'augmentation de capital peut être réalisée de 2 grandes manières : par apport en numéraire **(1.1)** ou par apport en nature **(1.2)**.

> **Attention !**
> Dans certaines hypothèses, une augmentation de capital peut modifier l'équilibre entre associés ou encore leurs droits pécuniaires. Afin de préserver les droits des associés antérieurs à l'opération, il peut être judicieux de prévoir certaines dispositions tels qu'une prime d'émission ou des droits préférentiels de souscription *(voir p. 165 s.)*.

①.1 Les augmentations de capital par apport en numéraire

L'augmentation de capital par apport en numéraire peut se faire selon 3 modalités :
- par apport en numéraire classique **(1.)**,
- par incorporation de réserves, de bénéfices non distribués ou de primes d'émission **(2.)**,
- ou par compensation de créances **(3.)**.

1. L'augmentation de capital par apport en numéraire classique

L'augmentation par apport en numéraire classique consiste pour les associés ou des tiers à apporter une somme d'argent frais qui viendra augmenter le montant du capital social de la SARL. Ce type d'augmentation nécessite que le capital social ancien ait été intégralement libéré.

L'opération suppose de respecter 4 étapes principales :

1- Voter l'augmentation de capital

2- Souscrire les parts nouvelles (ou la valeur nominale nouvellement créée)

3- Libérer du montant minimal le montant de l'augmentation

4- Valider et procéder aux mesures de publicité de l'augmentation de capital

Lorsque les parts sociales nouvelles sont souscrites par des **tiers**, ces derniers doivent être **agréés** à la majorité des associés représentant la moitié des parts sociales *(pour le détail voir p. 169 s.).*

→ Comment voter l'augmentation de capital par apport en numéraire ?

La décision d'augmenter le capital par apport en numéraire est prise aux conditions de majorité des décisions extraordinaires : *Reportez-vous page 101 et suivantes.*

→ Que prévoit la décision d'augmentation de capital ?

La décision votée doit prévoir le montant et le procédé de l'augmentation, qui peut consister soit à émettre de nouvelles parts sociales, soit à augmenter la valeur nominale des parts sociales déjà en possession des associés lorsque tous participent à l'augmentation de capital (dans ce cas, la participation à l'opération se fera proportionnellement aux parts sociales déjà détenues). La décision doit également prévoir les éventuelles primes d'émission ou droits préférentiel de souscription *(voir p. 165 s.)* et donner pouvoir au gérant pour mettre en œuvre l'émission et la réception des souscriptions.

→ Comment s'opère la libération ?

Une fois la décision d'augmentation votée, le gérant recueille les souscriptions et les fonds correspondant à la libération des apports nouveaux. Une libération échelonnée est possible. Les apports en numéraire nouveaux sont **obligatoirement libérés immédiatement à hauteur du quart de leur montant au minimum**. Le solde peut être libéré en une ou plusieurs fois, sur demande du gérant, dans le délai de 5 ans à compter du jour où l'augmentation du capital est devenue définitive. Dans les 8 jours de leur réception, les fonds correspondants sont déposés à la Caisse des dépôts et consignations, chez un notaire ou dans un établissement de crédit. Mention de la libération des parts et du dépôt des fonds est portée dans les statuts de la SARL.

Le retrait des fonds provenant de souscriptions peut être effectué par un mandataire de la SARL après l'établissement du certificat du dépositaire. Sachez que si l'augmentation du capital n'est pas réalisée dans le délai de 6 mois à compter du premier dépôt de fonds, les souscripteurs peuvent individuellement demander en justice l'autorisation de retirer le montant de leurs apports. De même, un mandataire représentant tous les souscripteurs peut demander le retrait des fonds.

→ Comment finaliser l'augmentation de capital par apport en numéraire ?

Une fois les dépôts effectués, il convient de réunir une nouvelle assemblée générale extraordinaire qui constatera que l'ensemble des opérations a été réalisé conformément à la loi, aux statuts et aux modalités précédemment votées. Cette assemblée extraordinaire votera la modification des statuts (avec le nouveau montant du capital social et la nouvelle répartition des parts) et donnera les pouvoirs pour l'accomplissement des formalités de publicité.

À savoir : En déposant les fonds correspondants aux apports avant l'assemblée qui décide de l'augmentation de capital, une unique assemblée peut alors décider à la fois de l'augmentation de capital et constater la réalisation de l'opération.

2. L'augmentation de capital par incorporation de réserves ou de bénéfices non distribués ou de primes d'émission

Il s'agit d'une forme d'augmentation de capital par apport en numéraire qui consiste à incorporer au capital de la SARL une partie des réserves accumulées, des bénéfices de l'exercice non distribués ou des primes d'émissions versées. Par exception, cette forme d'augmentation de capital est adoptée aux **conditions de majorité ordinaire**, c'est-à-dire par les associés représentant au moins la moitié des parts sociales *(voir p. 101)*. Elle peut en outre être décidée sans que la totalité du capital ancien ait été libéré. L'opération est réalisée par un **simple jeu d'écritures** entre postes du passif du bilan.

> *Pour les experts !*
> **D'un point de vue comptable**, le compte 101 « Capital » est crédité du montant de l'augmentation par le débit d'un ou de plusieurs des comptes suivants :
> - 106 « Réserves »
> - 110 « Report à nouveau » (solde créditeur)
> - 120 « Résultat de l'exercice » (bénéfice)
> - 104 « Primes liées au capital »

Une fois les opérations réalisées, les statuts devront être modifiés en conséquence et publiés.

3. L'augmentation de capital par compensation avec des créances

L'augmentation de capital social par compensation avec des créances sur la SARL, ne peut se faire que si lesdites créances sont certaines, liquides et exigibles. Une créance est **certaine** lorsque son existence n'est pas contestée ; elle est **liquide** lorsque que son montant est déterminé ; elle est **exigible** lorsque son terme est échu et que le créancier est en droit de contraindre la SARL.

Depuis le 1er octobre 2016, l'apport d'une créance doit être conclue par écrit à peine de nullité (art. 1322 C. civ.). La décision d'augmentation de capital par compensation avec des créances est prise aux conditions des décisions extraordinaires *(voir p. 102 s.)*.

> *Pour les experts !*
> **D'un point de vue comptable**, deux écritures doivent être réalisées :
> - **Débit du compte 4562 « Apporteur-Capital appelé non versé » par le crédit des comptes 101 « Capital » et 104 « Prime d'émission » ;**
> - **Annulation de la (ou des) dette(s) sur la SARL par le débit,** selon le cas, du compte :
> - 455 « Associés – Comptes courants « (qui enregistre à son crédit le montant des fonds mis ou laissés temporairement à la disposition de la SARL par les associés sous forme de versements en compte courant)
> - ou 40 « Fournisseurs et comptes rattachés »
> - ou 451 « Groupe » (qui enregistre à son débit le montant des fonds avancés de façon temporaire par l'entité aux sociétés du groupe)
> - ou 17 « Dettes rattachées à des participations » et annulation de la créance des associés (crédit du compte 4562 « Apporteurs - Capital appelé, non versé »)

Zoom

🔑 **Quelles sont les conséquences fiscales des augmentations de capital en numéraire ?**

Les augmentations de capital en numéraire libérées en espèces, par incorporation des réserves ou par compensation avec des créances sur la SARL sont soumises à un droit fixe de 375 € ou 500 € lorsque la SARL a un capital d'au moins 225 000 € (art. 812 CGI).

Les primes d'émission éventuellement versées sont soumises au même régime fiscal que les augmentations de capital correspondantes.

①.2 L'augmentation de capital par apport en nature

Une augmentation de capital social peut être réalisée (en totalité ou en partie) par des apports en nature. Rappelons que les apports en nature correspondent aux apports de biens autres qu'une somme d'argent. Il peut s'agir de biens meubles corporels (machines, outillages, stocks etc.), de biens meubles incorporels (fonds de commerce, brevets, licences, modèles, droit au bail etc.), ou encore de biens immeubles (terrain, locaux etc.).

L'apporteur et le gérant concluent généralement une **convention d'apport** qui détermine la nature de l'apport qui sera réalisé, sa valeur prévisionnelle et éventuellement le montant de la prime d'apport *(voir p. 165)*. La convention d'apport est passée par acte notarié pour les apports d'immeubles ou de fonds de commerce.

1. La désignation d'un commissaire aux apports est-elle toujours obligatoire ?

Désormais, lors des augmentations de capital en tout ou partie par apport en nature, la désignation d'un commissaire aux apports peut, selon la situation, être obligatoire ou facultative.

En principe, l'évaluation résulte du rapport établi par un commissaire aux apports désigné à l'unanimité des futurs associés ou, à défaut, par le président du tribunal de commerce à la demande de l'associé le plus diligent.

Le rapport indique l'évaluation de chaque apport en nature. Il est déposé au RCS au moins 8 jours avant la date de l'assemblée des associés appelée à décider de l'augmentation de capital.

Les associés ne sont pas tenus de suivre l'évaluation du commissaire aux apports, mais cela n'est pas sans risques *(voir « Attention ! » ci-dessous)*.

Par exception, les associés peuvent décider à l'unanimité de se dispenser du recours à un commissaire aux apports si aucun des apports en nature n'excède une valeur de 30 000 € et que la valeur totale de l'ensemble des apports en nature n'excède pas la moitié du montant du capital social.

Attention !
Lorsqu'il n'y a pas eu de commissaire aux apports ou lorsque la valeur retenue par les associés est différente de celle proposée par le commissaire aux apports, les gérants de la SARL et les personnes ayant souscrit à l'augmentation du capital sont solidairement responsables pendant 5 ans, à l'égard des tiers, de la valeur attribuée auxdits apports.

En revanche, si l'évaluation du commissaire aux apports est suivie, celle-ci relève de sa seule responsabilité. Il est donc prudent de la suivre.

2. Comment se déroule l'AG qui vote l'augmentation de capital par apport en nature ?

Cette assemblée générale d'associés est convoquée par le gérant et la décision d'augmentation de capital votée aux **conditions de majorité extraordinaire** *(voir p. 101 s.)*.

L'ordre du jour de l'assemblée générale doit prévoir :

1- l'approbation de la convention d'apport,

2- l'évaluation de l'apport en nature (en suivant ou non celle proposée par le commissaire aux apports : voir ci-dessous),

3- l'agrément de l'apporteur s'il s'agit d'un tiers *(à la double majorité : voir p. 168)*,

4- la libération des parts nouvelles,

5- le montant de l'éventuelle prime d'émission *(voir p. 165)*,

6- la modification subséquente des statuts,

7- l'attribution des pouvoirs nécessaires pour l'accomplissement des formalités d'inscription modificatives au RCS et d'enregistrement.

Attention !

Sachez que lors du vote en assemblée, les associés ne sont pas tenus de suivre l'évaluation du commissaire aux apports, mais attention, il est important que l'évaluation retenue dans les statuts par les associés soit conforme à la réalité car :

- d'une part, lorsque la valeur retenue par les associés est différente de celle proposée par le commissaire aux apports, les gérants de la société et les personnes ayant souscrit à l'augmentation du capital sont solidairement responsables pendant 5 ans, à l'égard des tiers, de la valeur attribuée auxdits apports ;

- d'autre part, l'attribution frauduleuse à un apport en nature d'une évaluation supérieure à sa valeur réelle est punie d'un emprisonnement de 5 ans et d'une amende de 375 000 €.

3. La publicité de l'augmentation de capital social

Les statuts devront être modifiés afin d'indiquer l'évaluation retenue pour chaque apport en nature nouveau et la nouvelle répartition des parts sociales. La copie du procès-verbal de la délibération des associés sera déposée au RCS à l'occasion de l'inscription modificative des statuts auxquels sera annexé le rapport du commissaire aux apports.

② La réduction de capital social

1. Dans quels cas opérer une réduction de capital social ?

Une réduction de capital social peut se justifier dans plusieurs hypothèses, notamment en cas :
- de retrait d'un ou plusieurs associés ;
- d'activité insuffisante : le capital social initial est trop important au regard des besoins de l'activité ;
- d'apports en nature initialement surévalués ;
- de rachat de parts sociales par la SARL elle-même en vue de leur annulation ;
- d'activité déficitaire ou de pertes importantes : la réduction de capital permet d'apurer le bilan de tout ou partie de ses pertes (elle est parfois réalisée dans le cadre d'une opération en « coup d'accordéon » : *voir p. 137*).

2. Quelles sont les modalités de la réduction de capital social

La réduction du capital est votée en assemblée générale aux conditions des décisions extraordinaires *(voir p. 101 s.)*.

S'il existe des commissaires aux comptes, le projet de réduction du capital leur est communiqué 45 jours au moins avant la date de réunion de l'assemblée des associés appelée à statuer, afin qu'ils fassent connaître à cette assemblée leur appréciation sur les causes et conditions de la réduction.

Une fois la décision adoptée, deux formalités s'imposent :
1- Le dépôt au greffe du projet de réduction du capital social (c'est-à-dire un exemplaire du procès-verbal d'assemblée générale ayant arrêté le projet de réduction du capital social certifié conforme par le gérant). Lorsque la réduction n'est pas motivée par des pertes, ce dépôt ouvre un délai d'1 mois pendant lequel les créanciers de la SARL pourront former opposition à la réduction *(voir ci-dessous)*.
2- Le dépôt de la demande d'inscription modificative (Pour le détail des documents à produire, rapprochez-vous de votre greffe).

À savoir : La réduction ne doit pas porter atteinte à l'égalité entre les associés. Par conséquent, la réduction du capital ne peut s'opérer en pratique que de 3 manières :
1- la réduction de la valeur nominale des parts sociales,
2- la réduction du nombre de parts sociales proportionnellement à celles possédées par les associés,
3- le rachat par la société des parts sociales pour les annuler à la condition que la réduction ne soit pas motivée par les pertes.

3. Les créanciers de la SARL peuvent-ils s'opposer à une décision de réduction de capital ?

Oui, si le projet de réduction du capital n'est pas motivé par des pertes. Le capital social de la SARL constitue en effet une garantie pour les créanciers (que la réduction affecte directement).

Par conséquent, la loi prévoit que si le projet de réduction du capital n'est pas motivé par des pertes, **les créanciers** -dont la créance est antérieure au dépôt du procès-verbal de l'assemblée qui a voté la réduction au greffe- ont **1 mois** à compter de ce dépôt **pour former opposition** à la réduction de capital social.

> *Attention !*
> Les opérations de réduction du capital ne peuvent pas commencer pendant le délai d'opposition.

Pour être valable, l'opposition doit être signifiée à la SARL par acte d'huissier et être portée devant le tribunal de commerce qui aura plusieurs possibilités :
- soit, rejeter l'opposition des créanciers (s'il la juge sans fondement car leurs intérêts ne sont pas mis en péril par la réduction du capital de la SARL) ;
- soit, ordonner le remboursement immédiat des créanciers ;
- soit, ordonner la constitution de garanties, gage ou hypothèque, à leur profit.

Une fois la décision du tribunal respectée, la réduction de capital peut avoir lieu et l'inscription modificative au RCS effectuée.

4. Quelles sont les conséquences fiscales de la réduction du capital social ?

Pour les associés cédants	L'excédent du prix de rachat sur le prix d'acquisition est considéré fiscalement comme : • une distribution de dividendes à concurrence du résultat et des réserves (cette distribution est imposée dans les mêmes conditions que les dividendes perçus), • et une plus-value pour le complément éventuel : **- Pour les parts sociales rachetées par la SARL à des particuliers :** Les distributions sont imposées sur le revenu dans la catégorie des revenus mobiliers. La plus-value est imposée au barème progressif de l'impôt sur le revenu et à hauteur de 15,5 % au titre des prélèvements sociaux *(voir p. 177)*. **- Pour les parts sociales rachetées par la SARL à des sociétés :** Les distributions sont imposées à l'IR ou à l'IS en tant que produits financiers. Les plus-values sont imposées selon le régime des plus-values professionnelles avec une distinction entre plus-values à court terme et à long terme *(voir p. 178)*. **Remarque :** Dans le cas de la réduction du capital par remboursement des parts sociales à leur valeur nominale, il n'y a pas de plus-value car c'est la valeur comptable du capital et des primes d'émission qui est exactement remboursée.
Droit d'enregistrement	L'acte constatant la cession des parts sociales est soumis aux droits d'enregistrement classiques *(voir p. 176)*. L'acte constatant la réduction du capital est soumis au droit fixe de 375 € (ou 500 € si le capital est d'au moins 225 000 €). La réduction de capital sans remboursement aux associés est soumise à un droit fixe de 125 €.

③ Le « coup d'accordéon »

1. Qu'est-ce que le « coup d'accordéon » ?

L'opération dite en « coup d'accordéon » est une réduction de capital (pouvant aller jusqu'à zéro) suivie immédiatement d'une augmentation de capital.

2. Quelles peuvent être les finalités du « coup d'accordéon » ?

Les deux étapes du coup d'accordéon permettent à la fois d'assurer un apurement des pertes et un refinancement de la SARL.

3. Comment se déroule l'opération ?

L'opération en coup d'accordéon se déroule en 2 étapes :

> **1ère étape : Une réduction du capital social** qui entraîne la renonciation par les associés à tout ou partie de leur créance sur la SARL (créance représentée par les parts sociales). Lesdites créances sont abandonnées et imputées sur les pertes comptables. Ainsi la SARL voit tout ou partie de ses pertes disparaitre.

L'assainissement de la situation financière de la SARL ayant eu lieu, les réticences pour souscrire à une augmentation de capital peuvent être en partie levées ; ce qui facilite souvent la réalisation de la seconde étape.

> **2nde étape : Une augmentation de capital social** qui apporte de l'argent frais à la SARL ce qui lui permet de financer à nouveau son activité.

Le bilan de la SARL devenant nettement plus présentable, l'opération permet souvent un retour de confiance des organismes de crédit et des autres créanciers. La SARL peut obtenir ainsi plus facilement prêts bancaires et facilités de paiement. La SARL devient également plus attractive pour d'éventuels nouveaux associés.

→ *Sur les modalités de la réduction et de l'augmentation de capital, reportez-vous aux pages précédentes.*

④ L'amortissement du capital social

L'amortissement du capital social consiste en un remboursement par anticipation aux associés de tout ou partie du montant nominal des parts sociales à titre d'avance. Ce remboursement doit être égal pour chaque part sociale.

L'amortissement est sans incidence pour les tiers car étant réalisé au moyen des bénéfices ou des réserves disponibles : **le montant du capital social reste inchangé** (il n'entraine aucune réduction du capital).

Les parts sociales amorties ne donnent plus droit à remboursement en cas de liquidation de la société : elles deviennent des « parts de jouissance ». Ils conservent en revanche tous leurs autres droits (droit de vote, droit aux dividendes etc.).

La décision d'amortissement du capital social est prise par l'assemblée générale des associés selon les règles de majorité des décisions extraordinaires sauf si les statuts prévoient que la décision est prise selon les règles des décisions ordinaires sociales *(voir p. 101 s.)*.

> **Attention !**
> En aucun cas l'amortissement ne doit entrainer une réduction des capitaux propres inférieurs à la moitié du capital social de la SARL *(voir p. 140 s.)*.

Fiscalement l'amortissement est traité comme une distribution de dividendes *(voir page 163 s.)* et donne lieu en outre à un droit d'enregistrement de 125 €.

⑤ Cas particulier de la SARL à capital variable

1. Les montants du capital variable[1]

Dans les SARL à capital variable, 3 seuils de capital social doivent être pris en considération :

> **Le capital statutaire** qui correspond au capital souscrit par les associés. Il obéit aux règles classiques : son montant est libre, 1/5ème du montant souscrit en numéraire doit être libéré immédiatement et le solde sur 5 ans *(voir p. 26)*.

> **Le capital plancher** qui correspond au montant en dessous duquel le capital ne peut être réduit. Ce montant est fixé par les statuts sans pouvoir être inférieur au 10ème du capital statutaire.

> **Le capital plafond**, librement fixé par les statuts, qui correspond au montant de capital maximal pour la variabilité. Son dépassement est possible, mais nécessite que les règles classiques d'augmentation de capital soient respectées[2] et cela, sous peine de nullité.

2. Intérêt du capital variable

Les augmentations et diminutions du capital entre le « capital plancher » et « le capital plafond » peuvent avoir lieu sans avoir à procéder aux formalités de dépôt et de publication habituelles (sauf lorsque la diminution fait suite au retrait d'un associé qui est gérant). L'admission de nouveaux associés est cependant soumise aux règles de l'agrément *(voir p. 168 s.)*.

3. Comment s'opèrent les variations de capital ?

En pratique, les augmentations de capital s'opèrent par des versements successifs d'apports par les associés ou par l'admission de nouveaux associés. Les diminutions de capital s'opèrent par la reprise totale ou partielle des apports effectués.

📄 *Exemple : Une SARL est créée avec un capital variable. Son capital statutaire est de 20 000 €. Les statuts ne peuvent prévoir un capital plancher inférieur à 2 000 € (soit 1/10ème du capital souscrit de 20 000 €). Le capital plafond est fixé librement par les associés à 50 000 €.*
La variation du capital est libre entre 2 000 € et 50 000 €, sans que les règles classiques d'augmentation et de diminution de capital aient à être respectées.

À savoir : Chaque associé peut se retirer de la SARL lorsqu'il le souhaite, sauf conventions contraires ou si son retrait fait passer le montant du capital sous le plancher prévu.
Par ailleurs, il peut être stipulé dans les statuts que l'assemblée générale a le droit de décider, à la majorité fixée pour la modification des statuts, que l'un ou plusieurs des associés cessent de faire partie de la société.

---

[1] Art. L. 231-1 à L. 231-8 C. com.
[2] Cass. com., 6 févr. 2007, n° 05-19237.

⑥ Capitaux propres inférieurs à la moitié du capital social

Si en raison de pertes constatées lors de l'approbation des comptes, les capitaux propres de la SARL sont devenus inférieurs à la moitié du capital social[1], la loi impose au gérant de convoquer une assemblée générale extraordinaire (AGE) dans les 4 mois suivant l'approbation afin que les associés se prononcent sur une possible dissolution anticipée de la SARL[2].

Lorsque l'AGE écarte la dissolution et décide de poursuivre l'activité, la société doit :

- soit, reconstituer ses capitaux propres au moins à hauteur de la moitié du capital social au plus tard à la clôture du 2ème exercice suivant celui au cours duquel les pertes ont été constatées,

- soit, réduire son capital d'un montant au moins égal à celui des pertes qui n'ont pu être imputées sur les réserves.

Le tribunal pourra toutefois accorder à la société un délai supplémentaire de 6 mois pour régulariser la situation.

1. Schéma des délais accordés pour reconstituer les capitaux propres

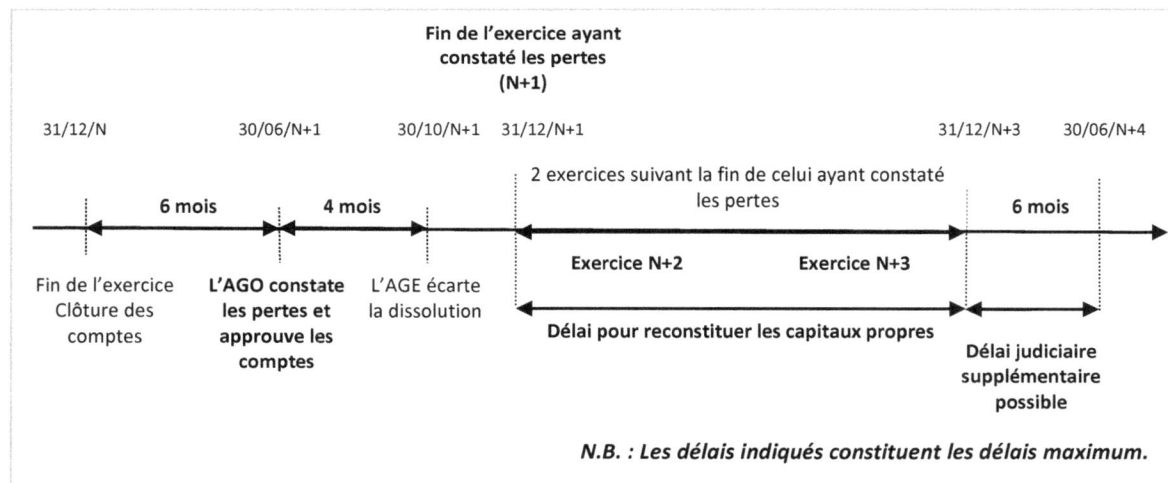

N.B. : Les délais indiqués constituent les délais maximum.

---

[1] Art. L. 223-42 al. 1 C. com. La loi impose que cette décision soit envisagée car la situation économique et financière est dégradée et préoccupante, non seulement pour la SARL, mais aussi pour ses associés et créanciers.

[2] Dans les deux cas précités, la résolution adoptée par les associés doit être publiée dans un journal habilité à recevoir les annonces légales dans le département du siège social, déposée au greffe du tribunal de commerce du lieu de ce siège et inscrite au registre du commerce et des sociétés.

2. Qu'entend-t-on par capitaux propres ?

Les capitaux propres correspondent au capital social auquel s'ajoutent les primes, les réserves (légale, statutaire, facultative et fiscale), le report à nouveau, le bénéfice, les subventions d'investissement et les provisions réglementées.

Les capitaux propres figurent au passif du bilan, ils représentent la situation nette de la SARL.

🗐 *Illustration 1 :* **Capitaux propres inférieurs à la moitié du capital social**

À la clôture des comptes de l'exercice, la situation d'une SARL est la suivante :

Capital social	20 000 €
Prime d'émission	1 000 €
Réserve légale	2 000 €
Réserves statutaires (et facultatives)	4 000 €
Report à nouveau	- 8 000 €
Résultat de l'exercice (⇨ Pertes)	- 10 500 €
Capitaux propres	8 500 €

Le montant des capitaux propres est de 8 500 €, ce qui est inférieur à la moitié du capital social (20 000 / 2 = 10 000 €). Le gérant de la SARL doit donc convoquer une assemblée générale extraordinaire dans les 4 mois de l'approbation des comptes ayant constaté cette situation afin de voter ou d'écarter la dissolution de la SARL. Si la dissolution est écartée, la situation devra être régularisée au plus tard à la clôture du deuxième exercice suivant celui au cours duquel les pertes ont été constatées (cf. schéma ci-dessous).

N.B. : L'illustration 1 servira de base aux solutions proposées ci-dessous.

3. Les solutions pour régulariser la situation :

→ 1ère solution : l'apurement des pertes grâce aux bénéfices futurs

C'est la situation idéale, les résultats de la SARL s'améliorent lors des 2 exercices suivants : Les bénéfices réalisés suffisent à reconstituer les capitaux propres.

🗐 *Illustration :*

L'année suivant l'exercice social de l'illustration 1, un bénéfice de 2 000 € suffit à régulariser la situation : **Le montant des capitaux propres est de 10 500 €, ce qui est supérieur à la moitié du capital social** *(20 000 / 2 = 10 000 €).*

Capital social	20 000 €
Prime d'émission	1 000 €
Réserve légale	2 000 €
Réserves statutaires (et facultatives)	4 000 €
Report à nouveau*	- 18 500 €
Résultat de l'exercice (⇨ bénéfices)	2 000 €
Capitaux propres	10 500 €

le report à nouveau négatif inclut les pertes de l'exercice précédent (8000 + 10 500 = 18 500).

→ 2ème solution : Augmenter le capital social

Les résultats de la SARL ne s'améliorent pas suffisamment lors des 2 exercices suivants : le résultat ne permet pas de reconstituer les capitaux propres. Les associés peuvent régulariser la situation en votant une augmentation du capital social pour reconstituer les capitaux propres *(sur le détail de la procédure, voir p. 130 s.)*

📑 *Illustration :*

L'année suivant l'exercice social de l'illustration 1, une nouvelle perte est enregistrée (1 000 €), mais les associés procèdent à une augmentation de 6 000 € du capital social de la SARL, le portant ainsi à 26 000 €. **Le montant des capitaux propres est de 13 500 €, ce qui est supérieur à la moitié du capital social** *(26 000 / 2 = 13 000 €).*

Capital social	26 000 €
Prime d'émission	1 000 €
Réserve légale	2 000 €
Réserves statutaires (et facultatives)	4 000 €
Report à nouveau*	- 18 500 €
Résultat de l'exercice (⇨ pertes)	- 1 000 €
Capitaux propres	13 500 €

le report à nouveau négatif inclut les pertes de l'exercice précédent (8000 + 10 500 = 18 500).

→ 3ème solution : Réduire le capital social

Les résultats de la SARL ne s'améliorent pas suffisamment lors des 2 exercices suivants : le résultat ne permet pas de reconstituer les capitaux propres. Les associés peuvent régulariser la situation en votant une réduction du capital social *(voir p. 135 s.)*.

Relevons que cette solution n'est préconisée que si le montant du capital était élevé au regard des besoins de la SARL (ou à défaut en ultime recours).

L'opération de réduction peut, le cas échéant, s'inscrire dans une opération plus large dite du « coup d'accordéon » : la réduction est alors immédiatement suivie d'une augmentation de capital : *sur l'intérêt de cette technique (voir p. 137 s.).*

📑 *Illustration :*

L'année suivant l'exercice social de l'illustration 1, une nouvelle perte est enregistrée (1 000 €), mais les associés procèdent à une réduction de 6 000 € du capital social de la SARL, le portant ainsi à 14 000 €. Les réserves légales peuvent être réduites 600 € (elles doivent représenter au minimum 10 % du capital social). L'ensemble apure une partie du report à nouveau négatif.

Le montant des capitaux propres est de 7 500 €, ce qui est supérieur à la moitié du capital social *(14 000 / 2 = 7 000 €).*

Capital social	14 000 €
Prime d'émission	1 000 €
Réserve légale	1 400 €
Réserves statutaires (et facultatives)	4 000 €
Report à nouveau*	- 11 900 €
Résultat de l'exercice (⇨ pertes)	- 1 000 €
Capitaux propres	7 500 €

* *le report à nouveau négatif inclut les pertes de l'exercice précédent et est en partie apuré grâce à la réduction du capital social et de la réserve légale (8000 + 10 500 – 6000 – 600 = 11 900).*

Chapitre 5

Le contrôle de la gestion

Sommaire

① Le contrôle des conventions passées entre la SARL et l'un de ses gérants ou associés

La position privilégiée du gérant ou d'un associé peut faire craindre que ceux-ci ne profitent de leur situation pour obtenir la conclusion de conventions (ou contrats) à des conditions anormalement avantageuses ou préjudiciables pour la SARL.

📑 **Exemples** : *Un gérant ou un associé négocie avec la SARL un contrat de travail à son profit à des conditions salariales très avantageuses ; achète un terrain avec ses propres deniers et le revend immédiatement à la SARL en réalisant une importante plus-value ; loue un local à la SARL à un prix très supérieur au marché ; obtient de la SARL des biens ou des services à un prix inférieur à leur valeur etc.*

Ces risques justifient la procédure de contrôle imposée par la loi présentée ci-dessous.

1. Qui est concerné ?

La procédure de contrôle concerne les **contrats conclus entre la SARL et :**

- le ou les gérants,

- les associés,

- ou les conjoints, ascendants et descendants des gérants ou associés ainsi que toute personne interposée.

La procédure s'applique également aux conventions passées entre la SARL et une autre société dont un associé indéfiniment responsable[1] ou un dirigeant[2] est **simultanément** gérant ou associé de la SARL en question.

2. Comment distinguer les conventions libres, interdites et réglementées ?

→ Les conventions libres

Il s'agit des conventions qui portent sur des **opérations courantes** conclues à des **conditions normales**. Elles peuvent être librement conclues et ne nécessitent aucune procédure particulière.

L'opération est courante lorsqu'elle est effectuée d'une manière habituelle dans le cadre de l'activité de la SARL (exemple : vente des produits fabriqués ; achat de certains matériaux nécessaires à l'exploitation...).

---

[1] Exemples de sociétés dont les associés sont indéfiniment responsables : Société en nom collectif, société civile, SCA ou SCS pour les associés commandités.

[2] Le dirigeant en question peut être un gérant, un administrateur, un directeur général, un membre du directoire ou du conseil de surveillance de la société cocontractante.

Les conditions sont normales si elles sont comparables à celles ordinairement pratiquées par la société ou celles du même secteur (par conditions, on entend le prix, les garanties, la durée, les pénalités c'est-à-dire d'une manière générale les obligations de chacune des parties).

Exemples : Une SARL a pour objet social les activités de couverture de toitures. Un associé peut librement conclure un contrat en vue de faire réparer le toit de sa résidence principale à condition que le prix soit similaire à celui pratiqué avec la clientèle (à défaut, il s'agit d'une convention réglementée).

→ Les conventions interdites

4 types de conventions conclues par la SARL <u>au profit</u> des cocontractants précités (paragraphe 1) sont interdites : **l'emprunt, le découvert, le cautionnement et l'aval.**

Si ces conventions étaient conclues, elles seraient nulles de « nullité absolue », ce qui rend impossible leur confirmation ultérieure et ouvre une action en nullité à tout intéressé pendant 5 ans. Le juge peut en outre relever d'office cette nullité.

Attention cependant, la SARL ne pourra pas opposer cette nullité aux tiers de bonne foi (par exemple, un créancier qui a prêté une somme d'argent au conjoint du gérant de la SARL pourra se prévaloir du cautionnement fourni par la SARL s'il ignorait le mandat assumé par le conjoint de son débiteur).

Par exception, ces conventions peuvent être valablement conclues :
- au profit d'un associé personne morale (cette exception est destinée à faciliter les pools de trésorerie dans les groupes de société),
- ou si la SARL exploite un « établissement financier » à condition qu'il s'agisse d'une opération courante conclue à des conditions normales.

→ Les conventions réglementées

Toutes les conventions passées entre la SARL et l'une des personnes précitées (gérant, associé, personne interposée etc.) **qui ne sont ni libres, ni interdites sont des conventions réglementées** et à ce titre soumises à la procédure décrite ci-dessous[1].
La procédure s'applique également aux prêts que la SARL peut désormais consentir aux entreprises avec lesquelles elle entretient des liens économiques le justifiant[2].

3. Comment se déroule la procédure des conventions réglementées ?

→ La procédure applicable dépend des caractéristiques de la SARL :

1er cas : Si la SARL n'a pas de commissaire aux comptes <u>et</u> que la convention est conclue par un gérant <u>non associé</u> : la convention envisagée doit faire l'objet d'une **autorisation préalable** de l'assemblée des associés aux conditions des décisions ordinaires (légales ou statutaires).

2nd cas : Dans tous les autres cas, aucune autorisation préalable n'est requise, mais une procédure d'**approbation a postériori** est obligatoire. Le déroulement des opérations est présenté dans la synthèse ci-dessous.

---

[1] Art . L. 223-19 du Code de commerce.
[2] Art. L. 511-6, 3 bis et R. 511-2-1-1 s.C. mon. fin.

Synthèse de la procédure d'approbation a postériori :

1ère étape : Si la société a un commissaire aux comptes, le gérant doit aviser celui-ci de la convention intervenue dans le délai d'1 mois à compter de sa conclusion.

2ème étape : Le gérant (ou, s'il en existe un, le commissaire aux comptes) établit un rapport spécial contenant l'énumération des conventions réglementées ainsi que leurs caractères substantiels.

3ème étape : Ce rapport spécial est présenté à l'assemblée ou en cas de consultation écrite, joint aux documents adressés aux associés (art. L. 223-19 al. 1 C. com.).

4ème étape : Les associés statuent sur ce rapport et approuvent ou non les conventions.
Attention : Le gérant ou l'associé intéressé ne peut pas prendre part au vote (ses parts ne sont pas prises en compte pour le calcul de la majorité).

→ Que contient le rapport spécial sur les conventions réglementées ?

Le rapport spécial doit contenir :

1- L'énumération des conventions soumises à l'approbation de l'assemblée des associés ;

2- Le nom des gérants ou associés intéressés ;

3- La nature et l'objet de ces conventions ;

4- Les modalités essentielles de ces conventions, notamment l'indication des prix ou tarifs pratiqués, des ristournes et commissions consenties, des délais de paiement accordés, des intérêts stipulés, des sûretés conférées et, le cas échéant, de toutes autres indications permettant aux associés d'apprécier l'intérêt qui s'attachait à la conclusion des conventions analysées ;

5- L'importance des fournitures livrées ou des prestations de service fournies ainsi que le montant des sommes versées ou reçues au cours de l'exercice en exécution des conventions conclues au cours d'exercices antérieurs et poursuivie au cours du dernier exercice.

→ Que se passe-t-il si la convention réglementée n'est pas approuvée par l'assemblée ?

Les conventions réglementées déjà conclues qui ne seraient pas approuvées par l'assemblée ne sont pas nulles. Cependant, s'il en découle des conséquences préjudiciables pour la SARL, celles-ci seront à la charge du gérant, et, s'il y a lieu, de l'associé contractant, la responsabilité pouvant être individuelle ou solidaire[1].

→ Quel est le délai pour demander réparation du préjudice éventuel ?

L'action en responsabilité doit être intentée devant le tribunal de commerce dans un délai de **3 ans** à compter de la conclusion de la convention ou, si elle a été dissimulée, de sa révélation.[2]

---

[1] Art. L. 223-19 al. 4 du Code de commerce
[2] Art. L. 223-23 du Code de commerce

② Le commissaire aux comptes

Les commissaires aux comptes (CAC) sont investis par la loi d'une mission permanente de contrôle et de surveillance des SARL concernées.

Leurs missions consistent principalement à :
- certifier que les comptes annuels sont réguliers et sincères et qu'ils donnent une image fidèle du résultat des opérations de l'exercice écoulé et de la situation financière patrimoniale de la SARL,
- contrôler les aspects juridiques de la vie de la SARL,
- déclencher l'alerte s'il découvre des faits de nature à compromettre la continuité de l'exploitation,
- révéler tous les faits délictueux au Procureur de la République.

Seules les SARL de taille importante doivent obligatoirement désigner un CAC. Il n'y a donc aucune obligation pour les SARL plus modestes *(voir page suivante)*. Relevons que lorsqu'elle est facultative, la **désignation d'un CAC peut souvent s'avérer judicieuse** car sa présence contribue à entretenir la confiance des banques, investisseurs, fournisseurs, clients, administrations, salariés etc. ce qui peut être facteur de croissance.
En outre, si le CAC ne peut pas avoir un rôle de conseil, il doit néanmoins entretenir un dialogue avec le gérant lors l'accomplissement de sa mission ce qui participe également à la prise de conscience par ce dernier de ses responsabilités financières, juridiques, sociales et environnementales.

Le CAC est rémunéré par la SARL sous forme d'honoraires convenus avec la société selon un barème. À ces honoraires, s'ajoute tous les remboursements pour frais.

À savoir : Seules les personnes inscrites sur une liste dressée dans le ressort de chaque cour d'appel peuvent exercer les fonctions de CAC. Le choix de la SARL sur cette liste est libre[1].

1. La désignation du commissaire aux comptes (CAC)

En principe, le CAC est désigné par l'assemblée générale ordinaire pour une durée de 6 exercices[2]. Le CAC peut accepter ses fonctions :
- soit expressément, par la signature du procès-verbal de l'assemblée le désignant ou par une lettre adressée au président,
- soit tacitement, par leur exercice effectif.

---

[1] Les fonctions de CAC sont incompatibles :
- avec toutes activités ou tout acte de nature à porter atteinte à l'indépendance de l'intéressé ;
- avec tout emploi salarié à l'exception d'un emploi d'enseignement se rattachant à l'exercice de sa profession ou un emploi rémunéré chez un CAC ou chez un expert-comptable ;
- avec toute activité commerciale, qu'elle soit exercée directement ou par personne interposée.
Sanctions pénales : Les personnes exerçant les fonctions de CAC en violation d'une incompatibilité légale sont passibles de 6 mois d'emprisonnement et 7 500 € d'amende (art. L. 223-38 C. com.)
[2] Art. L. 823-3 al. 1 C. com.

Selon les cas, la désignation d'un CAC est soit obligatoire, soit facultative[1] :

CAC obligatoire[2]	La désignation d'un CAC est obligatoire lorsque la SARL <u>dépasse</u> à la clôture d'un exercice social <u>2 des 3 seuils suivants</u> : - 1 550 000 € au total du bilan, - 3 100 000 € de chiffre d'affaires hors taxe, - un nombre moyen de 50 salariés. **Attention :** La non-désignation du CAC lorsqu'il est obligatoire est une infraction pénale (2 ans d'emprisonnement et 30 000 € d'amende à l'encontre des gérants de la SARL - art. L. 820-4 C. com.). En outre, cela constitue une **faute de gestion** du gérant et donc un juste motif de révocation (*voir p. 207 s.*). Les décisions des assemblées prises à défaut de désignation du CAC sont nulles (art. L. 820-3-1 al. 1 C. com.).
CAC facultatif	En dessous des seuils cités ci-dessus, la nomination d'un CAC n'est pas obligatoire mais reste possible : → sur décision des associés représentant plus de la moitié des parts sociales, → sur décision du président du tribunal de commerce à la demande d'un ou plusieurs associés représentant au moins le 1/10ème du capital social.

À l'expiration de son mandat, l'assemblée générale ordinaire, statuant sur les comptes de l'exercice écoulé, peut ne pas confirmer le CAC dans ses fonctions. Le renouvellement de son mandat doit être expressément décidé par ladite assemblée.

2. Les missions du commissaire aux comptes (CAC)

→ Mission de contrôle du CAC

Le CAC a notamment pour mission de contrôler et vérifier :
- les valeurs et les documents comptables,
- la conformité de la comptabilité aux règles en vigueur,
- la concordance avec les comptes annuels,
- la sincérité des informations fournies aux associés relatives à la situation financière et aux comptes,
- que l'égalité entre associés est respectée.

À cette fin, le CAC peut effectuer à tout moment toutes les vérifications qu'il juge opportunes et se faire communiquer toutes les pièces qu'il estime utiles. Il est obligatoirement convoqué aux assemblées générales.

---

[1] Art. L. 223-35 al. 3 C. com.
[2] Il convient en effet de désigner autant de commissaires aux comptes suppléants qu'il y a de titulaires (art. L. 223-39 al. 1). Sur les incompatibilités et les sanctions en cas de non-respect,.

Ses investigations peuvent être étendues à toutes les sociétés du groupe et aux tiers ayant accompli des opérations pour le compte de la SARL.

Le secret professionnel ne peut jamais lui être opposé pour justifier la non-communication de documents.

> **Attention !**
> L'entrave aux missions du CAC est punie de 5 ans d'emprisonnement et 75 000 € d'amende.

→ Mission de certification du CAC

Après ces contrôles, le CAC certifie, avec ou sans réserve, que les comptes annuels (bilan, compte de résultat, annexe) sont réguliers et sincères et qu'ils donnent une image fidèle du résultat de l'exercice écoulé et de la situation financière et du patrimoine de la société. Il peut également refuser de les certifier s'il apparait des irrégularités importantes.

→ Mission d'information du CAC

Les contrôles et vérifications réalisées permettent au CAC d'informer objectivement le gérant, les associés et le comité d'entreprise.

Le CAC rend compte de sa mission par un rapport sur les comptes annuels déposé au siège 15 jours au moins avant l'assemblée générale ordinaire annuelle (c'est à ce moment qu'intervient la certification (ou non) des comptes). L'absence de rapport entraîne la nullité de l'assemblée.

Le CAC est également chargé de dresser des rapports spéciaux sur l'opportunité et le bien-fondé de certaines opérations qui pourraient s'avérer préjudiciables aux associés :
- les conventions réglementées conclues entre la société et ses dirigeants,
- sa certification lors d'une augmentation de capital,
- le projet de réduction du capital, de transformation de la société ou de fusion ou scission,
- les documents prévisionnels.

→ Mission de révélation des faits délictueux

Si le CAC découvre des irrégularités pouvant constituer une infraction pénale, la loi lui impose de les révéler au Procureur de la République qui décidera des suites à donner. En cas de non-révélation des faits délictueux dont il a eu connaissance, le CAC est passible de 5 ans d'emprisonnement et de 75 000 € d'amende. La même sanction s'applique s'il donne ou confirme des informations mensongères sur la situation de la SARL.

→ Devoir d'alerte du CAC

La loi attribue au CAC un rôle essentiel de prévention des difficultés. Le CAC doit déceler toute dégradation économique dans le fonctionnement de la société et demande au gérant des explications sur les faits de nature à compromettre la continuité de l'exploitation de la SARL.

La procédure d'alerte se déroule en 3 phases *(reportez-vous à la synthèse de la page suivante).*

La procédure d'alerte se déroule en 3 phases :

Phase 1

→ Le commissaire aux comptes demande au gérant des explications sur les faits de nature à compromettre la continuité de l'exploitation.

→ Le gérant doit lui répondre sous 15 jours (par lettre recommandée avec demande d'avis de réception) en donnant une analyse de la situation et en précisant si nécessaire les mesures envisagées.

→ Ces éléments sont communiqués au comité d'entreprise et au Président du tribunal de commerce (ce qui, le cas échéant, permet à ce dernier de mettre en œuvre les mesures de prévention ou de traitement des difficultés nécessaire).

Si la continuité de l'exploitation n'est plus compromise, la procédure d'alerte s'arrête là.

À défaut de réponse du gérant
ou
Si en dépit des décisions prises la continuité de l'exploitation demeure compromise

Phase 2

Le commissaire aux comptes établit un rapport spécial et invite par écrit le gérant à faire délibérer la prochaine assemblée générale sur les faits relevés.

Le rapport spécial est également communiqué au comité d'entreprise.

Si les décisions prises à l'issue de l'assemblée générale permettent d'assurer la continuité de l'exploitation, la procédure d'alerte s'arrête là.

Si les décisions prises ne permettent pas d'assurer la continuité de l'exploitation

Phase 3

Le commissaire aux comptes informe sans délai le Président du tribunal de commerce de ses démarches et lui en communique les résultats.

Le Président du tribunal de commerce peut alors prendre toutes les mesures qui s'imposent : convocation du gérant, ouverture d'une procédure de redressement ou de liquidation judiciaire.

3. La responsabilité du commissaire aux comptes (CAC)

→ Responsabilité civile du CAC

Les CAC sont responsables, tant à l'égard de la SARL que des tiers, des conséquences dommageables des fautes et négligences commises par eux dans l'exercice de leurs fonctions (art. L. 822-17 al. 1 C. com.). Ils ont une obligation de moyens. L'appréciation d'une faute éventuelle se fait par référence à un commissaire normalement diligent et actif, placé dans le même contexte.

S'agissant des obligations précises du CAC (comme l'obligation d'information), il est généralement admis qu'il s'agit d'une obligation de résultat (sa responsabilité est engagée si l'obligation n'est pas remplie).

Les actions en responsabilité civile contre le CAC se prescrivent par 3 ans (10 ans si le fait est qualifié de crime).

→ Responsabilité pénale du CAC

Certains comportements du CAC sont passibles de sanctions pénales. Le CAC est pénalement responsable :

- des informations mensongères sur la situation de la société ;

- des rapports incomplets sur les prises de participation ou de contrôle, ou sur les modifications importantes dans la répartition du capital ;

- de la non-révélation des faits délictueux au Procureur de la république ;

- de la violation du secret professionnel (auquel il n'est pas tenu vis-à-vis du parquet pour les infractions pénales) ou des règles relatives aux incompatibilités.

→ Responsabilité disciplinaire du CAC

Outre les sanctions civiles ou pénales, le CAC est passible de sanctions disciplinaires, présentées de manière croissante ci-dessous :

- simple avertissement ou réprimande ;

- interdiction temporaire prononcée par une chambre régionale de discipline (5 ans au plus),

- suspension provisoire prononcée par le ministre de la Justice lorsque des faits d'une gravité particulière apparaissent de nature à justifier des sanctions pénales ou disciplinaires,

- radiation de la liste des CAC inscrits, c'est-à-dire son exclusion définitive de la profession.

→ Pour en savoir plus reportez-vous sur le site de la CNCC : www.cncc.fr/deontologie

③ L'expertise de gestion

Lorsque les associés doutent de la régularité d'une ou plusieurs opérations de gestion réalisées par le gérant, il peut être utile de demander une expertise de gestion.

Pour que la demande soit accueillie, le tribunal exigera l'existence d'une présomption d'irrégularité[1] ou d'un risque d'atteinte à l'intérêt social[2]. En revanche, la preuve proprement dite de cette irrégularité ou atteinte n'est pas nécessaire puisque l'expertise de gestion est précisément sollicitée pour établir cette preuve !

Sachez que le recours à un expert de gestion est une procédure de plus en plus utilisée par les associés pour rassembler les preuves utiles.

1. Quelles opérations peuvent donner lieu à une expertise de gestion ?

Seules des opérations de gestion déterminées peuvent faire l'objet de l'expertise de gestion. Les « opérations de gestion » correspondent aux décisions de gestion qui émanent du gérant et non aux décisions adoptées en assemblées. Celles qui relèvent de la compétence du gérant, mais qui nécessitent néanmoins l'intervention de l'assemblée générale, semblent également pouvoir faire l'objet d'une expertise de gestion, comme par exemple, une convention réglementée.

> *Attention !*
> L'expertise de gestion n'est pas un moyen de faire procéder à un audit, autrement dit, elle ne permet pas un contrôle d'ensemble de la gestion de la société : elle ne peut porter que sur une ou plusieurs opérations déterminées.

2. Qui peut demander une expertise de gestion ?

La désignation d'un expert de gestion peut être demandée au président du tribunal de commerce par un ou plusieurs associés représentant au moins 10 % du capital social (individuellement ou en se groupant).

Mais attention, les parts en industrie ne peuvent pas être prises en compte car elles ne permettent pas d'exercer les droits attachés à la « détention d'une fraction du capital social ». L'associé qui serait seulement titulaire de parts en industrie ne peut donc pas demander une expertise de gestion.

À savoir : Le comité d'entreprise et ministère public peuvent également demander une expertise de gestion.

---

[1] Cass. com., 15 juillet 1987, n° 86-13.644 ; Cass. com., 22 mars 1988, n° 86-17.040.
[2] Cass. com., 10 février 1998, n° 96-11.988 ; Cass. com., 14 juin 2005, n° 03-14.423 ; Cass. com., 5 mai 2009, n° 08-15.313.

Lorsque la demande est justifiée, le Président du Tribunal de commerce déterminera la mission de l'expert de gestion ainsi que ses pouvoirs.

3. Le déroulement de l'expertise

L'expert de gestion procède à toutes les recherches utiles, en rapport avec les opérations de gestion critiquées, à la fois au sein de la société et auprès des tiers (clients, fournisseurs, banques etc.).

À l'issue de ses recherches, l'expert établit un rapport qui permet d'éclairer les associés et peut servir de preuve en cas de conflit avec le gérant, par exemple, lors la révocation du gérant ou d'une action en justice.

Le rapport est déposé au greffe du tribunal de commerce, puis est adressé par le greffier aux associés ayant demandé l'expertise de gestion, au gérant, au comité d'entreprise et aux commissaires aux comptes, s'ils existent, ainsi qu'au ministère public.

4. Comment saisir le président du tribunal de commerce ?

La demande est adressée en référé au Président du Tribunal de commerce par les associés qui devront :

1- justifier qu'ils détiennent un nombre de parts sociales suffisant pour faire la demande (10 % du capital social), par exemple au moyen d'une copie des statuts,

2- fournir un extrait K-bis récent,

3- joindre tous les documents qui permettent de laisser penser à l'irrégularité des opérations de gestion visées par la demande d'expertise.

④ Contrôle du CE ou des délégués du personnel

La présence d'un comité d'entreprise (CE) ne concerne que les SARL les plus importantes. Sa mise en place est obligatoire lorsque la société emploie plus de 50 salariés[1]. Si la SARL a plus de 11 salariés, la présence de délégués du personnel est obligatoire (ils ont alors des prérogatives similaires à ce dernier).

> **Attention !**
> Le fait d'entraver la constitution d'un CE, la libre désignation de ses membres ou son fonctionnement régulier est puni d'un emprisonnement d'un an et d'une amende de 3 750 €.

1. Le pouvoir de contrôle du comité d'entreprise

Le comité d'entreprise permet l'expression collective des salariés et la prise en compte de leurs intérêts. A cette fin, il est habilité à exercer une mission de contrôle de la SARL[2]. Ainsi, le gérant doit communiquer au CE l'ensemble les comptes annuels et les documents transmis annuellement à l'assemblée générale ainsi que le rapport des commissaires aux comptes. Il reçoit en outre, chaque trimestre, des informations sur les commandes, la situation financière, la production et les retards éventuels dans le paiement des cotisations sociales.

Dans le cadre de ce pouvoir de contrôle, le CE peut :
- **formuler toutes observations** sur la situation économique et sociale de l'entreprise (ces observations sont transmises à l'assemblée en même temps que le rapport du gérant),
- **convoquer les commissaires aux comptes** pour recevoir leurs explications sur les documents communiqués ainsi que sur la situation financière de l'entreprise,
- **demander en justice la désignation d'un mandataire chargé de convoquer l'assemblée générale** en cas d'urgence, il peut également requérir l'inscription de projets de résolutions à l'ordre du jour des assemblées[3],
- **assister aux assemblées générales** (2 membres du CE). Les membres du CE sont entendus, à leur demande, lors de toutes les délibérations requérant l'unanimité des associés,
- **exercer le droit d'alerte** *(voir p. 150)* et, même lorsqu'il n'est pas à son initiative, le CE est informé à chaque stade de cette procédure,
- **demander une expertise de gestion** *(voir p. 153 s.)*
- **demander une mesure d'instruction** pour conserver ou établir une preuve *(voir p. 204 s.)*
- **demander la récusation du commissaire aux comptes** (voir page),
- **saisir l'inspection du travail** s'il constate un recours abusif (ou un accroissement important) des contrats à durée déterminée (CDD) ou du travail temporaire dans l'entreprise.

---

[1] Art. L. 2322-1 s. C. trav.
[2] Art. L. 2323-8 C. trav.
[3] Bien que visant les sociétés par actions, cette disposition est également appliquée aux SARL par les tribunaux.

2. Les consultations préalables du comité d'entreprise

Le comité d'entreprise est consulté[1] sur :

- les mesures pouvant affecter le volume ou la structure des effectifs, la durée du travail, les conditions d'emploi, de travail et de formation professionnelle,
- les orientations stratégiques de l'entreprise (et leurs conséquences sur l'activité, l'emploi, l'évolution des métiers et des compétences, l'organisation du travail, le recours à des sous-traitants, à l'intérim, aux contrats temporaires et aux stages),
- la politique de recherche et introduction de nouvelles technologies,
- les projets de restructuration et de compression des effectifs,
- les modifications de l'organisation économique ou juridique de la SARL,
- les problèmes généraux sur les conditions de travail dans l'entreprise (organisation et temps de travail, qualifications et rémunérations etc.),
- la formation professionnelle et l'apprentissage dans l'entreprise (orientations de la formation, plan de formation annuel ou triennal, objectifs en matière d'apprentissage, nombre et suivi des apprentis etc.),
- dans le cadre des procédures de sauvegarde, de redressement ou de liquidation judiciaire,
- sur l'utilisation du crédit d'impôt compétitivité emploi (CICE).

3. L'assistance externe du comité d'entreprise

Sachez que le comité d'entreprise peut se faire assister d'un expert-comptable de son choix[2] :

- en vue de l'examen annuel des comptes, des orientations stratégiques de l'entreprise ou de l'examen de certains documents,
- dans le cadre des opérations de concentration,
- dans le cadre de l'exercice du droit d'alerte économique,
- lors de la consultation pour licenciement économique d'au moins 10 salariés sur une période de 30 jours.

L'expert-comptable du CE peut accéder aux mêmes documents que le commissaire aux comptes[3] dés lors qu'ils sont nécessaires à l'appréciation de la situation de l'entreprise. Dans les SARL d'au moins 300 salariés, le CE peut en outre recourir à un expert technique à l'occasion de certains projets importants (cas énumérés aux art. L. 2323-13 et L. 2323-14 du Code du travail)[4].

---

[1] Art. R. 2323-1 à R. 2323-19 C. trav.
[2] Art. L. 2325-35 C. trav.
[3] Art. L. 2325-37 C. trav.
[4] Art. L. 2325-3 C. trav.

⑤ Contrôle statutaire renforcé

1. Les clauses limitatives de pouvoirs

Il est possible et recommandé de prévoir dans les statuts une clause limitant les pouvoirs du gérant. Ces limitations peuvent concerner la **nature** des actes (exemple : conclusion d'emprunt, cession d'immeuble ou de fonds de commerce etc.) ou le **montant** des actes (exemple : dépassement d'un montant unitaire ou d'un montant sur une période déterminée).

La conclusion des actes visés par ces clauses nécessite alors l'autorisation préalable de l'assemblée des associés (aux conditions de majorité prévues par la clause).

Le non respect de ces limitations de pouvoirs constitue un juste motif de révocation du gérant *(voir p. 207)*. Et, si la SARL subit un préjudice résultant de cette violation, une demande en réparation sera possible *(voir p. 89)*.

Sachez en revanche que *pour les tiers*, **cette violation n'a aucune conséquence** : la SARL demeure engagée par l'acte passé en violation des statuts. Les clauses limitatives de pouvoir sont en effet inopposables aux tiers, et cela, même si ces derniers ont connaissance de la limitation de pouvoirs.

2. La mise en place d'un conseil de surveillance

Les statuts peuvent prévoir la mise en place d'un conseil de surveillance. Cet organe supplémentaire peut trouver une utilité :

- soit pour assurer une meilleure information des associés sur la gestion, permettant ainsi une plus grande réactivité dans l'exercice de leurs droits,

- soit lorsque l'activité de la SARL a des implications nécessitant une expertise ou un contrôle spécifique : le conseil offre alors une garantie supplémentaire.

> *Attention !*
> Si vous décidez la mise en place d'un conseil de surveillance **3 grandes précautions** doivent être prises :
> **1ère précaution :** Ne pas empiéter sur les prérogatives légales des associés et du gérant lorsque vous définirez le rôle du conseil dans les statuts.
> **2ème précaution :** Si les membres du conseil ont bien une mission de surveillance, ils ne doivent cependant pas s'immiscer dans la gestion de la SARL au risque d'être qualifié de gérant de fait et d'entraîner à ce titre leur responsabilité.
> **3ème précaution :** Les membres du conseil de surveillance doivent pleinement respecter la mission mise à leur charge par les statuts car un défaut de vigilance pourrait leur être reproché.

Partie 3

Exercer & Protéger ses droits d'associé

Cette partie répond aux principales questions qu'un associé se pose lorsqu'il s'agit d'exercer et de défendre ses droits. Que vous soyez associé majoritaire ou minoritaire, vous êtes titulaire de droits et de prérogatives importantes.

En les exerçant pleinement, vous pourrez non seulement protéger la société mais également vos propres intérêts.

Sommaire

Chapitre 1

Exercer et protéger ses droits patrimoniaux

En qualité d'associé, vous avez des droits patrimoniaux. La législation et les outils nés de la pratique permettent de les protéger.

Rappelons que les associés ne sont pas directement propriétaires des biens composant le patrimoine de la SARL mais seulement titulaires de droits représentés par les parts qu'ils détiennent. Les parts représentent la contrepartie des apports en numéraire, en nature ou en industrie réalisés par les associés au profit de la société.

De ces parts, vous pouvez tirer des droits importants : droit aux bénéfices *(voir p. 161 s.)* ; droits lors des opérations sur capital *(voir p. 165 s.)* ; tirer profit de leur vente *(voir p. 168 s.)* ou de leur mise en location *(voir p. 183 s.)* ; les utiliser en garantie *(voir p. 187 s.)* (notons que les parts en industrie sont insusceptibles des 3 opérations précitées) etc.

Nombre d'associés ignorent l'ensemble des droits patrimoniaux dont ils disposent ou ne savent pas comment les mettre en œuvre. Vous trouverez ici des réponses pratiques afin de les exercer pleinement.

Sommaire

① **Protéger son droit aux bénéfices**

② **Protéger ses droits lors des augmentations de capital social**

③ **Vendre ses parts sociales**

④ **Louer ses parts sociales**

⑤ **Donner ses parts sociales en garantie : le nantissement**

⑥ **Exercer une activité rémunérée**

① Protéger son droit aux bénéfices

1. Les bénéfices distribuables aux associés

→ Qu'est-ce qu'un bénéfice distribuable ?

La réalisation de bénéfices actuels ou passés par la SARL ne suffit pas pour que le versement de dividendes aux associés soit possible, ces bénéfices doivent être « distribuables ».

Ils ne deviennent distribuables qu'après :
- imputation préalable des pertes antérieures s'il en existe,
- dotation à la réserve légale à hauteur de 5 % du bénéfice de l'exercice jusqu'à ce qu'elle atteigne 10 % du capital social,
- dotation aux réserves statutaires obligatoires,
- et augmentation par l'éventuel report à nouveau bénéficiaire.

Déterminer les bénéfices distribuables suppose de réaliser le calcul suivant :

> Bénéfice de l'exercice - Pertes antérieures - Dotation à la réserve légale - Dotation aux réserves statutaires
> + Report à nouveau bénéficiaire
> =
> **Bénéfices distribuables**

Attention !
Aucune distribution de dividendes ne peut être faite :
- tant que les postes « frais d'établissement » et « frais de recherche appliquée et de développement » ne sont pas apurés sauf si le montant des réserves libres est au moins égal à celui des frais non amortis[1],
- et lorsque les capitaux propres sont, ou devenaient à la suite de celle-ci, inférieurs au montant du capital augmenté des réserves non distribuables selon la loi ou les statuts[2].

→ Lorsque des bénéfices sont distribuables, existe-t-il un droit au versement de dividendes ?

Non, il n'existe pas de droit aux dividendes dès lors que des bénéfices sont distribuables. L'assemblée annuelle peut valablement décider de ne pas distribuer de dividendes aux associés et préférer constituer des réserves. Le partage des bénéfices en cours de vie sociale n'est pas une obligation dès lors que les associés gardent un droit sur le boni de liquidation[3].

---

[1] Art. L. 232-9 et R. 123-187 C. com.
[2] Art. L. 232-11 al. 3 C. com.
[3] Cass. com., 18 avril 1961, n° 59-11.394

La réponse doit toutefois être nuancée car ces principes peuvent conduire à des abus et léser certains associés dont les dividendes sont les seuls revenus tirés de la SARL. En effet, lorsque la mise en réserve des bénéfices ne répond pas à un besoin de la société (notamment d'investissement) et que les associés majoritaires tirent seuls profit de la société grâce aux rémunérations découlant de leurs mandats sociaux ou de leurs contrats de travail, la mise en réserve systématique des bénéfices et le refus répété sur plusieurs exercices de distribuer tout dividende est « illicite » et constitue un **abus de majorité** susceptible d'annulation *(voir p. 200)*.

→ L'assemblée générale peut-elle répartir d'autres sommes que les bénéfices distribuables de l'exercice ?

Oui, l'assemblée peut décider de prélever les dividendes sur :
- les réserves libres qui constituent les seules réserves distribuables en l'absence de bénéfices suffisants[1],
- les réserves réglementées,
- la réserve légale sur la part dépassant 10 % du capital,
- les réserves statutaires si les associés prennent la décision extraordinaire d'en supprimer l'indisponibilité ou de les déclasser,
- les primes d'émission,
- les primes de fusion.

2. Modalités de versement des dividendes

→ Comment le versement de dividendes est-il décidé ?

Le versement de dividendes est décidé par l'assemblée générale ordinaire annuelle après approbation des comptes de l'exercice et constatation de l'existence de sommes distribuables. L'assemblée décide alors de la part qui sera versée aux associés sous forme de dividendes *(voir p. 115 s.)*.

Si les statuts ne prévoient pas de répartition spécifique, la répartition des dividendes distribués se fera proportionnellement aux parts détenues par chaque associé (c'est-à-dire proportionnellement à leurs apports).

Mais les statuts prévoient souvent une répartition différente, parfaitement valable, à condition qu'elle laisse subsister pour chacun des associés un espoir de profit et un risque de perte. À défaut, la répartition serait qualifiée de léonine et la clause statutaire réputée « non-écrite », ce qui conduirait à revenir à une répartition des résultats proportionnelle aux apports *(voir p. 22)*.

Sachez que les clauses d'attribution d'un dividende fixe sont également interdites et cela quelle que soit la situation financière de la SARL.

À savoir : Une distribution de dividendes avant l'assemblée générale est possible à condition de suivre la procédure des acomptes sur dividendes[2] ou de distribuer des sommes prélevées sur le report à nouveau[3].

---

[1] Art. L. 232-11 et R. 123-187 C. com.
[2] Art. L. 232-12 al. 2 C. com.
[3] CNCC, EJ 2007-09, bull. 153 de mars 2009.

→ Sous quels délais les dividendes votés doivent être payés ?

Le versement des dividendes aux associés doit avoir lieu dans les 9 mois qui suivent la clôture des comptes de l'exercice (sauf prolongation de ce délai par le président du Tribunal de commerce sur demande du gérant).

→ Que faire lorsque le gérant ne paie pas les dividendes votés ?

Les associés peuvent saisir le juge afin d'obtenir une « injonction de faire » destinée à contraindre le gérant à la distribution des dividendes votés. Il est également possible de demander la désignation d'un mandataire *ad hoc* qui sera chargé d'effectuer cette distribution.

→ En cas de vente de parts sociales en cours d'exercice à qui appartiennent les dividendes ?

En principe, le droit aux dividendes appartient à celui qui est associé au jour de la décision de distribution par l'assemblée générale annuelle[1].

Par conséquent, sauf volonté différente des parties au contrat de vente, tout dépend de la date du vote de la distribution des dividendes :

- Si le vote a lieu avant ou concomitamment à la vente des parts sociales : le bénéficiaire des dividendes est le vendeur des parts,
- Si le vote a lieu après la vente des parts sociales : le bénéficiaire des dividendes est l'acquéreur des parts.

Les parties à la vente peuvent cependant décider d'une répartition différente (par exemple, un versement au *prorata* de la détention des parts durant l'exercice social en question).

→ Quelle est la fiscalité des dividendes ?

Lorsque la SARL est à l'impôt sur les sociétés, les associés ne sont soumis à une imposition que dans la mesure où une distribution de dividendes est décidée.

Cas du bénéficiaire est une personne physique : les dividendes sont soumis aux prélèvements sociaux payés à la source de 15,5 % (déductible à hauteur de 5,1 %) appliqués sur le montant brut des dividendes (avant l'abattement de 40 %).

CSG	8,2 %
CRDS	0,5 %
Prélèvement social	4,5 %
Contribution additionnelle	0,3 %
Prélèvement de solidarité	2 %

Le montant imposable de l'associé qui les perçoit est donc obtenu selon le calcul suivant :

(dividendes perçus - dividendes perçus x 40 %) - CSG déductible

= montant imposable des dividendes distribués

---

[1] Cass. com. 9 juin 2004, n° 01-02356

📄 **Exemple :** *Si un associé perçoit 10 000 € de dividendes, il doit acquitter 15,5 % de prélèvements sociaux, soit 1 550 €, déductibles à hauteur de 5,1 %, soit 510 €.*

Le montant imposable des dividendes distribués, soumis au barème progressif de l'impôt sur le revenu, est égal à 5 490 € obtenus selon le calcul suivant : (10 000 - 10 000 x 40 % = 6 000 €) - 510 € (CSG déductible) = 5 490 €.

Dès leur versement les dividendes sont soumis à un prélèvement forfaitaire de 21 % non libératoire qui constitue un acompte d'impôt sur le revenu qui sera dû par l'associé au titre de l'année suivante (l'excédent éventuel étant restitué)[1].

Cas du bénéficiaire est une personne morale : Après les prélèvements sociaux à la source, les sommes distribuées sont intégrées à son résultat fiscal imposable sous réserve des dispositions particulières applicables aux groupes de sociétés *(voir p. 349 s.)*.

À savoir : Le prélèvement forfaitaire et les prélèvements sociaux doivent être déclarés et acquittés par la SARL dans les 15 jours du mois suivant le versement au moyen de la déclaration simplifiée n°2777-D auprès du service des impôts des entreprises (SIE).
Une unique déclaration doit être déposée pour l'ensemble des associés bénéficiaires fiscalement domiciliés en France et pour l'ensemble des revenus payés au cours du mois. La déclaration et le paiement peuvent être télétransmis par échanges de données informatisées (EDI)

---

[1] Cet acompte s'applique obligatoirement lorsque l'établissement payeur des revenus est situé en France. Cependant, peuvent demander à en être dispensés les ménages dont le revenu fiscal de référence (RFR) de l'avant-dernière année est inférieur :
- pour les dividendes, à 50 000 € pour les contribuables seuls (célibataires, divorcés ou veufs) et à 75 000 € pour les contribuables soumis à une imposition commune (couples mariés ou pacsés) ;
- pour les produits de placement à revenu fixe, à 25 000 € pour les contribuables seuls et 50 000 € pour les contribuables soumis à imposition commune.
Lorsque l'établissement payeur est situé à l'étranger, cet acompte ne s'applique que si le RFR du foyer auquel appartient le bénéficiaire des revenus de l'avant-dernière année est supérieur à ces seuils.

② Protéger ses droits lors des augmentations de capital

Les augmentations de capital social peuvent porter atteinte aux droits des associés qui n'y participent pas. Cet aspect parfois ignoré, entraine de biens mauvaises surprises lorsqu'un associé se rend compte après l'opération de la diminution de ses droits sur le patrimoine ou les bénéfices de la SARL ou encore de sa perte d'influence lors des prises de décisions (la proportion de parts qu'il détient pouvant avoir plus ou moins significativement diminuée).

Deux mesures permettent toutefois de protéger, autant que possible, les droits des associés en cas d'augmentation de capital :

1- le vote d'une **prime d'émission**,

2- l'introduction d'un **droit préférentiel de souscription** dans les statuts.

En combinant ces mesures, les éventuelles atteintes aux droits des associés qui pourraient résulter d'une d'augmentation de capital peuvent être limitées voire annihilées.

1. La prime d'émission : une protection patrimoniale

→ Pourquoi voter une prime d'émission ?

Souvent, il existe un écart entre le montant nominal des nouvelles parts sociales émises et leur valeur réelle notamment lorsque la SARL a un patrimoine : les parts donnant des droits sur l'ensemble du patrimoine social et non uniquement sur son capital. Cet écart lèse les associés qui ne participent pas à l'opération d'augmentation et donne des droits « injustifiés » aux nouveaux entrants. Aussi pour protéger leurs droits, les associés peuvent voter une prime d'émission que le souscripteur doit acquitter pour chaque part nouvelle. Cette prime vise à égaliser les droits des associés anciens et nouveaux. La SARL percevra le montant des primes d'émission sur lesquelles nouveaux et anciens associés auront des droits à proportion de leurs parts dans le nouveau capital social (le même dispositif peut s'appliquer pour les apports en nature on parle alors de « prime d'apport »).

→ Comment calculer le montant de la prime d'émission ?

Elle est en général calculée de la manière suivante :

Montant des réserves et des plus-values non comptabilisées **/** Nombre de parts composant le capital avant augmentation
=
Montant de la prime d'émission pour chaque part nouvelle

Cette prime sera versée pour chaque part sociale nouvelle.

Si vous n'avez pas de notions de comptabilité, demandez conseil à votre expert-comptable pour procéder à ce calcul.

📄 ***Exemple :*** *Avant l'augmentation de capital, une SARL a un capital de 30 000 € divisé en 300 actions de 100 €, il existe des réserves pour un montant de 18 000 €, la valeur « réel » de chaque part est donc égale à (30 000 € + 18 000 €) : 300 = 160 €.*
Lors de l'augmentation du capital social, les souscripteurs devront verser pour chaque part nouvelle une prime d'émission de 60 € ; soit une somme totale par part de 160 € correspondant à la valeur nominale (100 €) augmentée de la prime d'émission de 60 €. Aucun associé ne sera ainsi lésé.

Sachez que la prime d'émission est laissée à la libre disposition de la SARL (il ne s'agit ni d'un bénéfice ni d'une réserve).

2. Les droits préférentiels de souscription (DPS)

Il est conseillé de prévoir statutairement que lors des augmentations de capital social les associés auront un **droit préférentiel de souscription** (DPS) proportionnel au nombre de leurs parts sociales anciennes.

→ Pourquoi prévoir un droit préférentiel de souscription dans les statuts ?

1ère avantage : Les DPS garantissent la conservation d'une proportion identique de droits sociaux dans le capital social à l'issu des augmentations de capital dès lors que l'associé y souscrit intégralement. Ainsi, l'associé conserve son influence lors des prises de décisions et préserve ses droits sur le patrimoine et les bénéfices de la société.

2ème avantage : Si les statuts le prévoient, les DPS sont cessibles entre associés, ce qui constitue un avantage non négligeable pour les associés qui ne souhaitent pas ou ne peuvent pas (faute de fonds suffisants) souscrire à l'augmentation de capital *(voir page suivante : souscription à titre réductible).*

3ème avantage : Les modalités de la souscription à l'augmentation de capital sont connues de tous dès l'origine.

Seul réel **inconvénient,** l'entrée d'un nouvel associé à l'occasion d'une augmentation de capital nécessitera que les associés renoncent individuellement à exercer leurs DPS.

→ Comment s'exercent les droits préférentiels de souscription ?

Lorsque des DPS sont prévus par les statuts, la détention de parts antérieurement à l'augmentation de capital confère le droit de souscrire un nombre déterminé de parts nouvelles : ce droit est appelé droit de souscription à titre **irréductible** (c'est-à-dire, qui ne peut être réduit).
Autrement dit, chaque associé a le droit de souscrire à l'augmentation de capital proportionnellement au montant de parts sociales anciennes détenues.

📄 ***Exemple :*** *Une SARL a un capital social de 30 000 € divisé en 300 actions de 100 €. L'assemblée vote une augmentation de capital de 10 000 € par l'émission de 100 nouvelles parts sociales.*
Si les statuts prévoient des DPS, chaque 3 parts sociales anciennes donneront droit à la souscription d'une part nouvelle à titre irréductible (300/100 = 3/1)

Si tous les associés titulaires de DPS ne souhaitent pas (ou ne peuvent pas) souscrire à l'augmentation de capital, il restera un certain nombre de parts nouvelles à souscrire.

Par conséquent, il peut être judicieux que les statuts de la SARL prévoient un dispositif complémentaire permettant de souscrire à titre **réductible** : les parts de capital non souscrites à titre irréductible sont alors attribués aux associés qui auront souscrit un nombre de parts sociales supérieur à celui auquel ils pouvaient prétendre à titre irréductible. L'attribution se fait à nouveau proportionnellement aux DPS dont ils disposent. En tout état de cause, les parts attribuées le seront dans la limite de leurs demandes.

Si les souscriptions à titre irréductible et, le cas échéant, à titre réductible n'ont pas absorbé la totalité de l'augmentation de capital, le montant de l'augmentation de capital peut être limité au montant des souscriptions sauf décision contraire de l'assemblée générale.

→ Les droits préférentiels de souscription peuvent-ils être vendus entre associés ?

Les associés titulaires des DPS ne sont pas tenus de les exercer en tout ou partie. Dans ce cas, si les statuts le prévoient, **les DPS sont cessibles de gré à gré entre associés**.

Le prix de vente est librement déterminé entre l'associé vendeur et l'associé acheteur. La valeur théorique des DPS à titre irréductible est en principe égale à la perte de valeur subie par les parts anciennes lors de la souscription des parts nouvelles (tempérée par l'éventuelle prime d'émission). Toutefois, dans certains cas le prix convenu pourra être bien plus élevé notamment lorsque les DPS permettent à l'acheteur d'obtenir la majorité ou la minorité de blocage au sein de la SARL.

③ Vendre ses parts sociales

La loi prévoit que « les parts sociales ne peuvent être cédées à des tiers étrangers à la société qu'avec le consentement de la majorité des associés représentant au moins la moitié des parts sociales ». Les statuts peuvent prévoir une majorité plus forte.

En revanche, la cession des parts est en principe libre si la vente a lieu entre associés, ascendant et descendant ou conjoints.

Les statuts peuvent également soumettre ces cessions à l'agrément des associés *(voir ci-dessous)*.

> **Attention !**
> - Il faut prendre garde au fait que l'agrément ne vaut pas cession à lui seul.
> - Si la vente des parts sociales est réalisée sans que le projet ait été notifié à la société et aux associés, celle-ci peut être annulée (cette nullité peut être demandée en justice par tout intéressé pendant 3 ans).

Relevons que la cession de parts sociales peut être précédée par la conclusion de promesses de vente et/ou d'achat ou d'un compromis de vente : *sur le nouveau régime des promesses, reportez-vous au Zoom p. 181.*

1. Quelle est la procédure pour vendre ses parts sociales à un tiers ?

L'associé qui désire vendre ses parts à un tiers doit notifier son projet, par lettre recommandée, à la société et à chacun des associés afin d'obtenir l'agrément de l'acquéreur (c'est-à-dire l'autorisation de pouvoir devenir associé si la cession se réalise).

Dans les 8 jours à compter de la notification du projet, le gérant doit convoquer l'assemblée des associés pour qu'elle délibère sur le projet de cession ou, si les statuts le permettent, consulter les associés par écrit.

La décision est prise à la **double majorité en tête et en voix**, c'est-à-dire par plus de 50 % des associés représentant plus de 50 % des voix. Signalons que le vendeur des parts sociales n'est pas interdit de vote, ce qui simplifie souvent les choses. La décision de la société est notifiée au vendeur par lettre recommandée avec demande d'avis de réception.

📄 ***Exemple :*** *Une SARL comprend 4 associés :*
- M. Martin détient 20 % des parts sociales
- M. Giraud détient 55 % des parts sociales
- M. Dupont détient 15 % des parts sociales
- M. Berthon détient 10 % des parts sociales

L'un des associés souhaite céder ses parts sociales à un tiers. Dans notre exemple, pour que l'agrément soit donné, 3 associés au moins devant représenter plus de 50 % des voix doivent agréer le tiers. Par conséquent M. Giraud doit obligatoirement être favorable à l'entrée de ce nouvel associé.
On voit donc qu'un associé majoritaire peut bloquer la décision, mais ne peut jamais la prendre seul !

3 hypothèses doivent alors être distinguées :

- L'agrément exprès du tiers : Si le tiers, candidat à l'acquisition des parts, obtient la double majorité, il est expressément agréé : la cession peut avoir lieu, il pourra donc devenir associé.

- L'agrément tacite du tiers : L'agrément est réputé avoir été donné lorsque la société n'a pas fait connaître sa décision dans le délai de 3 mois à compter de la dernière des notifications prévues *(voir ci-dessus).* La cession est donc réputée autorisée.

- Le refus d'agrément : Dans ce cas, les associés doivent acheter ou faire acheter les parts sociales du vendeur dans les 3 mois, ce délai pouvant être allongé à 6 mois par décision du tribunal de commerce ; la société peut encore racheter elle-même les droits sociaux (et réduire le capital à due concurrence).

> *Attention !*
> Si à l'expiration du délai imparti, aucune de ces solutions n'est intervenue, l'associé vendeur peut réaliser la vente initialement prévue, mais il n'est pas fondé à exiger le rachat des parts sociales par la société.

Par exception, cette obligation de rachat ne s'impose pas si le vendeur détient ses parts depuis moins de **2 ans** (sauf s'il les a recueillies par succession, liquidation ou donation du conjoint, d'un ascendant ou d'un descendant).

À savoir : Lorsque l'agrément est obtenu, le vendeur (ou l'acquéreur) peut toujours renoncer à la vente. La décision de l'assemblée agréant le projet de vente constitue une simple autorisation de vente et non la constatation de celle-ci. Si le vendeur se rétracte, les coassociés ne peuvent lui imposer une cession.

2. Dans quels cas la loi n'impose pas l'agrément de l'acquéreur des parts ?

L'agrément préalable de l'acquéreur n'est pas imposé par la loi lorsque la vente ou la transmission des parts sociales a lieu :
- entre associés,
- entre conjoints (liquidation d'une communauté de biens entre époux ou cession),
- entre ascendants ou descendants,
- pour cause de mort (dans le cadre d'une succession).

Cependant, les statuts de la SARL peuvent valablement prévoir un agrément dans les cas précités (sauf l'héritier déjà associé) ; le cas échéant, avec une majorité réduite ou des délais plus courts qu'en cas de cession aux tiers - mais en aucun cas plus sévères *(voir p. 168).*

Relevons que si la vente entre associés ne porte pas atteinte au caractère fermé de la société, elle peut modifier l'équilibre du pouvoir interne. Prévoir un agrément statutaire peut être une bonne mesure de protection des droits des associés.

À savoir : Lorsque tous les associés de la SARL sont favorables à la vente, il est possible de se dispenser de la procédure d'agrément en les faisant intervenir à l'acte de vente (pour éviter toute contestation ultérieure, ils devront chacun exprimer leur accord dans le contrat de vente par une mention manuscrite suivie de leur signature).

3. Existe-t-il d'autres règles spécifiques applicables aux personnes mariées ou pacsés ?

Oui, il faut tenir compte le cas échéant des régimes matrimoniaux ou du pacte civil de solidarité.

Les parts sociales qui dépendent de la communauté ne peuvent être vendues qu'avec consentement des deux époux *(voir également p. 23 s)*. La sanction pourra être la nullité de la vente.

Illustration : **Avertissement du conjoint (ou partenaire) du vendeur**

SARL Virtuelle au capital de 100 000 €
Siège social : 30 avenue de la Mer
06 240 Cannes
n° SIREN (9 chiffres) RCS de (ville)

Madame Marthe Baltard
123, rue des Lauriers
06 240 Cannes

Lettre recommandée avec accusé de réception

Madame,

Conformément à l'article 1832-2 du Code civil, je vous informe que Monsieur Henri Baltard, votre conjoint, souhaite acquérir au moyen de fonds relevant de votre communauté de biens 50 parts sociales de la   SARL Virtuelle au capital de 100 000 € (Siège social : 30, avenue de la Mer, 06 240 Cannes) pour un montant global de 20 000 euros. La société a pour objet social la vente de produits issus de la mer.
Ces parts sociales sont cédées par M. Jean Dutertre, domicilié 120, rue du Cap, 06 240 Cannes.

Le capital social de la SARL Virtuelle d'un montant de 100 000 € est divisé en mille parts sociales de 100 € chacune.

Vous pouvez prendre connaissances des statuts de la SARL Virtuelle au siège social ou auprès de votre conjoint qui en détient un exemplaire certifié.

La signature du contrat de cession des 50 parts sociales est prévue le 20 octobre 2017 au siège social de la SARL Virtuelle.
Vous disposez d'un délai de 20 jours pour nous faire connaitre votre intention de devenir ou non associée de la SARL Virtuelle. Dans ce cas, vous deviendrez associée à hauteur de la moitié des parts revenant à votre conjoint.

Votre réponse devra être adressée à mon attention au siège social de la société par lettre recommandée avec accusé de réception ou par signification d'huissier.

Dans l'attente de votre réponse, je vous prie d'accepter, Madame, mes sincères salutations.

Fait à Cannes, le 20 septembre 2017

LE GÉRANT
Michel Diurne

Illustration : **Procès verbal d'une assemblée portant agrément d'un tiers**

SARL Optimal au capital de 50 000 €
Siège social : 52 boulevard Ornano,
75 018 Paris
n° SIREN (9 chiffres) RCS de (Ville)

Le 20 septembre 2017 à 16 heures, les associés de la SARL Optimal au capital social de cinquante mille euros divisé en 100 parts sociales d'une valeur de 100 euros chacune, se sont réunis en Assemblée Générale Extraordinaire au siège social sur convocation de la Gérance.

Sont présents
- M. Jean Martin propriétaire de 50 parts sociales en pleine propriété ;
- M. Pierre Giraud propriétaire de 30 parts sociales en pleine propriété ;
- M. Pascal Dupont propriétaire de 20 parts sociales en pleine propriété.
Soit 100 parts sur les 100 parts sociales composant le capital social.

Monsieur Paul Merkx préside l'Assemblée en qualité de gérant non associé. Le Président constate que les conditions légales, réglementaires et statutaires sont réunies et que l'Assemblée, régulièrement constituée, peut valablement délibérer et l'Assemblée reconnaît la validité de la convocation.

L'ordre du jour est rappelé par le Président :
- agrément en qualité d'associée de Madame Juliette Dupuis et du projet de cession de cinquante parts sociales entre Monsieur Jean Martin, né le 10 octobre 1970 à Paris 9ème, de nationalité française, demeurant 15 avenue de la République, 75 017 Paris, propriétaire de 50 parts sociales entièrement libérées (numérotées de 221 à 250) de la SARL Optimal et Madame Juliette Dupuis, née le 16 janvier 1980 à Nice (06), de nationalité française, mariée sous le régime de la séparation de biens, demeurant au 10 rue de la Madone, 75 018 Paris ;
- modification corrélative des statuts ;
- pouvoirs.

Le Président met aux voix les résolutions à l'ordre du jour :

Première résolution
L'Assemblée Générale Extraordinaire, après avoir entendue lecture du rapport de la Gérance et pris connaissance du projet de cession de cinquante parts sociales entre Monsieur Jean Martin, propriétaire des parts, et Madame Juliette Dupuis, son cessionnaire, décide d'autoriser cette cession au prix de 2 000 euros la part et d'agréer Madame Juliette Dupuis en qualité d'associée.
Cette résolution, mise aux voix, est adoptée à l'unanimité.

Deuxième résolution
L'Assemblée Générale Extraordinaire donne tous pouvoirs au porteur de l'original, d'une copie ou d'un extrait des présentes à l'effet de procéder à toutes les formalités légales et réglementaires qui résulteront de la cession des parts autorisée par la présente assemblée.
Cette résolution, mise aux voix, est adoptée à l'unanimité.

L'ordre du jour étant épuisé et plus personne ne demandant la parole, la séance est levée à 18 heures. Il est dressé le présent procès-verbal de l'assemblée signé par tous les associés.

| Jean Martin | Pierre Giraud | Pascal Dupont | Marc Berthon |
| *JMartin* | *giraudp* | *Dupont* | *MBN* |

4. Comment fixer le prix des parts sociales ?

Le prix de vente des parts sociales est librement fixé par les parties. Il doit être déterminé ou au moins déterminable (par référence à des éléments qui le rendent déterminable au jour où il devra être fixé). Généralement, le prix des parts est fixé d'un commun accord.

Il est possible de prévoir une clause d'intéressement (ou « d'earn out ») qui permet d'indexer le prix des parts aux performances futures de la SARL. Ces clauses consistent le plus souvent à :

- fractionner le prix des parts sociales cédées : une partie du prix est définitivement fixée et payée au comptant et l'autre partie du prix est variable (exclusivement indexés sur l'activité et les performances de la société) et son paiement est différé ;

À savoir : Le complément de prix reçu par le vendeur en exécution de cette clause du contrat de vente est imposable au titre de l'année au cours de laquelle il est reçu.

- ou à fractionner le volume de parts sociales cédées : une partie des parts est vendue immédiatement à un prix définitif payé au comptant et une autre partie sera vendue ultérieurement à un prix qui sera fixé en fonction des performances réalisées entre temps par la SARL. Les parties concluent dans ce cas un contrat de vente à terme ou une promesse de vente fixant les modalités de détermination du prix.

5. Quelles garanties l'acquéreur de parts sociales peut-il obtenir ?

Les garanties légales étant généralement peu efficientes en la matière, il est recommandé à l'acquéreur de parts sociales d'obtenir des garanties conventionnelles de la part du vendeur.

→ Les garanties conventionnelles

La pratique a développé plusieurs garanties conventionnelles qui peuvent être stipulées dans le contrat de vente de parts sociales. Les principales clauses possibles sont les suivantes :

> La clause de garantie de passif :

Par cette clause, le vendeur s'engage à prendre en charge les dettes dont l'origine serait antérieure à la vente et qui se révèleraient postérieurement à celle-ci (dettes qui ne figureraient pas sur le bilan ou la situation). Il peut par exemple s'agir de dettes résultant du prononcé de dommages-intérêts pour une faute commise avant la vente, d'un nouveau redressement fiscal pour une période antérieure à la vente etc. Le vendeur garantit ainsi le montant du passif de la SARL au jour de la vente, en certifiant l'exactitude du bilan et de la situation comptable ayant servi de base à la détermination du prix des parts.
Cette garantie est très lourde pour le vendeur. Celui qui la consent doit être parfaitement éclairé sur l'ampleur du passif susceptible de se révéler. Par sécurité pour le vendeur, il est prudent que la clause précise les dettes prises en charge (dettes fiscales, civiles...) et la personne à rembourser qui peut être la société ou les créanciers de celle-ci.

> La clause de garantie d'actif :

Par cette clause, le vendeur garantit la valeur des éléments d'actif de la SARL. Ainsi, si postérieurement à la vente, est révélée une diminution de l'actif ayant une origine antérieure à la vente, le vendeur des parts devra dédommager l'acquéreur.

> La clause de révision de prix :

Cette clause offre à l'acquéreur la possibilité d'obtenir une révision du prix de vente des parts si des dettes nées antérieurement à la cession se révèlent postérieurement à celle-ci.

> La clause de non-concurrence :

La clause de non concurrence précise les obligations de non-concurrence du vendeur des parts. Pour être valable, la clause ne doit pas être trop générale et être limitée dans le temps et dans l'espace (elle ne doit pas faire obstacle à la liberté du travail du vendeur).

→ Les garanties légales

Les garanties légales bénéficient à tout acquéreur de parts sociales, elles sont imposées par la législation, mais sont peu efficaces en pratique.

> La garantie des vices cachés :

Par cette garantie, le vendeur garantit seulement l'existence des parts sociales mais non la valeur ou la consistance du patrimoine de la SARL. Ainsi, il a par exemple été jugé que l'impossibilité d'accomplir l'objet social ou l'existence d'une dette non révélée ne constitue pas un vice caché justifiant l'annulation de la vente ou la réduction du prix d'achat. On comprend dès lors la limite importante de cette garantie...

À savoir : Des dettes dissimulées peuvent cependant constituer un dol et permettre l'annulation du contrat de vente.

> La garantie d'éviction :

Le vendeur doit garantir à l'acquéreur la jouissance paisible des droits cédés. Ainsi, par exemple, le vendeur ne doit pas créer une société concurrente à l'ancienne (une clause de non-concurrence conventionnelle est toutefois recommandée pour préciser son champ). Cette garantie impose également au vendeur de participer à la reconnaissance des droits de l'acquéreur si les droits de propriété de celui-ci étaient contestés par un tiers.

6. Comment conclure la vente des parts sociales ?

Une fois l'agrément obtenu lorsque celui-ci est obligatoire, la vente des parts sociales doit être constatée par un écrit (par un acte sous seing privé ou notarié). Pour formaliser la vente, vous pouvez utiliser le formulaire de cession à remplir en ligne sur www.impot.gouv.fr ou vous inspirer de l'illustration de contrat ci-dessous.

Illustration : **Contrat de vente de parts sociales**

Le présent acte de cession de parts sociales de la SARL Optimal, au capital social de 50 000 €, dont le siège social est situé au 52 boulevard Ornano, 75 018 Paris, et immatriculée au RCS de Paris sous le n° 456 568 888 est conclu entre les soussignés :
- Monsieur Jean Martin, célibataire, né le 10 octobre 1970 à Paris 9ème, de nationalité française, demeurant 15 avenue de la République, 75 011 Paris, propriétaire de 50 parts sociales de la SARL Optimal, ci-après désigné « cédant » d'une part,
Et

- Madame Juliette Dupuis, née le 16 janvier 1980 à Nice (06), de nationalité française, mariée sous le régime de la séparation de biens, demeurant au 10 rue de la Madone, 75 018 Paris, ci-après désignée « cessionnaire » d'autre part.

Il a été convenu ce qui suit :

Le cédant vend au cessionnaire 50 parts sociales entièrement libérées (numérotées de 221 à 250) de la SARL Optimal, au capital social de 50 000 €, dont le siège social est situé au 52 boulevard Ornano, 75 018 Paris, et immatriculée au RCS de Paris sous le n° 456 568 888.

Par la présente cession, le cessionnaire devient à compter de ce jour titulaire en pleine propriété des parts sociales cédées ainsi que des droits et obligations qui y sont attachés. Les dividendes dont la distribution sera décidée à compter de ce jour reviendront intégralement au seul cessionnaire.

Le cessionnaire déclare avoir reçu du cédant une copie certifiée conforme des statuts de la SARL Optimal. Le cessionnaire respectera les clauses et conditions des statuts qu'il déclare connaître intégralement.

Les soussignés déclarent :

- qu'ils disposent respectivement de la pleine capacité civile pour s'obliger dans le cadre de la présente et de ses suites, qu'ils ne font pas l'objet d'une procédure collective, qu'ils ne sont pas en état de cessation des paiements ou de déconfiture et qu'il n'existe de leurs chefs ou de celui des précédents propriétaires des parts cédées, aucune restriction d'ordre légal ou contractuel à la libre disposition de celles-ci, notamment en raison de promesses ou d'offres consenties à des tiers ou de ses saisies ;
- que les parts sociales cédées sont libres de tous nantissements ou promesses de nantissement ;
- que la société dont les parts sont cédées par le présent acte n'est pas en cessation de paiements, ni ne fait l'objet d'une procédure de règlement amiable des entreprises en difficultés ou d'une procédure collective.

Prix de cession des parts sociales et modalités de paiement

La présente cession est consentie et acceptée pour un prix de deux milles euros (2 000 €) par part sociale soit un prix total de cent mille euros (100 000 €). Le cédant reconnaît avoir reçu l'intégralité du prix de cession ce jour par chèque de banque émis à son ordre le 11 mai 2016 par la banque du Sud (chèque n°12 34555-01230000000-00110120000452) et donne quittance au cessionnaire.

Propriété des parts sociales

Le cessionnaire sera propriétaire des 50 parts sociales cédées dès ce jour et bénéficiera en conséquences de toutes les garanties ordinaires de fait et de droit en la matière. Il en aura la jouissance et sera subrogé dans tous les droits et obligations attachés aux parts sociales cédées à compter de cette date.

En conséquence, le Cessionnaire aura seul droit aux bénéfices de l'exercice au cours duquel lui sont attribuées les parts susvisées et à tous les dividendes qui seront mis en distribution sur ces parts à compter de cette date.

Conformément à l'article L. 223-13 du Code de commerce, la présente cession a été approuvée par les coassociés lors de l'Assemblée Générale Extraordinaire en date du 10 mai 2016, qui a agréé expressément Madame Juliette Dupuis, née le 16 janvier 1980 à Nice (06) en qualité d'associée. Une copie du procès-verbal de cette délibération est annexée aux présentes.

Déclarations fiscales

Le cédant déclare que la société Optimal est imposable à l'impôt sur les sociétés et que les parts cédées ne confèrent pas la jouissance de droits immobiliers.

Les droits de cession de droits sociaux exigibles lors de l'enregistrement de la présente cession seront payés par le cessionnaire dans le délai d'un mois à compter de ce jour.

Formalités de publicité et dépôt légal

Tous les pouvoirs sont donnés aux porteurs d'originaux des présentes à l'effet de procéder à toutes les formalités de publicité et de dépôt légales et réglementaires.

Charge des frais, droits et honoraires

Les frais, droits et honoraires des présentes et ceux en découlant, seront supportés par le cessionnaire, qui s'y oblige.

Fait à Paris, le 20 mai 2016

En sept exemplaires originaux, dont un pour chacune des parties au présent contrat, un pour l'enregistrement, deux pour le dépôt au greffe et un pour le dépôt au siège social.

Signatures des parties

7. Comment rendre la vente opposable à tous ?

L'opposabilité à la SARL est effective lorsque la vente est portée « officiellement » à sa connaissance :
- soit par dépôt de l'original de l'acte de cession au siège de la société *(voir illustration page suivante)*,
- soit par signification à la société par acte d'huissier (soit encore par acceptation par la société dans un acte notarié).

Cependant, la Cour de cassation a admis que la cession était opposable à la société, en l'absence même d'accomplissement de l'une de ces formalités, en cas de ratification de la cession par une assemblée générale extraordinaire modifiant les statuts pour tenir compte de la nouvelle répartition des parts sociales.

L'opposabilité aux tiers résulte de l'accomplissement des formalités permettant de rendre la cession opposable à la société <u>et</u> de la publicité au RCS. En cas de carence du gérant et sous réserve que la cession ait été portée à la connaissance de la société *(voir ci-dessus)* :
- le cédant ou le cessionnaire peuvent mettre en demeure le gérant d'effectuer la publication des statuts modifiés,
- si la mise en demeure reste vaine au-delà de 8 jours, cédant ou cessionnaire peuvent déposer au RCS l'acte de cession en justifiant de la saisine du président du tribunal de commerce.
Jusqu'à la décision du tribunal, ce dépôt rend la cession opposable aux tiers.

Enfin, la cession doit être enregistrée entraînant l'exigibilité d'un droit d'enregistrement *(voir p. 176)*.

Illustration : **Attestation du gérant de dépôt de l'acte de cession**

SARL Optimal au capital de 50 000 €

Siège social : 52 boulevard Ornano,

75 018 Paris

n° SIREN (9 chiffres) RCS de (Ville)

Je soussigné Paul Merkx, demeurant 12 rue des Amiraux à Paris (75 018), agissant en qualité de gérant de la SARL Optimal déclare avoir reçu ce jour au siège social un exemplaire original de l'acte de cession des parts sociales conclu entre :

- Le cédant, Monsieur Jean Martin, célibataire, né le 10 octobre 1970 à Paris 9ème, de nationalité française, demeurant 15 avenue de la République, 75 011 Paris, propriétaire de 50 parts sociales de la SARL Optimal,

Et

- La cessionnaire, Madame Juliette Dupuis, née le 16 janvier 1980 à Nice (06), de nationalité française, mariée sous le régime de la séparation de biens, demeurant au 10, rue de la Madone, 75 018 Paris.

La cession porte sur 50 parts sociales numérotées de 221 à 250 de la SARL Optimal.

Fait à Paris, le 20 août 2017

Le gérant

PMERKX

8. Peut-on vendre des parts en industrie ?

Non, ces parts ne peuvent en aucun cas être vendues, car elles sont la contrepartie de l'apport en industrie réalisé par un associé. Le titulaire de ce type de parts met son activité, son savoir-faire à la disposition de la SARL *(voir p. 22)*.

Lorsque cette mise à disposition prend fin, les parts en industrie doivent être annulées.

9. La cession doit-elle être enregistrée auprès de l'administration fiscale ?

Oui, l'acte de cession de parts doit être enregistrée auprès de l'administration fiscale dans le délai d'un mois (art. 635, 2, 7 2° CGI) ce qui entraînera en principe l'exigibilité d'un droit d'enregistrement. Il existe cependant des cas d'exonération. Les règles applicables sont synthétisées ci-dessous :

Principe	Les cessions de parts sociales de SARL sont soumises au droit d'enregistrement de 3 % après un abattement de 23 000 €. Cet abattement est proratisé en proportion de la part de capital transmise. 📑 ***Exemple :*** *Une vente de parts sociales est conclue pour un prix de 50 000 €.* *Les parts vendues représentent 40 % du capital social de la SARL. L'abattement sera égal à 40 % de 23 000 €, soit 9 200 €. Les droits de 3 % s'appliqueront donc sur un montant de 40 800 € (50 000 € - 9 200 €). Les droits d'enregistrement à acquitter au fisc seront de 40 800 X 3% soit 1 224 €.* **À savoir :** Un abattement de 300 000 € s'applique si la cession est effectuée au profit d'un salarié de la SARL exploitant un fonds ou à un membre de sa famille (conjoint, partenaires d'un pacte civil de solidarité, ascendants, descendants en ligne directe et frères et sœurs) poursuivant l'exploitation (art. 732 ter CGI).
Exonérations	Le droit d'enregistrement n'est pas applicable lorsque[1] : - un achat de parts réalisé dans le cadre d'une augmentation de capital ou du rachat de ses propres titres par la SARL destinés à être cédés aux adhérents d'un plan d'épargne d'entreprise, - un achat de droits sociaux de sociétés placées sous procédure de sauvegarde ou en redressement judiciaire, - un achat de droits sociaux lorsque la société cédante est membre du même groupe que la société qui les acquiert, - une opération d'apport partiel d'actif d'une branche complète d'activité bénéficiant de l'exonération d'impôt sur les sociétés à raison des plus-values découlant de l'apport[2].

À savoir : Pour éviter d'avoir à régler des sommes trop importantes lorsque des droits d'enregistrement sont exigibles, il est possible de transformer préalablement la SARL en une société par actions, vous bénéficierez ainsi de la fiscalité plus favorable des cessions d'actions *(voir p. 181)*.

---

[1] Art. 726 II, 5 dernier aliéa du CGI.
[2] Dans le cadre de l'article 210 B du CGI.

10. Les gains dégagés lors de la vente des parts sociales sont-ils imposables ?

Oui, les **gains nets** (plus-values) dégagés sont en principe imposables mais un abattement est possible selon la durée de détention des parts[1]. Le gain net ou plus-value correspond à la différence entre le prix d'achat (ou de souscription) des parts sociales et le prix de leur revente.

Il convient de distinguer les plus-values ou moins-values réalisées par les particuliers dans le cadre de la gestion de leur patrimoine privée des plus-values professionnelles.

→ Régime des plus-values et moins-values des particuliers

Lorsque la cession des parts de la SARL relève de la gestion de votre patrimoine privé, vous êtes soumis au régime des plus-values des particuliers.

Les plus-values des particuliers sont imposées au barème progressif de l'impôt sur le revenu auquel s'ajoute 15,5 % de prélèvement sociaux dès le premier euro de gain net[2] (CSG de 8,2 %, CRDS de 0,5 %, prélèvement social de 4,5 %, contribution additionnelle au prélèvement social de 0,3% et prélèvement de solidarité de 2 %).

Vous pouvez néanmoins bénéficier d'un abattement appliqué au montant du gain net :

Abattement renforcé applicable à la plupart des SARL	Lorsque la SARL émettrice des droits cédés est une PME[(1)] créée depuis moins de 10 ans et que les conditions de l'article *150-0 D, 1 du CGI quater* sont remplies, un abattement renforcé est appliqué : - 50 % lorsque les titres sont détenus depuis au moins 1 an et moins de 4 ans, - 65 % lorsque les titres sont détenus depuis au moins 4 ans et moins de 8 ans, - 85 % lorsque les titres sont détenus depuis au moins 8 ans. *(art. 150-0 D, 1 quater CGI)*
Abattement de droit commun	- 50 % lorsque les parts vendues sont détenues depuis au moins 2 ans et moins de 8 ans, - 65 % lorsque les parts vendues sont détenues depuis au moins 8 ans. *(art. 150-0 D, 1 ter CGI)*

(1) C'est-à-dire une SARL dont l'effectif est inférieur à 250 salariés et qui n'excède pas 50 M€ de chiffre d'affaires ou 43 M€ au total du bilan.

Dans les deux cas précités la durée de détention est décomptée à partir de la date d'acquisition ou de souscription des parts sociales et jusqu'à la date de la cession.

Abattement applicable au gérant partant à la retraite	**Conditions :** L'abattement s'applique aux cessions portant sur l'intégralité des parts du gérant, ou sur plus de 50 % des droits de vote (ou lorsque seul est détenu l'usufruit : sur plus de 50 % des droits dans les bénéfices). **Modalités :** 2 abattements cumulatifs s'appliquent : - un abattement fixe de 500 000 € prévu à l'article 150-0 D ter du CGI, - puis l'abattement renforcé prévu par l'art. 150-0 D, 1 quater du CGI présenté ci-dessus.

---

[1] Le cédant doit procéder à la déclaration spéciale n° 2074 et la joindre à leur déclaration d'ensemble des revenus n° 2042.
[2] Art. 150-0 A à 150-0 E du CGI.

Enfin, sachez que les sommes qui seraient remboursées en exécution d'une clause de garantie de passif ou d'actif *(voir p. 172)* peuvent être déduites ultérieurement du prix de vente ce qui diminuera la plus-value réalisée. Dans ce cas, adressez-vous dans les plus brefs délais au service des impôts par voie de réclamation[1].

À savoir : Corrélativement les pertes nettes (moins-values) résultant de la vente de parts sociales sont imputables sur les plus-values et gains de même nature réalisés au cours de la même année et des 10 années suivantes. Les moins-values les plus anciennes s'imputent en priorité sur les gains réalisés lors de la dernière année. Ces pertes nettes doivent être réduites de l'abattement pour durée de détention dans les mêmes conditions que les plus-values. Une moins-value constatée sur des parts sociales détenues depuis plus de 2 ans n'est donc que partiellement imputable (ou reportable).

Remarques : Si la SARL est soumise à l'IR pour éviter une double imposition (ou déduction), le prix de revient des parts est :
- majoré de la quote-part de résultat mise en réserve (l'associé vendeur a déjà été imposé sur une somme qu'il n'a pas perçue)
- et minoré de la quote-part de déficits reportés à nouveau (l'associé vendeur a déjà déduit ces déficits).

→ Régime des plus-values professionnelles

Le régime des plus-values professionnelles s'applique lorsque le propriétaire des parts sociales cédées agit dans le cadre de la gestion de son patrimoine professionnel (entreprise soumise à l'IR) ou que le cédant est une société soumise à l'impôt sur les sociétés (IS). Nous présenterons ces deux hypothèses successivement.

> Cédant relevant de l'impôt sur le revenu (BIC, BNC ou BA)

Lorsque le cédant relève de l'IR, il convient de distinguer selon la durée de détention des parts sociales cédées.

Détenus depuis moins de 2 ans	Il s'agit d'une plus-value à court terme
	La **plus ou moins-value nette à court terme** est comprise dans les résultats d'exploitation de l'entreprise cédante et imposée à l'IR dans les conditions de droit commun.
	Les entreprises peuvent demander un étalement de l'imposition de la plus-value, par parts égales sur 3 ans (année en cours + 2 ans).
	Lorsque l'entreprise a dégagé une moins-value à court terme, et en cas de bénéfice insuffisant, la fraction non imputée de la moins-value devient un déficit d'exploitation reportable.

---

[1] Art. 150-0 D 14 du CGI

Parts sociales détenues depuis au moins 2 ans (ou détenus en portefeuille depuis moins de 2 ans lorsque le portefeuille comprend des titres de même nature depuis au moins 2 ans)	**Il s'agit d'une plus-value à long terme** La **plus-value nette à long terme** est d'abord minorée des moins-values à long terme réalisées au cours des 10 exercices précédents puis du déficit de l'exercice éventuel. Le solde de la plus-value à long terme est alors taxé à 16 % (le taux global est de 31,5 % avec les **prélèvements sociaux**). **Remarque :** La **moins-value nette à long terme** est imputable non pas sur le résultat de l'exercice mais uniquement sur les plus-values à long terme réalisées pendant les 10 années suivantes.

> Cédant relevant de l'impôt sur les sociétés

Lorsque le vendeur des parts sociales de la SARL, est une société soumise à l'IS, il convient de distinguer selon que les parts sociales cédées sont des titres de participation ou de placement.

Titres de participation	
Parts sociales détenues depuis moins de 2 ans	**Il s'agit d'une plus-value à court terme** Les plus-values à court terme sont imposées par application du droit commun. Les moins-values sont déductibles des résultats. Toutefois, lorsqu'il existe des liens de dépendance entre l'entreprise cédante et la cessionnaire, ces moins-values sont obligatoirement placées en report d'imputation (art. 219, I, a septies CGI). **Remarque :** Les plus-values à long terme nettes dégagées sur les titres de société à prépondérance immobilière non cotée relève du court terme.
Parts sociales détenues depuis au moins 2 ans	**Il s'agit d'une plus-value à long terme** Les plus-values nettes à long terme dégagées sur les titres de participation sont exonérées d'IS sauf quote-part de 12 % de frais et charges[1] assise sur le seul **montant brut** des plus-values de cession de titres éligibles au taux 0 % *(voir illustrations de la page suivante)*. Les moins-values de cession de titres de participation détenus depuis au moins 2 ans ne sont ni déductibles du résultat imposable, ni imputables sur les plus-values relatives à d'autres catégories de titres : elles sont perdues. Les plus-values à long terme nettes dégagées sur les titres de société à prépondérance immobilière cotée sont imposées au taux réduit de 19 %.
Titres de placement	
Quelle que soit la durée de détention, la plus-value de cession de titres de placement est intégrée dans les résultats d'exploitation et imposée au taux normal de l'IS.	

---

[1] Article 22 de la loi n° 2012-1509 du 29 décembre 2012 de finances pour 2013 (BOI-IS-BASE-20-20-10-20-20160203)

Zoom

Comment distinguer titres de participation et titres de placement ?

Constituent des titres de participation (art. 39 1, 5° et 219 I a quinquies du CGI) :

- les titres qui ont ce caractère sur le plan comptable (c'est-à-dire ceux dont la possession durable est estimée utile à la société),
- les actions acquises en exécution d'une OPA ou d'une OPE par l'entreprise qui en est l'initiatrice à condition d'être inscrites dans un compte spécial,
- les titres qui ouvrent droit au régime des sociétés mères à condition d'être inscrits au compte des titres de participation ou dans une subdivision spéciale d'un autre compte du bilan correspondant à leur qualification comptable (sauf si leur prix de revient est au moins égal à 22,8 M€ hors exceptions pour certaines entités visées à l'article 145 du CGI).

Le droit comptable définit les titres de participation comme ceux dont la possession durable est estimée utile à l'activité de l'entreprise, notamment parce qu'elle permet d'exercer une influence sur la société émettrice des titres ou d'en assurer le contrôle. Sont présumés être des participations les titres représentant une fraction du capital supérieure à 10 % (art. R. 123-184 C. com.).

Les titres qui ne sont pas des titres de participation sont des titres de placement.

Illustrations d'imposition d'une plus-value nette à long terme :

Deux sociétés anonymes ont réalisé, au cours de l'année N, trois cessions de parts sociales de SARL portant sur des titres de participation acquis en N-4.

Cas n° 1 : *la société 1 a dégagé, à l'occasion de la première cession, une plus-value de 100 000 €, à l'occasion de la deuxième cession, une moins-value de 600 000 €, et à l'occasion de la troisième cession, une plus-value de 200 000 €.*

Le résultat net au titre de l'exercice N est une moins-value de 300 000 € ;

Cas n° 2 : *la société 2 a dégagé, à l'occasion de la première cession, une plus-value de 100 000 à l'occasion de la deuxième cession, une moins-value de 200 000 €, et à l'occasion de la troisième cession, une plus-value de 200 000 €.*

Le résultat net au titre de l'exercice N est une plus-value de 100 000 €.

Dans les cas 1 et 2, *le montant de la quote-part afférente aux plus-values réalisées à réintégrer au résultat imposable à l'IS (+ taxe additionnelle) au titre de l'exercice N est le montant brut, soit dans les deux cas :*
(100 000 + 200 000) x 12 % = 36 000 €.

Rappel : *Le montant de la quote-part de frais et charges de 12 % est considéré comme un élément du résultat imposable au taux normal de l'IS. Il est donc soumis au taux de droit commun (le cas échéant taux réduit de 15 % / 33,33 %) et à la contribution additionnelle de 3,3 %.*

*L'assiette de la quote-part est assise sur le seul **montant brut** des plus-values de cession de titres éligibles au taux de 0 %, cette quote-part est prise en compte dans le résultat imposable au taux normal de l'IS, quel que soit le résultat net des plus ou moins-values de cession de titres éligibles.*

11. Intérêt du changement de forme sociale en cas de cession importante

Lorsque l'opération n'est pas exonérée et que le montant des droits céder est important, il est possible d'optimiser fiscalement la cession en transformant préalablement la SARL en société par actions (SAS ou SA) afin de bénéficier du régime des ventes d'actions auxquelles sont appliquées un droit d'enregistrement au taux de 0,1 % (si une plus-value est réalisée à l'occasion de la vente, elle sera également imposée).

Cette transformation en société par actions doit être durable sous peine d'être sanctionnée pour abus de droit *(voir p. 250)*. Si vous souhaitez transformer la SARL en une société par actions avant la vente, reportez-vous page 320 et suivantes.

Zoom

Promesses de vente et/ou d'achat

→ Promesse unilatérale de vente ou d'achat

La promesse unilatérale est le contrat par lequel une partie, le promettant, accorde à l'autre, le bénéficiaire, le droit d'opter pour la conclusion d'un contrat dont les éléments essentiels sont déterminés, et pour la formation duquel ne manque que le consentement du bénéficiaire (art. 1124 C. civ. nouv.).

Dans la promesse unilatérale de vente, le propriétaire « promettant » s'engage à céder ses parts sociales et le bénéficiaire dispose d'un délai pour lever l'option (utilisée notamment en cas de cession fractionnée des parts : la première cession comportant une promesse de cession d'autres parts).

Comme tout contrat, leur contenu et leur but doivent être licites (art. 1162 C. civ. nouv.). Le nombre de parts sociales et le prix de vente doivent être déterminés ou déterminables en fonction d'éléments ne dépendant pas de la volonté du promettant.

Tant que l'offre de promesse de vente n'est pas acceptée, elle peut être rétractée. En revanche, une fois acceptée par le bénéficiaire, elle lie le promettant et offre au bénéficiaire le choix de lever l'option ou non dans le délai prévu.

Depuis le 1er octobre 2016, la révocation de la promesse pendant le temps laissé au bénéficiaire pour opter n'empêche pas la formation du contrat promis (art. 1124, al. 2 C. civ. nouv.). Le bénéficiaire de la promesse peut donc lever l'option malgré la rétractation et demander l'exécution forcée de la cession. Si le promettant a déjà cédé les parts sociales à un tiers, cette cession est annulable

Si aucun délai n'a été prévu pour la levée de l'option, le promettant peut se rétracter après avoir mis en demeure le bénéficiaire de prendre parti dans un délai raisonnable (art. 1211 C. civ. nouv.).

Le contrat conclu en violation de la promesse unilatérale avec un tiers qui en connaissait l'existence est nul (ar1. 1124, al. 2 C. civ. nouv.).

Mutatis mutandis, la promesse unilatérale d'achat est soumise au même régime juridique.

→ Promesses croisées

On parle de promesses croisées lorsque les parties conviennent simultanément d'une promesse d'achat et d'une promesse de vente. Attention, selon la Cour de cassation, l'échange d'une promesse unilatérale d'achat et d'une promesse unilatérale de vente réalise une promesse synallagmatique de vente valant vente définitive dès lors que les deux promesses ont le même objet et qu'elles sont stipulées dans les mêmes termes (Cass. com., 16 janv. 1990). Dans ce cas, l'une ou l'autre des parties peut en demander l'exécution forcée sous réserve, le cas échéant, de la réalisation des conditions suspensives prévues. Et cela, même si aucune des options n'a été levée dans le délai prévu à cet effet par les parties (Cass. com., 22 nov. 2005).

En revanche, des promesses unilatérales croisées ayant le même objet mais n'ayant pas été stipulées dans les mêmes conditions demeurent des promesses unilatérales (Cass. civ. 3ème, 26 juin 2002).

→ Promesse synallagmatique (ou compromis de vente)

La promesse synallagmatique comporte, dans un même acte, à la fois une promesse de vente et une promesse d'achat. Cette promesse engage les deux parties. « La promesse de vente vaut vente, lorsqu'il y a consentement réciproque des deux parties sur la chose et sur le prix » (art 1589 C. civ.).

Dans ce cas, celle-ci doit contenir les énonciations obligatoires pour le contrat de vente.

Si l'une des parties rétracte sa promesse, l'autre peut au choix :
- demander la résolution de la vente,
- ou son exécution forcée.
La promesse synallagmatique peut prévoir le versement d'arrhes (voir ci-dessous), une clause de dédit (indemnité de renonciation) ou encore une indemnité d'immobilisation (en cas de non-réalisation d'une condition suspensive).

S'agissant des arrhes, si l'une des parties n'exécute pas la promesse :
- celui qui les a données, les perd,
- et celui qui les a reçues, doit en restituer le double (art. 1590 C. civ.).

④ Louer ses parts sociales

À condition que la SARL soit soumise à l'impôt sur les sociétés et que les statuts l'autorisent, la location des parts sociales à une personne physique est autorisée par la loi.

1. Pour quelles raisons peut-on louer ses parts sociales ?

Le contrat de location peut par exemple permettre :

- **à l'associé propriétaire** des parts sociales qui ne souhaite pas les vendre, d'en tirer un revenu fixe (les loyers) qui ne découle pas de la distribution de dividendes tout en jouissant d'une certaine liberté durant le contrat de bail. En fin de contrat, le propriétaire pourra reprendre pleinement son rôle d'associé de SARL ;

- **au locataire**, qui n'a pas de moyens financiers suffisants pour acheter les parts, d'agir en associé et de tirer profit de l'activité de la SARL (droit aux dividendes) moyennant un loyer. Le locataire peut également y trouver son intérêt grâce aux droits de vote attachés aux parts. La location peut aussi lui permettre de se faire une meilleure idée du potentiel de la SARL avant un éventuel achat des parts sociales. Il est d'ailleurs possible de recourir au **crédit-bail** : la location sera alors assortie d'une promesse unilatérale de vente en fin de contrat (le prix convenu devra tenir compte, au moins en partie, des versements déjà effectués au titre des loyers) ;

- **à un gérant** qui souhaite rester minoritaire d'obtenir la majorité des voix lors des décisions ordinaires (grâce aux voix attachées aux parts sociales dont il est locataire). En effet, **sauf fraude**, il ne changera pas de statut car les parts ne lui appartiennent ni en pleine propriété, ni en usufruit.

2. Le locataire des parts sociales doit-il être agréé ?

Oui, les règles légales ou statutaires qui prévoient l'agrément de l'acquéreur de parts doivent être appliquées dans les mêmes conditions au locataire (voir p. 168 s.).

3. Quelles formalités doit-on respecter ?

Le contrat de bail de parts sociales doit être constaté par un écrit sous seing privé ou authentique.

Le contrat doit obligatoirement contenir, à peine de nullité, les mentions suivantes :

1- La nature, le nombre et l'identification des parts sociales louées,

2- La durée du contrat et du préavis de résiliation,

3- Le montant, la périodicité et, le cas échéant, les modalités de révision du loyer,

4- Si les parts sociales louées sont cessibles par le bailleur en cours de contrat, les modalités de cette cession,

5- Les conditions de répartition du *boni* de liquidation, dans le respect des règles légales applicables à l'usufruit.

> **Attention !**
> En l'absence de mentions relatives à la révision du loyer et à la cession des titres en cours de bail, le loyer est réputé fixe et les titres incessibles pendant la durée du contrat.

À savoir : Les parts louées font l'objet d'une évaluation en début et en fin de contrat, ainsi qu'à la fin de chaque exercice comptable lorsque le bailleur est une personne morale. Cette évaluation est effectuée sur la base de critères tirés des comptes sociaux. Elle est certifiée par un commissaire aux comptes.

4. Opposabilité et effets du contrat

→ Opposabilité du contrat de location

Pour être opposable à la SARL, le contrat de location doit être signifié à celle-ci par exploit d'huissier (ou accepté dans un acte authentique). Le contrat produit tous ses effets à partir de la date à laquelle est inscrite la mention du contrat de bail et du locataire à côté du nom du propriétaire des parts dans les statuts de la SARL *(voir p. 87)*. La société devra dès lors adresser au locataire toutes les informations dues aux associés et prévoir sa participation et son vote aux assemblées.

→ Comment sont répartis les droits de vote entre le bailleur et le locataire ?

Les droits de vote attachés aux parts sociales louées appartiennent :
- au bailleur dans les assemblées statuant sur les modifications statutaires ou le changement de nationalité,
- et au locataire dans les autres assemblées.

Pour l'exercice des autres droits attachés aux parts sociales louées, le bailleur est considéré comme le nu-propriétaire et le locataire comme l'usufruitier. Ainsi, c'est le locataire qui a droit aux dividendes.

5. Le contrat de location peut-il être renouvelé ?

Oui, lorsqu'il arrive à terme le contrat de location peut être renouvelé. En cas de non-renouvellement du contrat de bail ou de résiliation, la partie la plus diligente fait procéder à la radiation de la mention portée dans les statuts de la SARL *(voir p. 87)*.

Sachez que si rien n'est fait à l'arrivée du terme du contrat, tout intéressé peut demander au président du tribunal statuant en référé d'enjoindre sous astreinte au gérant de la SARL de convoquer l'assemblée des associés en vue de supprimer des statuts la mention relative à la location.

Illustration : Contrat de location de parts sociales

Le présent contrat de location de parts sociales de la SARL Optimal, au capital social de 50 000 €, dont le siège social est situé au 52, boulevard Ornano, 75 018 Paris, et immatriculée au RCS de Paris sous le n° 456 568 888 est conclu entre les soussignés :

- Monsieur Jean Martin, célibataire, né le 10 octobre 1970 à Paris 9ème, de nationalité française, demeurant 15, avenue de la République, 75 011 Paris, propriétaire de 50 parts sociales de la SARL Optimal, ci-après désigné « bailleur » d'une part,

Et

- Madame Juliette Dupuis, née le 16 janvier 1980 à Nice (06), de nationalité française, mariée sous le régime de la séparation de biens, demeurant au 10, rue de la Madone, 75 018 Paris, ci-après désignée « locataire » d'autre part.

La SARL Optimal a autorisé la présente location et Madame Juliette Dupuis a été agréée par la majorité des associés représentant plus de la moitié des parts sociales (copie du procès-verbal de l'assemblée générale du 13 mai 2017 relatif à ces décisions : annexe 1).

Il a été convenu ce qui suit :

Location de parts sociales
Monsieur Jean Martin donne à bail à Madame Juliette Dupuis qui accepte dans les conditions fixées par les présentes, 50 parts sociales numérotées de 201 à 250 de la SARL Optimal.

Durée de la location
La présente location est consentie et acceptée pour une durée de 2 ans à compter de la signature des présentes.

Forme et délai du préavis de résiliation
La résiliation du présent contrat par le locataire devra être notifiée au bailleur par lettre recommandée avec accusé de réception et respecter un préavis d'un mois.

Le présent contrat pourra être résilié par l'une ou l'autre des parties en cas de procédure collective de la SARL Optimal, de réduction de capital par annulation des parts louées, de la dissolution de la SARL Optimal ou de la transformation de la SARL en une autre forme sociale.

Le présent contrat sera résilié de plein droit à la demande de l'une ou l'autre des parties en cas de non-respect des obligations mises à sa charge par le présent contrat. Dans ce cas, la résiliation sera notifiée par lettre recommandée avec accusé de réception un mois après une mise en demeure (adressée par lettre recommandée avec accusé de réception à la partie défaillante) de remédier au manquement constaté lorsque cela est encore possible. Le tout sans préjudice de dommages-intérêt.

En cas de décès du locataire, le bailleur pourra mettre fin sans indemnité au présent contrat.

Évaluation des parts louées
Les parts louées ont fait l'objet d'une évaluation certifiée le 15 mai 2017 par Monsieur Henri Veron Commissaire aux Comptes désigné d'un commun accord par les parties (rapport annexé au présent contrat : annexe 2). L'estimation retient une valeur unitaire de 1 200 euros pour chacune des parts sociales louées. Il sera établi, à l'expiration du contrat, une nouvelle évaluation, selon les mêmes critères.

Montant du loyer
La location des 50 parts sociales de la SARL Optimal est consentie et acceptée moyennant un loyer mensuel de 500 euros, hors taxes, payable d'avance le 7ème jour de chaque mois.

Le locataire a versé ce jour au bailleur, qui le reconnaît, la somme de 500 euros correspondant à la première mensualité du contrat de location.

Le présent contrat de location sera signifié par exploit d'huissier à la SARL optimal, par le bailleur qui fera le nécessaire pour que soit inscrit dans les statuts de la SARL, à côté du nom de l'associé, la mention du contrat de bail et le nom du locataire. La délivrance des parts sociales au locataire sera réalisée à la date des inscriptions précitées dans les statuts de la SARL.

Boni de liquidation

Durant le contrat de location, le bailleur conservera ses droits sur les réserves et sur le *boni* de liquidation (dans le respect des règles légales applicables à l'usufruit).

Droit de préemption du locataire

Si le propriétaire souhaitait céder les parts louées durant le présent contrat, il en avisera préalablement le locataire par lettre recommandée avec accusé de réception mentionnant le nombre de parts concernées ainsi que le prix de cession proposé. Le locataire disposera de quinze jours pour indiquer au bailleur par lettre recommandée avec accusé de réception qu'il entend acquérir les parts louées aux conditions proposées. Passé ce délai sans réponse de sa part, le locataire sera considéré comme ne souhaitant pas acquérir les parts.

En cas de préemption, le locataire disposera d'un délai d'un mois pour payer le prix des parts acquises, le bailleur s'engageant quant à lui à lui remettre les actes de cession en bonnes et dues formes.

Paiement des droits et frais

Le présent contrat sera soumis à la formalité de l'enregistrement. Tous les droits, frais et honoraires seront à la charge du locataire qui s'oblige à les payer.

Fait à Paris, le 17 mai 2017

En quatre exemplaires originaux, dont un pour chacune des parties, un pour l'enregistrement et un pour la Société.

Jean Martin

J. Martin

Juliette Dupuis

DUPUIS

⑤ Donner ses parts sociales en garantie : le nantissement

1. Qu'est-ce qu'un contrat de nantissement de parts sociales ?

Le nantissement est l'équivalent de l'hypothèque en matière immobilière (il s'agit d'un gage sans dépossession donné à un créancier). Il permet à un associé de SARL d'utiliser ses parts sociales pour garantir une créance et obtenir ainsi, par exemple, une fourniture de biens ou un financement. Plus précisément, un associé peut affecter au profit d'un créancier tout ou partie de ses parts pour garantir le paiement de ses dettes ou celles d'un tiers (seules les parts en industrie sont insusceptibles de faire l'objet d'un nantissement).

Durant le contrat de nantissement, l'associé qui consent la garantie conserve l'essentiel de ses droits d'associé (droit de vote, droit à l'information, droit aux dividendes etc.).

Si la dette garantie n'est pas payée à son échéance, le créancier pourra alors :

- soit faire vendre en justice les parts sociales et se payer sur le prix de vente ;

- soit se faire attribuer les parts en paiement (dans ce cas, la valeur des parts est déterminée au jour du transfert par un expert désigné à l'amiable ou judiciairement).

Dans les deux cas, le nouveau titulaire des parts sociales devra être agréé par les associés de la SARL. Par ailleurs, lorsque la valeur des parts sociales excède le montant de la dette garantie, la somme égale à la différence est versée à l'associé ou est consignée s'il existe d'autres créanciers nantis.

Exemple : *M. Martin est associé de la SARL Optimal. M. Vincent accepte de lui vendre pour 5 000 € de matériel payable dans un an à condition que Monsieur Martin lui consente une garantie du paiement.*
M. Martin affecte au profit de M. Vincent 100 parts sociales de la SARL Optimal en nantissement. Si la dette de 5 000 € n'est pas réglée à la date prévue, M. Vincent pourra faire jouer le nantissement en faisant vendre les parts et se paiera sur le prix (ou pourra se faire attribuer les parts en paiement). Si la valeur des 100 parts sociales excède 5 000 €, le surplus sera reversé à M. Martin.

> **Attention !**
> Lorsque les parts sociales données en garantie dépendent de la communauté des époux, le consentement des deux époux est nécessaire et cela même lorsqu'un seul des deux à la qualité d'associé.

2. Comment les parts sociales sont-elles données en nantissement ?

Le nantissement doit être donné par un contrat écrit stipulant obligatoirement la désignation de la dette garantie ainsi que l'identification et le nombre de parts sociales nanties. Le contrat doit être daté et signé par les parties et faire l'objet d'une inscription sur un registre spécial tenu par le greffe du tribunal de commerce du lieu d'immatriculation de la SARL. À défaut le créancier ne bénéficierait d'aucun des droits découlant du nantissement.

> **Attention !**
> L'inscription conserve le nantissement pendant 5 ans. Si l'inscription n'a pas été renouvelée avant l'expiration de ce délai, le nantissement prend fin (le greffier procède d'office à sa radiation).

3. Quels sont les documents à adresser au greffe ?

En pratique, le créancier remet ou adresse au greffier du tribunal de commerce l'un des originaux du contrat de nantissement auquel il joint un bordereau en 2 exemplaires qui doit comporter :

1- Les identités de l'associé qui consent le nantissement et du créancier ;

2- La date du contrat constitutif du nantissement ;

3- Le montant de la créance garantie en principal, la date de son exigibilité, l'indication du taux des intérêts ainsi que, le cas échéant, la mention de l'existence d'un pacte commissoire. Pour les créances futures, le bordereau mentionne les éléments permettant de les déterminer ;

4- La forme de la société (SARL), sa dénomination sociale, l'adresse de son siège social, son numéro d'immatriculation au registre du commerce et des sociétés, le nombre de parts sociales nanties (avec leur numéro éventuel) et leur valeur nominale ;

5- La catégorie à laquelle le bien affecté en garantie appartient par référence à une nomenclature fixée par arrêté du garde des sceaux, ministre de la justice.

Une fois les formalités réalisées, le greffier remet ou adresse au créancier l'un des bordereaux certifiant que l'inscription a été faite. L'autre bordereau, portant les mêmes mentions, est conservé au greffe (avec l'acte constitutif du nantissement si celui-ci a été rédigé sous seing privé).

4. Le nantissement doit-il être agréé par les associés de la SARL ?

L'agrément du nantissement par les associés de la SARL n'est pas une condition de sa validité mais est vivement conseillé car le nantissement peut aboutir à un transfert des parts sociales à l'adjudicataire ou au créancier nantis. Or, ce transfert suppose l'agrément préalable des associés *(voir p. 168 s.)*. En cas de refus d'agrément ce transfert serait impossible.

Aussi, il est recommandé d'obtenir cet agrément préalablement au nantissement envisagé.

5. Comment obtenir l'agrément du nantissement ?

L'associé qui désire nantir ses parts doit notifier son projet, par lettre recommandée, à la société et à chacun des associés afin d'obtenir l'agrément du projet de nantissement.

Dans les 8 jours à compter de la notification, le gérant doit convoquer l'assemblée des associés pour qu'elle délibère sur le projet de nantissement ou, si les statuts le permettent, consulter les associés par écrit. La décision est prise à la double majorité : plus de 50% des associés qui doivent représenter plus de 50 % des parts *(ces conditions sont identiques à l'agrément d'un acquéreur de parts : voir p. 168)*.

Signalons que l'associé qui souhaite consentir le nantissement de ses parts n'est pas interdit de vote. La décision de la société est notifiée à l'associé par lettre recommandée avec demande d'avis de réception.

3 hypothèses doivent alors être distinguées :

Consentement exprès au nantissement	Si la société donne son consentement au projet de nantissement de parts, ce consentement emportera agrément du cessionnaire en cas de réalisation forcée des parts sociales nanties, à moins que la société ne préfère, après la cession, racheter sans délai les parts, en vue de réduire son capital.
Consentement tacite au nantissement	Le consentement de la société au projet de nantissement est réputé avoir été donné lorsque la société n'a pas fait connaître sa décision dans le délai de 3 mois à compter de la dernière des notifications prévues *(voir ci-dessus)*. Ce consentement tacite emportera agrément du cessionnaire en cas de réalisation forcée des parts sociales nanties, à moins que la société ne préfère, après la cession, racheter sans délai les parts, en vue de réduire son capital.
Refus du nantissement	Le refus d'agrément du nantissement (comme l'absence de demande d'agrément) n'entraîne pas interdiction de conclure le nantissement, mais si le nantissement venait à aboutir au transfert des parts sociales, l'adjudicataire ou le créancier attributaire devra être agréé (ce qui sera problématique en cas de refus…).

6. Peut-on faire radier ou modifier le nantissement des parts sociales ?

Oui, la radiation du nantissement peut être demandée au greffe du tribunal de commerce sur justification de l'accord des deux parties ou d'un acte donnant mainlevée de l'inscription. Elle peut également intervenir en vertu d'une décision de justice. De même, une demande de modification du nantissement est possible, elle est également portée devant le greffier du tribunal de commerce compétent. Le bordereau d'inscription modificative doit être établi par le créancier en deux exemplaires et adressé au greffe par ses soins.

⑥ Exercer une activité rémunérée

Un associé peut parfaitement recevoir de la SARL une rémunération (salaire, honoraires etc.), autre que les dividendes, s'il réalise une activité à son profit. Il peut être salarié ou non salarié (et dans ce dernier cette dernière hypothèse facturera sa prestation).

1. L'associé titulaire d'un contrat de travail au sein de la SARL

Un contrat de travail peut être valablement conclu entre la SARL et l'un de ses associés. Dans ce cas, toutes les règles habituelles relatives à la validité du contrat de travail doivent être respectées (et notamment la subordination du salarié à l'égard du gérant).

> **Attention !**
> La conclusion d'un contrat de travail est soumise à la procédure des **conventions réglementées** *(voir p. 146 s.)*. Si l'associé est en outre gérant de la SARL, des règles spécifiques supplémentaires devront être respectées *(voir p. 67 s.)*.

Si l'associé est majoritaire davantage de conditions s'imposent. Selon la jurisprudence, ce dernier ne pourra être salarié de la SARL qu'à condition :

1- de ne pas être gérant de la SARL *(voir p. 67)*,

2- d'être en incontestable état de subordination à l'égard du gérant,

3- de ne pas outrepasser ses pouvoirs d'associé,

4- de ne pas s'immiscer dans les activités relevant du gérant.

À savoir : La rémunération de l'associé en qualité de salarié relève :

- du régime général de sécurité sociale s'il est minoritaire,

- et du régime social des indépendants (RSI) s'il est majoritaire.

Il en est de même du conjoint associé du gérant majoritaire qui participe à l'activité de l'entreprise.

2. L'associé rémunéré par la SARL (hors contrat de travail)

La rémunération de la prestation est soumise aux règles classiques de facturation. Elle devra être proportionnée au service rendu. L'associé cotisera au RSI.

Elle devra également être soumise à la procédure des conventions réglementées sauf s'il s'agit d'une opération courante conclue à des conditions normales *(voir p. 145)*.

Attention !
L'administration fiscale est particulièrement attentive aux facturations à la société par les associés (ou leur entourage) car il pourrait s'agir d'une fausse facture ou d'une facture de complaisance. Conservez précieusement toutes les preuves et les justificatifs des prestations réalisées.

3. Exercer une activité professionnelle en dehors de la SARL

Un associé jouit de la liberté d'entreprendre y compris dans le même secteur d'activité que celui de la SARL. Il peut donc avoir une activité externe, voire concurrente, sans être tenu d'en informer la SARL. Contrairement au gérant, un associé n'est pas tenu à une obligation de non-concurrence, sauf si les statuts ou un pacte d'associés l'interdisait. Toutefois, il conviendra naturellement de respecter les règles de la concurrence en s'abstenant de tout acte déloyale : une captation de clientèle, un débauchage massif de salariés entraînant une désorganisation de l'activité de la SARL constitueraient des actes de concurrence déloyales.

Chapitre 2

Exercer pleinement ses autres droits d'associé

Certains associés, ou la société elle-même, peuvent être victimes d'actes du gérants inappropriés ou de décisions collectives abusives.

La législation offre aux associés une panoplie très complète de prérogatives permettant d'assurer le respect de l'intérêt de la SARL mais également les droits des associés (à titre individuel ou collectif). En exerçant pleinement ces prérogatives, vous faciliterez la résolution de bon nombre de situations délicates.

Sommaire

① Exercer son droit à l'information

Pour que les associés puissent contrôler efficacement l'activité de la gérance et participer de façon éclairée à la vie sociale, il est indispensable qu'ils bénéficient d'une information étendue : la loi leur garantie ce droit quel que soit le nombre de parts détenu.

À savoir : Les statuts peuvent valablement aller au delà des droits légaux de communication et d'information des associés présentés ci-dessous.

1. Le droit permanent à l'information

À toute époque, un associé peut se rendre au siège social afin de prendre connaissance des documents (sur les 3 derniers exercices) suivants :
- bilans,
- comptes de résultats,
- annexes,
- inventaires,
- rapports soumis aux assemblées et procès-verbaux de ces assemblées.

Lors de la consultation, il est possible de recourir à l'assistance **d'un expert** (inscrit sur une des listes établies par les cours et tribunaux). Et, à l'exception de l'inventaire, une copie de ces documents pourra être obtenue (aux frais de l'associé).

De même, un associé peut obtenir la délivrance d'une copie certifiée conforme des statuts de la SARL en vigueur au jour de la demande auxquels sera annexée la liste des gérants et, le cas échéant, des commissaires aux comptes (CAC) en exercice[1]. Il est également possible d'obtenir communication du montant des honoraires versés à chacun des CAC *(voir p. 148).*

2. Le droit à l'information avant les assemblées

→ Avant l'assemblée générale annuelle chargée d'approuver les comptes :

Les documents cités dans le cadre du droit permanent à l'information doivent être communiqués par le gérant 15 jours au moins avant l'assemblée générale annuelle accompagnés du rapport de gestion, du texte des résolutions proposées (et le cas échéant, des dépenses somptuaires non déductibles, du rapport des commissaires aux comptes, des comptes consolidés et du rapport sur la gestion du groupe).

À savoir : L'assemblée générale annuelle peut être annulée si le droit d'information de l'associé n'a pas été respecté.

---

[1] Pour cette délivrance, la SARL ne peut exiger le paiement d'une somme supérieure à 0,30 € (art. R. 223-14 C. com.)

Que faire lorsque ce droit n'est pas respecté ?

Si vous ne parvenez pas à obtenir la communication des documents précités, tout associé peut demander au président du tribunal de commerce statuant en référé :
- soit d'enjoindre sous astreinte au gérant de les communiquer,
- soit de désigner un mandataire chargé de procéder à cette communication.

Lorsqu'il est fait droit à la demande par le juge, l'astreinte et les frais de procédure sont à la charge du gérant mis en cause.

→ *Pour le détail des obligations d'information à la charge du gérant, voir p. 78 et suivantes.*

En outre, préalablement à la tenue de l'assemblée générale annuelle, tout associé a la possibilité de poser par écrit des questions auxquelles le gérant sera tenu de répondre au cours de l'assemblée. Ce droit peut être exercé dès la réception de la convocation.
Ce droit n'interdit pas aux associés de poser des questions orales au cours de l'assemblée.

Attention !
Cette possibilité ne doit pas être confondue avec celle qui permet à tout associé non gérant de poser, 2 fois par exercice, des questions par écrit au gérant sur tout fait de nature à compromettre la continuité de l'exploitation et qui peut être à l'origine du déclenchement de la procédure d'alerte *(voir p. 206).*

→ Avant les autres assemblées :

15 jours au moins avant la tenue de toute assemblée, le gérant doit communiquer aux associés le texte des résolutions à l'ordre du jour, le rapport des gérants (et, le cas échéant, le rapport du commissaire aux comptes, le rapport spécial sur les conventions réglementées *(voir p. 146)* et la liste des dépenses somptuaires).
Et d'une manière générale, les associés auront également communication de toutes les informations qui permettront un vote éclairé. La convocation comportera les informations présentées page 107 et suivantes.

Que faire lorsque ce droit n'est pas respecté ?

Si l'assemblée est convoquée dans les délais mais que des documents indispensables pour un vote éclairé ne sont pas communiqués à temps malgré les demandes de l'associé, celui-ci peut refuser de voter et demander l'inscription au procès-verbal de ses protestations et réserves.
En procédant ainsi, vous serez ensuite fondé à contester judiciairement la validité des décisions prises par l'assemblée en violation de ce droit à l'information.

Attention : Faute de protestation expresse et constatée dans le procès-verbal plus aucun recours ne sera possible. Il en est de même si vous acceptez finalement de voter.

3. Droit de demander une expertise de gestion

Afin d'être pleinement éclairé, un ou plusieurs associés détenant au moins 10 % du capital social peuvent demander en justice la désignation d'un expert chargé de présenter un rapport sur une ou plusieurs opérations de gestion déterminées *(voir p. 153)*.

En bref : **Synthèse des droits à l'information des associés**

Information permanente	Tout associé peut, à toute époque de l'année, prendre connaissance au siège social des comptes annuels, de l'inventaire, des rapports soumis aux assemblées et des procès-verbaux d'assemblées **concernant les 3 derniers exercices.**
Information préalable aux assemblées	**Le gérant est tenu d'adresser 15 jours au moins avant la tenue :** **> de l'assemblée annuelle d'approbation des comptes** : les comptes sociaux, le rapport de gestion, le texte des résolutions proposées, le rapport du commissaire aux comptes s'il en existe un. **> des autres assemblées** : le texte des résolutions, le rapport des gérants, les informations utiles aux votes et, le cas échéant, le rapport du commissaire aux comptes, le rapport spécial sur les conventions réglementées et la liste des dépenses somptuaires.
Droit de poser des questions écrites	**> Dès qu'il est convoqué à une assemblée :** tout associé peut demander par écrit au gérant des précisions sur certains points en rapport avec l'ordre du jour. **> 2 fois par exercice**, tout associé non gérant peut poser par écrit des questions au gérant sur tout fait de nature à compromettre la continuité de l'exploitation. La réponse est communiquée au commissaire aux comptes *(voir p. 206)*. Dans les deux cas, le gérant est tenu de répondre aux questions au cours des débats en assemblée. Les réponses sont portées sur le procès-verbal d'assemblée.
Droit de demander une expertise de gestion	Un ou plusieurs associés détenant au moins 10 % du capital social peuvent demander en justice la désignation d'un expert chargé de présenter un rapport sur une ou plusieurs opérations de gestion déterminées.

② Compléter l'ordre du jour d'une assemblée

Depuis l'entrée en vigueur de l'ordonnance du 4 mai 2016, **un ou plusieurs associés détenant 5 % des parts sociales** ont la faculté de faire inscrire à l'ordre du jour de l'assemblée des points ou projets de résolution qui sont portés à la connaissance des autres associés.

Toute clause contraire des statuts est réputée non écrite.

Cette demande est adressée au gérant ou au mandataire chargé de convoqué l'assemblée *(voir page suivante)*.

Cette nouvelle faculté est un progrès significatif. Auparavant il était impossible aux associés de SARL d'imposer au gérant l'inscription de questions à l'ordre du jour.

En permettant désormais à un ou plusieurs associés détenant 5 % des parts sociales (seul ou ensemble) de compléter l'ordre du jour, ces derniers peuvent mettre aux débats et aux votes toutes les questions leur apparaissant utiles.

Cette nouvelle faculté doit être utilisée à bon escient. Elle sera sans doute de nature à améliorer la richesse des questions traitées en assemblée et la qualité des débats dans l'intérêt de la SARL et des associés.

③ Être à l'initiative de la réunion d'une assemblée

Sous certaines conditions, les associés peuvent être à l'initiative de la convocation d'une assemblée générale d'associés.

La loi prévoit qu'un associé (ou un groupe d'associés) peut « imposer » au gérant la réunion d'une assemblée s'il détient :

- la moitié des parts sociales,

- ou si ensemble ils représentent au moins 10 % des associés et 10 % des parts sociales.

Toute clause contraire est réputée non écrite.

De même, en cas de carence du gérant, tout associé peut demander en justice (au Président du tribunal de commerce) la désignation d'un mandataire chargé de convoquer l'assemblée et de fixer son ordre du jour[1]. Cette demande judiciaire doit être faite dans l'intérêt de la SARL et suppose que le gérant ait été préalablement mis en demeure de convoquer l'assemblée[2].

Les statuts peuvent également prévoir des situations spécifiques dans lesquelles le gérant devra obligatoirement réunir une assemblée à la demande des associés.

Enfin d'une manière générale, rien n'interdit à un associé de solliciter le gérant pour qu'il réunisse une assemblée pour traiter d'une question déterminée, mais en dehors des cas précités, rien n'oblige ce dernier à accepter cette sollicitation !

---

1 Pour être recevable, la demande doit être conforme à l'intérêt social (Cass. com. 16 juin 1990) et la SARL doit être partie à l'instance à l'instance de demande de désignation du mandataire judiciaire : l'associé demandeur doit donc nécessairement assigner la société (en ce sens, Cass. com. 3 nov. 2004, rendu à propos d'une société civile).
2 CA Reims, 17 juillet 1975, D. 1976, p. 218 note Guyon.

④ Conclure un pacte d'associés

Les associés, ou seulement certains d'entre eux, peuvent organiser leurs rapports réciproques grâce à des pactes conclus en dehors des statuts.

Les pactes d'associés ne sont rien d'autre que des contrats. Ils peuvent porter sur des questions très variées qui se rapportent essentiellement :
- **aux décisions à voter :** sens du vote lors d'une assemblée, gestion des affaires, désignation d'un gérant, distribution de dividendes etc.
- **à la détention des parts :** promesse de vente ou d'acquisition de parts sociales, inaliénabilité temporaire, droit de souscription à une augmentation, hauteur de la participation dans la SARL, sortie de la société, etc.

Pour quelles raisons conclure ces pactes ?

Conclure ces pactes extra-statutairement permet notamment de :

- *Limiter l'accord à certains associés,*

- *Conserver la confidentialité de l'accord* : à l'égard des associés non signataires (le pacte est secret) ou des tiers (ils ne donnent pas lieu à publication au RCS contrairement aux statuts),

- *Prévoir une durée inférieure à celle des statuts,*

- *Prévoir un engagement qui ne peut valablement être inclus dans les statuts* : c'est le cas, par exemple des conventions de votes *(voir ci-dessous).*

Nous présenterons, les pactes les plus fréquents, c'est-à-dire, les conventions de vote (1.), les clauses de contrôle des cessions (2.), les clauses de non-concurrence (3.) et les clauses de sortie (4.).

1. Les conventions de vote

→ Qu'est-ce qu'une convention de vote ?

Il s'agit d'un contrat par lequel tout ou partie des associés s'engagent à voter dans un sens ou à ne pas voter sur une question donnée lors d'une prochaine consultation. Les associés renoncent ainsi temporairement à leur liberté de vote. Ces conventions peuvent avoir deux objectifs :
- Additionner les voix de plusieurs associés pour peser davantage lors des prises de décisions,
- Convenir par avance du sens d'une décision lorsque les associés signataires représentent la majorité nécessaire à l'adoption de ladite décision.

→ Quelles sont les conditions de validité d'une convention de vote ?

Pour être valable, une convention de vote doit remplir **4 conditions :**

1- être conforme à l'intérêt de la SARL (c'est-à-dire, ne pas être contraire à l'intérêt social),

2- ne pas être motivée par la volonté de nuire à un associé participant à la convention,

3- être conclue pour une durée limitée,

4- ne pas avoir pour contrepartie unique une rétribution (le trafic de voix est une infraction).

Relevons en outre que la convention de vote ne peut pas être insérée dans les statuts de la SARL.

→ Quelles conséquences sa violation entraîne-t-elle ?

Une incertitude existe depuis l'entrée en vigueur du nouvel article 1221 du Code civil. Pour les conventions de vote conclues avant le 1er octobre 2016, les principes sont clairs : le non-respect par un associé de la convention vote entraine sa responsabilité civile contractuelle. Il peut ainsi être condamné à des dommages-intérêts, mais non à l'exécution forcée de la convention de vote. En outre, la délibération adoptée en violation de ladite convention reste entièrement valable (la convention n'étant opposable ni à la société, ni aux tiers).

En revanche, pour les conventions de vote conclues à partir du 1er octobre 2016, la solution est plus incertaine. Le nouvel article 1221 du Code civil autorise désormais le créancier d'une obligation à en poursuivre l'exécution en nature. Cet article autorise-t-il ainsi l'exécution forcée des conventions de vote (ce qui permettrait d'imposer à l'associé de voter dans le sens convenu) ? Pour en être certain, il faut attendre les prochaines décisions jurisprudentielles.

2. Les clauses de contrôle des cessions

Les principales clauses de contrôle des cessions sont les suivantes :

> Les clauses d'inaliénabilité : Un ou plusieurs associés s'engagent à conserver ses parts sociales pendant un délai donné.

> Les clauses anti-dilution ou de participation minimum : Elles garantissent à un ou plusieurs associés le maintien d'une participation minimum dans la SARL en cas de variation du capital par le biais de promesses de vente consenties par d'autres associés.

> Les clauses de participation maximum : Elles permettent de s'assurer qu'un associé ou un groupe d'associés ne dépasse pas un certain seuil de détention à l'occasion d'une cession de parts ou d'une opération sur capital.

Attention : La plupart de ces clauses peuvent être rendues inopérantes si, outre l'agrément légal, les statuts prévoient également l'agrément des cessionnaires associés *(voir p. 169)*.

3. Les clauses de non-concurrence

Ces clauses peuvent être prévues dans les statuts ou dans un pacte d'associés. Il s'agit de l'engagement de tout ou partie des associés de ne pas faire concurrence à l'activité de la SARL.

4. Les clauses de sortie

Il s'agit de clauses prévoyant les causes et/ou les modalités de la sortie d'un associé, elles peuvent prendre la forme de clauses de retrait, d'exclusion, de sortie conjointe, de rachat forcé. Ces clauses sont valables si le prix des parts sociales des associés concernés est déterminé ou déterminable notamment à dire d'expert (sur l'évaluation à dire d'expert, consultez : www.entrepreneur-competences.fr).

⑤ Lutter contre les votes abusifs

Tout au long de la vie de la SARL, l'essentiel des décisions se prend pour des raisons d'efficacité et de bonne gouvernance, à la majorité légale ou statutaire *(voir p. 99 s.)*.

Si les associés sont en principe libres du sens de leurs votes, ils doivent toujours **tenir compte de l'intérêt de la société** et prendre garde à ne pas détourner leurs droits de vote à des fins abusives, ce qui pourrait constituer un **abus de droit**. Comme en toute chose, *le droit cesse où l'abus commence* !

Les variantes d'abus de droit de vote
L'abus de majorité est caractérisé lorsque les associés adoptent à la majorité une décision contraire à l'intérêt social dans l'unique but de favoriser des associés membres de la majorité au détriment d'associés de la minorité.
L'abus de minorité est caractérisé lorsque les associés minoritaires bloquent la réalisation d'une opération essentielle pour la société dans l'unique but de favoriser leurs intérêts au détriment de l'ensemble des autres associés.
L'abus d'égalité est caractérisé lorsque les associés égalitaires bloquent la réalisation d'une opération essentielle pour la société dans l'unique but de favoriser leurs intérêts au détriment des autres associés.

1. Lutter contre les abus de majorité

On l'a dit, les décisions prises par les associés majoritaires doivent être guidées par l'intérêt de la SARL. Elles ne doivent pas viser à favoriser les membres des associés majoritaires au détriment des associés minoritaires.

→ Dans quels cas peut-on obtenir la nullité d'une décision pour abus de majorité ?

Trois conditions sont nécessaires pour demander la nullité d'une décision pour abus de majorité. La décision adoptée doit avoir à la fois :
- violé l'intérêt de la SARL,
- favorisé intentionnellement les membres des associés majoritaires
- au détriment des associés minoritaires.

Ainsi par exemple, ont été annulées en justice pour abus de majorité, les décisions ayant décidé :
- du versement de primes et de rémunérations exagérées aux dirigeants contrairement à l'intérêt de la société avec pour effet de favoriser les majoritaires au détriment des minoritaires[1],

---

[1] Cass. com., 1er juillet 2003, n° 99-19.328.

- de la mise en réserve systématique des bénéfices et le refus de distribuer tout dividende, plusieurs années, alors que la société n'envisage aucun investissement. Dans cette affaire, la mise en réserve des bénéfices ne répondait pas à un besoin de la société, les majoritaires tiraient profit de la société grâce aux confortables rémunérations découlant de leurs mandats sociaux ou de leurs contrats de travail. Les minoritaires étaient pour leur part largement sacrifiés car ils ne percevaient aucun dividende malgré les importants bénéfices de la société, ni aucune rémunération)[1],

- de réductions et d'augmentations successives du capital qui n'avaient pas pour objectif de satisfaire à l'obligation légale de recapitalisation mais qui avaient permis à la société de ne pas honorer ses engagements envers un associé minoritaire[2].

→ Qui peut agir ? Pour quelles sanctions ?

Les demandeurs peuvent être les associés minoritaires victimes ou la SARL. Le tribunal compétent est le tribunal de commerce. L'abus de majorité peut faire l'objet d'une double sanction :

Annulation de la décision abusive	L'action en annulation a pour fondement l'article 1844-10 du Code civil. Elle est dirigée contre la société et est soumise à une prescription de 3 ans.
Condamnation à des dommages intérêts	En cas de préjudice, les associés majoritaires engagent leur responsabilité personnelle[3]. L'action en réparation a pour fondement l'article 1240 nouv. du Code civil : il faut donc rapporter la preuve d'un préjudice résultant de l'abus de majorité. Elle est dirigée contre les associés majoritaires fautifs et est soumise à une prescription de 5 ans.

2. Lutter contre les abus de minorité

Les parts détenues par un ou plusieurs associés minoritaires suffisent parfois à bloquer l'adoption d'une décision. C'est la raison pour laquelle on parle de « minorité de blocage ». Si ce blocage est un droit, il ne doit pas être exercé de manière abusive.

L'abus de minorité consiste, pour les associés minoritaires, à **bloquer la réalisation d'une opération essentielle** pour la SARL dans l'unique dessein de favoriser leurs intérêts au détriment de l'ensemble des autres associés.

Lorsqu'un abus de minorité est caractérisé, les majoritaires ou le gérant (au nom de la société) peuvent saisir le juge afin qu'il désigne un **mandataire judiciaire qui votera à la place des minoritaires** lors d'une nouvelle assemblée.

Ce mandataire votera les décisions en leur nom dans le sens qui lui apparaît conforme à l'intérêt social (sans porter atteinte à l'intérêt légitime des minoritaires)[4].

Le juge pourra, par ailleurs, condamner les minoritaires à des dommages-intérêts sur le fondement de l'article 1240 nouveau du Code civil sous réserve de rapporter la preuve d'un préjudice.

---

[1] Cass. com., 22 avril 1976, n° 75-10.735.
[2] Cass. com., 28 février 2006, n° 04-17.566.
[3] Cass. com., 30 nov. 2004, n° 01-16.581
[4] Cass. com., 9 mars 1993, n° 91-14.685

3. Lutter contre les abus d'égalité

L'abus d'égalité est une variante d'abus de minorité. Un associé (ou un groupe d'associés) qui détient 50 % des parts sociales peut bloquer l'adoption de toutes décisions (ordinaires et extraordinaires)[1]. En pratique, si les associés égalitaires votent, l'adoption d'une décision implique de fait l'unanimité.

Le vote peut alors devenir abusif s'il empêche la réalisation d'une opération essentielle pour la société et que ce blocage a lieu dans l'unique dessein de favoriser ses propres intérêts au détriment des autres.

Par conséquent, les associé(s) ou le gérant (au nom de la SARL) peuvent saisir le juge en vue d'obtenir la nomination d'un mandataire judiciaire qui tentera de résoudre la situation. Il pourra également condamner les associés fautifs à des dommages intérêts.

Si la mésentente persiste et paralyse le fonctionnement de la SARL, le juge peut également prononcer la dissolution de la SARL *(voir p. 409)*.

---

[1] Les détentions de parts de manière égalitaire sont une solution qu'il convient d'éviter à tout prix, quitte à renoncer à quelques titres sociaux... Ce prix n'est d'ailleurs pas celui des dividendes qu'une clause statutaire de répartition des bénéfices peut rééquilibrer (art. 1844-1 C. civ.) : *Voir p. 52*

⑥ Demander une expertise de gestion

Le recours à l'expertise de gestion est une procédure judiciaire de plus en plus utilisée par les associés pour contrôler la régularité d'une ou plusieurs opérations de gestion réalisées par le gérant.

Une fois désigné par le président du tribunal de commerce, l'expert de gestion procède à toutes les recherches utiles, en rapport avec les opérations de gestion critiquées, à la fois au sein de la société et auprès des tiers (clients, fournisseurs, banques etc.).

À l'issue de ses recherches, l'expert établit un **rapport** qui permet d'**éclairer les associés** et peut **servir de preuve** en cas de conflit avec le gérant, par exemple, lors sa révocation ou d'une action en justice.

Le rapport est déposé au greffe du tribunal de commerce, puis est adressé par le greffier aux associés ayant demandé l'expertise de gestion, au gérant, au comité d'entreprise et aux commissaires aux comptes, s'ils existent, ainsi qu'au ministère public.

→ *Pour le détail de la procédure, voir page 153 et suivantes.*

⑦ Demander une mesure d'instruction pour conserver ou établir une preuve

Tout associé quel que soit son nombre de parts[1] peut demander au président du tribunal de commerce une mesure d'instruction afin de conserver ou d'établir avant tout procès la preuve de certains faits dont pourrait dépendre l'issue d'un litige[2]. L'associé demandeur doit prouver qu'il existe un intérêt légitime à cette demande.

La demande est recevable avant comme en cours d'instance sauf si la SARL a fourni d'elle même au demandeur tous les justificatifs relatifs aux opérations contestées.

Cette mesure d'instruction, dite *« in futurum »*, peut se révéler particulièrement utile pour conserver ou établir les éléments de preuves qui seront opposées au gérant ou à un associé dans le cadre d'une action en responsabilité.

Le juge qui accueille la demande peut prendre toutes les mesures d'instruction qu'il estime utiles et notamment désigner un expert chargé de réaliser une « expertise de gestion préventive ».

L'expertise de gestion préventive peut porter sur l'ensemble des opérations de la SARL contrairement à l'expertise de gestion classique qui ne peut porter que sur une ou plusieurs opérations de gestion déterminées *(voir p. 153)*.

Remarque : « Expertise de gestion préventive » et « expertise de gestion » sont deux mesures totalement distinctes même si toutes les deux conduisent à la désignation d'un expert[3].

---

[1] À la différence de « l'expertise de gestion classique » dont la mise en œuvre nécessite au moins la détention seul ou groupé de 10 % des parts sociales.
[2] Art. 145 du Code de procédure civile
[3] Cass. com., 18 octobre 2011, n° 10-18989

⑧ Demander la désignation d'un commissaire aux comptes

1. Pour quelles raisons recourir aux services d'un commissaire aux comptes lorsque sa désignation est facultative ?

Lorsque la désignation d'un commissaire aux comptes est facultative *(voir p. 148)*, les associés peuvent néanmoins souhaiter recourir à ses services afin de s'assurer de la régularité de la gérance, de la bonne santé de la société ou encore pour renforcer la confiance des partenaires de la SARL.

Ce recours apparaît particulièrement judicieux lorsque faute de temps ou de compétences suffisantes, les associés ne sont pas en mesure de contrôler de manière approfondie la gestion de la société. Rappelons que le commissaire aux comptes est investi d'une **mission de surveillance**. Il a notamment pour mission de certifier que les comptes annuels sont réguliers et sincères, qu'ils donnent une image fidèle du résultat des opérations de l'exercice et de la situation financière patrimoniale.

Lorsqu'à l'occasion de l'exercice de sa mission, il a connaissance de tout fait de nature à compromettre la continuité de l'exploitation, il doit déclencher la procédure d'alerte *(voir p. 150)*, procédure que peut également déclencher tout associé *(voir page suivante)*.

Il a également l'obligation de révéler les faits délictueux au procureur de la République *(voir p.150)*.

→ Pour l'étude détaillée des missions du commissaire aux comptes : voir page 148

2. Comment les associés peuvent-ils obtenir la désignation d'un commissaire aux comptes ?

La décision doit être votée par un ou plusieurs associés représentant plus de la moitié des parts sociales.

À défaut de réunir cette majorité, un ou plusieurs associés représentant au moins 10 % du capital social peuvent demander sa désignation au président du tribunal de commerce.

> **Attention !**
> La rémunération du commissaire aux comptes sera à la charge de la SARL, assurez-vous que ses ressources le permettent.

⑨ Déclencher la procédure d'alerte

Deux fois par exercice, tout associé (non gérant) peut poser par écrit des questions au gérant sur tout fait de nature à compromettre la continuité de l'exploitation *(modèle de lettre ci-dessous)*.

Le gérant dispose d'un mois pour répondre par écrit aux questions posées. Dans le même délai, il transmet une copie de la question et de sa réponse au commissaire aux comptes.

Si le gérant de la SARL n'apporte aucune réponse ou que celle-ci est insuffisante (c'est-à-dire que la continuité de l'exploitation reste compromise), le commissaire aux comptes déclenchera la procédure d'alerte *(sur la procédure, reportez-vous p. 150 s.)*.

📄 *Modèle de questions écrites*

> SARL (Dénomination sociale)
> Mme ou M. (Gérant de la SARL)
> Adresse du siège social
>
> Lieu, Date
>
> **Lettre recommandée AR**
>
> **Objet :** *Question écrite en application de l'article L. 223-26 al. 3 du Code de commerce*
>
> Madame ou Monsieur le gérant,
>
> En application de l'article L. 223-26 du Code de commerce et après consultation des documents communiqués en vertu de ce même article, de l'inventaire et du texte des résolutions proposées à l'assemblée (documents adressés par vos soin le [indiquez la date]), je vous pose les questions suivantes :
> - [indiquez vos questions]
> Dans l'attente de votre réponse écrite, je vous prie d'accepter, Madame ou Monsieur le gérant, mes sincères salutations.
>
> Nom de l'associé et signature

⑩ Révoquer le gérant

La révocation du gérant consiste à mettre un terme à ses fonctions avant la fin de son mandat.

En principe, elle doit intervenir en assemblée, par un vote à la majorité des parts sociales **(1.)**.

Toutefois, si la majorité s'oppose à mettre un terme au mandat d'un gérant pourtant fautif : tout associé, quel que soit son nombre de parts, peut intenter une action en révocation judiciaire **(2.)**.

Dans tous les cas, pour être opposable, la révocation doit être suivie de mesures de publicité **(3.)**.

Zoom

La révocation du gérant : un droit protégé

La faculté pour les associés de révoquer le gérant de la SARL est protégée par la loi et la jurisprudence. Toutes stipulations statutaires ou conventionnelles qui porteraient une atteinte trop importante cette faculté seraient nulles. Ainsi, par exemple seraient nulles :

- la clause prévoyant une indemnité au profit du gérant révoqué sans qu'il ait à établir l'absence d'un juste motif de révocation (cette clause aurait pour effet de dissuader les associés d'exercer cette faculté de révocation) ;

- ou encore, la clause statutaire prévoyant que le gérant associé est révoqué à l'unanimité, car s'il est associé, il participe au vote. En conséquence, exiger l'unanimité conduit à rendre le gérant associé irrévocable.

En outre, faute pour les associés de pouvoir réunir une majorité suffisante, une révocation judiciaire pour cause légitime est possible.

1. Révoquer le gérant en assemblée

→ 4 règles encadrent la révocation du gérant en assemblée

Ces 4 grandes règles doivent être respectées pour que la révocation du gérant ne puisse pas être remise en question ou que celle-ci expose la SARL à une action en dommages-intérêt.

> 1ère règle : L'existence d'un « juste motif » de révocation

En principe, la révocation du gérant suppose l'existence d'un **juste motif** car, à défaut, la SARL s'expose à une action en dommages-intérêts du gérant qui s'estimerait injustement révoqué.

Sachez toutefois que juridiquement, l'absence de juste motif n'est pas une cause de nullité de la révocation décidée par les associés. Elle ne pourrait pas être remise en cause par la justice. La seule conséquence pour la SARL est donc pécuniaire.

Zoom

Qu'est-ce qu'un juste motif de révocation et comment prouver son existence ?

5 types de comportements du gérant sont qualifiés par la jurisprudence de « justes motifs » de révocation :
- la faute de gestion,
- la violation de la loi ou du règlement,
- la violation des statuts,
- la divergence de vue avec les associés sur la politique de gestion à mener,
- l'attitude du gérant de nature à compromettre l'intérêt de la société.

Comment rapporter la preuve de l'existence du juste motif de révocation ?

Cette preuve peut être rapportée par tout moyen. Il appartient à la société et donc aux associés de rapporter cette preuve.

Le recours à une expertise de gestion ou à une expertise *in futurum* peut être judicieux lorsque les associés ne disposent que de présomptions d'irrégularités de la gestion du gérant *(voir p. 153 s., 203 et 204)*.

> 2ème règle : Convoquer valablement l'assemblée des associés

L'assemblée qui se prononce sur la révocation du gérant est en principe convoquée par... *le gérant !* Il n'est donc pas rare que celui-ci soit peu enclin à convoquer dans de brefs délais une assemblée destinée à voter sa révocation.

Aussi les associés peuvent faire usage d'une prérogative prévue par la loi qui impose au gérant de convoquer une assemblée avec un ordre du jour déterminé (la révocation) à condition que cette demande soit faite par :
- un ou plusieurs associés détenant au moins la moitié des parts sociales,
- ou par un groupe d'associés représentant au moins 10 % des associés <u>et</u> 10 % des parts sociales.

En cas de refus du gérant, l'assemblée peut être valablement convoquée :
- par le commissaire aux comptes (s'il en existe un),
- ou par l'intermédiaire d'un mandataire désigné par le Président du Tribunal de commerce statuant en référé à la demande de tout associé.

Mais s'il n'y a pas d'urgence, les associés peuvent également attendre l'assemblée générale annuelle qui a toujours compétence pour voter la révocation du gérant à l'occasion de l'examen de la gestion (même si l'ordre du jour ne prévoit pas expressément la révocation).

Sachez que la révocation du gérant ne doit pas nécessairement figurer à l'ordre du jour de l'assemblée. La jurisprudence admet que la révocation et le remplacement du gérant puisse être votée par les associés sans qu'elle figure expressément à l'ordre du jour de l'assemblée, à l'occasion :
- de l'examen de la gestion, à condition que cet examen ait été indiqué à l'ordre du jour,
- ou sur « incident de séance ». L'incident de séance est un évènement qui survient lors de la tenue de l'assemblée et dont la gravité justifie une décision de révocation dans l'urgence.

Attention !
Le respect des modalités de convocation est essentiel car toute décision prise par une assemblée irrégulièrement convoquée peut faire l'objet d'une action en nullité. L'action en nullité n'est cependant pas recevable si tous les associés étaient présents ou représentés lors de l'assemblée.

Remarque : En cas de pluralité de gérant, chacun des gérants peut convoquer ladite assemblée.

> **3ème règle : Respecter le principe du contradictoire et les règles de bienséance**

Quel que soit la gravité des faits reprochés au gérant, les associés doivent respecter le principe du contradictoire : autrement dit, le gérant doit être en mesure de s'expliquer sur les faits qui lui sont reprochés. À défaut, celui-ci pourrait prétendre à des dommages-intérêts, et cela même si les faits justifient la révocation.

En outre, la révocation ne doit pas être brutale, injurieuse ou vexatoire. Le gérant disposerait également d'une action en dommages-intérêts.

> **4ème règle : Respecter les conditions de majorité permettant la révocation**

Le ou les associés qui veulent obtenir la révocation du gérant doivent représenter plus de la moitié des parts sociales ayant droit de vote. Si cette majorité n'est pas atteinte, les associés seront convoqués ou consultés une seconde fois (sauf stipulation contraire des statuts). La révocation du gérant pourra alors être décidée à la majorité des votes émis, quel que soit le nombre des votants. Relevons que les statuts de la SARL peuvent valablement exiger une majorité plus forte (majorité qualifiée).

Toutes les formalités consécutives à l'assemblée doivent être respectées *(voir p. 107)* et la révocation doit être suivie des mesures de publicité obligatoires *(voir page suivante)*.

À savoir : Lorsque le gérant est associé, il peut participer aux votes relatifs à sa révocation. Ce qui entrave parfois largement la possibilité de le révoquer par une décision des associés, d'autant plus si certains d'entre eux lui sont favorables. Les associés devront alors recourir à une révocation judiciaire.

→ **Que se passe-t-il en cas d'irrégularité de l'assemblée ayant voté la révocation du gérant ?**

Si l'assemblée qui vote la révocation du gérant est irrégulière, la révocation l'est également quels qu'en soient les motifs. Par exemple, la révocation sera nulle lorsque c'est un associé non gérant (même s'il est majoritaire) qui a convoqué l'assemblée (en cas refus du gérant de convoquer l'assemblée, les règles présentées à la page précédente s'appliqueraient), elle est également nulle lorsque ni le procès-verbal de l'assemblée, ni la feuille de présence ne comportent la signature du gérant révoqué.

2. Révoquer le gérant par décision de justice

Lorsque la majorité des associés refuse de révoquer le gérant alors qu'un juste motif existe, tout associé, quel que soit le nombre de parts qu'il détient, peut alors demander la révocation du gérant au Président du tribunal de commerce s'il rapporte la preuve d'une **cause légitime de révocation** (la notion de « cause légitime » est similaire à celle de « juste motif » : *voir p. 207*). En cas d'urgence, la décision peut être prise en référé par le Président du tribunal de commerce.

3. Quelles formalités doivent suivre la révocation ?

Dans le mois qui suit l'assemblée ou la décision de justice ayant prononcé la révocation du gérant, le nouveau gérant (ou l'un des cogérants) doit accomplir les mesures de publicité suivantes :
- une publication des modifications intervenues dans un journal d'annonces légales,

- une inscription modificative au CFE qui le transmettra au greffe du tribunal de commerce pour inscription modificative au RCS (il est toutefois possible de s'adresser directement au greffe du tribunal de commerce),
- et une insertion au BODACC.

Attention !
À défaut d'accomplir ces formalités, la révocation du gérant est inopposable aux tiers, à moins que ceux-ci n'aient eu personnellement connaissance de la révocation, ce qui est difficile à prouver en pratique.

⑪ Engager la responsabilité civile du gérant

Un associé peut poursuivre le gérant en responsabilité civile :

- soit en réparation d'un préjudice subi par la SARL : Des dommages-intérêts seront versés à la société. Cette action ne peut être engagée qu'en cas d'absence d'action d'un gérant actuel contre l'ancien gérant ou contre un cogérant fautif ;

- soit en réparation d'un préjudice subi personnellement par l'associé : Des dommages-intérêts lui seront alors versés à titre personnel. L'action ne pourra aboutir que si le préjudice de l'associé est distinct de celui subi par la société. Autrement dit, le préjudice de l'associé ne doit pas résulter d'un préjudice premier subi par la SARL

Dans tous les cas, la condamnation du gérant nécessitera que le demandeur rapporte la preuve que le préjudice découle d'une faute du gérant.

Ces actions se prescrivent par 3 ans à compter du jour du fait dommageable, ou de sa révélation s'il a été dissimulé. La prescription est portée à 6 ans si le dommage résulte d'un délit et à 20 ans si le dommage résulte d'un crime *(pour le détail, reportez-vous p. 96)*.

Rappelons que sont réputées non-écrites, et donc sans effet, les clauses statutaires :
- de renonciation par les associés à une telle action,
- ou celles qui subordonneraient l'action à une autorisation ou à un avis de l'assemblée générale.

Par ailleurs, le *quitus*[1] donné par une assemblée ne peut pas faire obstacle à une action ultérieure en responsabilité contre le gérant pour faute commise dans l'exercice de son mandat.

→ *Pour le détail, reportez-vous page 89 s.*

---

1 Le quitus de l'assemblée est le vote par lequel l'assemblée reconnaît que la gestion est exacte et régulière.

⑫ Engager la responsabilité pénale du gérant ou d'un associé

Les infractions pénales pouvant être commises dans le cadre d'une SARL sont particulièrement nombreuses *(voir p. 91 s.)*. La victime de l'infraction, qu'il s'agisse de la SARL ou d'un associé, a deux possibilités :
- soit déposer une plainte simple,
- soit déposer plainte avec constitution de partie civile, ce qui est indispensable pour obtenir réparation du préjudice subi.

1. Comment déposer une plainte simple ?

Vous pouvez vous adresser à un commissariat de police, une brigade de gendarmerie ou directement auprès du Procureur de la République. Le tableau ci-dessous résume les conditions de mise en œuvre.

Déposer plainte auprès d'un service de police ou de gendarmerie	Vous pouvez déposer plainte sur place ou par téléphone. Sachez que tout service de police est tenu de recevoir les plaintes déposées par les victimes d'infractions. La plainte est ensuite transmise au procureur de la République qui décide de la suite à donner à cette plainte *(voir ci-dessous)*.
Déposer plainte directement auprès du procureur de la République	Pour cela, vous devez adresser une lettre sur papier libre au procureur de la République du tribunal de grande instance du lieu de l'infraction ou du domicile de l'auteur de l'infraction. Cette plainte doit indiquer : - l'état civil complet du plaignant, - le récit détaillé des faits, la date et le lieu de l'infraction, - le nom de l'auteur présumé de l'infraction s'il est connu. À défaut, il convient de déposer plainte contre X. - les noms et adresses des éventuels témoins de cette infraction, - la description et l'estimation provisoire ou définitive du préjudice, - les éléments de preuve : contrats, comptes de la société etc.
Délais pour déposer plainte	La victime doit agir dans les délais suivants : - 1 an pour les contraventions, - 6 ans pour les délits (vols, faux et usages de faux, escroquerie, abus de biens sociaux etc.), - 20 ans pour les crimes. Ces délais courent en principe à compter du jour de la commission de l'infraction ou à compter du jour ou les faits ont été révélés pour certaines infractions (avec des délais butoirs : *pour le détail reportez-vous p.96)*

Décision du procureur de la République	Après étude de la plainte, le procureur de la République peut prendre l'une des décisions suivantes : **La citation directe** : Lorsque l'affaire est simple, le procureur saisit directement le tribunal. **L'ouverture d'une information judiciaire** : Dans les affaires plus complexes, le procureur demande la désignation d'un ou plusieurs juges d'instruction pour recueillir tous les éléments utiles à la manifestation de la vérité. **Les mesures alternatives aux poursuites** : elles visent à remédier à l'absence de réponse pénale pour des infractions ne justifiant pas la saisine d'une juridiction et à limiter le nombre de classements sans suite. **Le classement sans suite** : Le procureur décide de ne pas poursuivre. Si le plaignant conteste le classement sans suite, il peut former un recours auprès du procureur général ou déposer une plainte avec constitution de partie civile *(voir ci-dessous)*.

2. Comment se constituer partie civile ?

Rappelons que la plainte avec constitution de partie civile permet à la victime de :
- déclencher les poursuites pénales,
- et de devenir partie civile au procès, ce qui permet notamment de demander la réparation du préjudice et d'être associé à l'information judiciaire.

La plainte avec constitution de partie civile peut être déposée d'emblée (notamment en cas de crime) ou après une plainte simple pour laquelle le procureur de la République aurait refusé de poursuivre (ou n'aurait pas répondu). Sachez que la victime de l'infraction (la société ou l'associé) peut se constituer partie civile même lorsque la procédure est déjà engagée.
S'agissant de l'action à titre personnel d'un associé, il est nécessaire que le préjudice dont il demande réparation ne découle pas d'un préjudice subi par la SARL, car dans ce cas seule la SARL peut engager la procédure.

Déposer plainte avec constitution de partie civile	La plainte avec constitution de partie civile est adressée au juge d'instruction du tribunal de grande instance du lieu de l'infraction ou du domicile de l'auteur de l'infraction, par lettre sur papier libre, datée et signée, dans laquelle figurent : - une déclaration indiquant clairement la volonté de la victime de se constituer partie civile, - la demande de dommages-intérêts, - l'adresse, en France, où contacter le demandeur.
Délais pour agir	Les délais pour agir sont identiques à la plainte simple *(voir p. 213)*. À l'expiration du délai, la société ou l'associé victime de l'infraction ne pourront plus agir au pénal. Si la victime veut obtenir réparation du préjudice subi, elle devra agir devant le tribunal de commerce.
Fixation de la consignation	Généralement, le juge demande au plaignant une somme d'argent qui sera consignée afin de garantir le paiement d'une éventuelle amende dans le cas où la constitution de partie civile s'avérerait abusive ou dilatoire. Cette somme est restituée si l'enquête judiciaire confirme la bonne foi du plaignant. Sachez que le juge peut également dispenser le plaignant de la consignation.
Cheminement de la plainte	La plainte est transmise au procureur de la République qui peut : **1-** demander à entendre la partie civile, **2-** demander au juge d'instruction de ne pas poursuivre. Si le juge suit cet avis, il rend une ordonnance de non-lieu. Mais sachez qu'il est possible de faire appel de l'ordonnance de non-lieu dans les 10 jours de sa notification. La déclaration d'appel est faite auprès du greffier du juge qui a rendu l'ordonnance. **Attention :** Si le non-lieu est définitif, le gérant ou l'associé visé par la plainte avec constitution de partie civile peut poursuivre le plaignant pour dénonciation calomnieuse et demander le versement de dommages-intérêts. **3-** demander l'ouverture d'une instruction qui mènera au procès.

Pour en savoir plus : - www.vos-droits.justice.gouv.fr/proces-penal
- www.interieur.gouv.fr/A-votre-service/

⑬ Demander la désignation d'un administrateur provisoire

Si le fonctionnement normal de la SARL n'est plus possible et que sa gestion est entravée, tout associé peut demander au tribunal de commerce la désignation d'un administrateur provisoire.

Ainsi par exemple, la demande serait recevable en cas :

- de mésentente grave entre associés mettant en péril la société,

- de désaccords graves sur les orientations relatives à l'activité sociale,

- de contestations sur la propriété de la majorité des parts sociales,

- d'impossibilité d'accord sur le nom d'un gérant.

Le juge fixe la mission de l'administrateur provisoire. Il peut aller jusqu'à attribuer un **mandat général de gestion** à l'administrateur provisoire, le **gérant en titre est alors dessaisi** de ses pouvoirs durant la mission de l'administrateur.

La rémunération de l'administrateur est en principe à la charge de la SARL. Exceptionnellement, elle peut être mise à la charge de l'associé responsable du blocage de la société.

Attention !
Un espoir de meilleur fonctionnement de la SARL doit exister car à défaut, seuls le départ de certains associés ou une dissolution anticipée seraient appropriés.

---

⑭ Protéger la société contre la concurrence déloyale du gérant

1. La notion de concurrence déloyale du gérant

L'obligation de loyauté et de fidélité qui s'impose au gérant lui interdit de créer ou d'exercer une activité concurrente à celle de la SARL *(voir p. 88)*. Par exemple, il est interdit au gérant de négocier, pour son propre compte ou le compte d'une autre société, un marché dans le même domaine d'activité que celui de la SARL[1].

En cas de démission du gérant, cette obligation de loyauté demeure pendant la période du préavis statutaire[2]. Il lui est donc interdit d'attirer des clients de la SARL qu'il dirigeait au profit d'une société concurrente[3].

D'une manière générale, le gérant doit informer les associés de tout projet qui viendrait concurrencer la SARL.

Remarque : Il peut être judicieux de délimiter statutairement (ou dans l'acte de nomination) l'obligation de non concurrence à laquelle est soumise le gérant.

2. L'action en concurrence déloyale contre le gérant

L'action en concurrence déloyale contre le gérant doit être intentée devant le tribunal de commerce.

En cas de succès, elle permet d'obtenir la réparation du préjudice subi par la SARL et la cessation rapide du trouble causé. Relevons qu'il est possible de demander que la cessation des actes de concurrence déloyale soit ordonnée sous astreinte.

L'action doit être exercée dans un délai de 5 ans (qui court à compter du jour où les faits constitutifs de concurrence déloyale ont pris fin).

---

1 Cass. com. 15 novembre 2011, n° 10-15049
2 Cass. com. 12 février 2002, n° 00-11602
3 Cass. com. 6 juin 2001, n° 98-16390

⑮ Demander la dissolution de la SARL

Lorsque la dissolution est souhaitée par un ou plusieurs associés, elle peut intervenir :
- soit sur décision extraordinaire des associés,
- soit sur décision de justice à la demande de tout associé pour juste motif (principalement la mésentente ou l'inexécution de ses obligations par un associé).

1. La dissolution sur décision extraordinaire des associés

Les associés peuvent mettre fin à la société en anticipant le terme statutaire. Cette décision de dissolution anticipée doit être prise aux conditions de quorum et de majorité prévues pour les décisions extraordinaires *(voir p. 101 s.)*. Elle peut être décidée à tout moment, à condition qu'elle ne soit pas motivée par l'intention de nuire aux associés minoritaires qui pourraient s'y opposer.

2. La dissolution judiciaire pour juste motif

Il existe deux motifs principaux de dissolution judiciaire pouvant intervenir à la demande de tout associé, quel que soit son nombre de parts sociales :
- la mésentente entre associés paralysant la SARL,
- l'inexécution de ses obligations essentielles par un associé.

Ce droit est protégé : aucune clause statutaire ne peut l'interdire ou la limiter le droit.

Pour constituer une cause de dissolution, la mésentente doit entraîner la **paralysie** du fonctionnement de la société. Dans ce cas, tout associé peut demander en justice la dissolution de la société pour justes motifs.
La dissolution ne sera prononcée par le juge que si l'associé qui la demande n'est pas à l'origine de cette mésentente.

Sachez que pour éviter la dissolution, le juge peut décider de prononcer l'exclusion de l'associé à l'origine de la mésentente.

Quant à l'inexécution de ses obligations par un associé, elle doit présenter une importance essentielle pour la société pour constituer un motif de dissolution judiciaire.

📄 **Exemple :** *Cas d'un associé qui reprend sans droit ses apports en nature et ne répond plus aux convocations aux AGE visant à régulariser la situation.*

Quelle que soit la cause de dissolution de la SARL, cette décision doit être suivie d'une liquidation du patrimoine de la SARL *(voir p. 411)*.

→ *Pour connaitre les autres causes de dissolution, voir p 409*

Partie 4

Comprendre et optimiser la fiscalité de la SARL

Sommaire

Mises en garde introductives

La gestion fiscale des résultats de la société est **l'une des clés de la réussite**. Savoir gérer, c'est aussi savoir **optimiser la fiscalité de la SARL** *(sur la notion d'optimisation fiscale, reportez-vous p. 250)*.

La fiscalité est une matière complexe. La mise en œuvre des règles évoquées tout au long de l'ouvrage suppose, non seulement une parfaite maîtrise de la législation et des techniques fiscales, mais également une analyse fine de votre situation particulière.

Si vous n'êtes pas un professionnel qualifié en mesure de réaliser les analyses préalables et d'apprécier la portée de chacune des orientations fiscales prises, ne vous hasardez pas à assurer seul la gestion fiscale, les conséquences pourraient être très préjudiciables. Externalisez cette tâche et entourez-vous de conseils hautement qualifiés (expert-comptable, avocat fiscaliste ou notaire) seuls aptes à maitriser la complexité du système fiscal français et à assurer la veille permanente des fluctuations de la législation.

Les développements qui suivent constituent un éclairage, ils ne prétendent pas à l'exhaustivité. De même, les mesures d'optimisation distillées tout au long de l'ouvrage doivent être envisagées comme une base d'échange avec votre conseil, qui *in fine*, sera seul compétent pour analyser votre situation et apprécier les orientations à suivre pour assurer une bonne gestion fiscale.

Ces remarques fondamentales faites, cette partie vous éclairera sur quelques principes simples permettant de réaliser d'importantes **économies d'impôts**. Nous constaterons que la loi fiscale laisse aux sociétés un nombre important de choix qu'elles peuvent exercer librement et qui entraînent une modification de la base imposable et donc du montant de l'impôt à régler.

Le comportement du gérant et des associés a un impact significatif sur l'imposition de la société. Le bon gestionnaire doit donc tenir compte de l'incidence fiscale des décisions et faire jouer au mieux les options que lui offre la loi. Une fiscalité bien gérée devient un **avantage concurrentiel** important. Les fonds dégagés participent au succès de la SARL qui peut baisser les prix de ses produits ou services, investir davantage ou distribuer des dividendes plus confortables aux associés. Quant aux SARL les plus fragiles, elles trouvent souvent dans l'optimisation de leur fiscalité l'une des conditions de leur survie ou d'un nouveau départ.

Sachez qu'en principe, la SARL est soumise à l'**impôt sur les sociétés** et que les plus importantes d'entre elles sont également soumises à la contribution sociale. Par exception, les **SARL nouvelles** et les **SARL de famille** peuvent opter pour l'**impôt sur le revenu** ce qui peut permettre dans certains cas une réduction importante du montant global de l'impôt.

Chapitre 1

Optimiser fiscalement la création de la SARL

Ce chapitre présente les clés qui vous permettront d'optimiser la création de votre SARL en vue de réaliser d'importantes économies d'impôts.

Les choix fiscaux initiaux, ainsi que ses évolutions doivent faire partie intégrante de votre stratégie de création et de développement. C'est souvent un facteur important de réussite.

Ils permettent également parfois de convaincre vos interlocuteurs (banquiers, investisseurs privés ou publics, fournisseurs, clients etc.) du sérieux de votre projet.

Les premiers choix devront être indiqués lors de la déclaration d'activité souscrite auprès de votre centre de formalités des entreprises.

Sommaire

(1)   **Tirer profit des exonérations**

(2)   **Savoir limiter les coûts liés aux apports**

(3)   **Opter pour l'impôt sur le revenu ?**

(4)   **Choisir un régime de TVA adapté**

(5)   **Adhérer à un organisme de gestion agréé**

(6)   **Principales obligations fiscales au cours de l'année de création**

① Tirer profit des exonérations

Votre SARL peut bénéficier d'exonérations fiscales importantes durant les premières années de son développement. Ces exonérations peuvent dépendre de la zone géographique d'implantation (ZARF, ZFU-TE, ZRR, ZRD, Outre-mer etc.), de la nature de l'activité ou de l'opération (entreprises participant à un projet de recherche et de développement, reprise d'une entreprise en difficulté etc.).

> **Attention !**
> Les exonérations évoluent régulièrement, n'hésitez pas à utiliser la procédure du rescrit et à consulter le correspondant chargé des entreprises nouvelles de votre département pour le détail des conditions d'application *(voir p. 47 et suivantes : « Anticiper les questions de nature fiscale »).*

1. L'exonération des entreprises nouvelles implantées en ZFU-TE

Les entreprises nouvelles qui sont implantées dans les **zones franches urbaines-territoires entrepreneurs** (ZFU-TE) peuvent bénéficier d'exonérations fiscales dégressives (IR ou IS).

→ Conditions de l'exonération :

- La ZFU-TE doit être située sur un territoire où s'applique un « contrat de ville »[1] au 1er janvier de l'année d'implantation,
- L'activité doit être industrielle, commerciale, artisanale (art. 34 CGI) ou professionnelle (art. 92-1 CGI),
- La SARL doit avoir un chiffre d'affaires inférieur à 10 M€ ou un bilan inférieur à 10 M€ et employer au plus 50 salariés dont au moins 50 % localement (en CDI ou en CDD d'au moins 12 mois),
- Le capital de la SARL ne doit pas être détenu à 25 % ou plus par des entreprises dont l'effectif dépasse 250 salariés et réalisant un chiffre d'affaires excédant 50 M€ ou un bilan excédant 43 M€.

→ *Vous trouverez la liste des zones éligibles sur le site www.i.ville.gouv.fr*

→ Modalités d'exonération :

Durée d'exonération	Taux d'exonération
Les 2 premières années d'activité	100 %
La 3ème année d'activité	75 %
La 4ème année d'activité	50 %
La 5ème année d'activité	25 %
Au-delà	0 %

L'allègement fiscal est plafonné à 50 000 € par période de 12 mois.

---

[1] Contrat de ville prévu à l'article 6 de la loi du 2014-173 du 21 février 2014.

2. L'exonération des entreprises nouvelles implantées ZRR

Les entreprises de moins de 11 salariés qui créent ou reprennent une activité dans une **zone de revitalisation rurale** (ZRR) jusqu'au 31 décembre 2020 inclus bénéficient d'une exonération totale d'impôt sur les bénéfices pendant 5 ans suivie d'une exonération partielle de 3 ans[1].

→ Conditions de l'exonération :

- L'activité doit être industrielle, commerciale, artisanale (art. 34 CGI) ou professionnelle (art. 92-1 CGI),
- La SARL doit employer moins de 11 salariés,
- La SARL doit être soumise à un régime réel d'imposition (de plein droit ou sur option),
- Le capital social de la SARL ne doit pas être détenu à 50 % ou plus par d'autres sociétés,
- L'ensemble de son activité doit être implanté dans la ZRR.

→ Modalités d'exonération :

Durée d'exonération	Taux d'exonération
Les 5 premières années d'activité	100 %
La 6ème année d'activité	75 %
La 7ème année d'activité	50 %
La 8ème année d'activité	25 %
Au delà	0 %

Sachez que sous certaines conditions et sur délibération des collectivités territoriales ou des établissements publics de coopération intercommunale dotés d'une fiscalité propre, vous pouvez également bénéficier d'exonérations de cotisation foncière des entreprises (CFE), de cotisation sur la valeur ajoutée des entreprises (CVAE) et de taxe foncière sur les propriétés bâties (TFPB).

3. L'exonération des entreprises dans les BER

Les entreprises qui s'installent ou réalisent des extensions d'établissements dans un **bassin d'emploi à redynamiser** (BER) en Champagne-Ardenne et en Midi-Pyrénées, jusqu'au 31 décembre 2017 peuvent bénéficier d'exonérations fiscales et des charges patronales à certaines conditions.

→ Conditions de l'exonération :

- L'activité doit être industrielle, commerciale ou artisanale,

- Sont exclues de l'exonération les activités de crédit-bail mobilier, agricoles, de construction-vente ou de gestion de patrimoine mobilier ou immobilier ainsi que les activités transférées dans un BER ayant déjà bénéficié d'autres exonérations pendant 5 ans,

- **La SARL ne doit pas verser de dividendes à ses associés**, l'exonération prenant fin à compter de l'exercice au cours duquel la décision de distribution a été prise.

---

[1] Toutefois, sont exclues du dispositif, les créations et les reprises d'activités dans les ZRR consécutives au transfert, à la concentration ou la restructuration d'activités précédemment exercées dans ces zones. Cependant, l'exonération d'impôt sur les bénéfices est maintenue pour la durée restant à courir si l'activité reprise ou transférée bénéficie ou a bénéficié du régime de l'article 44 quindecies du CGI.

📄 **Exemples :** *Une SARL a été créée le 15 mai 2016 et clôture son exercice comptable le 31 décembre. Elle bénéficie du régime d'exonération d'IS. Si un versement de dividendes est décidé au titre des bénéfices réalisés en 2016, durant l'assemblée générale annuelle qui se tiendra au 1er semestre 2017. En raison de cette décision, l'exonération ne s'appliquera plus à compter de l'exercice clos le 31 décembre 2017.*

Cette situation n'entraîne pas la remise en cause des exonérations antérieures.

Attention !
Pour bénéficier de l'exonération, l'entreprise doit transmettre au service des impôts des entreprises (SIE) un état de détermination du bénéfice éligible à l'exonération avec sa déclaration de résultats.

→ **Modalités d'exonération :**

Impôt sur les bénéfices	Exonération totale d'impôt sur les bénéfices (IR ou IS) pendant 5 ans.
Impôts locaux	Les immeubles sont exonérés de taxe foncière et de cotisation foncière des entreprises (CFE) pendant 5 ans : - à partir de l'année suivant celle de la création de l'activité, - ou à partir de la 2ème année suivant l'extension de l'activité dans le BER. **Conditions :** 1- demander l'exonération de la taxe foncière, avant le 1er janvier de la première année d'exonération, par l'envoi d'une déclaration au service des impôts fonciers, 2- faire la demande d'exonération de CFE pour chaque établissement auprès du service des impôts, au plus tard le 31 décembre de l'année de création ou de la reprise de l'établissement, ou avant le 3 mai de l'année suivant celle de l'extension d'établissement.
Plafonds	L'exonération d'impôt sur les bénéfices et d'impôts locaux dans les BER est plafonnée : - dans la limite du plafond retenu dans la zone d'aide à finalité régionale si le BER en fait partie, - ou à 200 000 € d'aides qualifiées de *minimis* perçues au cours de l'exercice fiscal et des 2 exercices fiscaux précédents. **À savoir :** En cas de changement d'exploitant au cours de la période d'exonération, le remplaçant continue de bénéficier du même allègement pendant la période restante.
Charges sociales	Exonération des charges sociales pendant 5 ans. **Conditions :** L'exonération concerne les salariés ayant une activité réelle, régulière et indispensable à l'exécution du contrat de travail en BER. Sont également concernés les salariés recrutés pour des contrats d'au moins 12 mois à l'occasion d'une extension d'établissement. L'employeur ne doit pas avoir effectué de licenciement économique dans les 12 mois précédents. **Attention :** L'exonération ne concerne pas les cotisations : - sur la rémunération excédant le Smic majoré de 40 %, - accidents du travail/maladies professionnelles, - salariales de sécurité sociale, - contribution de solidarité pour l'autonomie (CSA), - CSG-CRDS, - de retraite complémentaire et de chômage.

Attention !

Pour bénéficier de l'exonération de charges sociales, la SARL doit transmettre **3 déclarations** :

1- le formulaire relatif aux aides de *minimis* et aux aides à finalité régionale à envoyer à l'Urssaf,

2- la déclaration sur les mouvements de main-d'œuvre intervenus au cours de l'année précédente, au plus tard le 30 avril à la Direction régionale des entreprises, de la concurrence, de la consommation, du travail et de l'emploi (« Direccte ») et à l'Urssaf,

3- la déclaration spécifique en cas d'extension d'établissement, à l'Urssaf, avant la fin du 12ème mois qui suit la date d'effet de l'extension de l'établissement.

4. L'exonération des entreprises nouvelles implantées en ZAFR

Les entreprises nouvelles qui sont implantées dans les **zones d'aides à finalité régionale** (ZAFR) peuvent bénéficier d'exonérations fiscales dégressives (IR ou IS).

→ Conditions de l'exonération :

- La société doit être réellement nouvelle (c'est-à-dire ne pas résulter d'une reprise, d'une concentration, d'une restructuration, ou d'une extension d'activités préexistantes),
- La SARL doit être soumise au régime réel d'imposition
- Créer une activité industrielle, commerciale, artisanale (Attention : si son activité est non-commerciale et que la SARL est soumise à l'IS, cette dernière doit employer au moins 3 salariés)
- Le capital social de la SARL ne doit pas être détenu à 50 % ou plus par d'autres sociétés
- Les conditions doivent être réunies dès la création et tout au long de la période d'allègement.

→ Modalités d'exonération :

Durée d'exonération	Taux d'exonération
Les 2 premières années d'activité	100 %
La 3ème année d'activité	75 %
La 4ème année d'activité	50 %
La 5ème année d'activité	25 %
Au delà	0 %

5. L'exonération des entreprises nouvelles implantées en ZRD

Les entreprises nouvelles qui sont implantées dans les **zones de restructuration de la défense (ZRD)** peuvent bénéficier d'exonérations fiscales dégressives (IR ou IS) et des allègements en matière de contribution économique territoriale (CFE, CVAE).

→ Conditions de l'exonération :

- La société doit être réellement nouvelle (c'est-à-dire ne pas résulter d'une reprise, d'une concentration, d'une restructuration, ou d'une extension d'activités préexistantes),
- L'activité doit être industrielle, commerciale ou artisanale (art. 34 et 35-I-5° du CGI), à l'exception des activités de crédit-bail mobilier et de location d'immeubles à usage d'habitation, ou agricole.

L'exonération s'applique dans les mêmes conditions et limites aux sociétés soumises à l'impôt sur les sociétés exerçant une activité professionnelle non commerciale[1].

- Lorsque l'activité implantée est non sédentaire mais exercée en tout ou en partie en dehors de cette zone, l'exonération s'applique si la société emploie au moins un salarié sédentaire à plein temps ou équivalent, exerçant ses fonctions dans les locaux affectés à l'activité, ou si ce contribuable réalise au moins 25 % de son chiffre d'affaires auprès des clients situés dans la ZRD.

> **Attention !**
> **L'exonération suppose d'opter pour le régime des ZRD.** Les régimes d'exonération n'étant pas cumulables, si la SARL remplit également les conditions d'autres régimes (ex. : ZRR), la SARL peut opter pour le ZRD dans les 6 mois du début d'activité. L'option est irrévocable.

→ Modalités d'exonération :

Durée d'exonération	Taux d'exonération des bénéfices
Les 5 premières années d'activité	100 %
La 6ème année d'activité	67 %
La 7ème année d'activité	33 %
Au delà	0 %

→ Pour connaître la liste des ZRD consultez le site www.i.ville.gouv.fr

6. L'exonération des entreprises implantées en zone de recherche et de développement

Les entreprises participant à un projet de recherche et de développement agréé par les services de l'État et qui sont implantées dans une zone de recherche et de développement peuvent, sous certaines conditions, bénéficier d'allégements fiscaux et sociaux[2].

→ Conditions de l'exonération :

Les conditions sont essentiellement liées à l'activité : la SARL doit participer à un projet de recherche et de développement agréé par les services de l'État.

Il convient d'adresser une demande à la Direction départementale des Finances publiques. Elle doit comporter une présentation précise et complète de l'activité ainsi que tous les éléments nécessaires pour apprécier le respect des conditions requises.

À savoir : Si l'administration ne vous a pas répondu dans un délai de 3 mois, elle est réputée avoir tacitement acceptée votre demande. Le délai de 3 mois commence à courir à compter de la réception d'un dossier complet par le service de l'administration fiscale compétent.

---

[1] Au sens du 1 de l'article 92 du CGI.
[2] art. 44 undecies du CGI.

→ **Modalités d'exonération :**

Durée d'exonération	Taux d'exonération des bénéfices
Les 3 premières années d'activité	100 %
La 5ème année d'activité	50 %
La 6ème année d'activité	50 %
Au delà	0 %

De plus, l'entreprise bénéficie d'une exonération pendant 5 ans de taxe foncière sur les propriétés bâties et de contribution économique territoriale sur délibération des collectivités territoriales. Les avantages fiscaux sont plafonnés en application des *minimis.*

Parallèlement à l'exonération fiscale, les entreprises en **pôle de compétitivité** peuvent bénéficier d'une exonération de charges sociales patronales sur les rémunérations des personnels participant à la recherche. Cette exonération, d'une durée de 72 mois, est de 50 % pour les petites et moyennes entreprises et de 25 % pour les autres.

→ *Pour connaître la liste des zones, consultez : des www.datar.gouv.fr, rubrique « Aménagement du territoire », onglet « Pôles de compétitivité »*

7. L'exonération des bénéfices réalisés dans les zones franches d'activité d'outre-mer

Jusqu'au 31 décembre 2017, les SARL implantées dans une zone franche d'activité d'outre-mer peuvent bénéficier d'abattements dégressifs sur :
- les bénéfices réalisés,
- la contribution économique territoriale,
- et la taxe foncière sur les propriétés bâties.

→ **Conditions de l'exonération :**

Les bénéfices doivent provenir d'exploitations situées en Guadeloupe, en Guyane, en Martinique, la Réunion ou Mayotte qui relèvent d'activités éligibles à la déductions pour investissement ainsi qu'aux secteurs de la comptabilité et du conseil aux entreprises.
L'exonération est conditionnée à la réalisation d'un quota de dépenses de formation professionnelle.

→ **Modalités d'exonération :**

Les taux d'abattements sont appliqués sur le bénéfice plafonné à 150 000 € ou 300 000 € selon les cas. Ces abattements cesseront de s'appliquer à compter des exercices ouverts au 1er janvier 2018.

8. La reprise d'une entreprise en difficulté

Une société créée avant le 31 décembre 2020 pour reprendre une entreprise en difficulté peut bénéficier d'une **exonération d'impôt sur les sociétés pendant 2 ans**. Ces reprises concernent notamment les entreprises en cession totale ou partielle dans le cadre d'une procédure de sauvegarde, de redressement ou liquidation judiciaire.

La reprise doit concerner une entreprise ayant uniquement une **activité industrielle**.

Attention !
Certaines activités sont expressément exclues, notamment la sidérurgie, le transport, la fabrication de fibres synthétiques, la pêche.
Le montant de l'exonération est soumis à un plafond qui varie selon la taille de l'entreprise et son implantation (par exemple, il est majoré pour les PME dans une zone d'aide à finalité régionale - ZAFR).

Le capital de la société créée ne doit pas être détenu directement ou indirectement par les personnes qui ont été associées ou exploitantes ou qui ont détenu plus de 50 % du capital de l'entreprise en difficulté l'année précédant la reprise.

Sur délibération des collectivités territoriales et des EPCI dotés d'une fiscalité propre, la SARL peut également bénéficier d'exonérations de cotisation foncière des entreprises (CFE), de CVAE et de taxe foncière sur les propriétés bâties (TFPB), pour une durée comprise entre 2 et 5 ans.

À savoir : Les repreneurs bénéficient d'aides fiscales, de réductions ou d'exonérations d'impôts, soumises à conditions. Ces différentes réductions d'impôts ne sont pas cumulables.

Pour en savoir plus :
- www.impots.gouv.fr, rubrique « Contacts », « Professionnels : vos correspondants spécialisés »
- www.service-public.fr

② Savoir limiter les coûts liés aux apports

Trop peu de créateurs d'entreprises le savent, mais les apports qu'un associé réalise au profit d'une société peuvent entraîner des coûts importants, notamment en matière fiscale. Ces impôts sont pourtant souvent évitables, et d'importantes économies peuvent être réalisées lorsque les associés ont pris connaissance de quelques règles relativement simples. **Mais attention, pour réaliser ces économies fiscales, la plupart des mesures doivent être prises <u>avant</u> l'enregistrement des statuts.**

> *Attention !*
> Pour éviter toute erreur et prendre en compte les évolutions législatives, il est recommandé de s'entourer des conseils d'un professionnel (avocat fiscaliste, notaire ou expert-comptable).

Après une présentation de la **fiscalité des apports** (2.1), nous exposerons quelques astuces qui vous permettront de **limiter les coûts liés aux apports** (2. 2).

②.1 Généralités sur la fiscalité des apports

Au regard des droits d'enregistrement, l'administration fiscale distingue les apports « purs et simples », « à titre onéreux » ou « mixtes » (1.). Toutefois, cette distinction est sans intérêt lorsque les biens apportés entrent dans le champ d'application de la TVA[1] (2.).

1. Les droits d'enregistrement et de mutation

L'administration fiscale classe les apports en **3 catégories**[2] : les apports purs et simples, les apports à titre onéreux et les apports mixtes. Relevons que cette classification n'est pas prise en considération lorsque les biens apportés sont soumis à la taxe sur la valeur ajoutée (TVA) car celle-ci se substitue aux droits de mutation *(voir p. 231)*.

Ces apports peuvent être du numéraire, un immeuble isolé, un droit immobilier isolé, un droit immobilier apportés avec l'entreprise, un fonds de commerce, un brevet ou tout autre bien. Sachez que les apports en numéraire sont sans incidence fiscale directe, sous réserve que vous soyez en mesure de les libérer intégralement car certains avantages fiscaux en dépendent *(voir p. 34)*. En revanche, les autres apports sont susceptibles de droit d'enregistrement et de mutation.

---

[1] Art. 257 du CGI, art. 810-IV du CGI et art. 1594-0 G-A-I du CGI ; BOI-ENR-AVS-40-10.
[2] Art. 809 à 810 *quater* du CGI.

Remarque : Si vous êtes déjà entrepreneur individuel (commerçant, artisan…) sachez bénéficier du régime fiscal d'exonération destiné à favoriser la mise en société de votre entreprise !

→ Les apports purs et simples

Qu'est-ce qu'un apport pur et simple ?

Il s'agit des apports dont la seule contrepartie est la remise de parts sociales de la SARL[1]. L'associé étant exposé au risque de perte de ces parts en cas de difficulté de la société.

Les apports purs et simples sont les plus fréquents.

Quelle est la fiscalité des apports purs et simples ?

Lors de la création de la SARL, les apports purs et simples sont en principe exonérés de droit d'enregistrement. En revanche, ils peuvent être soumis à droit de mutations si ces apports sont constitués d'immeubles isolés, de parts ou d'actions d'une société immobilière soumise à l'IR, de droits immobiliers apportés avec l'entreprise (usufruit, nue-propriété, droit d'usage et d'habitation, servitudes réelles), d'un fonds de commerce, d'une clientèle. Les règles applicables sont synthétisées dans le tableau ci-dessous :

Si la SARL est soumise à l'IR quel que soit l'apporteur	**Exonérés**	
	Attention : Si la SARL devient passible de l'impôt sur les sociétés (IS), le changement de régime fiscal rend les droits et taxes de mutation exigibles. Les droits sont perçus sur la valeur vénale des biens à la date du changement.	
Si la SARL est soumise à l'IS et l'apporteur à l'IR	**→ Sans engagement de conserver ses parts 3 ans**	- Droit de mutation de 5 % [1] **- Pour l'apport d'un fonds de commerce :** - 0 % sur la fraction jusqu'à 23 000 €, - 3 % sur la fraction de 23 000 € à 200 000 €, - 5 % au-dessus de 200 000 €.
	→ Avec engagement de conserver ses parts 3 ans	**Exonérés**
Si la SARL est soumise à l'IS et l'apporteur à l'IS	**Exonérés**[1]	
Apport de brevet	Droit fixe de 125 €	

(1) **Attention :** Lorsque le bien a déjà bénéficié d'une exonération au titre d'un précédent apport de l'exonération ou du taux réduit à 1 %, une nouvelle exonération suppose l'engagement de l'apporteur de conserver ses parts pendant 3 ans.

Rappel : Certains apports sont soumis à la TVA *(voir p. 231)*, ils peuvent en outre donner lieu à une imposition des plus-values réalisées *(voir p. 232).*

---

[1] Art. 810 bis du CGI ; Instr. 17 janv. 2000, BOI 7 H-1-00.

→ Les apports à titre onéreux

Qu'est-ce qu'un apport à titre onéreux ?

Il s'agit des apports qui ne sont pas rémunérés par des parts sociales, mais selon les cas par :
- une somme d'argent,
- une reconnaissance de dette,
- ou encore par la prise en charge d'une dette personnelle par la SARL.

Autrement dit, les apports sont dits à titre onéreux lorsqu'ils sont rémunérés par une contrepartie soustraite aux risques sociaux. Cet apport est analysé par le fisc comme une vente à la société. Les apports prenant totalement cette forme sont extrêmement rares.

Quelle est la fiscalité des apports à titre onéreux ?

Les règles applicables sont synthétisées dans le tableau ci-dessous :

Apport d'une entreprise individuelle avec son passif	**→ Sans engagement de conserver ses parts 3 ans**	Droit de mutation de 5 %
	→ Avec engagement de conserver ses parts 3 ans	Exonéré
Apport d'un immeuble	Droit de mutation de 5 %	
Apport d'un fonds de commerce à une SARL soumise à l'IR	**Exonéré**	
	Attention : Si la SARL devient passible de l'impôt sur les sociétés (IS), le changement de régime fiscal rend les droits et taxes de mutation à titre onéreux exigibles sur les apports purs et simples qui lui ont été faits depuis le 1er août 1965 par des personnes soumises à l'IR. Les droits sont alors perçus sur la valeur vénale des biens à la date du changement.	
Apport d'un fonds de commerce à une SARL soumise à l'IS	**→ Sans engagement de conserver ses parts 3 ans**	Droits de mutation : - 0 % sur la fraction jusqu'à 23 000 € - 3 % sur la fraction de 23 000 € à 200 000 € - 5 % au-dessus de 200 000 €
	→ Avec engagement de conserver ses parts 3 ans	Exonéré
Apport d'un brevet	Droit fixe de 125 €	

→ Les apports mixtes

Qu'est-ce qu'un apport mixte ?

Il s'agit des apports pour lesquels l'associé reçoit en contrepartie à la fois des parts sociales et, selon les cas, une somme d'argent correspondant à une reconnaissance de dette ou à la prise en charge par la SARL d'une dette personnelle[1] (par exemple : l'apport d'un immeuble dont l'emprunt court toujours). Les apports mixtes sont donc la combinaison des apports purs et simple et des apports à titre onéreux.

Quelle est la fiscalité des apports mixtes ?

Les règles applicables sont synthétisées dans le tableau ci-dessous :

Apport à une SARL soumise à l'IR	Exonéré
	Attention : Si la SARL devient passible de l'impôt sur les sociétés (IS), le changement de régime fiscal rend les droits et taxes de mutation à titre onéreux exigibles sur les apports purs et simples qui lui ont été faits depuis le 1er août 1965 par des personnes soumises à l'IR. Les droits sont alors perçus sur la valeur vénale des biens à la date du changement.
Apport à une SARL soumise à l'IS	L'apport mixte est soumis avant imputation du passif : - au régime des apports purs et simples pour la fraction rémunérée par des parts sociales ; - et au régime des apports à titre onéreux pour la fraction de l'apport réalisée à titre onéreux. Toutefois, lorsque l'une au moins des deux fractions est soumise à un droit fixe, une seule taxation est perçue (par exemple apport d'un brevet : Droit fixe de 125 €)

Zoom

Quelle règle appliquer lorsqu'un acte donne ouverture à plusieurs droits ?

Lorsqu'un acte donne ouverture à la fois à un droit fixe et à un droit proportionnel, seul le droit proportionnel est exigible (sauf application du droit fixe le plus élevé en tant que minimum de perception). Lorsqu'un acte contient plusieurs dispositions donnant chacune ouverture à un droit fixe, seul le droit fixe le plus élevé est perçu.

2. Les apports soumis à la TVA

Certains apports ne sont pas soumis à droits d'enregistrement mais à la TVA, il s'agit des :
- terrains à bâtir et immeubles (la taxe de publicité foncière n'est pas exigée),
- apports de marchandises neuves (sauf si ces marchandises sont destinées à la revente),
- les apports de biens mobiliers d'investissement (sauf cas d'exonération).

En principe la TVA sur les apports est collectée par l'associé apporteur qui doit ensuite reverser la TVA, ce qui ouvre à la SARL un droit à déduction.

---

[1] C'est généralement le cas d'un apport qui est grevé de passif : à concurrence du passif que la société réglera à la place de l'apporteur, l'apport n'est pas pur et simple, mais réalisé à titre onéreux.

Remarque : Si la SARL créée acquitte la TVA à la place de l'apporteur, la valeur de l'apport correspond à son montant hors taxes.

→ *Pour le détail, reportez-vous page 236*

3. Comment sont taxées les plus-values d'apport ?

L'apporteur est susceptible d'être personnellement imposé s'il réalise une plus-value à l'occasion de son apport à la SARL. L'apport est en effet soumis à un régime fiscal similaire à une vente au regard des plus-values : les parts sociales attribuées sont le « prix » du bien apporté.

La plus-value réalisée est donc imposée selon le régime :
- des plus-values des particuliers si le bien apporté était dans le patrimoine privé (non professionnel) de l'apporteur,
- ou des plus-values professionnelles si le bien apporté était dans le patrimoine professionnel de l'apporteur (ou est apporté par une société).

À savoir : Par exception, **les apporteurs d'une entreprise individuelle à la SARL** peuvent opter pour l'application d'un régime de report d'imposition des plus-values et des profits sur stocks[1] *(voir page 238).*

A) Les apports soumis à l'imposition des plus-values réalisées par les particuliers

Si le bien apporté était dans le patrimoine privé de l'apporteur, il est soumis au régime des plus-values réalisées par les particuliers.

Astuce : Pour éviter l'impôt sur les plus-values, vous pouvez opter pour l'apport en jouissance qui ne génère quant à lui aucune plus-value[2] (il n'y a plus-value que s'il y a apport en propriété).

Certains biens sont **exonérés** de l'imposition sur les plus-values :
- la résidence principale,
- les immeubles dont le prix est inférieur ou égal à 15 000 €,
- les biens détenus depuis plus de 30 ans,
- les « meubles meublants », appareils ménagers et automobiles,
- les meubles dont le prix est inférieur ou égal à 5 000 €,
- les biens possédés depuis 12 ans**.**

→ Comment déterminer le montant de la plus-value réalisée par un particulier ?

Il faut procéder au calcul suivant :

> *« Prix » de l'apport – prix d'acquisition (majoré des frais d'acquisition) – abattements*
> =
> ***Plus-value imposable (ou moins-value)***

Les abattements dépendent de la nature du bien :

---

[1] Art. 151 octies du CGI
[2] Sur ce point : CE, 11 mai 1984, n° 38025 et CE, 18 sept. 1998, n°135565.

Pour les meubles	L'abattement pour durée de détention est déterminé de la manière suivante : - moins de 2 ans : 0 % - De 2 à moins de 8 ans : 50% - Au moins 8 ans : 65 %
Pour les immeubles	Le taux et la cadence de l'abattement sont différents pour déterminer l'*assiette* imposable à l'impôt sur le revenu et aux prélèvements sociaux. L'abattement pour durée de détention est déterminé de la manière suivante : - 6 % pour chaque année de détention au-delà de la 5ème et jusqu'à la 21ème, - 4 % pour la 22ème année révolue de détention. L'exonération totale des plus-values immobilières au titre de l'IR est acquise à l'issue 22 ans de détention. Pour la détermination du montant imposable aux prélèvements sociaux, l'abattement est déterminé de la manière suivante : - 1,65 % pour chaque année de détention au-delà de la 5ème et jusqu'à la 21ème, - 1,60 % pour la 22ème année de détention, - 9 % pour chaque année au-delà de la 22ème. L'exonération des prélèvements sociaux est acquise à l'issue d'un délai de détention de 30 ans.

→ Comment déterminer son taux d'imposition ?

Les plus-values mobilières à long terme sont d'abord minorées des moins-values à long terme réalisées au cours des 10 exercices précédents puis du déficit éventuel de l'exercice. Le solde de la plus-value à long terme est réduite de l'abattement, puis ajouté aux autres revenus de la déclaration de revenus de l'apporteur. Le montant global est ensuite soumis au barème progressif de l'impôt sur le revenu.

Les plus-values immobilières sont imposées à l'impôt sur le revenu au taux de 19 %. Une taxe supplémentaire s'applique en cas de plus-value imposable supérieure à 50 000 € (de 2 % à 6 % selon le montant).

Attention !
L'apport de parts sociales ou d'actions à la SARL (soumise à l'IS) n'entraîne pas d'imposition immédiate. L'imposition n'interviendra qu'au moment de la cession des parts de la SARL reçues en contrepartie de cet apport. La plus-value réalisée sera calculée par rapport à la valeur des titres d'origines apportés.

B) Les apports soumis à l'imposition des plus-values professionnelles

Si le bien apporté était dans le patrimoine professionnel de l'apporteur (ou est apporté par une société) il est soumis au régime des plus-values professionnelles.

→ Comment déterminer le montant de la plus-value réalisée par un « professionnel » ?

Le calcul à suivre pour déterminer la plus-value découlant de l'apport est différent selon que le bien est amortissable ou non.

- Si le bien est **amortissable**, il faut procéder au calcul suivant :

« Prix » de l'apport – valeur comptable nette = **Plus-value imposable** (ou moins-value)

À savoir : La « valeur comptable nette » correspond à la valeur d'origine diminuée des amortissements comptabilisées et des éventuelles dépréciations.

- Si le bien est **non amortissable**, il faut procéder au calcul suivant :

Valeur de l'apport – valeur d'origine = **Plus-value imposable** (ou moins-value)

À savoir : La « valeur d'origine » correspond au coût d'achat du bien ou à son coût de revient.

→ Quel est le taux d'imposition de la plus-value professionnelle ?

Le taux d'imposition varie selon que la plus-value réalisée lors de l'apport est à court terme ou à long terme.

La qualification des plus-values et moins-values découle des règles suivantes :

Durée de détention des immobilisations		Supérieure à 2 ans	Inférieur à 2 ans
Non amortissable	Plus-value	Long terme	Court terme
	Moins-value		**Exception :** Long terme pour les apports de brevet, d'invention brevetable ou de procédés industriels brevetables mis au point par l'entreprise apporteuse.
Amortissable	Plus-value	- Court terme à hauteur des amortissements déduits sur ce bien avant l'apport, - Long terme au delà.	
	Moins-value	Court terme	

Les taux d'imposition des plus-values sont les suivants :

Plus-value à court terme	Apporteur soumis à l'IS	La plus-value réalisée fait partie du résultat soumis à l'impôt sur les sociétés (au taux de 33,1/3% ou 15% pour les PME dans la limite de 38 120 € de bénéfices) sans étalement possible *(voir p. 252 s.)*.
	Apporteur soumis à l'IR	Imposé comme un élément du bénéfice inclus dans la base de calcul du résultat fiscal avec la possibilité d'étaler cette plus-value sur 3 ans.
Plus-value à long terme	Apporteur soumis à l'IS ou à l'IR	Les plus-values à long terme sont imposées au taux global de 31,5 % (taux de 19 % auquel s'ajoutent les prélèvements sociaux au taux de 13,5 %).

②.2 Optimiser le coût des apports

Lors de la constitution de la SARL (soumise à l'IS), les **apports purs et simples** sont en principe exonérés de droits d'enregistrement. En revanche, ils peuvent être assujettis à des droits de mutation *(voir p. 229 s.)*. Les **apports à titre onéreux** sont en principe taxés comme une vente d'après la nature du bien apporté (immeuble d'habitation, immeuble industriel ou commercial, biens ruraux, fonds de commerce, droit à un bail, droits sociaux...) *(voir p. 230 s.)*. Certains apports sont assujettis à une autre taxe : la TVA *(voir p. 231)*.

Les apports en nature peuvent donc se révéler fiscalement couteux : droits d'enregistrement ou de mutation, TVA ou encore imposition des plus-values *(voir p. 232 s.)*.

Toutefois, il est souvent **possible d'optimiser les apports mixtes ou d'échapper à toute imposition** grâce à quelques mesures simples.

1. L'intérêt fiscal de la reprise des actes accomplis pour la SARL en formation

La reprise des actes passés pour le compte de la société en formation *(voir p. 37 s.)* présente un intérêt en matière de droit d'enregistrement mais aussi d'impôt sur les sociétés.

→ Intérêt de la reprise sur les droits d'enregistrement (droits de mutation)

Même lorsqu'ils sont accomplis au nom d'une société en formation, les droits d'enregistrements relatifs à certains actes qui transfert la propriété ou la jouissance d'une chose (par exemple : la vente d'un immeuble) sont immédiatement exigibles[1].

La reprise de l'acte en question par la SARL permet de **supprimer toute nouvelle exigibilité de droit d'enregistrement** (à l'inverse, un nouveau transfert de propriété de l'associé à la société aurait entraîné l'exigibilité de nouveaux droits de mutation).

Bon à savoir : Afin d'éviter l'exigibilité immédiate des droits d'enregistrement, qui supposerait que les personnes qui accomplissent l'acte pour le compte de la société en formation fassent l'avance des droits de mutation, vous pouvez conclure l'acte sous condition suspensive (par exemple, celle de la reprise de l'engagement par la société). Dans ce cas, le transfert de propriété (ou de jouissance) ainsi que la perception des droits sont différés jusqu'à la réalisation de la condition suspensive. Si l'enjeu est important, faites rédiger l'acte par un notaire qui vous garantira la validité de la condition suspensive stipulée[2].

→ Intérêt de la reprise en matière d'Impôt sur les Sociétés (IS)

En matière d'IS, l'acte repris sera retenu au titre de l'exercice courant à compter de l'immatriculation. Il en sera également ainsi, en matière d'amortissement.

---

[1] D. adm. 7 H-25 n°12.
[2] Le régime des obligations sous conditions suspensives figure aux articles 1304 à 1304-7 du C. civ nouv.

2. Faire jouer les possibilités d'exonération fiscale

Que l'apport soit réalisé à titre pure et simple ou à titre onéreux, la SARL peut bénéficier d'une exonération si 2 conditions sont remplies :

1ère condition	Les apports d'immeubles ou de droits immobiliers doivent être compris dans l'apport d'un ensemble affecté à l'exercice d'une activité professionnelle[1].
2nde condition	L'apporteur doit s'engager à conserver ses parts sociales plus de 3 ans[2]. ***Attention ne vous laissez pas piéger !*** → l'engagement doit être pris **avant** le dépôt des statuts. Tout engagement postérieur est sans effet ; → les droits redeviennent immédiatement exigibles en cas de non-respect de l'engagement.

3. Éviter les apports non exonérés

Certains biens ne peuvent pas donner lieu à exonération, d'autres sont soumis à la TVA. Évitez-les dès que possible sauf s'ils donnent lieu à déduction ! C'est autant d'argent économisé que vous pourrez consacrer au financement de l'activité de la SARL.

2 types d'apports n'échappent pas aux droits de mutation :
- les apports d'immeubles non affectés à l'exercice d'une activité professionnelle (même s'ils sont compris dans l'ensemble apporté) ;
- les apports d'immeubles affectés à l'exploitation de manière isolée (immeubles isolés).

D'autres apports sont soumis à la TVA, mais peuvent la plupart du temps donner lieu à **déduction**, ce qui rend l'opération neutre fiscalement.

TVA classique	**Sont soumis à la TVA classique :** **- les apports de marchandises neuves** (la TVA est exigible uniquement si la SARL les destine à la revente) ; **- les apports de biens mobiliers d'investissement**, à condition que l'apporteur ait pu, lors de l'achat, déduire la TVA (totalement ou partiellement). Dans ce cas la TVA est acquittée par l'apporteur, la SARL qui bénéficie de l'apport aura en principe **droit à déduction**. L'apport est évalué pour son montant TTC et contribue à la constitution du capital social à hauteur de son montant TTC. **À savoir** : Par exception, l'apport de ces biens ne sera pas soumis à TVA lorsqu'ils sont apportés dans le cadre d'un fonds de commerce ou d'une branche d'activité.

---

[1] Sur cette notion, DB 4 B 3511.
[2] L'engagement doit être pris dans l'acte qui est soumis à la formalité d'enregistrement ou dans la déclaration prévue à l'article 638 A du CGI.

TVA immobilière	**La TVA immobilière se substitue aux droits de mutation dans 2 cas :** - l'apport d'un terrain à bâtir si la SARL prend l'engagement de construire dans les 4 ans (TVA à laquelle s'ajoute un droit fixe de 125 €) ; - l'apport d'un immeuble construit depuis moins de 5 ans s'il s'agit de la 1ère mutation depuis l'achèvement (TVA à laquelle s'ajoute une taxe de publicité foncière de 0,70 %). **Remarque : La TVA est en principe acquittée par la société bénéficiaire ; mais la SARL acquiert en même temps un droit à déduction. L'incidence fiscale de l'opération est donc nulle[1].** Ici, l'apport est évalué pour son montant HT et contribue à la constitution du capital social pour son montant HT.

4. Optimiser les droits de mutation des apports mixtes

Un **apport mixte** est un apport fait pour partie à titre pur et simple et pour partie à titre onéreux. Il est soumis avant imputation du passif :

- au régime des apports purs et simples pour la fraction rémunérée par des parts sociales,
- au régime des apports à titre onéreux pour la fraction de l'apport réalisée à titre onéreux.

Il est possible de **réduire le montant des droits exigibles** puisque l'apporteur et les autres associés de la SARL sont libres de déclarer dans les statuts les biens qui sont apportés à titre pur et simple et ceux qui le sont à titre onéreux. L'apporteur a alors intérêt à déclarer apporter à titre onéreux les biens exonérés de tout droit ou ceux qui supportent les tarifs les moins élevés (comme par exemple les meubles, les créances, les marchandises neuves etc.) et, à titre pur et simple, ceux qui supportent les droits les plus élevés. Relevons que la liberté d'imputation est possible même lorsque le passif a été contracté pour financer l'acquisition d'un bien déterminé compris dans l'apport.

> **Attention !**
> Si vous n'utilisez pas cette possibilité, l'administration fiscale procède à une imputation proportionnelle sur les biens selon leur nature, ce qui sera plus coûteux pour la SARL.

L'exemple ci-dessous montre que de **substantielles économies** peuvent être réalisées !

Exemple : *Un associé apporte à la SARL un immeuble d'une valeur de 200 000 € et des créances d'un montant de 50 000 €, à charge pour cette dernière de prendre en charge une dette de 100 000 € qui incombait à l'apporteur. Fiscalement, cet apport est réalisé à titre onéreux pour 100 000 € et à titre pur et simple pour le reste c'est-à-dire 150 000 €.*

> **Hypothèse 1 : Avec précision de l'imputation des dettes sur les créances**
*S'il on précise à l'administration fiscale que les dettes sont imputables en totalité sur les créances, l'apport de l'immeuble est alors considéré comme un apport pur et simple pour la totalité de sa valeur soit 200 000 € : il sera donc **exonéré de droit d'enregistrement** si l'apporteur s'engage à conserver ses parts sociales pendant 3 ans.*

---

[1] Cependant, en cas de cession ultérieure de l'immeuble plus de 5 ans après son achèvement, la cession est soumise aux droits d'enregistrement et la TVA initialement déduite devra pour partie être reversée à l'État.

> Hypothèse 2 : Sans précision de l'imputation des dettes sur les créances

En l'absence de précision, l'administration fiscale réaliserait une imputation proportionnelle des dettes sur l'immeuble et les créances, ce qui serait bien moins avantageux :

100 000 x 20 % (50 000 / 250 000) = 20 000 € sur les créances

100 000 x 80 % (200 000 / 250 000) = 80 000 € sur l'immeuble

L'immeuble serait alors considéré comme étant apporté à titre onéreux à hauteur de 80 000 € qui feraient l'objet d'une taxe de 5 % (soit ici 4 000 € qui auraient pu être évités avec une précision de l'imputation).

5. Opter pour le report des plus-values en cas d'apport d'une entreprise individuelle

Les apporteurs d'une entreprise individuelle à la SARL peuvent opter pour l'application d'un régime de report d'imposition des plus-values et des profits sur stocks[1]. Cette option offre 2 grands avantages :

1- Éviter l'imposition des plus-values sur les éléments amortissables. Elles seront réintégrées dans le résultat imposable de la SARL sur une période pouvant s'étaler sur 5 ans (15 ans pour les immeubles), en sachant que l'apporteur peut opter pour l'imposition immédiate au taux réduit de la plus-value à long terme globale,

2- Différer la taxation des plus-values sur les éléments non amortissables jusqu'à la vente ou l'annulation des parts sociales reçues en rémunération de l'apport (ou la vente des biens apportés par la SARL).

6. Utiliser l'apport en jouissance ou les solutions alternatives

Si l'apport en nature envisagé est couteux fiscalement mais néanmoins indispensable pour l'activité de la SARL, ne le réalisez pas sous forme d'apport en propriété mais privilégiez l'apport en jouissance ce qui permettra de substantielles économies.

En outre, afin d'éviter les prélèvements obligatoires résultant de l'apport de certains biens (apport d'un immeuble isolé par exemple) ou encore, en raison de l'impossibilité pour l'apporteur de s'engager à conserver ses parts sociales plus de 3 ans, les praticiens ont imaginé des solutions alternatives à l'apport :

> La location gérance[2]**:** L'entrepreneur individuel peut se contenter de donner son fonds de commerce ou son fonds artisanal en location-gérance à la SARL.

La SARL peut d'ailleurs être spécialement constituée à cette fin et l'entrepreneur en devenir le gérant. L'acte d'apport du fonds et les droits fiscaux qui y sont attachés seraient ainsi évités.

> Le prêt à usage (ou commodat) : Une autre méthode utilisée par les titulaires de clientèles civiles (par exemple la clientèle des artisans) est le prêt à usage qui est le « *contrat par lequel l'une des parties livre une chose à l'autre pour s'en servir* »[3]. Ce montage juridique a été validé par le Conseil d'État et la Cour de cassation[4].

---

[1] Art. 151 octies du CGI

[2] La location gérance est un contrat par lequel le propriétaire ou l'exploitant d'un fonds de commerce ou artisanal en concède totalement ou partiellement la location à un gérant qui l'exploite à ses risques et périls (art. 141-1 C. com.).

[3] Art. 1875 C. civ..

[4] Le Conseil d'État a admis qu'aucun droit n'était dû, faute d'apport, par l'ingénieur-conseil qui avait « prêté » sa clientèle à la SARL qu'il avait constituée et dont il était devenu gérant minoritaire (CE, 11 mai 1984, n° 37.522 et n° 38.025). La Cour de cassation va dans le même sens : faute de la remise de parts sociales en contrepartie du « prêt »,

> L'apport de matériel ou de marchandises : Une dernière méthode qui doit être utilisée avec prudence et uniquement avec l'appui d'un conseil pointu en matière d'apport et de cession de fonds de commerce consiste à n'apporter à la SARL que du matériel ou des marchandises ayant servi à l'exploitation du fonds de commerce[1]. Mais attention, il ne faut pas que le matériel apporté ait constitué un élément essentiel d'attraction de la clientèle du fonds. En effet, dans ce cas, il y aurait requalification de l'opération, par l'administration fiscale et le juge, en apport de fonds de commerce, avec toutes les conséquences fiscales que cela implique.

---

pour des Experts-comptables qui avaient concédé à une SARL la jouissance de leur clientèle à titre de commodat (Cass. com., 12 nov. 1986, n°85-10.617).

[1] En ce sens, Cass. com., 17 déc. 1991, n°89-17.028.

③ Opter pour l'impôt sur le revenu ?

Les SARL créées depuis moins de 5 ans et les SARL de famille peuvent opter pour l'impôt sur le revenu (IR). L'EURL est quant à elle soumise de plein droit à l'IR.

📑 *En bref :*

Type de société	Régime fiscal hors option contraire	Régime fiscal sur option (1)
SARL	Impôt sur les sociétés (IS)	Pas d'option possible
SARL de famille	Impôt sur les sociétés (IS)	Impôt sur le revenu (IR)
SARL nouvelles	Impôt sur les sociétés (IS)	Impôt sur le revenu (IR)

(1) Voir conditions ci-dessus

1. Dans quels cas opter pour l'IR ? (ou pour l'EURL ou la SELARL U rester à l'IR)

D'une manière générale, le choix de l'IR peut être judicieux :

1- si la SARL est déficitaire et que les associés ont d'autres revenus : ces derniers peuvent alors, sous conditions, déduire immédiatement ce déficit de leurs revenus globaux, ce qui diminuera le montant de leur imposition,

2- si les associés ont de faibles revenus et que la SARL génère des bénéfices : tant que les tranches basses de l'IR sont applicables les taux d'imposition applicables seront moindres que ceux de l'IS aux taux normaux ou réduit *(voir p. 254 s.)*,

3- en cas d'apport de droits immobiliers ou d'un fonds de commerce, l'IR permet une exonération sans avoir à prendre l'engagement de conserver ses parts sociales pendant 3 ans *(voir p. 229 s.)*. Rappelons qu'en optant pour l'IR à la création, les apports quel que soit leur nature, sont **exonérés de droit de mutation** *(voir p. 228 s.)*. Mais attention, si la SARL devient passible de l'impôt sur les sociétés (IS), le changement de régime fiscal rend les droits et taxes de mutation à titre onéreux exigibles sur les apports purs et simples qui lui ont été faits depuis le 1er août 1965 par des personnes soumises à l'IR. Les droits sont alors perçus sur la valeur vénale des biens à la date du changement,

4- si l'on souhaite optimiser le montant de cotisations sociales du gérant *(voir p. 305)*.

> **Attention !**
> En revanche si la SARL fait des bénéfices importants et que les associés souhaitent les réinvestir dans la société (autofinancement), l'impôt sur les sociétés sera le meilleur choix.

2. Les conditions d'option à l'IR des SARL de moins de 5 ans

L'option pour l'impôt sur le revenu ne peut être exercée qu'avec l'**accord de tous les associés**.

Pour opter valablement à l'IR, **4 séries de conditions** doivent être remplies par la SARL qui doit :
1- avoir un capital et des droits de vote détenus à hauteur de 50 % au moins par une ou des personnes physiques et à hauteur de 34 % au moins par le ou les gérants de la SARL (ou par les membres de leurs foyers fiscaux)[1] ;
2- exercer à titre principal une activité industrielle, commerciale, artisanale, agricole ou libérale, à l'exclusion de la gestion de son propre patrimoine mobilier ou immobilier ;
3- employer moins de 50 salariés et avoir réalisé un chiffre d'affaires annuel ou avoir un total de bilan inférieur à 10 millions d'euros au cours de l'exercice ;
4- être créée depuis moins de 5 ans.

La demande d'option doit être **notifiée au service des impôts** auprès duquel est souscrite la déclaration de résultats dans les 3 premiers mois du premier exercice au titre duquel elle s'applique (*voir modèle p. 242).* **L'option est valable pour une période de 5 exercices,** sauf renonciation notifiée dans les 3 premiers mois de la date d'ouverture de l'exercice à compter duquel la renonciation s'applique.

> *Attention !*
> En cas de sortie de l'impôt sur le revenu, la soumission à l'IS devient définitive. La SARL ne pourra pas opter à nouveau pour l'IR.

3. Conditions de l'option à l'IR des SARL de famille

Les SARL de famille peuvent sortir du champ d'application de l'impôt sur les sociétés (IS) en optant pour l'impôt sur le revenu (IR)[2]. Cette possibilité d'option à l'IR est soumise au respect de **3 grandes conditions** :

1- Conditions relatives aux associés : La SARL de famille est formée uniquement entre personnes parentes en ligne directe (ascendants et descendants), frères, sœurs ainsi que leurs conjoints et partenaires liés par un PACS. Les conjoints de personnes parentes en ligne directe, ou de frères et sœurs, ne peuvent être associés d'une SARL de famille que si leur conjoint est lui-même associé (par exemple, un gendre ne peut être associé d'une SARL de famille avec ses beaux-parents que si son épouse est elle-même associée). La même exigence existe pour les personnes pacsées.
Les associés personnes morales en sont donc exclus.

2- Conditions relatives à l'activité de la SARL : La SARL doit exercer à titre principal une activité industrielle, commerciale, artisanale ou agricole[3]. La SARL de famille ne peut exercer une activité annexe d'une autre nature qu'à condition que celle-ci soit le complément indissociable de l'activité principale.

---

[1] Article 239 *bis* AB du CGI
[2] Art. 239 bis AA du CGI ; DB 4 H-1221, *BO* 4 H-5-97.Dans ce cas, la SARL est fiscalement transparente et les associés sont personnellement soumis à l'impôt sur le revenu pour la part des bénéfices sociaux correspondant à leurs droits dans la société .
[3] L'option n'est donc pas possible aux SARL ayant une activité libérale pour objet social : Rép. Min. n° 38115 : JOAN Q 15 mars 2005, p. 2735.

3- Conditions relatives aux modalités de l'option : En cas de création d'une société nouvelle, l'option doit figurer dans les statuts. Si l'option est levée après la création de la société, elle ne peut être exercée qu'avec l'accord de tous les associés. La société doit notifier au service des impôts auprès duquel doit être souscrite la déclaration de résultats qu'elle fait jouer l'option et cela avant la date d'ouverture de l'exercice à compter duquel les associés veulent être soumis à l'IR[1] *(voir modèle p. 243).*

> *Attention !*
> L'option cesse de produire ses effets dès lors que l'une des 3 conditions fait défaut (par exemple dès que des personnes autres que celles indiquées ci-dessus deviennent associées). La conséquence est un retour immédiat à l'IS, ce qui entraîne de lourdes conséquences fiscales. Il est donc fortement déconseillé aux associés d'opter pour l'IR s'ils envisagent d'élargir ultérieurement le cercle des associés à des personnes étrangères à la famille ou à des personnes morales (du moins après une période de 5 ans à compter de sa création).

L'option pour l'IR peut être révoquée, la SARL sera alors définitivement soumise à l'IS (la révocation est définitive : il ne sera plus possible d'opter à nouveau pour l'IR).

4. Calcul et paiement de l'IR

Lorsque la SARL (l'EURL ou la SELARL U) relève de l'IR, le résultat imposable reste déterminé et déclaré au niveau de la société, mais ce sont les associés qui sont personnellement redevables de l'IR sur la part de bénéfices correspondant à leurs droits dans la société.

L'imposition du bénéfice dégagé par la SARL se fait en 3 étapes :

→ 1ère étape : Détermination du résultat fiscal imposable

Cette étape se fait selon les modalités applicables aux résultats des entreprises individuelles. Relevons toutefois qu'il existe des règles spécifiques concernant les « frais personnels » des associés (qui ne sont pas déductibles du résultat fiscal commun mais qui pourront être imputés sur la part de bénéfice attribué à chaque associé) et les intérêts des comptes courants versés aux associés (qui peuvent être déduits du résultat fiscal dans les limites légales : *voir p. 387*).

→ 2ème étape : Répartition du résultat fiscal entre associés (bénéfice ou déficit fiscal)

Tout d'abord, il faut retenir au bénéfice de chaque associé les sommes qui leur ont été attribuées personnellement sous quelque forme que ce soit au cours de l'exercice : salaires et charges sociales correspondantes, intérêts des comptes courants etc.
Reste alors le résultat fiscal commun qui est réparti entre les associés conformément aux statuts (sauf acte ou convention passé avant la clôture de l'exercice qui conférerait des droits sociaux différents)[2]. Le total perçu par chaque associé constitue son revenu brut (BIC).

Remarques : Les plus-values à long terme imposables sont réparties entre associés selon les mêmes modalités. Chacun d'entre eux bénéficie du taux de 16 % majoré des prélèvements sociaux (15,5 %).

---

[1] Art. 46 terdecies A du CGI.
[2] CE, 26 avril 1976, n° 93212 ; CAA Lyon ; 11 mars 2004, n° 02LY01023.

Attention !
Chaque associé est réputé avoir acquis sa part dès la clôture de l'exercice, même s'il n'en a pas effectivement disposé. Le résultat déficitaire est également immédiatement imputable.

→ **3ème étape : Calcul de l'impôt sur le revenu de chaque associé**

Chaque associé ajoute (ou retranche) à ses autres revenus imposables la part de bénéfice (ou de déficit) qui lui a été attribuée.

Si l'associé exerce son activité professionnelle au sein de la SARL, il peut déduire les frais et les intérêts d'emprunt contractés pour la souscription ou l'achat des parts sociales et certains frais professionnels (frais de transport, cotisations sociales etc.) à condition de ne pas avoir été pris en compte dans le résultat de la SARL.

À savoir : L'adhésion à un organisme de gestion agréé permet d'**éviter la majoration de 25 %** *(voir p. 244)* et permet la **déduction intégrale du salaire du conjoint** du gérant même lorsque ceux-ci ne sont pas mariés sous un régime exclusif de communauté.

→ *Sur le régime des plus ou moins-values de cession des SARL à l'IR : voir p. 289 s.*

En cas d'**exonération totale ou partielle** de la société *(voir p. 221 s.)*, le calcul de l'exonération s'effectue au niveau de la part de chaque associé.

Modèle   **Lettre de demande d'option pour l'IR**

SARL *(dénomination sociale)* au capital social de *(montant)*
(Adresse du siège social)
n° SIREN *(9 chiffres)* RCS de *(Ville)*
Coordonnées téléphoniques

                                        Service des impôts des entreprises
                                        Adresse

                                        Lieu, date

Objet : Option pour le régime des sociétés de personnes - Article 239 bis AA du CGI

N° SIRET :

Madame, Monsieur,

La SARL *(dénomination sociale), (siège social)* qui remplit toutes les conditions prévues à l'article 239 bis AA du CGI, déclare opter pour le régime fiscal des sociétés de personnes mentionné à l'article 8 du CGI. Cette option produira ses effets à compter de l'exercice ouvert le *(date)*.
Cette option est formulée avec l'accord de tous les associés de la SARL *(dénomination sociale)* ci-après désignés : *(indiquer pour chaque associé : Nom, prénoms, adresse, parts sociales et lien de parenté si SARL de famille)*
....
....
....

Signature de tous les associés

Pièce jointe : *Copie de l'extrait du procès-verbal de l'assemblée générale ayant décidé d'opter pour l'IR (signée de tous les associés)*

④ Choisir un régime de TVA adapté

Au même titre que le régime d'imposition de la SARL (IS ou IR), le régime de TVA choisi devra être mentionné lors de l'immatriculation au centre de formalités des entreprises sur la « Déclaration fiscale » annexée aux formulaires M0.

> → *Pour obtenir ce formulaire : www.service-public.fr/formulaires (rubrique « Formulaires pour professionnels »).*

Il existe 3 régimes en matière de TVA :
- la franchise en base de TVA,
- le régime réel simplifié,
- et le régime réel normal.

Les principaux critères qui déterminent votre régime d'imposition sont le type d'activité et le montant du chiffre d'affaires. Le régime de TVA suit en principe le régime d'imposition des bénéfices. Toutefois en fonction de vos besoins, vous avez la possibilité d'opter pour un régime d'imposition supérieur.

1. Le régime de franchise en base de TVA

Si la SARL relève de la franchise, celle-ci n'est pas redevable de la TVA : il n'y a donc aucune déclaration à déposer. Sur chaque facture devra être indiquée la mention *« TVA non applicable - article 293 B du CGI »*. En contrepartie de l'absence de déclaration, vous ne pouvez pas déduire la TVA que vous payez sur les achats réalisés pour les besoins de votre activité.

> La franchise s'applique aux SARL dont le chiffre d'affaires de l'année civile précédente était inférieur à :
>
> - 82 200 € pour les activités d'achat-revente, de vente à consommer sur place et les prestations de logement (hors location meublée autre que de tourisme, gîte rural ou chambre d'hôte),
>
> - 32 900 € pour les autres prestations de services commerciales ou non commerciales,
>
> - 42 600 € pour les activités réglementées d'avocats et des avoués, les opérations portant sur les œuvres de l'esprit et certaines activités des auteurs-interprètes.

Ces seuils sont actualisés tous les 3 ans dans la même proportion que l'évolution triennale de la limite supérieure de la première tranche du barème de l'impôt sur le revenu, arrondis à la centaine d'euros la plus proche.

En cas de dépassement de ces seuils, la franchise en base de TVA est maintenue, au cours de l'année du dépassement et l'année civile suivante, si le chiffre d'affaires ne dépasse pas :
- 90 300 € pour les livraisons de biens, vente à consommer sur place et prestations d'hébergement,
- 34 900 € pour les prestations de services.

Au-delà de ces seuils, le bénéfice du régime prend fin dès le 1er jour du mois du dépassement. Par exception, le maintien de la franchise l'année suivant le dépassement du seuil ne s'applique pas aux avocats, auteurs et artistes-interprètes dans le cadre des opérations bénéficiant d'une franchise particulière (activité réglementée)[1].

> *Attention !*
> Si la SARL relève de la franchise mais que vous souhaitez pouvoir déduire la TVA payée sur les achats réalisés pour les besoins de l'activité, vous devrez opter pour le paiement de la TVA selon l'un des 2 régimes suivants :
> - réel simplifié (RSI),
> - réel normal (RN).
> Pour cela vous devez adresser une **lettre d'option** au service des impôts des entreprises du lieu d'exercice de votre activité. Cette option est faite obligatoirement pour une durée minimale de 2 ans. Elle prend effet le 1er jour du mois au cours duquel elle est déclarée.

2. Le régime réel simplifié

Ce régime s'applique si le chiffre d'affaires H.T de la SARL est compris entre :

- 82 200 € et 783 000 € pour les activités d'achat-revente, de vente à consommer sur place et de fourniture de logement,

- 32 900 € et 236 000 € pour les activités de prestations de services ou non commerciales.

> *Attention !*
> Les entreprises dont le CA HT est inférieur aux seuils précités mais dont le montant de la TVA exigible l'année précédente est supérieur à 15 000 € relèvent du régime réel normal (dépôt mensuel de déclaration n° 3310 CA3). De même, les SARL créées après le 31 décembre 2014 relevant du secteur du bâtiment (travaux de construction, de bâtiment et autres ouvrages immobiliers y compris les travaux de réfection, de nettoyage, d'entretien et de réparation des immeubles et installations à caractère immobilier) ne peuvent pas bénéficier du régime simplifié d'imposition l'année de leur création et l'année suivante : elles relèvent du régime normal de TVA.

Les acomptes de TVA doivent être téléréglés en juillet et décembre, à l'appui de l'avis d'acompte n°3514 qui doit obligatoirement être télétransmis. Ils sont calculés sur la base de votre TVA due l'année précédente (avant déduction de la TVA relative aux biens constituant des immobilisations). L'acompte de juillet représente 55 % de cette base, et celui de décembre 40 %.

À savoir : Lorsque la base de calcul des acomptes est inférieure à 1 000 €, vous êtes dispensé du versement d'acomptes : vous ne payez votre TVA pour l'année entière qu'au moment du dépôt de la déclaration CA12/CA12E.

---

[1] Pour les activités réglementées des avocats, et pour les revenus des auteurs et artistes-interprètes, la franchise cesse de s'appliquer dès le 1er jour du mois de dépassement quand le chiffre d'affaires dépasse 52 400 €.
Le dépassement du seuil de chiffre d'affaires des activités non réglementées des avocats (21 000 €) n'a pas d'incidence sur la franchise concernant les activités réglementées.

Vous devez également déposer la déclaration annuelle qui récapitule la TVA due pour l'année, fixe la base de calcul des acomptes de l'année suivante et permet de déterminer le solde de TVA éventuel, après déduction des acomptes déjà versés.

Remarque : Il est possible d'opter pour le régime réel normal de TVA, cette option vaut alors également pour l'imposition des bénéfices.

3. Le régime réel normal

Il concerne les SARL qui ont opté pour ce régime ou dont le chiffre d'affaires HT est supérieur à :

- 236 000 € pour les activités de prestations de services ;

- 783 000 € pour les activités d'achat-revente, de vente à consommer sur place et de fourniture de logement.

Dans ce cas la SARL doit déposer chaque mois une déclaration CA3 qui vous permet de calculer la TVA due pour le mois précédent. Si le montant de votre TVA exigible annuellement ne dépasse pas 4 000 € dans l'année, vous pouvez choisir de déposer vos déclarations CA3 non pas chaque mois, mais chaque trimestre civil (sur demande au service des impôts des entreprises, au cours du premier trimestre de l'année).

→ *Pour en savoir plus : www.impots.gouv.fr/portal/dgi/public/professionnels*

Zoom

Existe-t-il des activités exonérées de TVA ?

Oui, certaines activités sont exonérées de TVA. Il s'agit notamment :
- des activités du commerce extérieur (exportations et livraisons intracommunautaires),
- des activités de la pêche maritime,
- des œuvres sans but lucratif à caractère social ou philanthropique,
- des activités médicales, paramédicales,
- des activités d'enseignement,
- des locations d'immeubles nus,
- des locations de logements meublés,
- et des livraisons de déchets neufs d'industrie et matières de récupération.

⑤ Adhérer à un organisme de gestion agréé

1. Quels avantages procure cette adhésion ?

À condition d'être soumis au régime réel d'imposition (de droit ou sur option) et d'avoir été adhérent pendant toute la durée de l'exercice concerné, vous bénéficierez de :

- l'**absence de majoration de 25 %** des revenus professionnels (vous serez également dispensé de cette majoration si vous recourez aux services d'un professionnel de l'expertise comptable autorisé et conventionné),

- la **dispense de majorations fiscales pour les nouveaux adhérents** qui révèlent spontanément les insuffisances de déclaration dans les 3 mois suivant leur adhésion lorsque ces insuffisances, inexactitudes ou omissions n'ont pas fait l'objet d'une procédure administrative ou judiciaire ni d'une proposition de rectification,

- la **réduction du délai de reprise** de l'administration fiscale pour les revenus imposés dans les catégories BIC, BNC ou BA et la TVA pour les périodes au titre desquelles le service des impôts des entreprises a reçu une copie du compte-rendu de la mission prévu aux articles 1649 quater E et 1649 quater H du CGI et en l'absence de pénalités d'assiette ou de recouvrement autres que les intérêts de retard sur les années non prescrites,

- la **déduction intégrale** de la rémunération du conjoint ou du partenaire du gérant marié sous un régime de communauté ou de participation aux acquêts lorsque la SARL est soumise à l'IR conjoint (à défaut la déduction serait plafonnée à 17 500 €) *(voir p. 310 s.)*.

2. Peut-on adhérer à tout moment ?

L'adhésion est possible à tout moment, mais lors de la première adhésion, vous ne pourrez bénéficier des avantages que si celle-ci a eu lieu dans les **5 mois** de la date d'ouverture de votre exercice social, ou du début de votre activité.

Consultez la liste des centres de gestion agréés de votre département sur le site www.impots.gouv.fr, rubriques « contacts / Professionnels : vos correspondants spécialisés ».

⑥ Principales obligations fiscales l'année de la création

Déclarer les premiers bénéfices *(voir p. 242 et 256)*	→ **Les SARL soumises à l'IS** doivent télétransmettre la déclaration de résultats dans les 3 mois de la clôture du premier exercice.

Déclarer les premiers bénéfices *(voir p. 242 et 256)*

→ **Les SARL soumises à l'IS** doivent télétransmettre la déclaration de résultats dans les 3 mois de la clôture du premier exercice.

En règle générale, les sociétés nouvelles choisissent comme date de clôture du premier exercice, soit le :

- 31 décembre de leur année de création (1er exercice de 12 mois ou moins) ;
- le dernier jour de leur 12ème mois d'activité ;
- le 31 décembre de l'année suivant celle de leur création.

→ **Les SARL relevant de l'IR** doivent procéder à une première déclaration de résultats (ceux réalisés entre le début de l'activité et le 31 décembre de l'année de création) au plus tard le 2ème jour ouvré qui suit le 1er mai.

Déclarer la TVA

Les obligations dépendent de votre régime de TVA *(voir p. 244 s.).*

Cotisation foncière des entreprises (CFE) *(voir p. 293)*

La cotisation foncière des entreprises est due chaque année. Toutefois, vous ne paierez aucune CFE l'année de création de la SARL et bénéficierez d'une réduction de moitié de la base d'imposition l'année suivante.

Vous devez néanmoins :

- créer votre espace professionnel sur le site impot.gouv.fr puis vous rendre sur cet espace avant chaque échéance de paiement c'est-à-dire avant le 15 juin (pour l'acompte) et le 15 décembre (pour le solde), afin de consulter vos avis.
- et déposer au service des impôts des entreprises une déclaration provisoire n° 1447 C au plus tard le 31 décembre de l'année de création.

Cette déclaration sert à déterminer le montant de la cotisation qui vous sera réclamée par la suite. En cas de modification d'un des éléments de cette déclaration n° 1447 C, d'une demande d'exonération ou de crédit d'impôt, une déclaration n° 1447 M devra être déposée au plus tard le 2ème jour ouvré suivant le 1er mai.

Cotisation sur la valeur ajoutée des entreprises (CVAE) *(voir p. 293)*

La cotisation sur la valeur ajoutée des entreprises s'applique aux entreprises qui exercent, au 1er janvier de l'année, une activité imposable à la CFE. Elle est télédéclarée et télépayée (en mode EDI ou EFI).

Si votre chiffre d'affaires est supérieur à 152 500 €, vous devez souscrire une déclaration n° 1330 mentionnant la valeur ajoutée et les effectifs salariés de la société (sous certaines conditions, les entreprises mono établissement peuvent indiquer les informations relatives à la CVAE sur leur liasse fiscale).

Si votre chiffre d'affaires est supérieur à 500 000 €, vous devez acquitter la CVAE en versant deux acomptes correspondant chacun à 50 % de la CVAE due et déposer une déclaration de liquidation et de régularisation n° 1329DEF.

Chapitre 2

Comprendre & Optimiser la fiscalité de la SARL en activité

Sommaire

① Optimisation fiscale : Mises en garde et approche générale

La fiscalité est un élément à part entière de la gestion de l'entreprise. Optimiser la fiscalité consiste à réduire autant que possible le montant de l'impôt dont la SARL ou les associés seront redevables, tout en se conformant aux limites légales et jurisprudentielles. Aussi, nous ne ferons pas écho aux techniques d'optimisation réprouvées par la morale de tout contribuable citoyen. Nous traiterons de l'optimisation que tout bon gérant de SARL doit envisager pour améliorer la compétitivité de sa société.

1. Mises en garde et limites de l'optimisation fiscale

Rappelons à nouveau que la fiscalité est une science complexe. La mise en œuvre des règles de base évoquées suppose, non seulement une **analyse fine de votre situation particulière** mais également une **parfaite maîtrise de la législation et des techniques fiscales** *(reportez-vous à l'introduction de la partie 5 : p. 218 s.).*

L'optimisation elle-même connaît des limites, il ne suffit pas de se conformer strictement aux textes, encore faut-il ne pas se rendre coupable :

- **d'acte anormal de gestion** (en mettant à la charge de la société une dépense non justifiée par une gestion normale ou en la privant d'une recette dont elle pourrait bénéficier légitimement),

- **ou d'abus de droit**[1] (caractérisé par toute opération fictive ou accomplie avec pour seul motif d'éluder ou d'atténuer les charges fiscales).

Par conséquent, tout au long de la vie de la SARL, le gérant doit échanger avec ses conseils (en particulier son expert-comptable) et l'administration fiscale (en contactant le SIE ou en exerçant la procédure de rescrit lorsque celle-ci est possible : *voir p. 47 s.*). Lorsque vous ne disposez pas des qualifications requises, l'externalisation intégrale de la gestion fiscale s'impose.

2. Approche générale

Payer l'impôt est un devoir, mais le devoir du bon gestionnaire de SARL est d'en limiter le montant en mettant en œuvre tous les ressorts autorisés (non par simple esprit de lucre mais pour conserver ses atouts concurrentiels). La loi fiscale offre en effet un nombre important de choix et d'options qui peuvent être exercés librement et qui auront pour effet de modifier la base imposable et donc le montant final de l'impôt.

---

[1] **Selon le Livre des procédures fiscales :** *« Afin d'en restituer le véritable caractère, l'administration est en droit d'écarter, comme ne lui étant pas opposables, les actes constitutifs d'un abus de droit, soit que ces actes ont un caractère fictif, soit que, recherchant le bénéfice d'une application littérale des textes ou de décisions à l'encontre des objectifs poursuivis par leurs auteurs, ils n'ont pu être inspirés par aucun autre motif que celui d'éluder ou d'atténuer les charges fiscales que l'intéressé, si ces actes n'avaient pas été passés ou réalisés, aurait normalement supportés, eu égard à sa situation ou à ses activités réelles »* (art. 64 LPF). La procédure de l'abus de droit fiscal concerne tous les impôts que l'abus porte sur l'assiette, la liquidation ou le paiement ainsi que les situations de fictivité et de fraude.

En pratique, l'optimisation fiscale de la SARL passe par 2 étapes :

La première étape est stratégique : Demeurer à l'IS ou se soumettre à l'IR lorsque cela est possible et favorable. Ce choix ne se fera que si la remontée des résultats (bénéfices ou pertes) au niveau des associés présente un intérêt *(voir p. 240)*.

Le choix de l'IR est possible pour l'EURL (il s'agit de son régime d'imposition de droit commun), la SARL de famille sur option *(voir p. 241 s.)* et, à titre temporaire sur option, pour les SARL de moins de 5 ans lorsque les conditions sont remplies *(voir p. 241)*.

La seconde étape est tactique : Elle consiste à exercer les options offertes par la fiscalité en cours de gestion. De la multiplication des mesures peuvent naître *in fine* des **économies importantes**. Par exemple, en tirant profit des régimes d'allègement fiscaux *(voir p. 221)*, en gérant correctement les déficits *(voir p. 265 s.)*, en engageant des charges au bon moment *(voir p. 269 s.)*, en appliquant le mode d'amortissement le mieux adapté (sans risquer de perdre le droit à déduction) *(voir p. 277 s.)*, en gérant au mieux les provisions classiques et réglementées *(voir p. 285 s.)*, en gérant correctement les pertes et abandons de créances *(voir p. 287)*, en choisissant le mode de calcul d'une plus-value *(voir p. 288 s.)*, en identifiant les crédits d'impôt envisageables *(voir p. 300)*, en optimisant la contribution économique territoriale *(voir p. 293 s.)*, en externalisant certaines tâches pour optimiser la CVAE *(voir p. 294)* , en agissant sur les ressources humaines *(voir p. 295 s.)* ou le type de véhicules de sociétés *(voir p. 297 s.)*, en créant d'autres sociétés bénéficiant du taux réduit d'IS *(voir p. 256)*, en louant les locaux de la SARL à une SCI dont les associés détiennent en partie les parts *(voir p. 34)*, en créant un groupe de sociétés *(voir p. 349 s.)*... et d'une manière générale en évitant ou en optimisant toutes les taxes que l'activité et les caractéristiques de votre SARL peuvent faire naître dès lors que cela est légitimement envisageable.

Cet inventaire à la Prévert, loin d'être exhaustif, évoque quelques-uns des leviers sur lesquels il est possible de jouer pour favoriser le développement et la rentabilité de la SARL. On entrevoit ainsi que les décisions des gérants et des associés peuvent faire baisser de manière significative la charge fiscale à condition de ne jamais franchir la ligne rouge de l'acte anormal de gestion ou de l'abus de droit.

D'une manière générale, pour être pleinement efficaces, ces choix doivent s'inscrire dans une politique de décision plus globale. Ce sont ces choix tactiques que nous évoquerons au fil des développements, car tout au long de la vie de la SARL, le gérant et les associés doivent mesurer les incidences fiscales de leurs décisions.

Attention !
Les développements qui suivent concerneront essentiellement les SARL soumises à l'impôt sur les sociétés (IS). Certains points indiqués au fil des développements concerneront cependant les SARL ayant optées pour l'impôt sur le revenu.

② Savoir calculer et déclarer l'impôt sur les sociétés

À la fin de chaque exercice social, la SARL doit calculer et déclarer son résultat imposable.

→ *Pour les SARL soumises à l'IR reportez-vous page 242.*

Attention !

N'oubliez pas de mettre à profit les régimes d'allègement fiscaux si votre SARL peut y prétendre notamment lorsqu'il est nécessaire de transmettre au service des impôts des entreprises (SIE) un état de détermination du bénéfice éligible à l'exonération *(voir p. 221 s.).*

---

1. Comment déterminer le montant de l'impôt ?

Pour déterminer l'impôt sur les sociétés dû par la SARL, il faut calculer le **bénéfice net** réalisé au cours de l'exercice, ce qui nécessite en pratique de passer du résultat comptable au résultat fiscal. De ce bénéfice net, on pourra éventuellement déduire les déficits des exercices antérieurs *(voir ci-dessous).*

Zoom

Qu'est-ce que le bénéfice net ?

Le bénéfice net englobe les gains de toute nature réalisés par la SARL. Il faut tenir compte :
- des résultats dégagés par l'ensemble des opérations réalisées au cours de l'exercice,
- et de la différence entre les valeurs de l'actif net à la clôture et à l'ouverture de l'exercice (autrement dit en faisant la différence entre deux bilans successifs).

Le fisc soumet donc à l'impôt sur les sociétés, non seulement les gains résultant de l'activité de la société, mais également ceux ayant une autre origine (comme par exemple l'extinction d'une dette, la remise de dette, les plus-values réalisées à la suite d'une éviction ou d'une expropriation etc.) car ils augmentent l'actif net du bilan.

→ 1ère étape : Déterminer le résultat comptable de l'exercice

Le résultat comptable avant impôt est obtenu en enregistrant toutes les opérations de l'exercice (produits et charges engagés) :

Produits engagés au cours de l'exercice - Charges engagées au cours de l'exercice

= Résultat comptable

Le **résultat comptable** de la SARL correspond donc au total des masses des soldes (créditeurs et débiteurs) des comptes de gestion par virement à un compte de résultat. Si le solde est créditeur : il constitue le **bénéfice comptable.** À l'inverse, s'il est débiteur : il constitue le **déficit comptable.**

→ 2ème étape : Déterminer les corrections fiscales à apporter

La seconde étape consiste à **passer du résultat comptable au résultat fiscal** (le résultat fiscal étant le résultat comptable corrigé).

L'existence de dispositions fiscales particulières nécessite souvent de corriger le résultat net comptable. Ces corrections extra-comptables peuvent être positives (on parle alors de « *réintégrations* ») ou négatives (on parle alors de « *déductions* ») *(Voir Zoom page suivante).*

Au terme des réintégrations et des déductions, on obtient le résultat fiscal de l'exercice qui peut être bénéficiaire ou déficitaire.

Il convient également de tenir compte, le cas échéant, des abattements fiscaux dont peuvent bénéficier certaines entreprises.

Le montant obtenu après ces corrections constitue le **résultat fiscal** (bénéfice fiscal ou déficit fiscal).

> *Résultat comptable + Réintégrations – Déductions = **Résultat fiscal***

→ 3ème étape (facultative) : Déduire les déficits antérieurs

Dans certains cas, la base d'imposition peut être inférieure au résultat fiscal de l'exercice, car celui-ci doit être **diminué des déficits des exercices antérieurs.**

> *Bénéfice fiscal de l'exercice - Déficits fiscaux d'exercices antérieurs = **Base d'imposition à l'IS***

→ *Pour l'étude détaillée, voir « Optimiser la fiscalité de la SARL » page 265 et suivantes*

Zoom

En quoi consistent les réintégrations et les déductions ?

> Les réintégrations

Elles consistent à ajouter au résultat comptable des charges comptabilisées qui ne sont pas déductibles fiscalement. Elles sont donc réintégrées, ce qui a pour effet « d'augmenter » la base de l'impôt.

Les éléments à ajouter au résultat comptable sont essentiellement :
- les charges et les pertes comptabilisées mais non déductibles sur le plan fiscal (par exemple, les amortissements excédentaires ou non déductibles, les charges et dépenses somptuaires...) ;
- les profits dont l'imposition a été précédemment différée et qui deviennent imposables au cours de l'exercice (par exemple les subventions...) ;
- les moins-values de certaines cessions prises en compte dans la comptabilité mais qui relèvent d'un autre régime d'imposition ;
- les charges dont la déduction est reportée à des exercices ultérieurs.

> Les déductions

Elles consistent à soustraire du résultat comptable des éléments comptabilisés mais non imposables ou déjà imposés, ou soumis à un régime spécial. Ces déductions ont pour effet de « réduire » la base imposable de l'exercice.

Les éléments à déduire du résultat comptable sont essentiellement :
- les profits comptabilisés mais exonérés ou non imposables ;
- les profits comptabilisés et imposables mais dont l'imposition est reportée ou soumise à un autre régime fiscal ;
- les charges réintégrées au cours d'exercices précédents et devenues déductibles lors de l'exercice ;
- les plus-values de cession réalisées au cours de l'exercice mais soumises à un taux réduit.

À savoir : La liste des réintégrations et des déductions doit être établie sur un tableau spécial joint à la déclaration annuelle des résultats (tableau n° 2058-A pour les entreprises placées sous le régime réel normal ; tableau n° 2033-B pour les entreprises placées sous le régime simplifié).

2. Quels sont les taux d'imposition ?

La SARL peut être soumise à 3 taux distincts d'impôt sur les sociétés : le taux réduit de 15 % jusqu'à 38 120 € et les taux normaux de 28 % et/ou de 33,1/3 % *(tableau page suivante)*.

Notons que les plus-values nettes à long terme et les produits nets de concession de brevet font l'objet d'une imposition distincte.

→ Les taux normaux

La loi prévoit une baisse progressive du taux normal de l'impôt sur les sociétés de 33,1/3 % à 28 %. Cette baisse s'opérera par paliers sur 4 ans.

📄 *En bref :* **Les taux normaux d'IS par tranche de bénéfice**

Exercices ouverts à compter du 1er janvier	SARL remplissant les critères de la PME au sens communautaire [1]	Autres SARL
2017	28 % jusqu'à 75 000 € de bénéfices [2] 33,1/3 % au-delà de 75 000 € de bénéfices	33,1/3 %
2018	28 % jusqu'à 500 000 € de bénéfices [2] 33,1/3 % au-delà de 500 000 € de bénéfices	28 % jusqu'à 500 000 € de bénéfices 33,1/3 % au-delà de 500 000 € de bénéfices
2019	28 % sur l'ensemble des bénéfices [2]	- Si le chiffre d'affaires est inférieur à 1 Milliard d'€ : 28 % sur le bénéfice total, - Si le chiffre d'affaires est supérieur à 1 Milliard d'€ : 28 % jusqu'à 500 000 € de bénéfices puis 33,1/3 % au-delà.
2020	28 % sur l'ensemble des bénéfices [2]	28 % sur l'ensemble des bénéfices

(1) SARL dont l'effectif est inférieur à 250 salariés et le chiffre d'affaires n'excède pas 50 M€ ou le total du bilan 43 M€.

(2) Le taux réduit de 15 % continuera à s'appliquer jusqu'à 38 120 € si les conditions sont réunies *(voir ci-dessous)*.

→ Le taux réduit

De nombreuses SARL bénéficient du taux réduit à 15 % pour les 38 120 premiers euros de bénéfices nets.

Pour bénéficier du taux réduit la SARL doit respecter 3 conditions :

- **1ère condition :** Son capital social doit être intégralement libéré à la clôture de l'exercice au titre duquel l'IS est versé.
- **2ème condition :** Ses parts sociales doivent être détenues de manière continue au minimum à 75 % par des personnes physiques (ou par des sociétés n'ayant pas la qualité de société mère d'un groupe fiscal satisfaisant aux conditions de chiffre d'affaires cité ci-dessous),
- **3ème condition :** Son chiffre d'affaires hors taxe doit être inférieur à 7 630 000 €.

📄 *Exemple :*

Une SARL a réalisé au titre de l'exercice 2017 un résultat fiscal de 90 000 €. Elle bénéficie du taux réduit d'imposition. Calculons le montant de l'IS dont elle est redevable :

38 120 x 15 % = 5 718	*5 718,00 €*
(75 000 – 38 120) x 28 % = 10 326,4	*+ 10 326,40 €*
(90 000 – 75000) x 33,1/3 % = 4999,5	*+ 4999,5 €*
Total de l'IS dû au titre de l'exercice 2017 (arrondi à l'euro le plus proche)	*= 21 044 €*

En bref : Les taux d'IS de la SARL (remplissant les critères de la PME)

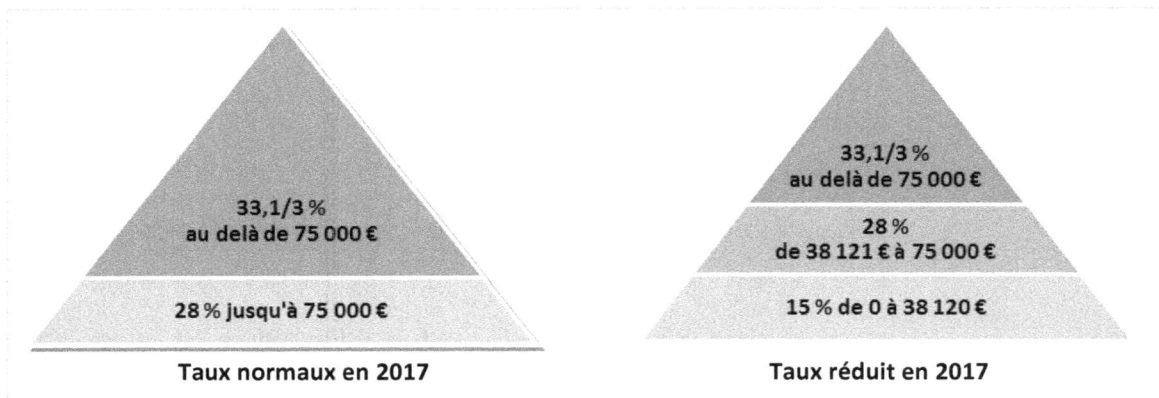

Taux normaux en 2017 : 33,1/3 % au delà de 75 000 € ; 28 % jusqu'à 75 000 €

Taux réduit en 2017 : 33,1/3 % au delà de 75 000 € ; 28 % de 38 121 € à 75 000 € ; 15 % de 0 à 38 120 €

À savoir : Plutôt que de réunir l'ensemble de ses branches d'activité au sein d'une seule société, une mesure d'**optimisation fiscale de l'IS** peut consister à répartir ces branches au sein de plusieurs SARL ou d'EURL pour bénéficier du taux réduit de 15 %, de la tranche à 28 % et de certaines aides pour chaque structure. Cette mesure a néanmoins des limites liées à la lourdeur administrative et aux coûts de constitution et de fonctionnement.

3. Comment déclarer le résultat imposable ?

→ Les régimes de déclaration

La SARL peut être soumise à 2 régimes distincts de déclaration : le régime réel normal ou le régime réel simplifié. L'application de l'un ou l'autre de ces régimes est en partie fonction du chiffre d'affaires annuel HT de la SARL (ou d'une option).

Remarque : Il est recommandé aux créateurs de SARL optant pour un régime réel d'imposition de s'abonner dès leur création à leur espace professionnel sur le site *www.impots.gouv.fr.*

> Le régime réel simplifié :

SARL concernées	SARL ne dépassant pas les seuils de chiffre d'affaires annuel HT suivants : - 783 000 € de ventes (ou de fournitures de logement) - 236 000 € de prestation de services *Pour le calcul des seuils de chiffre d'affaires reportez-vous au § 2 ci-dessous.* Possibilité d'option pour le régime réel normal : Les SARL qui ne dépassent pas ces seuils peuvent opter pour le régime réel normal. L'option est valable 2 ans et reconductible tacitement. L'option s'effectue sur papier libre avant le 1er février de la première année au titre de laquelle l'entreprise désire appliquer le régime du réel normal.

Obligations déclaratives	Télédéclaration annuelle (formulaire n° 2065) accompagnée des tableaux annexes (formulaires 2033 A à 2033 G). Le cas échéant, d'autres documents devront être déposés avec le solde de l'impôt, par exemple, l'imprimé 2039 relatif au report en arrière des déficits, l'imprimé 2068 de demande de crédit d'impôt recherche ou formation...
Obligations fiscales pour la TVA	En cours d'année, versement d'acomptes trimestriels calculés sur la base de la TVA due l'année ou l'exercice précédent. Une régularisation annuelle doit ensuite être effectuée (déclaration CA12 ou CA12E). Dispense de versement si la taxe due (hors TVA déductible sur immobilisations) au titre de l'année civile ou de l'exercice précédent est inférieure à 1 000 €. Sachez que la 1ère année, vous déterminerez vous-même le montant des acomptes. Chaque acompte doit représenter au moins 80% de l'impôt réellement dû pour le trimestre correspondant. **À savoir :** La SARL bénéficie de la franchise en base de TVA dès lors que son chiffre d'affaires n'excède pas 82 200 € pour les ventes, ou 32 900 € pour les prestations de services.
Obligations comptables	*Reportez-vous page 80 s.*

> **Le régime réel normal**

SARL concernées	SARL dépassant les seuils de chiffre d'affaires annuel HT suivants : - 783 000 € de ventes (ou de fournitures de logement) - 236 000 € de prestations de services Pour le calcul des seuils de chiffre d'affaires reportez-vous à la page suivante. **Attention :** Le régime réel normal est obligatoire si la SARL dépasse l'un des seuils précités. Les SARL ne dépassant pas ces seuils peuvent opter pour ce régime.
Obligations déclaratives	Télédéclaration annuelle (formulaire n° 2065) accompagnée des tableaux annexes (formulaires 2050 à 2059 G).
Obligations fiscales pour la TVA	Dépôt d'une déclaration de chiffre d'affaires n° 3310 CA 3 chaque mois et paiement de la taxe correspondante (option possible pour un dépôt et un paiement trimestriel si la TVA exigible annuellement est inférieure à 4 000 €). **À savoir :** La SARL bénéficie de la franchise en base de TVA dès lors que leur chiffre d'affaires n'excède pas les 82 200 € pour les ventes, ou 32 900 € pour les prestations de services.
Obligations comptables	Reportez-vous page 80 s.

→ Savoir déterminer son chiffre d'affaires pour choisir son régime de déclaration fiscale

Le calcul des seuils de chiffre d'affaires retenus pour déterminer le régime de déclaration doit tenir compte de 5 principes :

> 1ᵉʳ principe : Les seuils correspondent au montant hors taxes des opérations de l'année civile, dont on exclut les opérations à caractère exceptionnel (cessions d'immobilisations et cession globale de stocks en fin d'exploitation).

> 2ᵉᵐᵉ principe : En cas de création ou de cessation de la SARL en cours d'année, les seuils de chiffre d'affaires (CA) sont redéfinis au *prorata* du temps d'existence de la SARL.

*Seuil de CA x (nombre de jours écoulés ÷ 360) = **seuil de CA au prorata du temps***

À savoir : Par mesure de simplification, l'année fiscale comprend 360 jours.

Exemples : Une SARL cesse toute activité le 30 mars. Les seuils de chiffre d'affaires hors taxes (CA HT) sont appréciés au prorata du temps, c'est-à-dire dans notre exemple, sur la période qui court du 1ᵉʳ janvier au 30 mars, soit sur 3 mois, c'est à dire 90 jours (l'année fiscale comprend 360 jours).
> Si la SARL a une activité de vente le seuil de CA HT sera de 195 750 € au maximum :
783 000 € × (90 ÷ 360) = 195 750 €
> Si la SARL a une activité de prestations de services le seuil de CA HT sera de 59 000 € au maximum :
236 000 € × (90 ÷ 360) = 59 000 €

> 3ᵉᵐᵉ principe : En cas d'activité mixte (vente et prestations de services), une distinction s'impose : Si l'activité se rattache aux deux catégories, le dépassement de seuil est apprécié par rapport aux deux limites. Le seuil des prestations de services doit donc être respecté et est pris en compte pour apprécier le seuil global de 783 000 €.

Exemples :

1ᵉʳᵉ hypothèse : Une SARL réalise un CA HT composé de 210 000 € de prestations de services et de 520 000 € de ventes.
Le seuil des prestations de service n'est pas dépassé (210 000 € < 236 000 €).
Le CA HT annuel ne dépasse pas 783 000 € (210 000 + 520 000 = 730 000 €).
⇨ Le régime réel simplifié est applicable (la SARL peut néanmoins opter pour le régime réel normal).

2ᵉᵐᵉ hypothèse : Une SARL réalise un CA HT composé de 210 000 € de prestations de services et de 600 000 € de ventes.
Le seuil des prestations de service n'est pas dépassé (210 000 € < 236 000 €). Le CA HT annuel dépasse 783 000 € (210 000 + 600 000 = 810 000 €).
⇨ Seul le régime réel normal est applicable.

3ᵉᵐᵉ hypothèse : Une SARL réalise un CA HT composé de 240 000 € de prestations de services et de 300 000 € de ventes
Le CA HT annuel ne dépasse pas 783 000 € (240 000 + 300 0000 = 540 000 €), mais le seuil des prestations de services est dépassé (240 000 € > 236 000 €).
⇨ Seul le régime réel normal est applicable.

> **4ème principe :** Si l'activité de prestations de services est prépondérante et que les ventes ne sont exercées qu'à titre accessoire, c'est la limite correspondant aux prestations de services qui constituera le seuil (236 000 €). L'activité accessoire suivra le régime fiscal de l'activité principale.

📄 *Exemple :*

*Une SARL réalise un CA HT composé de 233 000 € de prestations de services et de 5 000 € de ventes. L'activité de vente étant réalisée à titre accessoire, seul le seuil des prestations de services doit être retenu. Il convient donc de tenir compte des ventes réalisées à titre accessoire pour apprécier le dépassement du seuil de 236 000 €. Le seuil est dépassé (233 000 + 5 000 = 238 000 €) ⇨ **Seul le régime réel normal est applicable**.*

> **5ème principe :** En cas de variation de chiffre d'affaires (sauf dans l'hypothèse d'un changement d'activité), la législation retient des règles favorables à la SARL :

- Si les seuils du régime réel simplifié sont dépassés, le régime peut néanmoins être maintenu la première année suivante.

- Si les seuils inférieurs du régime réel normal ne sont plus atteints, le régime réel simplifié peut être retenu, sauf option, dès la première année suivante.

3. À quelle date doit-on procéder à la télédéclaration ?

La date de la télédéclaration peut varier en fonction de la situation de la SARL :

Situations de la SARL	Dates de déclaration
L'exercice comptable coïncide avec l'année civile	Déclaration dans les trois mois de la clôture de l'exercice, soit au plus tard le 31 mars
	Remarque : Un délai supérieur est généralement accordé pour les exercices clos le 31 décembre (le solde de l'impôt doit toutefois être acquitté le 15 avril au plus tard)
L'exercice comptable ne coïncide pas avec l'année civile	Déclaration dans les 3 mois de la clôture de l'exercice
Aucun exercice n'est clos au cours de l'année	Déclaration au plus tard le 30 avril de l'année suivante
SARL nouvellement créée dont l'exercice comptable ne coïncide pas avec l'année civile	- soit au 31 décembre de l'année d'ouverture ; - soit au 31 décembre suivant leur année de création (1) ; - soit à la clôture de leur premier exercice comptable.
Cessation de la SARL	60 jours maximum après la cessation

*(1) **Remarque :** Lorsqu'aucun bilan n'est dressé au cours de la première année civile d'activité, l'IS dû par les SARL nouvellement créées est établi sur les bénéfices de la période écoulée depuis le commencement des opérations jusqu'à la date de clôture du premier exercice et, au plus tard, jusqu'au 31 décembre de l'année suivant celle de la création (Art. 209-I al. 2 du CGI)*

Attention aux déclarations hors délais ![1]

Si la télédéclaration a lieu hors délai (ou n'est pas réalisée), la SARL est passible :

- d'un intérêt de 0,40% des sommes dues par mois de retard,

- d'une majoration de 10% pouvant être portée à 40% en cas de non dépôt dans les 30 jours d'une première mise en demeure. La majoration est portée à 80% si le dépôt n'est toujours pas effectué dans les 30 jours suivent une seconde mise en demeure.

La SARL s'expose en outre à une taxation d'office et entraîne la perte :

- des exonérations des entreprises nouvelles et allègements d'impôt,

- du report en arrière éventuel sur les bénéfices déclarés hors délai,

- du droit d'option au crédit d'impôt recherche et au crédit d'impôt formation.

---

[1] Art. 1728 CGI ;. L. 66-2° CGI ; L 68 LPF.

③ Les modalités du paiement de l'impôt sur les sociétés

On l'a vu, c'est à la SARL de calculer le montant de son impôt à la fin de chaque exercice et de le payer spontanément au comptable de la direction générale des impôts.

L'impôt sur les sociétés se paie par **acomptes provisionnels** au cours de l'exercice au titre duquel il est dû, puis fait l'objet d'une **régularisation au moment où les bénéfices sont définitivement connus** (paiement du solde)[1].

Désormais, vous avez l'obligation de « télédéclarer » votre résultat et de « télépayer » l'impôt sur les sociétés, la contribution sociale et la taxe sur les salaires (et assimilées).

→ *Pour en savoir plus, consultez le site www.impôt.gouv.fr*

1. Les acomptes provisionnels

Le montant des acomptes provisionnels se calcule sur la base du bénéfice de référence du dernier exercice clos[2]. Ce bénéfice de référence ne correspond naturellement pas au bénéfice réel qui sera réalisé, par conséquent :

→ **Si le bénéfice réel de l'exercice est supérieur au bénéfice de référence**, les acomptes versés seront inférieurs à l'impôt effectivement dû et le versement du solde permettra la régularisation.

→ **Si le bénéfice réel de l'exercice est inférieur au bénéfice de référence** et que la SARL estime que le montant des acomptes versés est déjà supérieur au montant total de l'IS dont elle sera redevable, elle peut se dispenser de verser de nouveaux acomptes ou en réduire le montant[3] (si la liquidation de l'IS faisait encore apparaître un excédent de versement : *reportez-vous p. 263*)

Le montant de chacun des acomptes est calculé de la manière suivante[4] :

	IS au taux de 15 %	IS au taux de 28 %	IS au taux de 33,1/3 %
1er acompte	3,75 %*	7 %*	8,1/3 %*
2ème acompte	3,75 %*	7 %*	8,1/3 %*
3ème acompte	3,75 %*	7 %*	8,1/3 %*
4ème acompte	3,75 %*	7 %*	8,1/3 %*

* Pourcentage du bénéfice de référence

---

[1] *Remarque :* Le paiement de l'IS n'est donc pas décalé contrairement à l'impôt sur le revenu dont le paiement fait l'objet d'un décalage d'une année civile (le contribuable redevable de l'IR paie au cours d'une année l'impôt dû au titre des revenus de l'année précédente).

[2] C'est-à-dire le bénéfice imposable hors plus-values à long terme.

[3] Art. 1668 4 *bis* du CGI

[4] *Remarque :* S'agissant du résultat net des concessions de licences d'exploitation de brevets et d'inventions brevetables (bénéfices imposables au taux de 15%), le taux de chaque acompte sera de 3,75% (quelque soit le taux de l'IS auquel la SARL est soumise).

Lors du calcul du premier acompte, le bénéfice de référence de l'exercice précédent est rarement connu. La SARL utilise, à titre provisoire, pour le calcul de cet acompte, le bénéfice de l'année N-2, une régularisation est alors effectuée lors du paiement du deuxième acompte.

Exemple : *Pour un exercice ouvert le 1er janvier N, le premier acompte pourra être calculé sur la base du bénéfice de référence de N-2. La SARL procédera ensuite à une régularisation, lors du versement du deuxième acompte sur la base du bénéfice de N-1.*

Remarque : La somme obtenue est arrondie à l'euro le plus proche (la fraction égale à 0,50 est comptée pour 1). Les plus-values à long terme bénéficiant des taux réduits d'IS ne sont pas prises en compte pour le calcul des acomptes.

Les dispenses d'acomptes provisionnels

La SARL est dispensée de verser les acomptes dans les cas suivants :
- si l'exercice de référence est fiscalement déficitaire,
- si l'impôt sur les sociétés de l'exercice de référence n'excède pas 3 000 €,
- si le montant des acomptes déjà versés est égal ou supérieur au montant dont elle s'estime redevable au titre de l'IS pour l'exercice *(voir p. 261)*,
- les sociétés nouvelles au cours du 1er exercice,
- les sociétés préexistantes devenant passibles de l'IS (par exemple à la suite d'une transformation ou d'une option).

2. Les dates limites de paiement des acomptes provisionnels

Les dates limites de paiement des acomptes dépendent des dates de clôture de l'exercice.

→ Si l'exercice comptable de la SARL coïncide avec l'exercice civil :

Date de clôture de l'exercice	1er acompte	2ème acompte	3ème acompte	4ème acompte
31/12	**15 mars** suivant au plus tard	**15 juin** suivant au plus tard	**15 septembre** suivant au plus tard	**15 décembre** suivant au plus tard

→ Si l'exercice comptable de la SARL ne coïncide pas avec l'exercice civil :

Date de clôture de l'exercice comprise entre...	1er acompte	2ème acompte	3ème acompte	4ème acompte
...le 20/11 et le 19/02 inclus	**15 mars** suivant au plus tard	**15 juin** suivant au plus tard	**15 septembre** suivant au plus tard	**15 décembre** suivant au plus tard
...le 20/02 et le 19/05 inclus	**15 juin** suivant au plus tard	**15 septembre** suivant au plus tard	**15 décembre** suivant au plus tard	**15 mars** suivant au plus tard
...le 20/05 et le 19/08 inclus	**15 septembre** suivant au plus tard	**15 décembre** suivant au plus tard	**15 mars** suivant au plus tard	**15 juin** suivant au plus tard
...le 20/08 et le 19/11 inclus	**15 décembre** suivant au plus tard	**15 mars** suivant au plus tard	**15 juin** suivant au plus tard	**15 septembre** suivant au plus tard

> **Attention !**
> La SARL doit payer spontanément les acomptes sur IS auprès de la recette des impôts.
> Si les sommes versées ne correspondent pas à l'impôt dû ou si le paiement intervient hors délai, les sommes dues seront recouvrées avec une majoration de 5% et un intérêt de 0,40 % par mois de retard.

3. Le paiement du solde d'IS

La liquidation et le paiement du solde de l'impôt sur les sociétés doivent être effectués spontanément par la SARL. Le **paiement du solde doit avoir lieu le 15 du 4ème mois qui suit la clôture de l'exercice**[1] (ou si aucun exercice n'est clos en cours d'année, le 15 mai de l'année suivante). Il sera éventuellement diminué des crédits d'impôts dont dispose la SARL.

Si les acomptes versés sont supérieurs à l'IS exigible, cet excédent de versement est remboursé dans les 30 jours de la date du dépôt du relevé du solde (déduction faite des autres impôts directs dus par la SARL) ou est imputé sur la prochaine échéance fiscale (comme par exemple, le deuxième acompte d'IS de l'exercice suivant).

4. Quelles SARL sont redevables de la contribution sociale ?

Seules les sociétés dont le chiffre d'affaires annuel hors taxes est au moins égal à 7 630 000 € sont assujetties à la contribution sociale[2].

Elle est égale à 3,3 % du montant de l'IS calculé sur les résultats imposables au taux normal ou aux taux réduits *(voir p. 254)*.

Le calcul de la contribution sociale se fait sur le montant d'IS de référence *(voir p.261)* diminué d'un abattement de 763 000 € par période de 12 mois :

> *(Impôt de référence de l'exercice précédent − 763 000 €) × taux applicable (3,3%)*
>
> *= **Montant de la contribution sociale***

Quatre acomptes de 0,825 % doivent être versés aux dates applicables pour les acomptes de l'IS *(voir page précédente)*. **Le solde est exigible avec le solde de l'IS.**

📄 ***Exemple :** Lors de l'exercice 2017 (coïncidant avec l'année civile), une SARL soumise à l'IS a réalisé un bénéfice de 60 millions d'euros imposable au taux de 33,1/3. Les montants de la contribution sociale et des acomptes sont obtenus ainsi :*

→ ***Calcul du montant total de la contribution sociale :** 60 M€ × 33,1/3 = 20 M€ (impôt de référence de l'exercice précédent) - 763 000 € (abattement) = 29 237 000 € × 3,3% = **964 821 €***

---

[1] Art. 1668 2. du CGI. La SARL paiera à cette date non seulement l'impôt calculé au taux normal, mais aussi le cas échéant au taux réduit sur les plus-values à long terme.

[2] Pour les SARL dont le chiffre d'affaires HT est inférieur à 7 630 000 € mais dont l'IS est supérieur à 763 000 €, une est possible à condition que le capital social de la SARL soit détenu pour au moins 75 % par des personnes physiques.

→ *Calcul des acomptes : 29 237 000 €* *× 0,825% = 241 205 €*

À savoir : Le 1er acompte est calculé sur la base des résultats de l'exercice N-2 et régularisé lors du versement du 2ème acompte.

Cette contribution n'est pas déductible des résultats imposables[1].

Synthèse des échéances de paiement d'IS et de CS

Pour les SARL concernées les acomptes et le solde de CS sont versés aux dates applicables pour l'IS. Ces dates dépendent de la date de clôture de l'exercice :

Date de clôture des exercices	Date limite de paiement				
	1er acompte	2ème acompte	3ème acompte	4ème acompte	Solde d'IS
31 janvier N	15 mars N	15 juin N	15 septembre N	15 décembre N	15 mai N+1
28 février N	15 juin N	15 septembre N	15 décembre N	15 mars N +1	15 juin N+1
31 mars N	15 juin N	15 septembre N	15 décembre N	15 mars N +1	15 juillet N+1
30 avril N	15 juin N	15 septembre N	15 décembre N	15 mars N +1	15 août N+1
31 mai N	15 septembre N	15 décembre N	15 mars N +1	15 juin N+1	15 septembre N+1
30 juin N	15 septembre N	15 décembre N	15 mars N +1	15 juin N+1	15 octobre N+1
31 juillet N	15 septembre N	15 décembre N	15 mars N +1	15 juin N+1	15 novembre N+1
31 août N	15 décembre N	15 mars N +1	15 juin N+1	15 septembre N+1	15 décembre N+1
30 septembre N	15 décembre N	15 mars N +1	15 juin N+1	15 septembre N+1	15 janvier N+2
31 octobre N	15 décembre N	15 mars N +1	15 juin N+1	15 septembre N+1	15 février N+2
30 novembre N	15 mars N+1	15 juin N+1	15 septembre N+1	15 décembre N+1	15 mars N+2
31 décembre N	15 mars N+1	15 juin N+1	15 septembre N+1	15 décembre N+1	15 avril N+2

N = année

N+1 = année suivant N

N+2 = année suivant N+1

---

[1] Art. 213 du CGI.

④ Optimiser la gestion des déficits fiscaux

Un résultat déficitaire sur un nombre d'exercices limités -qu'il soit le résultat d'un choix tactique ou des aléas de l'activité de la société- n'est pas une catastrophe, à condition de savoir le gérer judicieusement.

Si la SARL n'a pas vocation à être indéfiniment déficitaire (il faut réaliser des bénéfices ou au moins être en équilibre s'il on veut que la société soit durablement viable), les déficits d'un ou plusieurs exercices peuvent néanmoins être fiscalement très utiles !

Utilisés à bon escient, le déficit fait partie des outils du gestionnaire, car il peut être imputé sur les résultats bénéficiaires d'autres exercices, ce qui entraîne une diminution de la base imposable de ces exercices, et permet mécaniquement une **réduction du montant de l'impôt sur les sociétés** (et le cas échéant de la contribution sociale).

Les déficits peuvent être reportés de 2 manières :

- soit sur les exercices bénéficiaires futurs (c'est le report en avant),

- soit sur l'exercice bénéficiaire précédent (c'est le report en arrière).

> *Attention !*
> Le **report en arrière** n'est possible que si la SARL lève l'**option** car à défaut le report en avant est appliqué automatiquement.

1. Reporter le déficit en avant ou en arrière ? Quelques critères de choix :

Si l'exercice précédent est également déficitaire, la question du choix ne se pose pas : seul le report en avant du déficit est envisageable.

En revanche, si le précédent exercice est bénéficiaire, la question du report en arrière peut se poser.

→ Le report en avant : Avantages et inconvénients

> Avantages : Le report en avant est possible sans limitation de durée sur les exercices suivants dont il réduit ou annule les montants futurs d'IS et de contribution sociale de solidarité (supprimée en 2017). Il diminue également le montant de la réserve de participation des salariés sur les futurs exercices, celle-ci étant calculée sur la base du bénéfice de la SARL (tout dépend donc de la politique de la SARL : ce dernier avantage pouvant aussi être apprécié comme un inconvénient).

À savoir : En cas de déficit, le report en avant est appliqué automatiquement sauf option pour le report en arrière.

> Inconvénients : Son montant est plafonné à 1 000 000 € par an, majoré de 50 % de la fraction du bénéfice supérieure à ce plafond. En outre, son effet est décalé jusqu'à ce que des résultats bénéficiaires soient effectivement dégagés.

→ Le report en arrière : Avantages et inconvénients

> Avantages : Le report en arrière ne modifie pas les résultats imposables futurs mais donne naissance à une créance fiscale utilisable pour payer l'IS qui sera remboursée si elle n'est pas imputable dans un délai de 5 ans. La créance fiscale est prise en compte au titre des capitaux propres qui viennent en déduction du bénéfice de référence pour le calcul de la réserve à hauteur de 5 %.

Il entraîne une amélioration du bilan de la SARL car la créance fiscale est un produit exceptionnel inscrit à l'actif. Le report en arrière n'a aucune incidence sur la participation acquise par les salariés au titre des exercices passés.

Le report en arrière peut également être judicieux si la SARL prévoit un montant important de crédits d'impôt lors d'un futur exercice car à l'inverse, en cas de report en avant, les bénéfices futurs pourraient être réduits au point que les crédits d'impôt ne puissent plus être utilisés pour le paiement de l'IS (ils tomberaient en non-valeur).

> Inconvénients : L'imputation n'est possible que sur le déficit de l'exercice précédent dans la limite de 1 000 000 €. Le déficit qui n'a pu être reporté en arrière demeure reportable en avant. Il n'annule pas les montants de CSS passés.

2. Modalités du report en avant[1]

Le principe est le suivant : le déficit subi pendant un exercice est considéré comme une charge de l'exercice suivant et déduit du bénéfice réalisé au cours de ce nouvel exercice dans la limite de 1 000 000 € majoré de 50 % de la fraction du bénéfice supérieure à cette limite.

Si l'insuffisance du bénéfice de l'exercice suivant ou que la limitation empêche la déduction intégrale, l'excédent du déficit peut être reporté selon les mêmes règles sur les exercices suivants sans limitation de durée.

Remarques : La limite de 1 000 000 € ne s'applique pas en cas de compensation de la plus-value à long terme avec le déficit subi au cours du même exercice (en revanche, ce plafonnement est applicable si cette compensation est effectuée avec des déficits reportables des exercices antérieurs).

Exemple :

Une SARL subit un déficit de 2 millions d'€ (exercice N). Son exercice suivant (N+1) est bénéficiaire à hauteur de 1,8 millions d'€.
Son déficit reportable en avant sur N+1 est de : 1 000 000 € + (50 % x 800 000 €) = 1 400 000 €.
Le bénéfice taxable au titre de l'exercice N+1 est de 400 000 € (1 800 000 € – 1 400 000 € = 400 000 €)
La fraction du déficit subi en N non admise en déduction du bénéfice N+1 en raison du plafonnement est reportée sur les exercices suivants, de sorte qu'à la clôture de l'exercice N+1, le montant des déficits reportables est égal à 600 000 €.

À savoir : Les SARL en difficulté qui bénéficient d'un abandon de créance voient cette limite majorée du montant des abandons de créances consentis dans le cadre d'une procédure de conciliation en application d'un accord homologué ou dans le cadre d'une procédure de sauvegarde, de redressement ou de liquidation judiciaire (art. 17 de la Loi de finance pour 2017).

---

[1] Art. 209 I. du CGI

En revanche, si le montant des déficits imputables ou le montant du bénéfice sur lequel des déficits peuvent être imputés sont inférieurs à 1 000 000 €, les mesures de plafonnement présentées ci-dessus ne s'appliquent pas au titre de l'exercice considéré.

Exemple :

Une SARL subit un déficit de 900 000 € au titre de l'exercice N. En N+1, elle réalise un bénéfice égal à 1 300 000 €. Le plafonnement de l'imputation des déficits antérieurs ne s'applique pas.
La SARL peut imputer l'intégralité du déficit subi en N sur N+1 : le bénéfice taxable au titre de N+1 sera de 400 000 €.

3. Modalités du report en arrière (appelé également *carry back*)

Le report des déficits en arrière n'est **possible que sur option**[1]. Pour cela, la SARL doit formuler sa demande dans la déclaration de résultats à la ligne « déficit de l'exercice reporté en arrière ». Sans cette mention, le déficit de l'exercice est automatiquement reporté en avant. En outre, une déclaration spéciale (imprimé n°2039-SD) doit être déposée avec le relevé du solde de l'IS de l'exercice de l'option (ou avec la déclaration de résultat si l'option intervient après le dépôt du relevé de solde).

À savoir : L'option pour le report en arrière ne peut pas être exercée pour un exercice durant lequel intervient un changement total d'activité, une cession ou une cessation d'entreprise, une fusion ou la liquidation judiciaire de la SARL.

→ Comment fonctionne le report en arrière ?

L'option pour le report en arrière des déficits porte sur le seul déficit de l'exercice. Le report n'est possible que sur le bénéfice de l'exercice précédent dans la limite de 1 000 000 € (et de la fraction non distribuée de ce bénéfice).
Certaines composantes des bénéfices antérieurs ne peuvent pas servir de base d'imputation aux déficits, il s'agit : des plus-values à long terme imposées à un taux réduit, des bénéfices distribués, des bénéfices dont l'imposition a été compensée par crédits ou réductions d'impôt, des bénéfices déjà exonérés *(voir p. 221 s.)*.

Si le déficit ne peut être reporté intégralement en arrière, du fait du plafond ou d'une insuffisance de bénéfice sur l'exercice précédent, le déficit demeure reportable sur les exercices ultérieurs (report en avant).

À savoir : Lorsqu'un déficit est reporté en arrière sur les bénéfices soumis pour une part au taux réduit (15% dans la limite de 38 120 €) et le reste au taux normal (28 % et/ou 33,1/3%), ce déficit s'impute par priorité sur le bénéfice soumis au taux normal puis sur celui soumis au taux réduit *(exemple page suivante)*.

→ Conséquences du report en arrière

Le report en arrière du déficit fait naître une **créance fiscale au profit de la SARL** (conséquence du trop-perçu d'impôt) dont le montant est égal au déficit effectivement imputé multiplié par le taux de

---

[1] Art. 220 *quinquies* du CGI (il s'agit d'une dérogation au principe du report en avant).

l'IS (taux normal de 28 % et/ou 33,1/3 % et/ou taux réduit de 15 %). Le calcul est donc effectué de la manière suivante :

> *Montant du déficit reporté en arrière x Taux d'IS applicable **= Montant de la créance fiscale***

Exemple : *Par soucis de simplification, l'exemple porte sur l'exercice 2019 (taux réduit de 15 % et taux normal de 28 %). Au cours de l'exercice 2019, une SARL réalise un bénéfice de 1 008 120 € dont 38 120 € est soumis au taux réduit de 15 %. Lors de l'exercice suivant (N+1), elle subit un déficit de 1 500 000 €. Elle opte pour le report en arrière de son déficit, soit 1 000 000 €, le surplus de 500 000 € étant reporté en avant.*

La créance de report en arrière sera de 276 100 €. Elle est déterminée de la manière suivante :

Exercice clos en N	
Résultat fiscal soumis au taux réduit de 15 %	38 120 €
Montant d'impôt acquitté à taux réduit	5 718 €
Résultat fiscal soumis au taux normal de 28 %	970 000 €
Montant d'impôt acquitté à taux normal	271 600 €
Exercice clos en N+1	
Déficit reporté en arrière	1 000 000 €
Montant de la créance à taux normal	271 600 €
Montant de la créance à taux réduit	4 500 € = (1 000 000 € – 970 000 €) x 15 %
Montant total de la créance	**276 100 €**

→ Traitement comptable et extra-comptable de la créance fiscale

Sur le plan comptable, la créance fiscale née du report en arrière constitue un produit de l'exercice déficitaire. Par conséquent, le résultat comptable est augmenté à hauteur de la créance (réduction du déficit comptable).

Aussi, bien que la créance fiscale n'ait pas d'incidence immédiate sur la trésorerie de la société, la présentation des comptes est améliorée.

Naturellement, ce produit n'est pas imposable. La créance fera donc l'objet d'une déduction extra-comptable sur l'imprimé n° 2 058 A lors de la déclaration du résultat imposable.

⑤ Optimiser la gestion des charges

Savoir optimiser la gestion des charges permet de **réduire de manière importante le montant de l'impôt** dont la SARL sera redevable. En la matière, le gérant et les associés jouent un rôle actif. De leurs décisions peuvent découler des conséquences fiscales importantes. Ceux-ci doivent donc toujours s'interroger sur la pertinence de l'engagement ou non de charges sur un exercice donné afin de déduire ces charges au meilleur moment, ni trop tôt, ni trop tard !

> *Attention !*
> **Ayez toujours à l'esprit que les charges engagées doivent être justifiées par une gestion normale de la SARL sous peine de perdre le droit à déduction pour acte anormal de gestion (et, le cas échéant, subir un rehaussement fiscal).**
> **En outre, elles ne doivent jamais avoir pour seul motif d'éluder ou d'atténuer les charges fiscales, ce que l'administration fiscale pourrait lourdement sanctionner (procédure d'abus de droit : intérêt de retard, majoration jusqu'à 80 % et privation de certains avantages fiscaux).**

Par conséquent, tout au long de la vie de la SARL, le gérant doit échanger avec ses conseils (en particulier son expert-comptable) ainsi qu'avec l'administration fiscale (en contactant le SIE ou par procédure de rescrit lorsque celle-ci est possible : *voir p. 47 s.*). Lorsque vous ne disposez pas des qualifications requises, l'externalisation intégrale de la gestion fiscale s'impose.

Enfin, on l'a vu, la comptabilité et la fiscalité ne prennent pas toujours en compte les mêmes charges *(voir p. 252 s.)*. Certaines charges déductibles sur le plan comptable ne le sont pas fiscalement. Les développements qui suivent permettent de connaître les charges que vous pourrez déduire fiscalement afin de limiter l'imposition.

Nous présenterons successivement les conditions nécessaires pour qu'une charge soit déductible quel que soit sa nature (1.), puis nous présenterons les conditions spécifiques à chaque catégorie de charges (2.).

À savoir : En vertu des règles de la **comptabilité d'engagement** et de l'**indépendance des exercices comptables**, il faut en principe rattacher à l'exercice tous les produits et toutes les charges (c'est-à-dire les créances et les dettes) engagées au cours cet exercice.

Ils sont « engagés » dès qu'ils sont « certains », sans attendre leur encaissement ou décaissement effectifs. Ainsi, le résultat imposable d'un exercice est constitué des produits qui ont donné naissance à des créances sur des clients et des charges qui ont donné naissance à des dettes envers les fournisseurs *(et non de la différence entre les produits encaissés et les charges décaissées !)*.

1. Quelles sont les conditions de déductibilité des charges ?

On l'a dit, certaines charges peuvent être déduites du résultat fiscal de la SARL, d'autres, au contraire, doivent y être intégrées et sont imposables. Pour que la déduction fiscale des charges soit possible, **plusieurs conditions** doivent être réunies.

Les charges doivent :

1- être engagées dans l'intérêt direct de l'exploitation : se rattacher à une gestion normale de la SARL (en lien avec son objet social) et ne pas être excessive ou fictive,

2- être comptabilisées en charge au cours de l'exercice d'engagement,

3- s'appuyer sur des justificatifs (facture en bonne et due forme par exemple),

4- être déclarées sur le relevé des frais généraux,

5- se traduire par une diminution de l'actif net de la société,

6- ne pas être la contrepartie d'une immobilisation : toutefois, les petits matériels industriels et les matériels de bureau et logiciel peuvent être, par tolérance fiscale, comptabilisés en charges si leur montant reste inférieur ou égal à 500 € HT,

7- ne pas être classées parmi les charges que la loi écarte du résultat fiscal (tel est le cas par exemple, des dépenses « somptuaires », des pénalités fiscales ou de certains impôts *(voir p. 271)*.

Vous devrez donc vous assurer que l'ensemble de ses conditions sont réunies. Si vous avez un doute, consultez votre expert-comptable.

2. Sur quel exercice les charges peuvent-elles être déduites ?

En principe, les charges déductibles sont celles qui ont donné naissance à des **dettes certaines** au cours de l'exercice. Autrement dit, les charges sont déductibles au cours de l'exercice où elles sont engagées peu importe la date de leur règlement.
On comprend donc que **le moment où le gérant de la société décide d'engager la charge est déterminant.**

Ce principe est tempéré dans les 2 principaux cas suivants :

> 1er cas : **Les charges constatées d'avance.** Lorsque la SARL paye d'avance des charges (achats de biens ou de services) qui se rapportent à un exercice futur, elle doit les isoler dans un compte de régularisation (compte de charges constatées d'avance) et les rattachera ensuite à l'exercice concerné.

📑 *Exemple :*

Une SARL paye d'avance un loyer en N, qui correspond à l'occupation du local en N+1. Dans ce cas, il faut considérer que la charge se rattache à l'exercice N+1. Il faudra donc l'éliminer des charges de l'exercice N en la virant au compte des charges constatées d'avance.

Attention !

La déductibilité ne sera autorisée que si la charge a été virée au compte « Charges constatées d'avance ». Si la charge constatée d'avance se rapporte à plusieurs exercices futurs, elle sera rattachée à chaque exercice pour la quote-part qui lui revient.

> **2nd cas :** **La possibilité d'étaler certaines charges dans le temps.** Grâce à cette possibilité, le gérant peut **limiter le montant de l'imposition** d'un ou plusieurs exercices. La législation permet en effet d'**étaler sur une durée pouvant aller jusqu'à 5 ans** certaines charges non répétitives. La SARL peut donc choisir entre la déductibilité totale de la charge lors de l'exercice au cours duquel elle est engagée ou l'amortissement sur plusieurs exercices (5 ans maximum).

En bref : **Les 3 catégories de charges suivantes peuvent être étalées**

Les frais d'établissement	C'est-à-dire les frais : - de constitution (droits d'enregistrement, frais de notaire, frais de publications légales et honoraires), - de premier établissement (prospection et publicité), - d'augmentation de capital.
Les frais de développement	C'est-à-dire, les frais liés aux opérations de recherche scientifique ou technique, aux dépenses de conception de logiciels ou de développement et de production d'un site web.
Les frais d'acquisition des immobilisations	C'est-à-dire résultant : - des droits de mutation et d'enregistrement, - des honoraires du notaire, - des commissions versées à un intermédiaire, - des frais d'insertion et d'affiches, - des frais d'adjudication.

3. Quelles charges ne sont pas déductibles ?

Avant de présenter les charges déductibles qui permettront de réduire votre résultat fiscal, les tableaux ci-dessous offrent une vision globale des principales charges non déductibles fiscalement.

En bref : **Principales charges non déductibles fiscalement**

Principales charges d'exploitation non déductibles	Certains impôts et taxes (art. 39-1-4° et 213 du CGI) : - la taxe foncière afférente à un immeuble non inscrit au bilan, - l'impôt sur le revenu (IR) et sur les sociétés (IS), - la CRDS et la CSG pour sa part non déductible, - la taxe sur les véhicules de société (TVS), - la contributions additionnelles à l'IS, - la taxe sur les distributions de dividendes, - la taxe annuelle sur les bureaux en Île-de-France, - l'allocations forfaitaires pour frais de représentation et frais de déplacement, si elles ne sont pas additionnées aux salaires et entraînent une rémunération excessive, - la redevance de crédit-bail, location de véhicules de tourisme et homologué N1, ou amortissement des véhicules de tourisme pour la fraction de leur prix d'acquisition TTC excédant 18 300 €, ou 9 900 € pour les véhicules les plus polluants, - les primes d'assurance relatives à des contrats portant sur des personnes qui ne

répondent pas à la définition de contrats d'assurance « homme clé » et primes relatives à certains contrats d'assurance-vie,

- les dépenses somptuaires : achat ou location de résidence de plaisance, de yacht et de bateau de plaisance, chasse de loisirs, pêche non professionnelle,

- les sommes versées à titre de droits d'entrée ou pas-de-porte si, additionnées aux loyers, elles présentent un total excédant le loyer normal du local (dans ce cas, elles sont assimilées au prix d'un élément incorporel du fonds de commerce, ni déductible ni amortissable),

- l'avantage en nature lié à l'utilisation privative de tout ou partie d'un immeuble inscrit à l'actif de l'entreprise par l'exploitant individuel à titre gratuit.

Principales charges financières non déductibles

- les intérêts sur emprunts et agios sur découverts,

- les intérêts des comptes courants d'associés si le capital n'est pas entièrement libéré,

- la fraction des charges financières des SARL soumises à l'IS si le montant total des charges financières nettes excède 3 millions d'€.

Principales charges exceptionnelles non déductibles

- les abandons de créance à caractère financier,

- les abandons de créance à caractère commercial, s'ils ne répondent pas à l'intérêt de l'exploitation,

- les pénalités et amendes infligées par une autorité administrative (Urssaf, DGFIP, DGCCRF, douanes etc.),

- les dons versés à des partis politiques ou dépenses de mécénat au profit de certaines œuvres, car ils bénéficient d'une déduction fiscale,

- les rappels d'impôts qui concernent des impôts non déductibles,

- les abandons de créance à caractère commercial, s'ils ne répondent pas à l'intérêt de l'exploitation.

Charges non déductibles en raison de leur montant

Déductibles en dessous de certains seuils, elles ne peuvent plus l'être au-dessus de ces seuils étant alors considérées comme excessives :

- les cadeaux d'affaires offerts par la SARL à ses clients, prospects ou fournisseurs dont la valeur d'acquisition est jugée disproportionnée par rapport à la réalité de la relation commerciale ou l'usage de la profession.

À noter : Ces dépenses doivent figurer sur le relevé de frais généraux n°2067, si leur montant total est supérieur à 3 000 € (à l'exception des objets publicitaires, dont la valeur totale TTC ne doit pas dépasser 65 €).

- les dépenses de parrainage engagées à l'occasion de manifestations culturelles, sportives ou artistiques si le nom ou le sigle de la société n'apparaissent pas et/ou que les dépenses sont excessives au regard du CA,

- les frais de personnel et charges sociales, s'ils sont d'un montant exagéré eu égard au travail effectivement fourni,

- la participation des salariés aux résultats et primes d'intéressement, si les accords de participation ou d'intéressement ne remplissent pas les conditions légales (caractère collectif et aléatoire) et/ou s'ils ne sont pas déposés auprès de la direction départementale du travail.

4. Quelles sont les principales charges d'exploitation déductibles par la SARL ?

Les charges d'exploitation sont composées des achats, des charges externes, des charges de personnel et des impôts et taxes déductibles.

→ Les achats

Les achats de marchandises (ou de matières premières) **destinées à être revendues** constituent des charges déductibles.

Le montant des achats comprend le prix d'achat à proprement dit auquel on doit ajouter, le cas échéant, le montant des droits de douane, des frais de transport et d'assurance marchandise.
À savoir : Il est possible de comptabiliser en achat le petit matériel (dont la valeur unitaire HT ne dépasse pas 500 €). Cette tolérance s'applique par exemple à l'équipement en mobilier sauf s'il s'agit de l'équipement initial de la SARL ou du renouvellement complet du mobilier.

→ Les loyers et assimilés

Les loyers correspondant à des locaux ou du matériel utilisés par la SARL et nécessaires à l'exploitation sont déductibles. Les loyers à prendre en considération sont les loyers de l'exercice concerné *(voir aussi p. 270 « Les charges constatées d'avance »).*

Il en est de même des redevances de crédit-bail (contrats de location avec option d'achat).

Relevons que les loyers et redevances qui portent sur les véhicules de tourisme de la SARL peuvent être partiellement exclus des charges déductibles. En effet, la fraction du prix qui excède 18 300 € ou 9 900 € pour les véhicules polluants est exclue des charges déductibles.

Ainsi, **le prix du véhicule est à prendre en compte pour optimiser l'impôt de la SARL**. Si son prix est inférieur à 18 300 € (si non polluant) ou 9 900 € (si polluant), les loyers seront intégralement déductibles. Ils ne le seront que partiellement au-delà, car ils donneront lieu à réintégration, ce qui a pour effet « d'augmenter » la base de l'impôt ! *(voir p. 252 s.).*

📄 *Exemples :*

Le 1er février, une SARL prend un crédit-bail pour un véhicule de tourisme d'une valeur de 25 000 €. Ce véhicule a été acquis neuf par la société de crédit-bail qui procède à son amortissement sur 5 ans (amorti à hauteur 20 % chaque année). Le montant à réintégrer pour l'exercice N est le suivant :
→ Si le véhicule est non polluant :   (25 000 - 18 300) x 20 % x 11/12* = 1228 €
→ Si le véhicule est polluant :   (25 000 - 9900) x 20 % x 11/12* = 2768 €
Le résultat imposable sera donc augmenté d'autant !

* Le mois de janvier durant lequel le véhicule n'était pas encore loué est déduit (11/12).

Attention également au prix de l'option d'achat ! En effet, s'agissant du crédit-bail mobilier, les redevances ne sont plus déductibles si le prix de levée de l'option est anormalement bas.

S'agissant du crédit-bail immobilier, si le prix de levée de l'option est inférieur au coût d'acquisition du terrain par le bailleur, la fraction des loyers égale à la différence entre les deux montants est exclue des charges déductibles en fin de contrat.

→ Les charges financières

Les intérêts[1] constituent des charges financières dont la déduction est soumise aux conditions générales de déduction exposées précédemment. Lorsque des intérêts rémunèrent les avances consenties par les associés à la SARL, ceux-ci sont déductibles du résultat si le capital social de la SARL est entièrement libéré *(voir p. 34)*.

> **Attention !**
> La déduction est limitée au taux effectif moyen pratiqué par les établissements de crédit pour des prêts à taux variables aux entreprises d'une durée initiale supérieure à 2 ans.

Il existe des modalités de plafonnement au-delà de 3 M€ de charges financières nettes.

→ Les dépenses informatiques de logiciel et de site internet

S'agissant des logiciels, seuls ceux dont le prix d'achat est inférieur à 500 € HT constituent une charge déductible fiscalement (les autres doivent être immobilisés). Si des frais de conception de logiciel sont engagés par la SARL, elle peut soit les comptabiliser en charge fiscalement déductibles soit en immobilisation.

S'agissant du site internet de la SARL, 2 grands types de dépenses doivent être distingués :

1- Les dépenses liées à la conception, au développement et au démarrage du site peuvent au choix être comptabilisées en charge fiscalement déductibles ou en immobilisation,

2- Les dépenses de référencement, d'hébergement, de fonctionnement ou d'exploitation du site constituent quant à elles des charges déductibles fiscalement.

→ Les frais d'entretien et de réparation

Ces frais constituent des charges déductibles. Il en est ainsi des frais d'entretien courant : ravalement, nettoyage, peinture, papier peint etc.

> **Attention !**
> Les dépenses qui augmentent la valeur d'un élément de l'actif ou prolongent de manière durable sa durée d'utilisation ne sont pas des charges déductibles mais des immobilisations.
> Relevons, que sous certaines conditions, la SARL peut également déduire des provisions pour gros entretiens ou grandes révisions.
> Avant toute décision, consulter votre expert-comptable, il sera de précieux conseil sur ces points !

→ Les cotisations d'assurance

Le montant des cotisations d'assurances (ou primes) sont en principe déductibles à condition qu'elles garantissent des éléments inscrits à l'actif, les pertes d'exploitation ou la responsabilité civile de la SARL.

---

[1] Lorsqu'un créancier (tiers ou associé) laisse une somme à la disposition de la SARL, la rémunération que ce créancier perçoit constitue l'intérêt de son capital. L'intérêt existe, le plus souvent, accessoirement à un contrat de prêt, mais il peut exister dans tout contrat qui oblige la SARL à verser des sommes d'argent sur une durée échelonnée (par exemple, une vente à crédit).

→ Les frais de recherche

Les frais de recherche fondamentale et appliquée peuvent constituer des charges déductibles. Pour les frais de recherche appliquée (« frais de développement »), tout dépendra du choix opéré en comptabilité puisqu'elles peuvent être enregistrées parmi les charges ou immobilisées.

→ Les honoraires et rémunérations d'intermédiaires

Les frais de commissions, de courtage ou d'honoraires constituent en principe des charges déductibles à condition d'être engagées dans l'intérêt de la SARL.

→ Les frais de cadeaux, de publicité

Sous réserve d'être réalisés dans l'intérêt de l'exploitation, ces frais sont déductibles fiscalement si leur valeur d'acquisition est jugée proportionnée par rapport à la réalité de la relation commerciale ou à l'usage de la profession (dans le cas inverse, elle ne pourra pas être déduite et devra être réintégrée dans le résultat de la SARL).

À savoir : Ces dépenses doivent figurer sur le relevé de frais généraux n°2067, si leur montant total est supérieur à 3 000 € (à l'exception des objets publicitaires, dont la valeur totale TTC ne doit pas dépasser 65 €).

→ Les frais de déplacement, de réceptions, de missions

Ces dépenses constituent en principe des charges déductibles à condition que leur montant soit proportionné aux avantages que devraient en tirer la SARL.

→ Les dépenses de documentation ou de formation professionnelle

Ces dépenses sont des charges fiscalement déductibles si elles sont exposées dans l'intérêt de la SARL

→ Les charges de personnel

Sous réserve de correspondre à un **travail effectif** et de **ne pas être excessives**, les rémunérations constituent en principe des charges déductibles quelle que soit leur nature (salaire, traitement, prime...), leur forme (fixe ou variable). Le salaire du conjoint du gérant est soumis à des règles particulières, *reportez-vous page 310 et suivantes.*

> **Attention !**
> La fraction de rémunération qui serait considérée comme excessive devrait être réintégrée pour la détermination du résultat fiscal.

→ La participation des salariés aux résultats, intéressement

Les sommes distribuées au titre de la participation bénéficient d'avantages fiscaux et sociaux pour les entreprises qui les versent et pour les salariés qui les perçoivent.

→ Pour en savoir plus : www.impôt.gouv.fr

→ Les impôts et taxes

Les impôts, taxes et les versements assimilés qui se rapportent à l'exploitation de la SARL sont déductibles des résultats de l'exercice au cours duquel ils ont été mis en recouvrement sauf si la loi en interdit la déduction *(voir p. 271)*.

→ Les frais de parrainage

Ils sont déductibles lorsqu'ils sont engagés à l'occasion de manifestations culturelles, sportives ou artistiques à la triple condition : d'être réalisés dans l'intérêt de l'exploitation, que les dépenses ne soient pas excessives au regard du CA et que l'appellation ou le sigle de la SARL apparaissent.

→ Les frais de mécénat

Ces frais sont déductibles à hauteur de 60 % dans la limite de 5 % du chiffre d'affaires HT.

→ Pour en savoir plus : www.impôt.gouv.fr

⑥ L'optimisation des amortissements

Les amortissements ne sont pas des charges décaissées par la société mais sont néanmoins déductibles. **Savoir optimiser fiscalement les amortissements** est essentiel pour faciliter le développement de la société. Si tous les amortissements pratiqués en comptabilité sont fiscalement déductibles, les règles fiscales permettent d'aller bien au-delà pour optimiser la fiscalité de la SARL. L'application de quelques règles simples permet de réaliser d'importantes **économies d'impôt**.

1. Qu'est-ce qu'un amortissement ?

La technique de l'amortissement concerne les actifs (les biens) immobilisés dont l'utilisation court en principe sur plusieurs années.
L'amortissement permet de répartir le coût d'un actif immobilisé sur sa durée d'utilisation par la société.

Zoom

🔑 **Qu'est-ce qu'un actif immobilisé ?**

Un actif est un élément du patrimoine de la SARL ayant une valeur positive. On parle d'actif immobilisé, car l'immobilisation est comptabilisée à l'actif du bilan de la SARL.

Pour qu'un actif puisse être immobilisé, il faut :
- qu'il soit identifiable,
- qu'il ait une valeur économique positive (la SARL doit pouvoir en attendre des avantages économiques futurs),
- qu'il soit la propriété de la SARL,
- et qu'il soit évalué avec une fiabilité suffisante.

En principe, seuls sont amortissables les actifs immobilisés dont la valeur se déprécie avec le temps et l'usage et dont la durée d'utilisation est limitée.

En matière comptable, le principe des amortissements consiste à constater la dépréciation des éléments de l'actif immobilisé. Cette dépréciation constitue une perte de substance pour l'entreprise. La perte doit être enregistrée pour maintenir la valeur initiale des capitaux engagés ; la société doit donc la compenser par un prélèvement sur les bénéfices, ce qui réduit d'autant la base imposable.
Pour un même type de bien immobilisé, la durée de l'amortissement peut varier de manière importante d'une société à une autre en fonction, par exemple, de la politique de renouvellement ou de l'intensité d'utilisation du bien.

📋 **Exemple :** *Deux SARL ont des politiques de renouvellement différentes. Ces politiques conditionneront la durée de l'amortissement comptable :*

→ *Si la SARL A prévoit de renouveler un véhicule après 5 ans d'utilisation, elle doit l'amortir sur 5 ans.*

→ *Si la SARL B prévoit de renouveler un véhicule après 3 ans d'utilisation, elle doit l'amortir sur 3 ans.*

2. Comment optimiser fiscalement la déduction des amortissements ?

En matière d'amortissement, simplicité ne rime pas avec économie ! La SARL pourrait en effet se contenter de déduire de ses résultats imposables les amortissements pratiqués en comptabilité, ce qui est parfaitement possible mais généralement bien peu judicieux d'un point de vue fiscal.

C'est pourquoi la plupart des gestionnaires avisés ne se contentent pas de transposer les amortissements comptables mais pratiquent les amortissements tels que les règles fiscales le permettent (en utilisant la technique des amortissements dérogatoires : *voir p. 280*).

En effet, en matière fiscale, la SARL peut calculer ses amortissements déductibles en retenant une durée d'utilisation conforme aux usages, ce qui constitue un réel avantage fiscal.

La SARL dispose en outre -souvent- de 2 grands modes possibles de calcul : l'amortissement linéaire et l'amortissement dégressif.

Sachez que le mode de l'amortissement dégressif est facultatif. Mais, lorsque cela est possible, le choisir constitue une décision de gestion qui peut servir à optimiser la fiscalité de la SARL.

On verra effet que le mode dégressif permet de concentrer les déductions de charges les plus importantes (les annuités déductibles les plus élevées) sur les premières années et de réaliser des modulations en cours d'amortissement, ce que le mode linéaire ne permet pas puisque l'amortissement linéaire constitue l'amortissement minimum légal.

La compréhension de l'utilité de pratiquer les amortissements selon les règles fiscales passe par celle des 2 principales techniques :

- l'amortissement linéaire,

- et l'amortissement dégressif.

→ Comment est calculé l'amortissement linéaire ?

Selon la méthode de l'amortissement linéaire, l'amortissement est réparti de manière uniforme sur la durée d'utilisation du bien. La durée d'amortissement, qui est prévue par les usages professionnels, varie selon la nature du bien *(voir tableau ci-dessous).*

L'annuité est calculée en appliquant au prix de revient du bien le taux approprié. Le taux d'amortissement linéaire à retenir est égal à :

> *100 / durée d'amortissement prévue par les usages = **taux d'amortissement linéaire***

À savoir : Par soucis de simplicité chaque année est considérée comme faisant 360 jours.

La durée d'amortissement prévue par les usages varie en fonction de la nature du bien :

Nature du bien immobilisé	Durée d'amortissement	Taux
Bâtiments commerciaux	20 à 50 ans	2 à 5%
Bâtiments industriels	20 ans	5 %
Bâtiments d'usine et de stockage en mauvais état d'entretien	10 ans	10 %
Immeubles à usage de bureaux	25 ans	4 %
Mobilier	10 ans	10 %
Matériel	7 à 10 ans	10 à 15 %
Petit outillage	2 à 3 ans	33,1/3 à 50 %
Matériel de bureau	5 à 10 ans	10 à 20 %
Micro-ordinateur	3 ans	33,1/3%
Caisse enregistreuse	4 ans	25 %
Véhicule individuel	5 ans	20 %
Camion, Taxi, véhicule auto-école	4 ans	25 %
Autocar	7 ans	15 %
Brevet, certifications d'obtention végétale		20 % (peut aussi être fonction de la durée d'utilisation)

N.B. : La liste des taux les plus couramment appliqués figurant ci-dessus est donnée à titre purement indicatif.

À savoir : Si la SARL choisit une durée d'amortissement différente (justifiée par l'utilisation), l'administration fiscale ne la remettra pas en cause si cette durée ne s'écarte pas de plus de 20 % de l'usage professionnel.

Le **point de départ de l'amortissement** doit être calculé à compter du jour de la **mise en service effective** de chaque élément amortissable (le jour d'acquisition peut être retenu si le bien a subi une dépréciation entre la date de son entrée dans l'actif et celle de sa mise en service).

La première et la dernière annuité d'amortissement est calculée au *prorata temporis* d'utilisation, c'est-à-dire que ne sont comptabilisés que les jours d'utilisation effectifs du bien.

Illustration : **Calcul d'amortissement selon le mode linéaire**

Le 1er avril de l'année N, une SARL achète une machine industrielle d'une valeur de 24 000 €. Par référence aux usages, la SARL a décidé d'amortir ce bien sur 5 ans. Le taux d'amortissement est donc de 20 % (100 ÷ 5 = 20 %).
Le plan d'amortissement linéaire se présente ainsi :

Année	Calcul de l'annuité	Annuité d'amortissement (en €)
N	24 000 x 20 % x (270 ÷ 360) [L'annuité est calculée *au prorata temporis* : du 1er avril au 31 décembre il y a 270 jours ; l'année est considérée fiscalement comme comptant 360 jours]	3 600
N+1	24 000 x 20 % = 4 800	4 800
N+2	24 000 x 20 % = 4 800	4 800
N+3	24 000 x 20 % = 4 800	4 800
N+4	24 000 x 20 % = 4 800	4 800
N+5	24 000 x 20 % x (90 ÷ 360) [L'annuité est calculée *au prorata temporis* : du 1er janvier au 30 mars il y a 90 jours ; l'année est considérée fiscalement comme comptant 360 jours]	1 200
	Total	**24 000**

Remarque : On constate que lorsque le bien est acquis en cours d'année, l'utilisation *d'un prorata temporis* sur l'exercice de mise en service conduit à amortir le bien sur 5 exercices alors que la durée d'utilisation est de 4 ans.

Lorsque cela est possible et plus avantageux fiscalement, la SARL peut décider d'appliquer l'amortissement dégressif.

→ Opter pour l'amortissement dégressif ?

Dans le système de l'amortissement dégressif, l'amortissement est plus important les premières années d'utilisation du bien. Les déductions fiscales sont donc concentrées les premières années.

En matière fiscale, l'amortissement dégressif peut être retenu même dans des hypothèses où ils ne peuvent l'être en matière comptable. Il faut alors constater des **amortissements dérogatoires**. Choisir ce mode de calcul est donc un **choix de gestion et d'optimisation fiscales**.

> Les conditions de l'amortissement dégressif :

Mais attention, l'amortissement dégressif n'est fiscalement possible qu'à **3 conditions** :

- **1ère condition :** le bien doit être neuf (ce qui exclut les biens d'occasion)

- **2ème condition :** sa durée d'utilisation par la SARL doit être au moins de 3 ans

- **3ème condition :** le bien doit appartenir à l'une des catégories suivantes :
- matériels utilisés pour des opérations industrielles de fabrication, de transformation ou de transport à l'exclusion des véhicules dont la charge marchande utile est inférieure à 2 tonnes,
- matériels de manutention,
- installations destinées à l'épuration des eaux et à l'assainissement de l'atmosphère,
- installations productrices de vapeur, chaleur ou énergie,
- installations de sécurité et installations à caractère médico-social,
- équipements informatiques et machines de bureau, à l'exclusion des machines à écrire autres que celles à frappe électrique entièrement automatique,

- matériels et outillages utilisés à des opérations de recherche scientifique ou technique,
- installations de magasinage et stockage sans que puissent y être compris les locaux servant à l'exercice de la profession,
- les immeubles et matériels des entreprises hôtelières,
- les bâtiments industriels dont la durée normale d'utilisation n'excède pas quinze années,
- les satellites de communication.

À savoir : Lorsqu'un bien est soumis au régime dégressif, le même régime est applicable à ses composants.

📄 *Exemple :*

Si l'on a remplacé les pneus d'un camion, ces pneus seront également soumis au régime dégressif en tant que composant du camion. La durée de l'amortissement dégressif des pneus sera différente de celle du camion : il faudra en effet tenir compte de la durée d'usage réelle de la structure (le camion) et de la durée d'utilisation de ses composantes (les pneus).

> Comment calculer l'amortissement dégressif ?

Le taux applicable pour le calcul de l'amortissement dégressif est obtenu en multipliant le taux d'amortissement linéaire correspondant à la durée normale d'utilisation de l'immobilisation par un coefficient prévu par la loi qui varie selon cette durée d'utilisation.

En principe les coefficients à utiliser pour le calcul des taux de l'amortissement dégressif sont les suivants :

Durée normale d'utilisation du bien	Coefficients pour les biens acquis ou fabriqués avant le 4.12.2008 ou depuis le 1.01.2010	Coefficients pour les biens acquis ou fabriqués entre le 4.12.2008 et le 31.12.2008
3 ou 4 ans	1,25	1,75
5 à 6 ans	1,75	2,25
Plus de 6 ans	2,25	2,75

Pour en savoir plus : www.impôt.gouv.fr

Le calcul pour obtenir le taux d'amortissement dégressif applicable est donc le suivant :

> ***Taux de l'amortissement dégressif*** *= Taux d'amortissement linéaire x coefficient*

→ *Reportez-vous au tableau de synthèse de la page suivante.*

Synthèse des principaux taux d'amortissement dégressif utilisables :

Durée normale d'utilisation du bien (en années)	Taux linéaire (en %)	Coefficients pour les biens acquis ou fabriqués avant le 4.12.2008 ou depuis le 1.01.2010		Coefficients pour les biens acquis ou fabriqués entre le 4.12.2008 et le 31.12.2008	
		Coefficient	Taux dégressif (en %)	Coefficient	Taux dégressif (en %)
3	33,33	1,25	**41,66**	1,75	**58,33**
4	25	1,25	**31,25**	1,75	**43,75**
5	20	1,75	**35**	2,25	**45**
6	16,67	1,75	**29,15**	2,25	**37,51**
6 2/3	15	2,25	**33,75**	2,75	**41,25**
8	12,5	2,25	**28,125**	2,75	**34,38**
10	10	2,25	**22,5**	2,75	**27,50**
12	8,33	2,25	**18,74**	2,75	**22,91**
15	6,67	2,25	**1,99**	2,75	**18,34**
20	5	2,25	**11,25**	2,75	**13,75**

Illustration : Calcul d'amortissement selon le mode dégressif

Reprenons les données de l'exemple de la page 343. Le 1er avril de l'année N, une SARL achète une machine industrielle d'une valeur de 24 000 €. Par référence aux usages, la SARL a décidé d'amortir ce bien sur 5 ans. Le taux d'amortissement linéaire serait donc de 20 % (100 ÷ 5 = 20 %).

*Par conséquent, le **taux d'amortissement dégressif** est de :*

Taux d'amortissement linéaire x coefficient = 20 % x 1,75 = 35 %

En pratique, on applique le taux dégressif tant que celui-ci reste supérieur à celui de l'amortissement linéaire calculé en fonction des années qui restent à courir.

En effet, par mesure de simplification, il est admis de terminer le plan d'amortissement en calculant les dernières annuités selon le mode linéaire dès que celui-ci devient supérieur au taux dégressif applicable.

Dans notre illustration, le plan d'amortissement dégressif se présente ainsi :

Année	Taux linéaire (1)	Taux dégressif	Calcul de l'annuité	Annuité d'amortissement (en €)	Cumul des annuités
N	100/5 = 20 %	35 %	24 000 x 35 % x (270 ÷ 360) [2] = 6300	**6 300**	6 300
N+1	100/4 = 25 %	35 %	(24 000 - 6300) x 35 % = 6195	**6 195**	12 495
N+2	100/3 = 33,1/3 %	35 %	(24 000 – 12 495) x 35 % = 4 026,75	**4 026,75**	16 521,75
N+3	100/2 = 50 %	35 %	(24 000 – 16 521,75) x 50 % = 3739,125 [3]	**3 739,125**	20 260,875

N+4	100/1 = 100%	35 %	(24 000 – 20 260,875) x 100 % x (90 ÷ 360) = 3 739,125 [(4)]	3 739,125	24 000

(1) Le taux linéaire est calculé en fonction des annuités restant à pratiquer (exemple : en N, il reste 5 annuités).

(2) L'annuité est calculée *au prorata temporis* : du 1er avril au 31 décembre il y a 270 jours ; l'année est considérée fiscalement comme comptant 360 jours.

(3) À compter de N+3, le taux de l'amortissement linéaire (50%) devient supérieur à celui de l'amortissement dégressif (35%), il convient donc de revenir au mode linéaire (en appliquant le taux de 50%).

(4) On continue d'appliquer le mode linéaire. L'annuité est calculée *au prorata temporis* : du 1er janvier au 30 mars il y a 90 jours ; l'année est considérée fiscalement comme comptant 360 jours.

Remarque : On constate que lorsque le bien est acquis en cours d'année, l'utilisation *d'un prorata temporis* sur l'exercice de mise en service conduit à amortir le bien sur 5 exercices alors que la durée d'utilisation est de 4 ans.

→ La déductibilité de l'intégralité de l'annuité suppose de respecter la règle de « l'amortissement minimum » !

Sachez qu'à la clôture de chaque exercice, la somme des amortissements pratiqués depuis l'acquisition ou la création d'un bien ne peut être inférieure au montant cumulé des amortissements calculés suivant le mode linéaire et répartis sur la durée normale d'utilisation.

Cette règle n'oblige pas la SARL à amortir les biens selon le système linéaire mais seulement à faire en sorte qu'à la clôture de chaque exercice (qu'il soit bénéficiaire ou déficitaire) les amortissements comptabilisés pour chaque bien pris isolément (et non pour l'ensemble des immobilisations) soient au moins égaux à la somme théorique des annuités linéaires.

> **Attention !**
> Si la SARL ne respecte pas l'obligation d'amortissement minimal, la SARL perd définitivement le droit de déduire de sa base imposable la fraction des amortissements qui a été différée.

→ Comment traiter la valeur résiduelle du bien en fin d'utilisation ?

La valeur résiduelle correspond au prix que la société pourrait obtenir de la vente du bien sur le marché à la fin de son utilisation.

Lorsqu'il est prévisible qu'à la fin de son utilisation, le bien aura encore une valeur résiduelle (autrement dit, lorsqu'il est prévisible que la durée d'utilisation du bien sera nettement inférieure à sa durée de vie probable), les amortissements sont calculés sur la valeur d'origine diminuée de cette valeur résiduelle :

> ***Montant amortissable d'un actif*** = *valeur brute - éventuelle valeur résiduelle*

À savoir : En matière fiscale, il n'est pas possible de prendre en compte la valeur résiduelle. Cette divergence entre les amortissements en matière comptable et fiscale doit être traitée par le biais des amortissements dérogatoires.

📑 *Illustration :* **Traitement de la valeur résiduelle du bien**

Le 1ᵉʳ janvier de l'année N, la SARL Optimal achète un véhicule d'une valeur de 12 000 € pour les besoins de son activité. La durée d'amortissement comptable et fiscal est fixée à 5 ans (le taux sera donc de 20 %).

Il est prévu que le véhicule sera repris au terme de son utilisation pour une valeur résiduelle égale à 15 % de sa valeur d'origine.

*La base d'**amortissement comptable** est de :*

12 000 – (12 000 x 15 % = 1800) = 10 200 € après la prise en compte de la valeur résiduelle.

*La base d'**amortissement fiscale** est de 12 000 €. La société amortit le bien selon le mode linéaire.*

L'écart doit être traité en amortissement dérogatoire :

Année	Annuité comptable (1)	Annuité fiscale (2)	Dotation aux amortissements dérogatoires
N	2 040	2 400	360
N+1	2 040	2 400	360
N+2	2 040	2 400	360
N+3	2 040	2 400	360
N+4	2 040	2 400	360
Total	**10 200**	**12 000**	**1 800**

(1) 10 200 x 20 % = 2 040
(2) 12 000 x 20 % = 2 400

⑦ La gestion fiscale des dépréciations et des provisions

Quand la SARL estime qu'il est probable qu'elle doive faire face à une dépense future précise, la société doit constituer des provisions en mettant de côté une partie de ses bénéfices. Les provisions consistent donc à **anticiper une perte ou une charge** future dont la réalisation apparaît probable en raison d'événements survenus au cours de l'exercice. Fiscalement, les provisions réalisées ont pour effet de **diminuer le résultat imposable de l'exercice**.

Aussi, la déductibilité fiscale des provisions est très encadrée afin d'éviter qu'elles ne soient utilisées abusivement pour réduire le résultat d'un exercice en faisant glisser une partie des bénéfices d'un exercice à l'autre. Cela étant dit, on relèvera que nombre de petites SARL ne provisionnent pas autant qu'elles le devraient ce qui les rend moins compétitives ou rentables : leur autofinancement nécessitant de ce fait que les prix pratiqués soient plus élevés ou les dividendes des associés réduits. **La bonne gestion des provisions est donc essentielle.**

Sachez qu'en matière de fiscalité, les « provisions » recouvrent à la fois les « dépréciations » et les « provisions » qui auront été enregistrées par votre comptable[1]. Par soucis de simplification nous ne parlerons que de provisions. Par ailleurs, une catégorie de provisions dite « **provisions réglementées** » ne correspond à aucune perte ou charge. Il s'agit en réalité d'un **mécanisme d'aides fiscales dont la SARL pourra tirer parti.**

1. Quelles sont les conditions de déductibilité fiscale des provisions ?

Toutes les provisions comptables ne sont pas déductibles fiscalement.

Pour être déductibles du résultat, **les pertes ou charges** pour lesquelles les **provisions** sont constituées, **doivent** :

1- être nettement précisées,

2- être probables et non simplement éventuelles,

3- résulter d'événements survenus pendant l'exercice et toujours en cours à sa clôture,

4- être effectivement comptabilisées,

5- figurer sur le tableau des provisions prévu à l'article 38 de l'annexe III au CGI. À cet effet, les entreprises doivent joindre à la déclaration de leurs résultats :
- le tableau n° 2056 pour celles qui sont soumises au régime du bénéfice réel,
- le relevé des provisions figurant sur le tableau n° 2033-D pour celles qui sont placées sous le régime simplifié.

---

[1] En matière comptable, les « dépréciations » constatent les pertes subies par des éléments d'actif alors que les « provisions » constatent des dettes futures possibles de la SARL envers les tiers.

2. Que deviennent les sommes provisionnées ?

Rappelons que lorsque la SARL estime qu'il est probable qu'elle doive dans le futur faire face à une dépense précise (perte ou charge), elle doit constituer une provision en mettant de côté une partie de ses bénéfices. Les sommes ainsi provisionnées sont déduites du résultat de l'exercice au cours duquel elles sont constituées.

Mais le sort final des sommes provisionnées va dépendre de la réalisation ou non de l'évènement (perte ou charge).

Lorsque la perte ou la charge qui avait été anticipée et provisionnée se réalise, elle doit à nouveau être déduite de l'exercice au cours duquel elle a lieu. Mais celle-ci ayant déjà fait l'objet d'une déduction du résultat de l'exercice de constitution de la provision, pour éviter un double avantage fiscal, il faut procéder à une **reprise de provision** qui consiste à la réintégrer au résultat imposable de l'exercice ou la perte ou charge est constatée.

📄 *Illustration :*

Au cours de l'exercice N, une charge de 100 est provisionnée en raison d'une future dépense probable. La provision est constituée lors de l'exercice N :

Déduction du résultat imposable = 100

Lorsqu'au cours de l'exercice N+1, la charge de 100 est effectivement supportée par la SARL, celle-ci déduit la charge de 100 mais elle doit parallèlement procéder à une reprise de la provision pour un montant de 100. Si la charge est effectivement supportée lors de l'exercice N+1 :

Déduction de la charge (-100) + reprise de provision (+ 100) = 0

A l'inverse, lorsque la perte ou la charge ne se réalise pas, la provision doit être ajoutée au résultat imposable de l'exercice au cours duquel il est certain qu'elle ne se réalisera pas.

3. Les provisions réglementées constituent un avantage fiscal pour la SARL

Les provisions réglementées sont en réalité des aides fiscales accordées par l'État. Elles ne correspondent donc pas à une perte ou une charge probable mais sont constituées uniquement en application de dispositions fiscales qui les autorisent en vue de favoriser certaines activités. Elles obéissent néanmoins au mécanisme décrit dans le paragraphe précédent, ce qui constitue un **avantage fiscal important** pour la SARL qui peut ainsi **déduire du résultat de l'exercice le montant correspondant aux provisions réglementées**. Au titre des provisions réglementées, citons par exemple, les provisions pour investissement, pour hausse de prix, pour mise en conformité, pour implantation à l'étranger. Il en existe d'autres : leur nombre et leur nature peuvent varier d'une année à l'autre en fonction des activités que l'État veut favoriser.

→ *Pour les connaître, vous consulterez : www.impôt.gouv.fr*

www.bofip.impots.gouv.fr/bofip/3902-PGP

⑧ La gestion des pertes et abandons de créances

Il est probable qu'au fil de l'activité certains débiteurs de la SARL ne puissent régler leurs créances. Le montant des créances impayées peut faire l'objet, selon les cas, soit d'une provision, soit d'une déduction du résultat fiscal.

→ Quel est le sort des créances douteuses ou litigieuses ?

Lorsque le recouvrement d'une créance est compromis soit en raison de la mauvaise santé financière du débiteur (« créance douteuse »), soit en raison d'un litige avec le débiteur (« créance litigieuse »), sans que la créance puisse être considérée comme définitivement perdue, elle ne peut pas être constatée dans les charges. Elle peut en revanche faire l'objet d'une **provision**.

Autrement dit, lorsque la perte d'une créance, sans être certaine, semble probable à la clôture d'un exercice, la SARL est autorisée à déduire de ses résultats une provision égale au montant hors taxe de la créance (ou de la fraction de créance) : **le résultat imposable de l'exercice en sera réduit d'autant.**

→ Dans quel cas peut-on constater une perte ou un abandon de créances ?

Les pertes ou abandons de créances constituent des charges déductibles fiscalement des résultats de l'exercice.

Les pertes de créances	Les créances devenues irrécouvrables constituent des charges déductibles des résultats de l'exercice au cours duquel la perte présente un caractère définitif (par exemple, le débiteur est en liquidation judiciaire).
Les abandons de créances	Il s'agit de la renonciation par la SARL à exercer les droits résultant d'une créance sur un tiers. L'abandon est déductible fiscalement sous réserve : - qu'il constitue un acte normal de gestion pour la SARL - et que cet abandon n'ait pas pour contrepartie une augmentation de l'actif de la société.

À savoir : Les abandons de créances à caractère financier ne sont plus déductibles.

⑨ Comment traiter fiscalement les plus-values ou moins- values réalisées par une SARL soumise à l'IS ?[1]

Il y a **plus-value** lorsqu'il est constaté un excédent du prix de cession d'un élément d'actif immobilisé sur le prix de revient de cet élément diminué des amortissements pratiqués et admis en déduction fiscale. Il y a **moins-value** lorsque le prix de cession est inférieur à la valeur nette comptable de l'élément cédé.

À savoir : Le prix de vente doit s'entendre du prix net, c'est-à-dire déduction faite des frais spéciaux qui s'appliquent directement à l'opération de cession.

Zoom

Plus ou moins-values à court terme ou à long terme ?

Sauf exception, dans les sociétés passibles de l'impôt sur les sociétés, **les immobilisations corporelles ou incorporelles relèvent du court terme[2].**

Par exception relèvent du régime du long terme les plus ou moins-values réalisées sur :
- les titres de participation
- les titres de société à prépondérance immobilière cotée
- les titres de placement[3]
- les plus-values de cession de brevets et les produits tirés de la concession de brevets

Selon ces critères, la SARL détermine en fin d'exercice :

- les **plus-values nettes à long terme** découlant de la compensation des plus ou moins-values à long terme de l'exercice ventilées selon leurs taux d'imposition,
- une **plus ou moins-value nette à court terme** découlant de la compensation des plus ou moins-values à court terme de l'exercice.

1. Comment procéder en cas de plus ou moins-values nettes à court terme ?

On l'a dit, toutes les immobilisations corporelles ou incorporelles relèvent en principe du court terme et sont traitées fiscalement comme un résultat ordinaire, il n'y a pas d'optimisation fiscale spécifique possible.

---

[1] DB 4 B-23 ; BO 4 B-1-08

[2] Bofip-IS-base-20-10-11/03/2013

[3] Parts de fonds communs de placement à risque (FCPR), fonds professionnel de capital investissement (FPCI) et d'actions de société de capital-risque (SCR).

En cas de plus-value nette à court terme, celle-ci est comprise dans le résultat fiscal de l'exercice et imposée à l'impôt sur les sociétés dans les conditions habituelles *(voir p. 254 s.)*. Il n'y a pas d'étalement possible.

En cas de moins-value, celle-ci est considérée comme relevant des charges et pertes admises en déduction lors de la détermination du résultat fiscal.

Relevons, qu'il n'y a aucune rectification extra-comptable à effectuer puisqu'elles sont déjà comptabilisées par les écritures comptables constatant les ventes intervenues[1].

2. Comment procéder en cas de plus-values nettes à long terme ?

Une optimisation fiscale est possible. Pour bénéficier d'une imposition réduite au taux de 15 % ou d'une exonération, les plus-values nettes à long terme doivent être déduites extra-comptablement du résultat.

Si le résultat fiscal de la SARL est déficitaire, la plus-value nette à long terme peut être utilisée pour compenser le déficit subi au cours de l'exercice[2] (ce qui ne présente aucun intérêt fiscal si la plus-value est exonérée).

📑 **Exemple** : *La SARL constate un déficit fiscal de 100 000 € et une plus-value nette à long terme de 40 000 € taxable au taux de 15 %. La SARL décide de compenser la plus-value avec le déficit de l'exercice. Le déficit reportable en avant est de 60 000 € (voir p. 265).*

Le régime de ces plus-values à long terme est le suivant :
- les titres de participation détenus depuis au moins 2 ans sont exonérés d'IS sauf quote-part de 12 %. Les moins-values nettes à long terme ne s'imputent pas sur le résultat ni sur les plus-values relatives à d'autres catégories de titres. Le calcul de la quote-part est effectué sur le montant des plus-values réalisées avant la compensation avec les moins-values à long terme de l'exercice. Elle s'applique indépendamment de l'existence ou non d'une plus-value nette à long terme.
- les titres de sociétés à prépondérance immobilière cotés sont imposées au taux réduit de 19 %. La moins-value nette à long terme d'un exercice s'impute sur les plus-values nettes à long terme de cette même catégorie pendant 10 ans ou sur les plus-values dégagées sur d'autres catégories de titres (sauf titres de participation),
- les titres de placement[3] détenus depuis au moins 5 ans bénéficient du régime du long terme au taux de 15 % (pour la fraction qui ne relève pas du taux à 0 %),
- enfin, les plus-values de cession de brevets et les produits tirés de la concession de brevets détenus depuis au moins 2 ans sont imposées au taux réduit de 15 %.

3. Comment procéder en cas de moins-values nettes à long terme ?

En principe, les moins-values nettes à long termes qui relèvent du taux de 15 % s'imputent sur les plus-values nettes à long terme relevant du taux de 15 % réalisées au cours des 10 exercices suivants.

---

[1] Dans un cas comme dans l'autre, elle doit seulement être indiquée sur l'imprimé 2059 A.
[2] Ou sur les déficits fiscaux qui demeurent reportables sur les bénéfices dudit exercice. Voir également, DA 4 B-2241 n° 1 à 4.
[3] Parts de fonds communs de placement à risque (FCPR), fonds professionnels de capital investissement (FPCI) et d'actions de société de capital-risque (SCR).

Zoom

Quid des plus ou moins-values des SARL soumises à l'IR

Comment sont-elles qualifiées ?

La qualification de plus-values à court terme ou à long terme est déterminée en fonction de la durée de détention du bien cédé et de son caractère amortissable ou non :

Durée de détention	Amortissable	Non amortissable
Moins de 2 ans	Court terme	Court terme
Plus de 2 ans	- Court terme dans la limite de l'amortissement déduit - Long terme au delà	Long terme

À noter : Par exception, les concessions de brevet ou d'inventions brevetables sont en principe soumises au régime du long terme.

Quel est leur régime ?

Une fois qualifiées, les plus-values et moins-values constatées au cours d'un même exercice sont compensées et déterminent une plus-value nette à court terme ou à long terme (le cas échéant, après abattement sur les plus-values immobilières pour ces dernières).

La plus ou moins-value nette à court terme est comprise dans les résultats soumis à l'IR dès lors qu'ils sont bénéficiaires. Un étalement de l'imposition sur 3 ans est possible.

Si la SARL dégage une moins-value à court terme, et en cas de bénéfices insuffisants, la fraction non imputée de la moins-value devient un déficit d'exploitation reportable. En revanche, la moins-value nette à long terme est uniquement imputable sur les plus-values à long terme réalisées pendant les 10 années suivantes (et non sur les bénéfices).

Quant à la plus-value nette à long terme, elle est d'abord minorée des moins-values à long terme réalisées au cours des 10 exercices précédents puis du déficit de l'exercice éventuel. Le solde de la plus-value à long terme est alors taxé à 16 % (soit 31,5 % avec les prélèvements sociaux).

⑩ La taxe sur la valeur ajoutée (TVA)

→ *Sur le choix des régimes applicables et les exonérations, reportez-vous page : 244 s.*

La TVA est calculée et collectée sur la base du prix hors taxes de chaque produit ou service vendus en France par la SARL. La SARL peut récupérer la TVA qui lui a été facturée, lorsque celle-ci a acheté le produit ou le service dans le cadre et pour les besoins de son activité (sauf cas de TVA non déductible)[1]. En règle générale, les exportations de marchandises et les livraisons intracommunautaires sont exonérées de TVA. En revanche, pour les acquisitions intracommunautaires, la TVA applicable doit être inscrite sur la déclaration de TVA habituelle[2]. La TVA sur les importations réalisées hors UE doit être payée au service des douanes, à l'entrée de la marchandise en France (dédouanement). Toutefois, les entreprises bénéficiant de la procédure de domiciliation unique (PDU) peuvent opter pour la déclaration de la TVA due au titre des importations sur leur déclaration de chiffre d'affaires.

1. Comment télédéclarer la TVA ?

Vous disposez de 2 possibilités :

- soit créer votre espace abonné sur le site www.impot.gouv.fr à partir de la rubrique « Professionnels » (mode EFI),

- soit passer par un prestataire (cabinet d'expertise-comptable, centre de gestion etc.) qui effectuera les démarches (mode EDI).

Sachez que vous pourrez utiliser les deux modes de transmission (EFI et EDI) pour déclarer et payer un même impôt.

📑 *Exemple :*

Si la SARL relève du régime simplifié d'imposition en matière de TVA, cette faculté vous permettra d'utiliser le mode EFI pour transmettre vos acomptes de TVA et de passer par votre expert-comptable en mode EDI pour votre déclaration annuelle.

> **Attention !**
> Les anomalies ou retards de déclaration de TVA sont souvent générateurs de contrôles fiscaux.

---

[1] Certains biens et services sont exclus du droit à déduction, il s'agit : des dépenses de logement faites au bénéfice des dirigeants ou des salariés de l'entreprise (sauf si la dépense est réalisée en vue de fournir gratuitement à leur personnel de sécurité, gardiennage et surveillance, un logement sur leurs chantiers ou dans leurs locaux ou pour les entreprises dont l'activité même est de vendre une prestation de logement (cas des hôteliers par exemple) ; les véhicules conçus pour le transport de personnes qui sont inscrits à l'actif de l'entreprise (sauf pour les entreprises de transport de voyageurs ou les auto-écoles) ; les biens cédés gratuitement ou à un prix inférieur à leur valeur normale (cadeaux) ; les produits pétroliers ; les services liés à des biens, eux-mêmes exclus.

[2] **Sur la TVA intracommunautaire** : www.impots.gouv.fr/portal/static/pro/

2. Quels sont les taux applicables ?

Le taux de TVA applicable sur le prix hors taxes dépend du produit ou service. Il existe 4 taux principaux de TVA.

Taux de 20 % Applicable à la majorité des ventes de biens et de services.

Taux de 10 % Applicable aux biens et services suivants :
- les produits de l'agriculture, de la pêche, de la pisciculture et de l'aviculture n'ayant subi aucune transformation ;
- le bois de chauffage, les produits de la sylviculture agglomérés destinés au chauffage, les déchets de bois destinés au chauffage ;
- certains produits destinés à l'alimentation animale ;
- certains produits à usage agricole ;
- les médicaments qui ne bénéficient pas du taux de 2,1 % ;
- certaines livraisons d'œuvres d'art ;
- les prestations de transport de voyageurs ;
- les droits d'entrées pour la visite de parcs zoologiques et botaniques, musées, monuments, grottes, sites et expositions culturelles ;
- les foires, salons et expositions autorisées ;
- les ventes à emporter ou à livrer de produits alimentaires préparés en vue d'une consommation immédiate, ventes à consommer sur place de produits alimentaires (sauf les boissons alcooliques) ;
- certains travaux d'amélioration, de transformation, d'aménagement et d'entretien qui ne bénéficient pas du taux de 5,5 %.

Taux de 5,5 % Applicable aux biens et services suivants :
- l'eau, les produits alimentaires à l'exclusion des boissons alcooliques et de quelques produits alimentaires solides ;
- certains appareillages et équipements pour handicapés, les prestations fournies dans les maisons de retraite et dans les établissements accueillant des personnes handicapées, certains services d'aide aux personnes âgées dépendantes et aux personnes handicapées ;
- les spectacles vivants ;
- les abonnements relatifs aux livraisons de gaz et d'électricité, fourniture de repas dans les cantines scolaires par des prestataires extérieurs dans les établissements publics ou privés d'enseignement du premier et second degré, fourniture par réseau de chaleur produite à partir d'énergies renouvelables ;
- certaines opérations (livraisons de logements, terrains) réalisées dans le cadre de la politique sociale ;
- les travaux d'amélioration de la qualité énergétique des locaux à usage d'habitation achevés depuis plus de 2 ans qui satisfont aux conditions visées à l'art. 278-0 ter CGI ;
- les droits d'entrée perçus par les organisateurs de réunions sportives.

Taux de 2,1 % Ce taux est réservé aux médicaments remboursables par la sécurité sociale, aux ventes d'animaux vivants de boucherie et de charcuterie à des non assujettis, à la contribution à l'audiovisuel public, à certains spectacles, aux publications de presse inscrites à la Commission paritaire des publications et agences de presse et aux services de presse en ligne.

⑪ La contribution économique territoriale

La contribution économique territoriale (CET) est une charge fiscale importante. Elle est composée de la cotisation foncière des entreprises (CFE) et de la cotisation sur la valeur ajoutée des entreprises (CVAE) **(1.)**. L'optimisation de la CET passe par quelques mesures simples qu'il faut toutefois mûrement réfléchir **(2.)**.

Remarque : Les SARL exploitant une surface de vente au détail de plus de 400 m², et réalisant un chiffre d'affaires hors taxes de 460 000 € ou plus, sont en outre soumises à la taxe sur les surfaces commerciales (Tascom). Cette taxe est déductible du résultat fiscal.

1. Composition de la contribution économique territoriale

→ La cotisation foncière des entreprises (CFE)

Cette cotisation est due dans chaque commune où la SARL dispose de biens immobiliers soumis à la taxe foncière. Les biens pris en compte sont ceux utilisés pour son activité au cours de l'année N-2 (par exemple, pour la CFE due en 2017, il faut prendre en compte les biens utilisés en 2015).
La base d'imposition de la CFE est constituée par la valeur locative des biens. Son taux est déterminé localement sur le territoire des biens concernés.

→ La cotisation sur la valeur ajoutée des entreprises (CVAE)

La CVAE est due par les SARL qui réalisent plus de 500 000 € de chiffre d'affaires hors taxes et qui exercent une activité au 1er janvier de l'année d'imposition (que la SARL soit à l'IS ou à l'IR).

Le montant de la CVAE est calculé selon l'opération suivante :

> *(valeur ajoutée x taux effectif d'imposition) + [(valeur ajoutée x taux effectif d'imposition) x 1 %]*
>
> *= CVAE*

Le taux effectif d'imposition (réel et non théorique) appliqué est obtenu selon un barème progressif (après dégrèvement pris en charge par l'État) variable selon le chiffre d'affaires réalisé au moment du versement des acomptes et du solde.

→ Pour en savoir plus : www.service-public.fr/professionnels-entreprises/vosdroits/F23546

Le paiement s'opère par 2 acomptes de 50 % de la cotisation due au plus tard les 15 juin et 15 septembre (si le montant de la CVAE ne dépasse pas 3 000 € il est payé en une seule fois). L'année suivant celle de l'imposition, la SARL devra procéder à la liquidation définitive de la CVAE au plus tard le 2ème jour ouvré suivant le 1er mai de l'année N+1.

2. Optimisation et plafonnement de la CET

La contribution économique territoriale (CET) étant une charge fiscale relativement lourde et variable selon la situation des entreprises, elle peut constituer un handicap ou un avantage concurrentiel. Il ne faut donc pas négliger son optimisation lorsque celle-ci est envisageable.

→ L'optimisation de la CET

La CET étant un impôt dont le taux est voté par les communes et les établissements publics de coopération intercommunale, une première mesure simple consiste à comparer les taux locaux avant de décider d'une implantation géographique. Mais attention, le choix ne doit pas se faire au détriment de l'activité, il doit être mûrement réfléchi.

Assurez-vous ensuite que les locaux choisis ne sont pas surdimensionnés (ce qui augmenterait inutilement la CFE) mais également que vous n'êtes pas surtaxé. Pour cela, il est toujours judicieux de contrôler les surfaces retenues par l'administration fiscale (les erreurs ne sont pas exceptionnelles). Pour les SARL ayant une activité industrielle les qualifications retenues pour les immeubles doivent aussi être passées au crible : les bases foncières des établissements industriels étant réduites de 30 %, une qualification en local commercial aurait un impact préjudiciable non négligeable !

Contrôlez également que vous ne pouvez pas prétendre à des réductions de la base d'imposition de la CFE. Par exemple, en cas de création d'établissement, la base est réduite de moitié la 1ère année d'imposition ; pour les entreprises saisonnières, la valeur locative imposable est réduite proportionnellement à la durée de la période au cours de laquelle l'activité n'est pas exercée ; les bases imposables des établissements situés en Corse sont affectées d'un coefficient de 0,75.

À savoir : Si l'immeuble a été détruit ou cédé au cours de la période de référence, il n'est pas passible de CFE.

Pour les SARL passibles de la CVAE, la valeur ajoutée étant calculée en tenant compte de certaines charges et notamment des « services extérieurs »[1], vous influerez favorablement sur son montant en jouant sur cette catégorie de charges. Vous devrez ainsi vous poser la question du traitement de certaines tâches en interne par les salariés (charge non déductible de la valeur ajoutée) ou du traitement par externalisation (charges déductibles de la valeur ajoutée). La réponse doit être appréciée au cas par cas.

Les hypothèses d'exonération sont présentées page 221 et suivantes.

→ Plafonnement de la CET : Demande de dégrèvement

Lorsque le montant de CET dû est supérieur à 3 % de la valeur ajoutée produite, la SARL peut demander un **dégrèvement**, sous forme de plafonnement. La demande doit être formulée avant le 31 décembre de l'année suivant la mise en recouvrement auprès du service des impôts des entreprises.

→ *Reportez-vous également p. 248 et 317*

→ *Pour le régime, consultez le site www.service-public.fr/professionnels-entreprises/*

---

[1] Sont notamment compris dans les « services extérieurs », les charges comptabilisées dans les comptes 611 et 613 à 629 du PCG, c'est-à-dire : Sous-traitance générale ; Locations (sous réserve de certaines règles) ; Charges locatives et de copropriété ; Entretiens et réparations ; Primes d'assurances ; Études et recherches ; Divers (documentation générale etc.) ; Personnel extérieur à l'entreprise ; Rémunérations d'intermédiaires et honoraires ; Publicité, publications, relations publiques ; Transport de biens et transports collectifs ; Déplacements, missions et réceptions ; Frais postaux et frais de télécommunication ; Services bancaires et assimilés ; Divers (frais de recrutement).

⑫ Autres taxes

Il ne s'agit pas de présenter une liste exhaustive mais uniquement les principales autres taxes auxquelles votre SARL pourra être soumise.

1. La taxe d'apprentissage (TA)

→ Généralités

En 2016, le taux de la taxe d'apprentissage est de 0,68 % (0,44 % en Alsace-Moselle) de la masse salariale de l'année précédente. La masse salariale est constituée du montant total des rémunérations soumises aux cotisations sociales et des avantages en nature versés par l'entreprise, c'est-à-dire les salaires, indemnités, primes, gratifications, cotisations salariales, pourboires etc.

Les entreprises de 250 salariés et plus peuvent également être soumises à la contribution supplémentaire à l'apprentissage (CSA) lorsqu'elles sont redevables de la taxe d'apprentissage et emploient moins de 5 % d'alternants, de jeunes accomplissant un volontariat international en entreprise (VIE) ou de jeunes bénéficiant d'une convention industrielle de formation par la recherche (CIFRE). Le taux de la CSA varie selon le pourcentage de salariés en contrat d'alternance par rapport à l'effectif global.

→ L'optimisation de la TA

L'optimisation du montant de la taxe d'apprentissage passe par des mesures simples :

> L'embauche d'apprentis si l'ensemble des rémunérations versées par la SARL ne dépasse pas 6 fois le Smic annuel (soit 105 596 € pour la taxe due en 2017 au titre de 2016). Vous bénéficierez en outre des exonérations de charges et le cas échéant des aides, primes et crédit d'impôt. Ces incitations entraînent un faible coût et constituent in fine une bonne mesure d'optimisation sociale et fiscale.

> Recruter des stagiaires : vous pouvez déduire les dépenses hors-quota des frais de stage (c'est-à-dire 25 € par jour ou 36 € par jour selon les catégories) dans la limite de 3 % de la taxe d'apprentissage due,

> le bénéfice du bonus des SARL d'au moins 250 salariés qui embauchent plus de 5 à 7 % d'alternants.

Les cas d'exonération sont présentés page 221 et suivantes.

2. La contribution à la formation professionnelle continue

Cette contribution est calculée sur le montant total des rémunérations imposables et des avantages en nature versés pendant l'année précédente aux salariés (salaires, cotisations salariales, primes, gratifications, indemnités, pourboires, etc.).

Pour les rémunérations versées en 2016, le pourcentage est 0,55 % pour les entreprises jusqu'à 10 salariés et de 1 % à partir de 11 salariés. Le pourcentage de 1 % est réduit à 0,8 % dans le cas où l'employeur finance le compte personnel de formation à hauteur de 0,2 % du montant des rémunérations (à condition de conclure un accord collectif d'une durée de 3 ans).

À savoir : En cas d'accroissement d'effectif entraînant le franchissement du seuil de 11 salariés, des taux spécifiques permettant de **lisser la hausse du taux**.

3. La participation des employeurs à l'effort de construction (ou 1 % logement)

Seules sont redevables de la participation à l'effort de construction (PEEC) les sociétés :

- employant au moins 20 salariés (50 pour les activités agricoles), tous établissements confondus,

- ou employant des salariés intermittents ou des travailleurs à domicile, si, en plus de la condition d'un effectif de 20 salariés, le montant annuel total des salaires est au moins égal à 180 fois le Smic mensuel en métropole (soit 263 991,00 €) ou 780 fois le Smic dans les départements d'outre-mer (soit 1 143 961,00 €).

La participation doit représenter une **quote-part minimum de 0,45 %** des rémunérations versées l'année N-1 sous la forme d'investissements en faveur de la construction de logements, à effectuer avant le 31 décembre de l'année N. Si les versements directs sont supérieurs à la quote-part, l'excédent peut être reporté sur les exercices suivants.

À savoir : En cas d'accroissement d'effectif, entraînant un dépassement du seuil de 20 salariés (ou de 50 salariés agricoles), la SARL bénéficie d'un dispositif de lissage sur 6 ans (dispense totale de paiement pendant 3 ans puis dispense partielle sur les 3 années suivantes (25 %, 50 %, puis 75 %).

> *Attention !*
> Si les investissements directs sont insuffisants (inférieurs à 0,45 %), la société sera redevable d'une cotisation forfaitaire de 2 % des rémunérations payées l'année précédente.

4. La taxe foncière

Elle concerne les SARL propriétaires ou usufruitières de propriétés bâties ou de propriétés non bâties. Ces SARL sont également redevables de la cotisation foncière *(voir p. 293)*.

La base d'imposition de la taxe foncière est égale à :

- la moitié de la valeur locative cadastrale pour les propriétés bâties,

- la valeur locative cadastrale pour les propriétés non bâties.

Cette valeur locative est actualisée chaque année. Les taux applicables à ces bases sont votés par les collectivités territoriales, elles varient donc selon la localisation de l'immeuble.

→ *Pour en savoir plus : www.service-public.fr/professionnels-entreprises/vosdroits/N22470*

Relevons, qu'il est toujours utile de contrôler les qualifications et surfaces retenues par l'administration pour déterminer le montant de la taxe foncière. Les erreurs ne sont pas exceptionnelles en la matière.

Les cas et conditions d'exonérations sont présentées page 221 et suivantes.

5. La taxe sur les véhicules de sociétés (TVS)

→ Régime de la TVS

La taxe sur les véhicules de sociétés (TVS) est due chaque année pour les véhicules particuliers[1] destinés totalement ou principalement au transport de passagers que la SARL possède ou utilise en France. Peu importe que le véhicule soit acheté, loué ou pris en crédit-bail.
Le montant de la taxe peut s'avérer particulièrement lourd pour la SARL. Elle résulte de l'addition de 2 composantes :

- **1ère composante de la TVS :** Le tarif à prendre en compte pour cette première composante dépend de la date de mise en circulation et d'utilisation :

> Pour les véhicules mis en circulation à compter du 1er juin 2004 qui n'étaient pas possédés ou utilisés par la société avant le 1er janvier 2006, le tarif de cette 1ère composante est le suivant :

Taux d'émission de dioxyde de carbone (en gramme par kilomètre)	Tarif par gramme de dioxyde de carbone (en euros)
Inférieur ou égal à 50	0
Supérieur à 50 et inférieur ou égal à 100	2
Supérieur à 100 et inférieur ou égal à 120	4
Supérieur à 120 et inférieur ou égal à 140	5,5
Supérieur à 140 et inférieur ou égal à 160	11,5
Supérieur à 160 et inférieur ou égal à 200	18
Supérieur à 200 et inférieur ou égal à 250	21,5
Supérieur à 250	27

Exemple : Pour un véhicule émettant 220 grammes de dioxyde de carbone, le montant à prendre en compte pour la 1ère composante est de 4 730 € (220 x 21,5 = 4 730 €), auxquelles il faudra ajouter la seconde composante afin d'obtenir le montant total de TVS annuel dû pour ce véhicule.

> Pour les autres véhicules, le tarif de cette 1ère composante de la TVS est le suivant :

Puissance fiscale	Tarif applicable (en euros)
Inférieur ou égal à 3	750
De 4 à 6	1 400
De 7 à 10	3 000
De 11 à 15	3 600
Supérieur à 15	4 500

---

[1] C'est-à-dire, les véhicules immatriculés dans la catégorie voitures particulières (avec la mention VP inscrite sur le certificat d'immatriculation) ou à usage multiple immatriculés dans la catégorie N1, destinés au transport de voyageurs, de leurs bagages ou de leurs biens (avec la mention camionnette ou CTTE mais qui disposent de plusieurs rangs de places assises).

- **2ⁿᵈᵉ composante de la TVS** : Elle doit être additionnée à la 1ᵉʳᵉ composante pour obtenir le montant de la taxe.

Année de 1ᵉʳᵉ mise en circulation	Essence et assimilé	Diesel et assimilé[1]
Jusqu'au 31 décembre 1996	70	600
De 1997 à 2000	45	400
De 2001 à 2005	45	300
De 2006 à 2010	45	100
À compter de 2011	20	40

Relevons que la charge globale peut également s'avérer lourde lorsque les véhicules utilisés pour la SARL appartiennent ou sont loués par les dirigeants ou salariés auxquels sont versés des indemnités kilométriques en compensation. En application des coefficients de pondération, la taxe n'est due qu'à partir de 15 000 Km indemnisés puis des coefficients de pondération sont appliqués jusqu'à 45 000 Km (voir tableau ci-dessous). Un abattement de 15 000 € est toutefois appliqué sur le montant total de la taxe due sur l'ensemble desdits véhicules possédés ou loués par ces derniers.

Kilométrage remboursé par la SARL	Coefficient applicable au tarif liquidé
Jusqu'à 15 000 Km	0 %
De 15 001 à 25 000 Km	25 %
De 25 001 à 35 000 Km	50 %
De 35 001 à 45 000 Km	75 %
À partir de 45 001 Km	100 %

→ L'optimisation de la TVS

Le montant exigible découlant de la combinaison des 2 composantes précitées, l'optimisation passe nécessairement par une simulation préalable de la charge qui découlera de l'utilisation de chaque véhicule selon ses caractéristiques.

Pour échapper totalement à la TVS, il faudra faire bon usage des possibilités d'exonération.

L'exonération totale est possible :

- à titre permanent : pour les véhicules électriques, les véhicules accessibles en fauteuil roulant relevant de la catégorie « M1 » (depuis le 1ᵉʳ janvier 2017), les véhicules pris en location pendant une brève période, mais également pour les « pick-up » considérés comme des utilitaires au regard de la TVS (raison de leurs grands succès !).

- pendant les 8 premiers trimestres : pour les véhicules hybrides (combinant motorisation électrique et essence ou gazole) dont les émissions sont inférieures ou égales à 110 grammes de dioxyde de carbone par kilomètre.

Le décompte des 8 trimestres s'opère à partir du 1ᵉʳ jour du trimestre en cours à la date de première mise en circulation du véhicule).

---

[1] « Diesel et assimilé » désignent les véhicules ayant une motorisation au gazole ainsi que les véhicules combinant une motorisation électrique et une motorisation au gazole émettant plus de 110 grammes de dioxyde de carbone par kilomètre parcouru.

Exemple : *Un véhicule mis en circulation le 30 mai 2016 sera soumis à la taxe à partir du 1er avril 2018.*

Par conséquent, pour bénéficier d'une durée maximale d'exonération la mise en circulation doit être réalisée au 1er jour du trimestre chaque fois que cela est possible.

Sachez en outre que les véhicules destinés exclusivement soit à la vente, soit à la location de courte durée, soit à l'exécution d'un service de transport à la disposition du public, lorsque ces opérations correspondent à l'activité normale de la société propriétaire ne sont pas soumis à la TVS.

À savoir : La TVS n'est pas déductible des SARL soumises à l'impôt sur les sociétés (IS). Elle l'est en revanche si la SARL est soumise à l'IR.

⑬ Les crédits d'impôt

Les crédits d'impôt sont des mesures d'incitation fiscale qu'il ne faut pas négliger lors des choix d'investissement.

Nous ne citerons ici que les principaux crédits d'impôt auxquels votre SARL pourrait prétendre à condition de remplir les conditions d'éligibilité :

- Crédit d'impôt pour la compétitivité et l'emploi (CICE)

- Crédit d'impôt apprentissage

- Crédit d'impôt pour la formation des dirigeants d'entreprise

- Crédit d'impôt recherche (CIR)

- Crédit d'impôt pour le rachat d'une entreprise par ses salariés (LBO)

- Crédit d'impôt pour les entreprises de spectacles vivants musicaux

- Crédit d'impôt production phonographique

- Crédit d'impôt cinéma

- Crédit d'impôt en faveur des maîtres-restaurateurs

- Crédit d'impôt export

- Crédit d'impôt pour la création de jeux vidéo

- Crédit d'impôt famille

- Crédit d'impôt en faveur des métiers d'art

- Crédit d'impôt pour congé des exploitants agricoles

- Crédit d'impôt pour les investissements outre-mer

Remarque : Il existe également des déductions pour les investissements outre-mer.

Relevons que les conditions d'ouverture de ces crédits peuvent être contraignantes. Renseignez-vous au cas par cas auprès du SIE et n'hésitez pas à mettre en œuvre la procédure du rescrit fiscal.

→ *Pour un panorama des crédits d'impôts, consultez :*

- www.service-public.fr/professionnels-entreprises (fiches pratiques sont disponibles)

- www.impôt.gouv.fr.

Chapitre 3

Le statut social et fiscal du gérant

et de son conjoint ou partenaire de PACS

Sommaire

① Le statut social et fiscal du gérant de la SARL

Le statut social du gérant dépend de son caractère majoritaire ou non, ou encore, de sa qualité d'associé ou non **(1)**. Les modalités d'imposition varient selon le régime d'imposition de la SARL (IS ou IR) **(2.)**.

1. Statut social du gérant

→ Le gérant majoritaire

Le gérant majoritaire est rattaché au régime des non-salariés (RSI).

Sont qualifiés de majoritaires : les gérants de SARL (ou SELARL) qui possèdent seuls ou ensemble plus de la moitié des parts sociales, étant entendu que les parts appartenant, en toute propriété ou en usufruit, au conjoint et aux enfants mineurs non émancipés d'un gérant sont considérées comme possédées par ce dernier[1]. Les parts détenues par les personnes morales dans lesquelles le gérant est majoritaire doivent également être prises en compte.

Zoom

Être gérant majoritaire : Quel intérêt ?

Les conséquences au sein de la société du statut de gérant majoritaire -grâce aux parts détenues personnellement- sont importantes :

Au moment de la nomination du gérant : l'associé majoritaire peut voter pour sa propre nomination en qualité de gérant. L'opposition des autres associés ne pourrait faire obstacle à sa désignation.

Au moment de sa révocation : le gérant associé majoritaire ne peut pas être révoqué en assemblée par les autres associés, ceux-ci n'auront d'autre solution que d'intenter une action en révocation judiciaire pour cause légitime.

Lors du vote des décisions ordinaires : Le gérant étant majoritaire, il peut emporter la décision en assemblée grâce à ses seules voix et décider ainsi des grandes orientations de la société

Seul revers de la médaille, le gérant majoritaire ne peut pas cumuler son mandat avec un contrat de travail *(voir p. 67).*

N.B. : Ces principes sont naturellement sans objet s'agissant des co-gérants réputés majoritaires.

📑 *Illustrations :* Situations entraînant la qualification de gérant majoritaire

- *1ère situation : Un gérant associé peut être majoritaire en raison des parts sociales qu'il détient personnellement. C'est l'hypothèse la plus simple : il détient en sa qualité personnelle d'associé plus de la moitié des parts sociales (au moins 50% des parts + 1).*

---

[1] Art. L. 311-3-11 C.S.S.

- **2ème *situation*** : Le gérant associé ou non[1] est considéré comme majoritaire lorsque les parts qu'il détient personnellement (directement ou indirectement : voir 4ème situation), ajoutées à celles détenues par son conjoint et ses enfants mineurs non émancipés, représentent ensemble plus de la moitié des parts.

Exemple : Le capital social d'une SARL est divisé en 100 parts sociales
- le gérant détient 15 parts sociales,
- son conjoint 15 parts,
- chacun de ses trois enfants mineurs non émancipés 10 parts.
Ils détiennent ensemble 60 parts sur les 100 parts sociales : **le gérant est réputé majoritaire.**

- **3ème *situation*** : En cas de pluralité de gérant, la détermination du caractère majoritaire de la gérance suppose d'additionner les parts détenues (directement ou indirectement) par l'ensemble des co-gérants, leurs conjoints et enfants mineurs non émancipés. S'ils détiennent ainsi plus de la moitié des parts sociales, tous les gérants auront le statut de majoritaire.

- **4ème *situation*** : Le gérant (associé ou non) est considéré comme majoritaire s'il détient directement ou indirectement plus de la moitié des parts de la SARL (ou de la SELARL) grâce à sa participation dans une autre société qui est elle-même associé de la SARL (ou de la SELARL).

- **5ème *situation*** : Le statut majoritaire du gérant peut être le résultat de parts détenues par les partenaires d'un pacte civil de solidarité.
Attention, les principes applicables en la matière diffèrent totalement selon que le pacs a été conclu avant ou après le 1er janvier 2007 (voir p. 25).

→ Le gérant minoritaire ou égalitaire

Les gérants sont considérés comme **minoritaires** lorsqu'ils possèdent ensemble moins de la moitié du capital social, étant entendu que les parts détenues, en toute propriété ou en usufruit, par le conjoint (sans distinction de régime matrimonial) ou les enfants mineurs non émancipés du gérant sont considérées comme possédées par ce dernier. Il en est de même des parts détenues par une société dont le gérant a le contrôle (ce qui suppose qu'il détienne plus de la moitié des parts ou actions de la société interposée). Les gérants sont considérés comme **égalitaires** lorsqu'en application des mêmes règles ils détiennent, seul ou ensemble, la moitié des parts sociales.

> Si le gérant minoritaire ou égalitaire est rémunéré, il est obligatoirement affilié au régime général des salariés[2], il bénéficie ainsi du régime social des salariés (protection sociale des salariés, retraite des cadres...).
N'étant pas « salarié » de la SARL mais mandataire social, il n'est pas soumis aux règles du droit du travail et de la convention collective. Il ne bénéficie donc pas de l'assurance chômage, des congés payés et des autres avantages dont les salariés sont titulaires.

> S'il n'est pas rémunéré, il ne relève d'aucun régime obligatoire de sécurité sociale.

À savoir : Le gérant minoritaire peut cumuler son mandat social avec un contrat de travail. Pour la rémunération se rapportant au contrat de travail, il est, en principe, considéré comme un véritable salarié sous réserve de remplir les conditions exposées page 67 .

---

[1] Art. 211-I al. 3 et 4 du CGI
[2] Art. L. 311-2 C.S.S.

→ Le gérant non associé

Le gérant non associé sera en principe assujetti au régime général des salariés, sauf à être assimilé à un gérant majoritaire *(voir 4ème situation p. 302)*, auquel cas il relèvera du régime social des indépendants (RSI).

Zoom

**L'incidence du démembrement ou de l'indivision de parts sociales
dans la détermination du caractère majoritaire ou minoritaire du gérant**

→ Cas des parts sociales démembrées

> Quid des parts détenues en nue-propriété dans la détermination du statut social du gérant ?

Les organismes sociaux admettent qu'il n'y a pas lieu de tenir compte des parts appartenant au gérant en nue-propriété lorsque, en vertu des statuts, l'usufruitier exerce seul les droits attachés aux parts dont il s'agit (ce qui est licite sous réserve que le nu-propriétaire puisse « participer » aux décisions collectives).

> Quid des parts détenues en usufruit dans la détermination du statut social du gérant ?

Selon la jurisprudence, l'usufruit de parts sociales au profit du gérant (même si ces parts n'appartiennent pas au conjoint ou aux enfants mineurs non émancipés) doivent être prises en compte pour la détermination de sa situation (Voir notamment CA Aix, 25 novembre 1969).

→ Cas des parts sociales en indivision

L'hypothèse des parts en indivision est délicate et controversée[1]. Selon la Cour de cassation, les parts indivises sont à écarter pour déterminer si un gérant est ou non minoritaire au regard de la sécurité sociale[2]. Mais pour que ce principe s'applique, il semble indispensable que le gérant n'assume pas envers la société la représentation des parts indivises. Par conséquent, si le gérant souhaite que les parts ne soient pas prises en compte (afin de rester minoritaire ou égalitaire) il convient que les parts indivises soient représentées par un autre que lui.

Dans l'hypothèse de parts indivises qui seraient le résultat d'une acquisition par les partenaires d'un pacte civil de solidarité, il est prudent de se référer aux principes retenus par l'URSSAF qui considère que les parts indivises doivent être prises en compte pour la détermination du caractère majoritaire du gérant *(voir 5ème situation p. 302)*.

L'administration considère en effet d'une manière générale qu'il convient de tenir compte des parts que le gérant détient dans l'indivision (y compris celles acquises en indivision dans le cadre d'un PACS) et n'écarte complètement les parts indivises que s'il y a désaccord au sujet de l'exercice des droits attachés aux dites parts (Circ. no 78/67, ACOSS, 13 septembre 1978). Cette position demeure sujet à controverse.

---

[1] Relevons que l'associé propriétaire indivis de parts sociales n'a, tant que dure l'indivision, aucun droit privatif sur les parts composant la masse indivise, il ne peut disposer de tout ou partie des droits de ses co-indivisaires, pas plus qu'il ne peut exercer isolément les droits attachés à ces titres : Cass. soc., 9 novembre 1981, no 80-12106.

[2] Cass. soc., 24 mars 1977, no 75-14803.

2. Quel est le régime d'imposition de la rémunération du gérant ?

→ Cas de la SARL soumise à l'IS

La rémunération du gérant est déductible des bénéfices de la SARL. La distinction de gérant minoritaire/gérant majoritaire ne présente plus qu'un intérêt limité sur le plan fiscal :

- s'il est minoritaire ou égalitaire, la rémunération est considérée comme un salaire (art. 80 ter CGI et 311-3-11° CSS) ;

- s'il est majoritaire, la rémunération est imposée dans la catégorie de l'article 62 du Code général des impôts (imposables selon les règles prévues en matière de traitements et salaires.

→ Sur l'imposition des dividendes, reportez-vous page 163

→ Cas de la SARL soumise à l'IR

Si le gérant est associé, sa rémunération n'est pas déductible des bénéfices (qu'il soit minoritaire, égalitaire ou majoritaire). Sa rémunération sera imposée dans la catégorie Bénéfices Industriels et Commerciaux (BIC) au même titre que les bénéfices de la SARL.

Lorsque le gérant est également associé, il est encore possible d'optimiser fiscalement ses revenus en jouant au cas par cas sur les sommes qui lui sont versées sous forme de rémunération ou sous forme de dividendes. L'effet de cette mesure est de plus en plus limité compte tenu du régime d'imposition des dividendes, mais une optimisation dans le cadre du foyer fiscal lorsque le conjoint ou les enfants mineurs sont également associés restent possible, évoquez la question avec votre expert-comptable.

Si le gérant n'est pas associé, sa rémunération est une charge déductible du bénéfice de la société sous réserve qu'elle ne soit pas excessive (car dans ce cas la partie excédentaire sera réintégrée au bénéfice de la SARL et imposée en tant que revenus mobiliers pour le gérant).

② Conjoint ou du partenaire pacsé du gérant : Quel statut choisir ?

Tout conjoint ou partenaire de PACS[1] du gérant qui participe de manière régulière à l'activité de la SARL doit obligatoirement opter[2] pour l'un des 3 statuts suivants :

> **salarié** (2.1)

> **associé** (2.2)

> **collaborateur** (2.3)

Cette obligation s'applique quel que soit le régime matrimonial des époux ou le contenu de la convention passée entre les partenaires d'un PACS. En revanche, elle ne concerne pas le concubin du gérant. Cependant, si ce dernier participe de manière régulière à l'activité de la SARL, le statut de salarié ou d'associé est vivement recommandé pour ne pas s'exposer à une sanction pour travail dissimulé (le concubin ne peut pas adopter le statut de collaborateur).

> *Attention !*
> Faute d'opter pour l'un de ces statuts, le conjoint ou partenaire pacsé du gérant qui participerait de manière habituelle à la gestion pourrait être qualifié par le juge de **gérant de fait** avec toutes les conséquences défavorables qui en découlent.

Le choix entre le salariat, la qualité d'associé ou la collaboration n'est pas totalement libre, il dépend en partie du statut du gérant et du versement ou non d'une rémunération au conjoint ou partenaire du PACS. Il doit aussi s'opérer en tenant compte de la volonté d'investissement de l'intéressé (qui peut être plus ou moins forte), des possibilités financières de la SARL et, naturellement, des avantages et inconvénients de chaque statut. **Ce choix doit être mûrement réfléchi** : il détermine les droits et obligations professionnels, pécuniaires et sociaux du conjoint ou du partenaire mais aussi dans certains cas du gérant lui-même.

Remarque : Le conjoint ou partenaire pacsé qui exerce à l'extérieur de la SARL une activité salariée au moins égale à 800 heures annuelles, ou une activité non salariée, est présumé ne pas exercer d'activité professionnelle régulière au sein de la SARL[3].

Les tableaux suivants permettent une vision d'ensemble.

---

[1] Art. L. 121-8 C. com
[2] Art. R. 121-5 C. com.
[3] Art. R. 121-2 C. com.

En bref : **Caractéristiques des 3 statuts du conjoint ou partenaire de pacs**

	Statut de salarié	Statut d'associé	Statut de collaborateur
Conditions			
Conditions préalables	Être marié ou lié par un pacte civil de solidarité avec le gérant		
	Exercer une activité professionnelle effective et régulière au sein de la société		
	Ne pas être conjoint collaborateur	Ne pas être conjoint collaborateur	Ne pas être associé ou salarié
Condition liée à la taille de la SARL, SELARL, EURL	Aucune	Aucune	SARL, SELARL ou EURL employant au maximum 20 salariés
Condition liée au statut du gérant	Aucune	Aucune	Gérant associé majoritaire de SARL ou de SELARL ou du gérant associé unique d'EURL **Attention :** Le conjoint ou partenaire du gérant minoritaire ne peut pas opter pour ce statut
Formalités			
Formalités liées au choix du statut	Déclaration à l'URSSAF Contrat de travail écrit recommandé Enregistrement possible du contrat de travail au service des impôts	Mention de la qualité d'associé (après apport) et signature des statuts Rédaction d'un contrat d'apport recommandé	Mention au RCS par l'intermédiaire du CFE soit : - lors de la création de la société, - dans les 2 mois qui suivent le début de l'activité de l'intéressé au sein de la société.
Fin du statut			
Causes de la fin du statut	- Terme du contrat de travail si CDD, - Démission, - Licenciement, - Prise d'acte - Liquidation de la société	- Cession des parts sociales, - Liquidation de la société.	- Résiliation à tout moment sur demande du collaborateur par inscription modificative au RCS, - Cessation automatique en cas de séparation des conjoints (divorce ou séparation de corps) ou des partenaires pacsés.

	Statut de salarié	Statut d'associé	Statut de collaborateur
Rémunération	Salaire et avantages attachés au contrat de travail (au minimum égal au SMIC et/ou aux usages de la profession, aux conventions et accords collectifs)	Participation aux résultats sous forme de dividendes *Attention : Le cas échéant l'associé est tenu de contribuer aux pertes.*	Aucune *Attention : L'absence de rémunération est une condition de validité du statut de conjoint collaborateur*
Assurances maladie, maternité	**OUI** (Affiliation obligatoire au régime général de la sécurité sociale)	**OUI** Adhésion obligatoire au régime social des indépendants (RSI) sauf : - si la gérance est minoritaire (cf. statut social du gérant) ; - si le conjoint ou partenaire pacsé est par ailleurs salarié.	**OUI** Bénéficie des prestations en qualité d'ayant droit du gérant
Assurance chômage	**OUI**	**NON**	**NON**
Assurance vieillesse	**OUI**	**OUI**	**OUI**
Droit à l'épargne salariale	**OUI**	**OUI**	**OUI**
Droit à la formation professionnelle continue	**OUI**	**OUI**	**OUI**
Protection du droit du travail	**OUI**	**NON**	**NON**
Régime fiscal du conjoint ou partenaire pacsé	Imposition des rémunérations à l'IR dans la catégorie des traitements et salaires	Imposition des dividendes à l'IR dans la catégorie des revenus de capitaux mobiliers	Sans objet
Cumul de statuts	Cumul possible avec le statut d'associé	Cumul possible avec le statut de salarié	Interdiction de cumul avec le statut d'associé ou de salarié
Dispositions favorables à la reprise d'activité	- En cas de reprise, dispense, sous certaines conditions, de l'obligation de qualification professionnelle en faveur du conjoint ou du partenaire pacsé. - Possibilité de maintien des allocations chômage dans le cas d'une reprise d'activité		
Séparation des conjoints (divorce ou séparation de corps) ou des partenaires pacsés	Sans effet sur le contrat de travail	Sans effet sauf disposition contraire des statuts	Cessation automatique du bénéfice du statut

②.1 Le statut de conjoint ou partenaire « salarié »

Le statut de salarié offre à l'époux ou au partenaire pacsé du gérant les garanties du droit du travail, une sécurité pécuniaire notamment grâce à l'assurance chômage et patrimoniale en cas de difficultés rencontrées par la SARL.

1. Conditions du statut de salarié

L'adoption régulière de ce statut suppose que le conjoint ou le partenaire pacsé du gérant[1] :

1- participe effectivement à l'activité de l'entreprise à titre professionnel et habituel,

2- perçoive un salaire au moins égal au minimum légal (SMIC ou rémunération minimum de la catégorie professionnelle dont il relève),

3- soit placé en état de subordination juridique à l'égard de la SARL.

> **Attention !**
> *Le lien de subordination à l'égard de la SARL doit exister dans les faits car la présomption de salariat prévue par le Code du travail ne s'applique pas aux conjoints ou partenaires de dirigeants de sociétés.*

Pour bénéficier du statut une déclaration à l'URSSAF s'impose.

Remarque : Afin de faciliter la preuve du contrat de travail en cas de litige, la conclusion d'un contrat par écrit (soigneusement rédigé) est particulièrement recommandée ainsi que son enregistrement fiscal, cette formalité lui conférant « date certaine ».

2. Conséquences juridiques du statut salarié

Le conjoint ou le partenaire a les mêmes droits et obligations qu'un salarié ordinaire. Il bénéficie des protections offertes par le droit du travail. Les stipulations de son contrat de travail, des accords collectifs et conventions collectives lui sont applicables.

3. Conséquences sociales du statut de salarié

Le conjoint ou le partenaire relève du régime général de la sécurité sociale, et cela quel que soit le statut du gérant, ce qui impose à la SARL de procéder aux déclarations obligatoires. Il bénéficie de toutes les prestations du régime général : indemnités journalières pour maladie, maternité, paternité, accident du travail, maladie professionnelle. Il peut en outre prétendre aux rentes dans les cas prévus par la loi (décès, veuvage, maladie professionnelle...). Il se constitue des droits personnels à la retraite en cotisant aux caisses de retraite des salariés et aux caisses complémentaires (Arrco dans tous les cas et Argirc s'il est cadre). Enfin, en cas de licenciement ou de fermeture de l'entreprise, il pourra prétendre aux prestations de l'assurance chômage (allocation chômage, formation, avantages et aides financières...).

---

[1] Art. L. 311-2 CSS

4. Conséquences fiscales du statut de salarié

→ Conséquences fiscales pour le conjoint ou le partenaire salarié

S'agissant de l'imposition à titre personnel de sa rémunération, le conjoint salarié est soumis à l'impôt sur le revenu selon les règles habituelles dans la catégorie des traitements et salaires.

À noter : Lorsque le gérant est associé d'une SARL soumise à l'IR et que la limite de déduction s'applique *(voir page suivante)*, la fraction de salaire non déductible vient en augmentation de la quote-part de bénéfices attribuée au gérant et elle est imposée en son nom dans la catégorie des bénéfices industriels et commerciaux (BIC).

→ Conséquences fiscales pour les SARL

SARL soumises à l'IS : Les salaires et les charges du conjoint ou partenaire sont déductibles du bénéfice imposable à condition que la rémunération corresponde à un travail effectif et ne soit pas excessive par rapport à la prestation fournie.

SARL soumises à l'IR : Le régime diffère selon le régime matrimonial et l'adhésion ou non à un centre de gestion agréé :

Régime matrimonial	Avec adhésion à un organisme de gestion agrée	Sans adhésion à un organisme de gestion agrée
Communauté légale & Participation aux acquêts	Intégralement déductible	Limite de déduction fixée à **17 500 €**. Si le conjoint effectue un horaire inférieur à la durée légale annuelle de 1 600 heures (cas des temps partiels ou des activités débutées en cours d'exercice), la limite doit être minorée en fonction de la durée effective du travail. Lorsque la durée de l'exercice social est inférieure ou supérieure à 12 mois, la limite de déduction doit également être ajustée, au prorata du nombre de jours de l'exercice.
Séparation de biens	Intégralement déductible	

Zoom

🔑 Conjoint ou partenaire du gérant : Cumul du statut d'associé et de salarié

Le conjoint ou le partenaire du gérant peut à la fois être associé et salarié de la SARL.

→ Conditions

Les conditions d'existence du contrat de travail devront être respectées. Le conjoint ou le partenaire devra par conséquent fournir un travail réel et sérieux et être placé en état de subordination à l'égard de la société. En contrepartie, il percevra une rémunération au moins égale au minimum légal ou conventionnel. Relevons, qu'en cas d'apport en industrie, cet apport doit être nettement distinct des prestations effectuées en application du contrat de travail.

→ Conséquences

Le conjoint ou le partenaire associé devenant salarié bénéficie à ce titre de tous les droits attachés aux statuts d'associé et de salarié, notamment du régime général de la sécurité sociale des salariés *(voir p. 309)*.

②.2 Le statut de conjoint ou partenaire « associé »

Devenir associé offre au conjoint ou partenaire tous les droits et obligations attachés à la qualité d'associé : droit à l'information, droit de vote et droits pécuniaires.

Il participe ainsi personnellement à la réussite et aux résultats de l'entreprise tout en étant responsable uniquement à hauteur de ses apports. La loi permet par ailleurs aux conjoints et partenaires associés de bénéficier de l'épargne salariale, ce qui constitue un avantage non négligeable.

Enfin, en cas de reprise de l'entreprise familiale, le conjoint ou partenaire associé est dispensé[1], sous certaines conditions, de l'obligation de qualification professionnelle, après cessation de l'exploitation de l'entreprise par le gérant.

1. Conditions du statut d'associé

Devenir associé est possible à tout moment de la vie de la SARL sous réserve des conditions habituelles. Au moment de la création de la société, devenir associé suppose de réaliser un apport[2] *(voir p. 20 s.)*. En cours de vie sociale, plusieurs modalités lui permettent de devenir associé : réaliser un apport, acheter des parts sociales, être récipiendaire (bénéficiaire) d'une donation ou héritier de parts.

En bref : **Modalités d'acquisition du statut d'associé**

En réalisant un apport	S'il s'agit d'un apport en numéraire ou en nature, les modalités nécessaires à l'augmentation de capital social devront être respectées (voir p. 130 s.). Si le gérant est associé, la procédure d'agrément[3] de son conjoint est facultative, sauf clause contraire. Dans tous les autres cas, l'agrément est obligatoire y compris pour les partenaires de PACS du gérant associé. Les statuts devront être modifiés en conséquence.
En achetant des parts sociales existantes	Les parts peuvent être cédées par tout associé (y compris le gérant). Sauf s'il s'agit d'une EURL, le projet de cession doit être notifié à la société et à chacun des associés. → **Si le gérant est associé :** Ses parts sociales sont librement cessibles à son conjoint (la procédure d'agrément n'est pas applicable entre conjoints sauf clause

---

[1] La dispense est également applicable au conjoint collaborateur et au conjoint salarié.

[2] Apport en numéraire, en nature ou en industrie. Les apports en numéraire et en nature peuvent être effectués au moyen d'un bien propre ou d'un bien commun aux époux : *sur le régime de ces apports, voir p. 26 et suivantes.*

[3] L'agrément du conjoint ou du partenaire suppose le consentement de la majorité des associés représentant au moins la moitié des parts sociales, à moins que les statuts prévoient une majorité plus forte : *voir p. 235 et suivantes.*

	contraire des statuts). En revanche, la cession entre partenaires pacsés n'est possible qu'après agrément du cessionnaire par les associés. L'agrément est également obligatoire si le cédant n'est pas le conjoint ou le partenaire du cessionnaire.
	→ Si le gérant n'est pas associé : La procédure d'agrément est obligatoire.
	Attention : Si la société ne fait pas connaître sa décision (d'agrément ou de refus d'agrément) dans le délai de 3 mois à compter de la dernière des notifications du projet de cession, le consentement à la cession est réputé acquis. Le conjoint ou le partenaire peut alors valablement se porter acquéreur des parts sociales.
	→ Formes et opposabilité de la cession des parts : La cession des parts sociales doit être constatée par écrit. Elle est opposable à la société par signification à celle-ci, acceptation de la cession par la société dans un acte authentique (art. 1690 du Code civil) ou par dépôt d'un original de l'acte de cession au siège social contre remise par le gérant d'une attestation de ce dépôt. Elle n'est opposable aux tiers qu'après accomplissement de ces formalités et publicité au registre du commerce et des sociétés
Par donation de parts sociales	Les conditions et formes des donations entre vifs doivent être respectées (893 et suivants du Code civil). Selon les cas, la procédure d'agrément doit être respectée *(voir p. 170 s.)*.
	Remarque : En revanche, s'il s'agit d'une **succession**, la procédure d'agrément n'a pas à être respectée sauf clause statutaire contraire.
Par succession	Le droit des successions est applicable. La procédure d'agrément ne devra être appliquée que si les statuts le prévoient

2. Conséquences du statut d'associé

→ Conséquences sociales du statut d'associé

Dès lors qu'il participe à l'activité de l'entreprise et qu'il ne relève pas du régime général des salariés, le conjoint ou le partenaire associé est assujetti au régime :

- des industriels et commerçants si le gérant est majoritaire[1],
- des salariés si le gérant est minoritaire.

Attention !
L'entrée dans la société en qualité d'associé du conjoint ou du partenaire peut entraîner une modification du régime fiscal et social du gérant. L'appréciation du caractère majoritaire ou minoritaire de la gérance tient en effet compte des parts détenues par le conjoint ou le partenaire. Si le gérant devient majoritaire, le régime des travailleurs indépendants se substitue à celui des salariés *(voir p. 302 s.)*.

---

[1] Ainsi, il est affilié personnellement au régime d'assurance vieillesse des travailleurs non salariés des professions soit artisanales, soit industrielles et commerciales auquel le chef d'entreprise est affilié (Art. 311-3-11 et L. 331-2 CSS). Voir également en ce sens Circ. Organic 82-124 du 12 octobre 1982. Il est en outre assujetti au paiement de la cotisation d'allocations familiales des employeurs et travailleurs indépendants (Art. R. 241-2 CSS).

→ Conséquences fiscales du statut d'associé

En qualité d'associé, le conjoint ou partenaire du gérant a droit aux dividendes distribués par la société. Les conséquences fiscales qui en découlent varient selon le régime d'imposition de la SARL.

Si la SARL est imposée à l'IS : Si le conjoint associé participe à l'activité de la SARL (sans être salarié), la rémunération perçue à ce titre est en principe déductible du résultat. Au niveau du conjoint ou partenaire associé, les dividendes sont considérés comme des revenus de capitaux mobiliers imposables à l'IR *(voir p. 163)*.

Si la SARL est imposée à l'IR : Le conjoint ou le partenaire a droit à une quote-part des bénéfices en sa qualité d'associé. Cette quote-part sera imposable en son nom à l'IR dans la catégorie des bénéfices industriels et commerciaux.

> *Attention !*
> L'impôt est exigible même si cette quote-part des bénéfices n'est pas effectivement distribuée à l'associé.

②.3 Le statut de conjoint ou partenaire « collaborateur »

Le statut de collaborateur offre une réelle protection au conjoint ou partenaire pacsé du gérant et présente un faible coût pour la SARL. Aucun salaire n'est versé par la société et les formalités sont simplifiées (voir ci-dessous). Il bénéficie en outre d'un régime social avantageux *(voir p. 407 et 416)*. Relevons enfin que la responsabilité personnelle du collaborateur ne peut pas être engagée si les actes de gestion et d'administration qu'il accomplit le sont pour les besoins de la SARL.

Le choix de ce statut n'est cependant pas toujours possible.

1. Conditions d'application du statut

Le statut de collaborateur n'est possible qu'au profit du conjoint ou partenaire du gérant associé majoritaire de SARL (ou SELARL) ou du gérant associé unique d'EURL, qui exerce une activité professionnelle régulière[1] dans la société sans percevoir de rémunération et sans avoir la qualité d'associé[2]. En outre, l'effectif de la société ne doit pas excéder 20 salariés[3].

> **Attention !**
> Lorsque, sur une période de 24 mois consécutifs, l'effectif salarié dépasse le seuil de 20 salariés, le gérant doit, dans les deux mois, demander la radiation de la mention de collaborateur au centre de formalités des entreprises[4].

Le choix effectué par le conjoint ou le partenaire du gérant associé majoritaire de bénéficier du statut de conjoint collaborateur est porté à la connaissance des associés lors de la première assemblée générale suivant la mention de ce statut auprès du registre du commerce et des sociétés.

2. Pouvoirs du collaborateur

Dès qu'il est mentionné au registre du commerce et des sociétés en cette qualité, le collaborateur est réputé avoir reçu du gérant le « mandat d'accomplir au nom de ce dernier les actes d'administration » concernant les besoins de la SARL. Par conséquent, dans les rapports avec les tiers, les actes accomplis pour les besoins de la SARL par le collaborateur sont réputés l'être pour le compte du gérant (les actes engagent donc la SARL et n'entraînent aucune obligation personnelle à la charge du collaborateur)[5].

---

[1] Les conjoints qui exercent, à l'extérieur de l'entreprise, une activité salariée d'une durée au moins égale à la moitié de la durée légale du travail, ou une activité non salariée, sont présumés ne pas exercer dans l'entreprise une activité professionnelle de manière régulière (art. R. 121-2 C. com.).

[2] Art. R. 121-1 C. com.

[3] Le nombre de salarié est décompté de la manière suivante[3] : les CDD de toutes natures, les CDI et les travailleurs à domicile sont intégralement pris en compte ; les CDI à temps partiel, et les intermittents sont comptés au prorata de leur temps de présence sur les 12 mois précédents ; les apprentis ne sont pas pris en compte.

[4] Art. R. 121-4 C. com.

[5] Art. L. 121-7 C. com.

3. Le régime social du conjoint ou partenaire collaborateur

Le collaborateur est affilié personnellement au régime d'assurance vieillesse des travailleurs non-salariés des professions commerciales auquel le gérant est affilié[1], ce qui lui permet de se constituer des droits personnels à la retraite. Il bénéficie également du régime de retraite complémentaire et invalidité décès ainsi que de l'assurance maladie et maternité en qualité d'ayant droit du gérant.

À savoir : Les collaborateurs n'ayant pas adhéré au régime d'assurance vieillesse du chef d'entreprise pourront racheter jusqu'au 31 décembre 2020 des périodes d'assurance vieillesse dans la limite de 6 ans s'ils peuvent justifier par tous moyens avoir participé directement et effectivement à l'activité de l'entreprise.

Par ailleurs, le collaborateur peut adhérer aux contrats d'assurance de groupe « Madelin » (retraite et prévoyance, maladie, décès, invalidité), seul ou avec le gérant.

En matière de maladie, le collaborateur bénéficie des prestations d'assurance maladie et maternité des professions indépendantes en qualité d'ayant droit du gérant (elle est donc « gratuite »). En matière de maternité, la conjointe ou partenaire collaboratrice bénéficie d'une allocation de repos maternel et d'une indemnité de remplacement.

Enfin, il a droit à la formation professionnelle continue pour laquelle il doit cotiser.

Zoom

🔑 **Comment les époux ou les partenaires peuvent mettre fin à la présomption de mandat ?**

Chaque époux ou partenaire a la faculté de mettre fin à la présomption de mandat par déclaration faite devant notaire (son conjoint ou partenaire présent ou dûment appelé).

La déclaration notariée produit effet, à l'égard des tiers, 3 mois après que mention en aura été portée au registre du commerce et des sociétés. En l'absence de cette mention, elle n'est opposable aux tiers que s'il est établi que ceux-ci en ont eu connaissance.

Relevons que la présomption de mandat cesse également de plein droit en cas d'absence présumée de l'un des époux ou partenaire, de séparation de corps ou de séparation de biens judiciaire, de même que lorsque les conditions prévues au premier alinéa ci-dessus ne sont plus remplies[2].

---

[1] Art. L. 622-8 C.S.S. Le collaborateur peut cotiser sans partage d'assiette, les droits qu'il acquiert venant s'ajouter à ceux du gérant. Il peut aussi cotiser en revenu partagé avec le gérant, avec l'accord exprès de celui-ci, et sans surcoût pour l'entreprise (Le conjoint peut changer d'option de cotisation tous les ans).
[2] Art. L. 121-6 C. com.

Chapitre 4

La fiscalité de la dissolution de la SARL

En cas de dissolution, il sera nécessaire de procéder à sa liquidation qui consistera à terminer les opérations de la société, recouvrer les créances, éteindre le passif et, le cas échéant, à transformer l'actif net en valeurs partageables pour permettre l'apurement des comptes entre les associés *(voir p. 411)*.

1. Imposition immédiate des bénéfices

Relevons que la dissolution donne lieu à l'imposition immédiate des bénéfices à l'IS ou à l'IR[1] :

- bénéfices réalisés depuis la fin du dernier exercice clos jusqu'à la cessation,

- bénéfices en sursis d'imposition (provisions constituées avant la cessation, plus-values dont l'imposition avait été différée),

- et des plus-values réalisées sur la vente des immobilisations à l'occasion de la cessation d'activité.

Si le résultat de l'exercice est déficitaire, la solution varie selon le régime d'imposition de la société :

- SARL soumises à l'IS : le déficit n'est plus reportable en avant et est définitivement perdu.

- SARL soumise à l'IR : le déficit est imputable sur le revenu des associés dans les conditions de droit commun *(voir p. 242)*.

À savoir : Si la SARL relève d'un régime réel (normal ou simplifié), vous devez télédéclarer, dans les 60 jours de la cessation, une dernière déclaration de résultats. Si elle relève du régime des micro-entreprises, vous devez seulement déposer dans le même délai une déclaration de revenus n° 2042-C PRO sur laquelle vous inscrivez le chiffre d'affaires réalisé jusqu'à la date de cessation.

2. Dernière déclaration de TVA

Si l'activité était soumise à la TVA, vous devrez télétransmettre :

- une déclaration n° CA3 (régime réel normal) dans les 30 jours suivant la cessation,

- ou une déclaration n° CA 12 (régime réel simplifié) dans les 60 jours suivant la cessation *(voir p. 291)*.

---

[1] Art. 201 et 221 du CGI.

3. Liquidation des autres impôts

Concernant la cotisation foncière des entreprises (CFE), c'est la date de cessation qui détermine la façon dont vous êtes imposé : si vous avez cessé votre activité au 31 décembre, vous devrez payer la totalité de la CFE due pour l'année de cessation. En revanche, en cas de cessation en cours d'année vous pouvez demander au service des impôts des entreprises une réduction au prorata du temps d'activité *(voir p. 293)*.

Concernant la cotisation sur la valeur ajoutée des entreprises (CVAE), vous devez déposer la déclaration de la valeur ajoutée et des effectifs salariés (n° 1330) et la déclaration de liquidation et de régularisation (n° 1329-DEF) dans les 60 jours suivant la cessation *(voir p. 293)*.

Enfin, les SARL passibles de la taxe sur les surfaces commerciales (Tascom) sont redevables de la taxe pour la période comprise entre le 1er janvier et la date de cessation d'exploitation. Elle doit être déclarée et payée avant le 15 du 6ème mois suivant la cessation *(voir p. 293)*.

À savoir : Des mesures en faveur des petites entreprises commerciales ou artisanales existent, renseignez-vous auprès du service des impôts.

4. Droits d'enregistrement et de mutation

En l'absence de transmission de biens aux associés ou aux tiers	La dissolution de la SARL est enregistrée moyennant le paiement d'un droit fixe de 375 € ou 500 € selon que le capital social est inférieur ou non à 225 000 € (art. 811 2° CGI).
En cas de transmission de biens aux associés ou aux tiers	**Au cours de la liquidation :** les ventes de biens appartenant à la SARL réalisées au cours de la liquidation sont soumises aux droits de mutation applicables selon la nature des biens.
	Après liquidation mais avant partage entre associés : ces derniers étant copropriétaires indivis des biens les règles suivantes s'appliquent :
	→ Pour les ventes de biens de la SARL à des associés les règles sont complexes et fonction du régime d'imposition : renseignez-vous auprès du service des impôts.
	→ Pour les ventes à des tiers, il est fait application des droits applicables aux ventes selon la nature des biens.

Partie 5

Réussir les transformations

et restructurations de la SARL

Sommaire

Chapitre 1

Transformation de la SARL

La transformation de la SARL consiste à changer la forme juridique de la société sans créer une nouvelle personne morale[1]. Ainsi, après transformation, la société sera régie par les règles de la nouvelle forme juridique choisie, par exemple, les règles applicables à la société par actions simplifiée (SAS), à la société anonyme (SA), à la société en nom collectif (SNC), à la société civile etc.

La continuité de la personnalité morale entraîne la conservation de l'intégralité de son patrimoine (actif et passif) après sa transformation :

- elle conserve donc l'ensemble de ses droits (exemple : les créances sur ses débiteurs, le bénéfice des contrats conclus, la poursuite des actions en justice etc.),

- et reste tenue de toutes ses obligations antérieures (exemple : ses dettes, la responsabilité pour les fautes commises sous forme de SARL etc.).

> *Attention !*
> Au cas par cas, certains contrats peuvent stipuler que le changement de forme sociale est une cause de résolution dudit contrat. Dans ce cas, si la SARL veut conserver le bénéfice du contrat, il appartient au gérant de négocier -avant la transformation- un renoncement du cocontractant à cette clause.

Sommaire

① **Intérêt et régime général de la transformation**

② **Transformations les plus fréquentes**

---

[1] Art. L. 210-6 al. 1 C. com.

① Intérêt et régime général de la transformation

1. Pour quelles raisons transformer la SARL ?

La SARL est une excellente forme sociale, mais certaines situations peuvent néanmoins conduire les associés à décider un changement de forme. Les motifs les plus fréquents sont les suivants :

→ **Optimiser sa fiscalité :**

- bénéficier durablement de l'IR afin de faire remonter les résultats (bénéfices ou pertes) au niveau des associés,

- anticiper une vente des droits sociaux afin de bénéficier du régime fiscal plus favorable de la cession des actions des sociétés de capitaux (SAS ou SA par exemple).

→ **Faciliter son financement :**

- ouvrir le capital social à davantage d'investisseurs (sans procédure d'agrément),

- émettre des actions ou des obligations au porteur (et non simplement nominatives),

- réaliser des offres de titres financiers au public pour les sociétés les plus importantes,

- faciliter l'échange de titres lors de l'intégration à un groupe de sociétés par actions,

- consentir davantage de garanties aux créanciers de la société en adoptant une forme à responsabilité illimitée (SNC ou société civile par exemple), ce qui peut faciliter le financement bancaire ou les conditions consenties par les partenaires.

→ **Accroitre le contrôle de la gestion ou faciliter les transmissions de pouvoirs :** Dissocier les fonctions de gestion et de contrôle au sein de la société (en adoptant par exemple la forme de SA avec directoire et conseil de surveillance),

→ **Différencier la responsabilité des associés :** Adoption d'une forme en commandite (SCS ou SCA) qui comprend à la fois des associés à la responsabilité illimitée (commandités) et des associés à responsabilité limitée (commanditaires).

→ **Améliorer l'image statutaire de la société :** Transformations en société de capitaux (SAS, SA ou SCA).

→ **Satisfaire à une obligation légale :** Cas du dépassement du seuil maximum autorisé de 100 associés.

On le voit, les raisons peuvent être multiples. Les avantages et les inconvénients de la nouvelle forme doivent être soigneusement soupesés avec, le cas échéant, les conseils avisés d'un spécialiste du droit des sociétés et de la fiscalité.

2. Quels sont les effets de la transformation ?

La transformation entraîne des effets à plusieurs niveaux :

À l'égard...	Effets
...de la société	La transformation n'engendre pas la création d'une personne morale nouvelle. La société conserve ses droits et obligations. Les statuts doivent être modifiés pour tenir compte des caractéristiques de la nouvelle forme. Les associés et gérants doivent respecter les conditions de validité et les règles de fonctionnement de la nouvelle forme.
...des associés	Ils conservent leur participation dans la société mais : - leur responsabilité peut augmenter : ils peuvent devenir responsable indéfiniment et solidairement (cas par exemple de la transformation en SNC ou en société civile) - ils peuvent dans certains cas devenir commerçants : les associés de SNC sont commerçants tout comme les associés commandités de SCS. - la nature de leurs droits sociaux peut changer : les parts sociales deviennent des actions (cas par exemple de la transformation en SA ou SAS) - les règles de majorité nécessaire à la prise de décision peuvent changer.
...du gérant	Le mandat de gérant prend fin sans indemnité ni préavis. Si les associés le décident, le gérant pourra à nouveau être désigné représentant de la société (par exemple devenir Président de SAS).
...des salariés	Les salariés conservent leur contrat de travail et les droits qui y sont attachés (ancienneté, rémunération etc.)
...du commissaire aux comptes (CAC)	→ Si la SARL avait un CAC : La transformation ne met pas fin automatiquement à ses fonctions. Il poursuit sa mission jusqu'à la date initialement fixée[1]. → Si la SARL n'avait pas de CAC : il faut en désigner un pour la procédure de transformation (ou à défaut un commissaire à la transformation) Une fois la transformation réalisée : Certaines formes sociales imposent la présence d'un CAC (par exemple la SA) d'autres la rende facultative sauf au delà de certains seuils rendant le CAC obligatoire (SAS, SNC etc....).

---

[1] Faute de dispositions légales expresses, les avis sur cette question sont nuancés, pour un avis différent : Mémento Droit des sociétés commerciales, n° 77 764.

...de l'administration fiscale	**La transformation n'est pas neutre fiscalement.** **→ Droits d'enregistrement :** Si la société conserve son régime fiscal ou passe de l'IS à l'IR : 125 € **→ Droits de mutation si la société passe de l'IR à l'IS :** - Immeubles : 5% de leur valeur - Fonds de commerce : exempté de droits jusqu'à 23 000 €, puis 3% entre 23 000 € et 200 000 € puis 5 % au-delà. Ces droits peuvent être remplacés par un seul droit fixe de 375 € ou 500 € (selon que le capital social est inférieur ou supérieur à 225 000 €) si les associés s'engagent à conserver leurs titres pendant 3 ans (l'immeuble doit être apporté en même temps que le fonds de commerce) *(voir p. 229 s.)* **→ Incidence sur l'imposition des bénéfices :** **- Si la société conserve son régime fiscal :** aucune incidence (directement ou sur option) **- Si la société passe de l'IS à l'IR :** la transformation entraîne les conséquences fiscales « atténuées » d'une cessation d'activité (art. 221 bis CGI) **- Si la société passe de l'IR à l'IS :** la transformation entraîne également les conséquences fiscales « atténuées » d'une cessation d'activité (art. 202 ter du CGI) **Attention :** Si la transformation est suivie d'une modification importante de l'activité exercée, elle peut être assimilée quel que soit son régime fiscal à une cessation d'activité : *voir p. 316.*
...des créanciers	Les créanciers conservent l'ensemble de leurs droits. Leurs droits peuvent même s'accroître en cas de transformation de la SARL en SNC, SCS ou société civile : les associés devenant indéfiniment responsables (solidairement ou conjointement selon les cas) de toutes les dettes même antérieures à la transformation.
...des obligataires	Si la SARL qui a émis des obligations nominatives : **Lorsque la nouvelle forme peut elle-même émettre des obligations** (transformation en SA) : la transformation doit être préalablement soumise à l'assemblée des obligataires[1]. En cas de refus de la transformation par les obligataires, il faudra rembourser par anticipation les obligataires qui en ferait la demande avant de pouvoir transformer la SARL. **Lorsque la nouvelle forme ne peut pas émettre d'obligations** (ex. : SNC, société civile etc.), la transformation nécessite le remboursement anticipé des obligations existantes.

---

[1] Art. 228-65, I-1° C. com.

3. La décision de transformation doit obligatoirement être précédée du rapport d'un commissaire aux comptes

La transformation de la SARL doit être précédée du rapport du commissaire aux comptes (ou du commissaire à la transformation) sur la situation de la société[1].

Si la SARL n'a pas de commissaire aux comptes, le gérant devra en désigner un (il n'est pas nécessaire de s'adresser au Tribunal de commerce dans ce cas).

La transformation en société par actions (SA, SAS, SCA) nécessite en outre un rapport sur la valeur des biens composant l'actif social et les avantages particuliers (ce rapport doit attester que le montant des capitaux propres est au moins égal au capital social).

> **Attention !**
> En l'absence d'un rapport du commissaire aux comptes, la décision de transformation est nulle. La situation peut toutefois être régularisée par décision du tribunal saisi de l'action en nullité qui peut ordonner la nomination d'un commissaire aux comptes.

4. Quelles mesures de publicité accomplir ?

Pour produire effet, la décision de transformation doit faire l'objet des mesures de publicité suivantes :

- Une insertion dans un journal d'annonces légales (JAL) du lieu du siège social ;
- Une inscription modificative au RCS par l'intermédiaire du CFE (ou directement au greffe du tribunal de commerce) ;
- Le greffier procédera à une insertion au BODACC.

Le dossier adressé au CFE doit comporter les pièces suivantes :

- l'imprimé de transformation dument renseigné (remis par le CFE) ;
- l'attestation de parution de la transformation dans un JAL ;
- 2 exemplaires du procès-verbal d'assemblée qui a voté la transformation ;
- 2 exemplaires des nouveaux statuts de la société ;
- 2 exemplaires du procès-verbal de l'assemblée qui a désigné les nouveaux dirigeants (si ces dirigeants ne sont pas inscrits dans les statuts).
- les renseignements relatifs aux dirigeants.

---

[1] Art. 223-43 al. 3 C. com.

② Les transformations les plus fréquentes

1. La transformation de la SARL en société par action simplifiée (SAS)

Cette transformation fait souvent suite au dépassement du seuil de 100 associés, mais elle peut aussi être décidée pour des raisons d'opportunité comme rendre les titres de la société négociables ou permettre l'application de règles de fonctionnement plus souples.

La SAS bénéficie en effet d'une grande souplesse d'organisation et de fonctionnement. Son régime juridique laisse une grande liberté contractuelle aux associés, la loi n'ayant souvent qu'un caractère supplétif.

Mais attention cette liberté s'accompagne souvent d'une sécurité juridique affaiblie pour les associés (par exemple à la différence de la SARL, il n'y a pas d'agrément prévu par la loi lors des cessions de droits sociaux, de nombreuses clauses statutaires qui seraient nulles en SARL deviennent possibles en SAS, ce qui est un risque pour les associés qui n'en mesurent pas toute la portée).

L'unanimité étant nécessaire pour adopter cette forme, dans le doute un associé ne doit pas hésiter à s'opposer à une transformation en SAS !

→ Conditions de la transformation en SAS

Comme la SARL, la SAS pluripersonnelle comprend au moins 2 associés et peut devenir unipersonnelle (la SASU), mais à la différence de la SARL, la SAS n'est pas limitée à 100 associés. Aucun montant minimum de capital social n'est exigé. Les apports en industrie sont autorisés.

La procédure de transformation est la suivante :

> **Si la SARL a un commissaire aux comptes :** Ce dernier établira 2 rapports : l'un sur la situation de la société, l'autre sur la valeur des biens composant l'actif social et les avantages particuliers (ce rapport doit attester que le montant des capitaux propres est au moins égal au capital social ; il doit être publié),

> **Si la SARL n'a pas de commissaire aux comptes :** Un commissaire à la transformation sera nommé (par accord unanime des associés ou, à défaut, par décision de justice) pour réaliser un seul rapport qui portera à la fois la situation de la société et sur la valeur des biens composant l'actif social et les avantages particuliers[1].

À noter : Le commissaire aux comptes de la société peut être nommé commissaire à la transformation.

La décision de transformation est prise au vu de ces rapports avec l'**accord unanime** de tous les associés de la SARL.

---

[1] Art. L. 224-3 C. com.

La décision doit faire l'objet des mesures de publicité et d'enregistrement obligatoires.

→ Effets de la transformation en SAS

- L'encadrement légal sera moindre et la liberté contractuelle plus grande (ce qui n'est pas toujours un avantage, notamment en termes de sécurité juridique),

- Des actions seront attribuées en échange des parts sociales,

- Les pouvoirs du gérant prendront fin avec la perte de tous ses avantages particuliers. Cependant les associés peuvent le désigner Président de la SAS dans les statuts (avec, le cas échéant, les mêmes avantages),

- Un commissaire aux comptes ne sera obligatoire que si la SAS dépasse 2 des 3 seuils suivants : 1 000 000 € au total du bilan, 2 000 000 € de chiffre d'affaires hors taxes, un nombre moyen de 20 salariés.

2. Transformation de la SARL en société anonyme (SA)

Lorsque la taille de la société devient importante, les associés peuvent décider de transformer la SARL en SA, forme qui offre un encadrement légal plus grand et des modalités de fonctionnement permettant un meilleur contrôle de la gestion.

L'image « statutaire » de la société et de ses dirigeants pourra apparaître plus prestigieuse aux yeux des tiers.

L'inconvénient de cette forme est le coût et la relative lourdeur de son fonctionnement.

→ Conditions de la transformation en SA

Le nombre d'associés doit être de :

> **2 au minimum** si ses titres ne sont pas admis aux négociations sur un marché réglementé

> **7 au minimum** si ses titres sont admis aux négociations sur un marché réglementé,

> **Aucun maximum** (faible *intuitus personae*).

Les apports en industrie sont interdits dans les SA : s'il existe des parts en industrie, elles doivent être préalablement annulées avec une liquidation des droits correspondants.

Le **capital social** minimum est de **37 000 €**.

À noter : Si la société existe depuis moins de 5 ans, les apports en numéraires devront être libérés d'au moins la moitié de leur nominal.

Comme pour la transformation en SAS, deux rapports préalables doivent être dressés dans les mêmes conditions (voir ci-dessus). Au vu de ces rapports, la transformation est décidée :

- **en principe**, à la majorité des décisions extraordinaires,

- **par exception**, par des associés représentant la majorité des parts sociales si les capitaux propres du dernier bilan de la SARL excèdent 750 000 €.

→ Effets de la transformation en SA

La société sera régie par les règles applicables à la SA ainsi :

- les parts sont échangées contre des actions ;

- son fonctionnement sera très encadré par la législation ;

- les pouvoirs du gérant prendront fin avec la perte de tous ses avantages particuliers (sauf accord contraire) ;

- elle devra choisir l'un des **deux modes d'organisation de la gestion des SA :**

  - soit avec conseil d'administration et directeur général (SA moniste),

  - soit avec directoire et conseil de surveillance (SA de type dualiste).

Mais quel que soit le mode de gestion retenu par les associés, la SA a un fonctionnement beaucoup plus lourd que celui de la SARL.

Par exemple, si les associés choisissent une gestion moniste : **au gérant, seront substitués plusieurs organes obligatoires** aux pouvoirs strictement délimités : un directeur général (représentant la SA), un conseil d'administration composé d'au moins 3 administrateurs (dont un Président) qui sera notamment chargé de décider des orientations politiques et de contrôler le fonctionnement de la SA. La présence d'un commissaire aux comptes sera en outre obligatoire *(Pour une illustration, voir schéma ci-dessous).*

Illustration de l'organisation de la SA à Conseil d'administration :

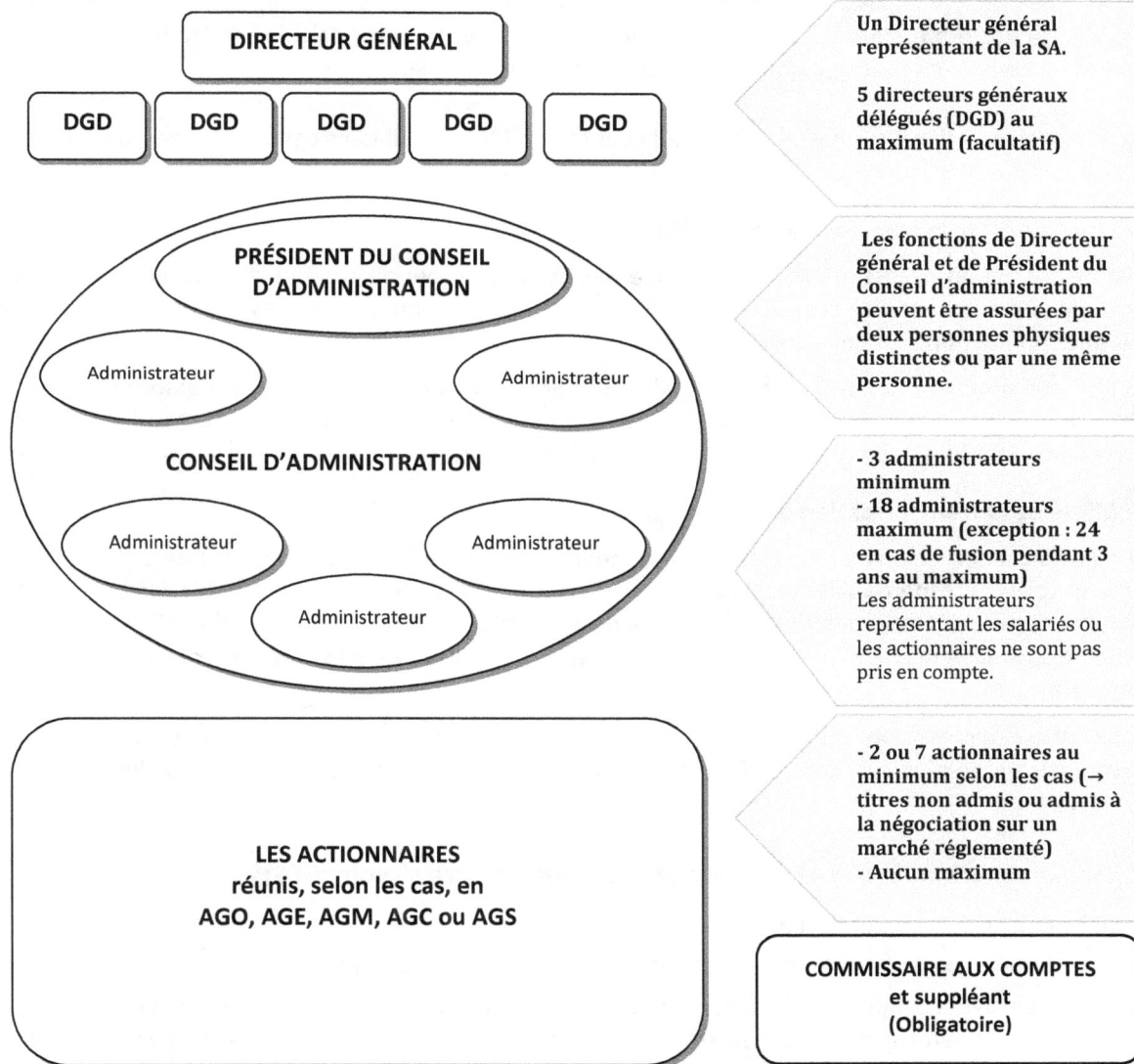

DIRECTEUR GÉNÉRAL

| DGD | DGD | DGD | DGD | DGD |

Un Directeur général représentant de la SA.

5 directeurs généraux délégués (DGD) au maximum (facultatif)

PRÉSIDENT DU CONSEIL D'ADMINISTRATION

Administrateur

Administrateur

CONSEIL D'ADMINISTRATION

Administrateur

Administrateur

Administrateur

Les fonctions de Directeur général et de Président du Conseil d'administration peuvent être assurées par deux personnes physiques distinctes ou par une même personne.

- 3 administrateurs minimum
- 18 administrateurs maximum (exception : 24 en cas de fusion pendant 3 ans au maximum)
Les administrateurs représentant les salariés ou les actionnaires ne sont pas pris en compte.

LES ACTIONNAIRES
réunis, selon les cas, en
AGO, AGE, AGM, AGC ou AGS

- 2 ou 7 actionnaires au minimum selon les cas (→ titres non admis ou admis à la négociation sur un marché réglementé)
- Aucun maximum

COMMISSAIRE AUX COMPTES
et suppléant
(Obligatoire)

3. Transformation de la SARL en société en nom collectif (SNC)

Attention !

Les associés de SNC ont la qualité de commerçant : la transformation en SNC ne sera pas possible si la SARL comprend un ou plusieurs associés de moins de 16 ans ou frappés d'incompatibilité (exemple : fonctionnaire, profession libérale, officier ministériel etc.), incapable ou interdit de l'exercice des professions commerciales et que ceux-ci veulent rester dans la société. Dans ce cas, les associés peuvent opter pour la société en commandite simple.

Fiscalement, la SNC est soumise à l'IR, ce qui peut se révéler attractif dans certains cas en raison de sa semi-transparence fiscale *(voir p. 240 s.)*.

→ Conditions de la transformation en SNC

La transformation nécessite l'accord unanime des associés au vu du rapport d'un commissaire aux comptes sur la situation de la société (la SARL qui n'a pas de commissaire aux comptes devra donc en désigner un pour dresser ce rapport).

La SNC comprend au moins 2 associés et n'est pas limitée à 100 associés. Tous les associés doivent avoir la capacité commerciale. Aucun montant minimum de capital social n'est exigé (sauf cas particuliers relatifs à l'objet). Les apports en industrie sont autorisés.

→ Effets de la transformation en SNC

La transformation en SNC rendra les associés indéfiniment et solidairement responsables des dettes sociales (c'est la responsabilité maximum que les associés d'une société peuvent offrir aux créanciers de cette dernière). On sera donc très loin de la responsabilité limitée des associés de SARL ! En outre, cette responsabilité indéfinie concernera toutes les dettes sociales même antérieures à la transformation.

Les décisions des associés seront prises à l'unanimité sauf clause statutaire contraire. La société sera dirigée par un ou plusieurs gérants (associé ou non). Si aucun gérant n'est désigné, tous les associés seront gérants.

4. Transformation de la SARL en société en commandite simple (SCS)

La SCS comprend 2 catégories d'associés :

- un ou plusieurs commandités, dont la situation est similaire à celle des associés de SNC,

- et un ou plusieurs commanditaires, dont la responsabilité est limitée à leurs apports, qui n'ont pas la qualité de commerçant mais ne peuvent faire, même en vertu d'une procuration, aucun acte de gestion externe (c'est-à-dire un acte les mettant en rapport avec les tiers et susceptible de laisser croire qu'il est tenu sur ses biens personnels). *A fortiori*, un commanditaire ne peut jamais être gérant (ni de droit, ni de fait).

→ Conditions de la transformation en SCS

La transformation n'est possible que sous réserve de désigner au moins un associé commanditaire et un associé commandité. Dans tous les cas, il faut l'accord des associés qui acceptent d'être associés commandités au vu du rapport d'un commissaire aux comptes sur la situation de la société (la SARL qui n'a pas de commissaire aux comptes devra donc en désigner un).

Si certains associés de la SARL n'ont pas la capacité commerciale ou sont frappés d'une incompatibilité, ils peuvent devenir associés commanditaires.

Aucun montant minimum de capital social n'est exigé. Les apports des associés commandités peuvent être en numéraire, en nature ou en industrie. L'apport en industrie ne sera possible que pour les associés commanditaires.

→ Effets de la transformation en SCS

Les associés commandités deviendront commerçants et sont responsables indéfiniment et solidairement de toutes les dettes sociales qu'elles soient nées antérieurement ou postérieurement à la transformation. La vente de leurs droits sociaux nécessitera l'accord préalable de tous les commandités et (sauf exception) de tous les commanditaires.

Les associés commanditaires conserveront une responsabilité limitée à leurs apports.

Les conditions de majorité des décisions ordinaires seront librement fixées par les statuts. En revanche, les décisions extraordinaires supposeront l'accord de tous les commandités et de la majorité en nombre et en capital des commanditaires.

La SCS sera dirigée par un ou plusieurs gérants (associé ou non). Si aucun gérant n'est désigné, tous les commandités seront gérants.

5. Transformation de la SARL en société en commandite par actions (SCA)

→ Conditions de la transformation en SCA

Son capital minimum est de 37 000 € divisé en actions. Elle doit comporter au minimum 3 commanditaires et 1 commandité (soit 4 associés minimum). L'apport en industrie est uniquement possible de la part des associés commandités. La transformation de la SARL en SCA suit les règles de transformation de la SA. Toutefois, la décision est obligatoirement prise à la majorité des décisions extraordinaires et avec l'accord exprès des futurs commandités.

→ Effets de la transformation en SCA

Les **commandités** auront la qualité de commerçants et seront responsables indéfiniment et solidairement des dettes sociales. La vente de leurs droits sociaux nécessitera l'accord préalable de tous les commandités et (sauf exception) de tous les commanditaires.

Les **commanditaires** auront la qualité d'actionnaires et une responsabilité limitée au montant de leurs apports. Leurs actions seront librement négociables (sauf clause statutaire contraire). Les commanditaires ne pourront faire aucun acte de gestion externe (c'est-à-dire les mettant en rapport avec les tiers et susceptible de laisser croire qu'ils sont tenus sur ses biens personnels). A fortiori, les commanditaires ne pourront pas être gérants (en droit ou en fait).

La SCA sera représentée par un gérant sous le contrôle permanent du **conseil de surveillance** (composé de 3 membres au minimum) représentant les actionnaires commanditaires. La désignation d'un commissaire aux comptes sera obligatoire.

La procédure d'adoption des décisions des associés est lourde puisqu'elle nécessitera une adoption par chaque catégorie d'associés : par les commanditaires d'une part (à la majorité ordinaire ou qualifié), et par les commandités d'autre part (à l'unanimité sauf clause contraire des statuts).

6. Transformation de la SARL en société civile

→ Conditions de la transformation en société civile

Si la SARL n'exerce pas (ou cesse d'exercer) une activité commerciale, elle peut être transformée en société civile. L'**accord unanime des associés** au vu du rapport d'un commissaire aux comptes sur la situation de la société (la SARL qui n'a pas de commissaire aux comptes devra en désigner un pour dresser ce rapport).

→ Effets de la transformation en société civile

Les associés deviendront responsables indéfiniment et conjointement de toutes les dettes sociales qu'elles soient nées antérieurement ou postérieurement à la transformation. La société ne pourra plus exercer d'activité commerciale.

Chapitre 2

Les opérations de restructuration :
Fusion, scission, apport partiel d'actif

La SARL peut être amenée à se restructurer en se rapprochant d'autres sociétés (concurrentes ou du même groupe) soit, dans le cadre de son développement soit, pour anticiper ou faire face à des difficultés. Sachez que ces restructurations peuvent être autorisées même lorsqu'une société est en liquidation[1], **il peut donc s'agir d'une bonne solution pour rebondir !** En respectant quelques règles, les sociétés bénéficient d'un régime fiscal de faveur qui rend l'opération quasi-neutre fiscalement.

> *Attention !*
> Pour bénéficier du régime fiscal de faveur, les sociétés concernées doivent être soumises à l'impôt sur les sociétés (IS). Dans le cas contraire, elles doivent opter préalablement pour l'IS.

Trois types de restructurations bénéficient du régime fiscal de faveur : la fusion, la scission et l'apport partiel d'actif [2]. Les fusions et apports partiels d'actif sont très pratiqués. La scission est une opération plus rare mais qui peut néanmoins présenter de réels intérêts.

> *Attention !*
> Si les procédures ouvrant droit au régime de faveur ne sont pas respectées, les sociétés parties à l'opération n'échapperaient pas à la fiscalité de droit commun qui est particulièrement dissuasive puisque la société absorbée (ou scindée) serait considérée comme dissoute, ce qui serait fiscalement très couteux. Ainsi, elle serait immédiatement imposable :
> - sur les bénéfices réalisés depuis l'ouverture de l'exercice avec impossibilité de report en avant des déficits,
> - sur les bénéfices de l'exercice antérieur dont l'imposition avait été différée (notamment les provisions),
> - sur les plus-values d'actifs dégagées lors de la fusion (ou scission),
> En outre, il faudrait procéder à la liquidation de la société (sauf en cas d'apport d'actif).

Sommaire

---

[1] A condition que la répartition de leurs actifs entre les associés n'ait pas fait l'objet d'un début d'exécution.
[2] Le régime comptable des opérations de fusion, scission et apports partiel d'actifs est explicité dans l'Avis n° 2004-01 du 25 mars 2004 du CNC : www.finances.gouv.fr/fonds_documentaire/reglementation/avis/

① La fusion et la scission

Les quelques contraintes synthétisées dans les développements qui suivent peuvent être sources de très **importantes économies.**

1. Notion et intérêt de la fusion

→ Qu'est-ce qu'une fusion de sociétés ?

La fusion consiste à réunir plusieurs sociétés en une seule. Autrement dit, une ou plusieurs sociétés transmettent leur patrimoine à une autre société qui les absorbe. La « société absorbante » recueille l'ensemble du patrimoine (actif et passif) des sociétés absorbées.

La société absorbante peut être une société déjà existante ou une nouvelle société constituée pour l'occasion par les sociétés absorbées[1].

La fusion entraîne la dissolution des sociétés absorbées (sans liquidation). Les associés des sociétés qui disparaissent, deviennent associés de la société absorbante en recevant des parts (ou des actions) de la société absorbante dans les conditions déterminées par le contrat de fusion[2].

À savoir : Les SARL (ainsi que les sociétés anonymes, les sociétés en commandite par actions, les sociétés par actions simplifiées et les sociétés européennes immatriculées en France) peuvent participer à des fusions transfrontalières avec une ou plusieurs sociétés de capitaux et immatriculées dans un ou plusieurs autres États de la Communauté européenne.

→ Quel est l'intérêt d'une fusion de sociétés ?

L'opération permet notamment la réunion des moyens de production et de distribution, une mise en commun des parts de marchés (ce qui réduit la concurrence et renforce leur positionnement) tout en réalisant des économies d'échelle lorsque l'opération est convenablement pensée en amont. La société qui résulte de la fusion a ainsi des atouts concurrentiels accrus.

La fusion peut aussi permettre une forme de reprise de la société absorbée à l'occasion de laquelle les associés bénéficieront de parts ou actions de la société absorbante.

---

[1] Art. L. 236-1 C. com.
[2] Sauf exceptions prévues par l'article L. 236-3 II du Code de commerce

Illustration n° 1 :

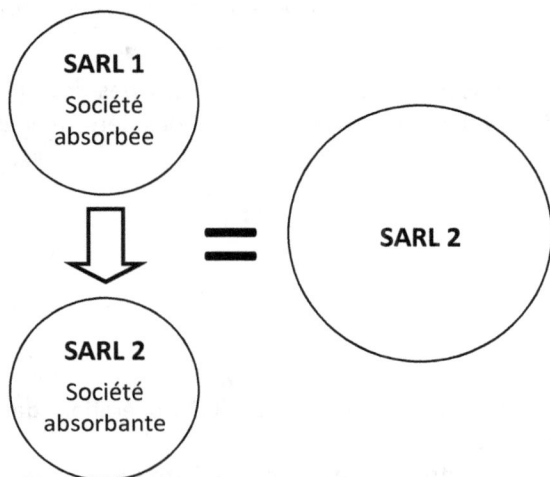

Dans cette première illustration, deux SARL fusionnent.

La SARL 1 réalise la transmission universelle de son patrimoine (l'actif et le passif) à la SARL 2.

La SARL 1 disparaît à la fin de l'opération de fusion.

Les deux sociétés n'en forment plus qu'une : la SARL 2 est désormais également titulaire des droits et obligations qui étaient ceux de la société absorbée.

Les associés de la SARL 1 acquièrent la qualité d'associés de la SARL 2 dans les conditions prévues par le contrat de fusion.

Illustration n° 2 :

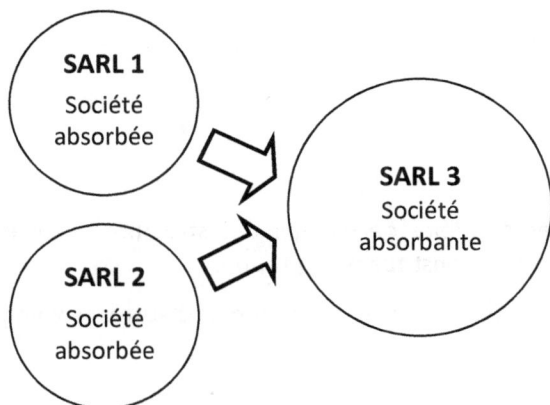

Dans cette seconde illustration, deux SARL ont constitué une nouvelle société comme support de leur fusion : la SARL 3 destinée à absorber les SARL 1 et 2.

Les SARL 1 et 2 réalisent la transmission universelle de leurs patrimoines (l'actif et le passif) à la SARL 3.

Les SARL 1 et 2 disparaissent à la fin de l'opération de fusion. Elles n'en forment plus qu'une seule : la SARL 3, qui est désormais seule titulaire des droits et obligations qui étaient ceux des SARL 1 et 2.

Les associés des SARL 1 et 2 acquièrent la qualité d'associés de la SARL 3 dans les conditions prévues par le contrat de fusion.

2. Notion et intérêt de la scission

→ Qu'est-ce qu'une scission de société ?

La scission[1] est l'opération par laquelle une société (la société scindée) transmet son patrimoine à plusieurs sociétés existantes ou à des sociétés créées pour les besoins de l'opération. La scission entraîne la dissolution de la société scindée (sans liquidation).

Simultanément à la scission, les associés de la société scindée deviennent associés des sociétés bénéficiaires en recevant des parts (ou des actions) de ces dernières dans les conditions déterminées par le contrat de scission[2].

Illustration :

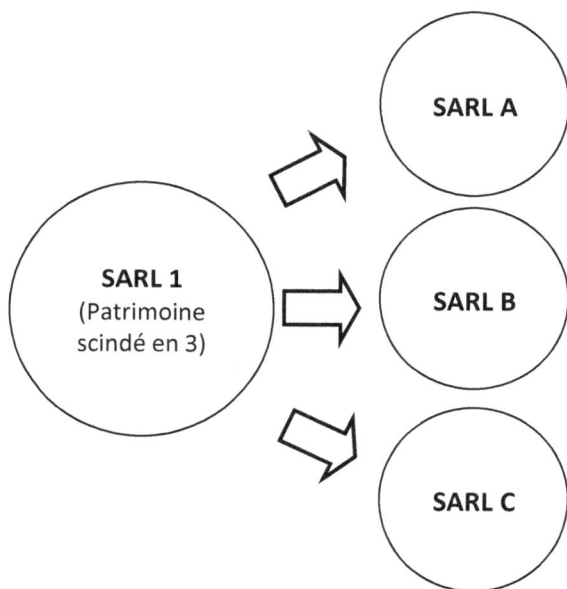

La SARL 1 fait l'objet d'une opération de scission.

Son patrimoine est transféré à trois SARL (pré-existantes ou créées pour l'occasion).

À la fin de l'opération de scission, la SARL 1 disparaît.

Ses droits et obligations sont répartis entre les SARL A, B et C.

Les associés de la SARL 1 acquièrent la qualité d'associés de la SARL A, B et C dans les conditions prévues par le contrat de scission.

→ Quel est l'intérêt d'une scission de société ?

L'opération peut permettre à une SARL aux activités multiples de charger des structures sociales distinctes de la gestion desdites acticités. Le cas échéant en constituant un groupe.

Par la suite, les associés peuvent ainsi facilement céder une société et en conserver d'autres (souvent les plus rentables ou le cœur de métier).

---

[1] Art. L. 236-1 al. 2 C. com.
[2] Sauf exceptions prévues par l'article L. 236-3 II du Code de commerce

3. Comment se déroulent les opérations de fusion et de scission ?

Les opérations de fusion ou scission se déroulent selon des étapes similaires synthétisées ci-dessous :

> **> 1ère étape : Évaluation des sociétés**

La loi ne prévoit pas les règles d'évaluation. Une négociation se déroule entre les sociétés concernées. Le calcul tient compte à la fois de critères objectifs (valeur mathématique, valeur de rendement, etc.) et subjectifs (positionnement de la société, image etc.).

> **> 2ème étape : Détermination de la parité d'échange**

La valeur globale de chaque société est divisée par le nombre de parts (ou actions) composant son capital social, ce qui donne la valeur unitaire par parts (ou actions).

$$\frac{\text{Valeur globale de la société}}{\text{Nombre de parts (ou actions)}} = \textbf{Valeur unitaire des parts (ou actions)}$$

La valeur unitaire des parts (ou actions) de chaque société partie au projet de fusion ou scission permet de calculer une parité théorique d'échange qui sera encore négociée par les parties.

$$\frac{\text{Valeur unitaire des parts (ou actions) de 1}}{\text{Valeur unitaire des parts (ou actions) de 2}} = \textbf{Parité d'échange}$$

Les associés de la société qui disparait deviennent associés de la société absorbante en recevant chacun un nombre de parts (ou d'actions) qui est fonction de la parité d'échange arrêtée. La société absorbante devra donc augmenter son capital social en conséquence. Les associés de la société absorbée qui ne détiennent pas exactement le nombre de titres permettant l'échange en fonction de la parité :

- peuvent acheter ou vendre des droits formant rompus,

- ou recevoir une soulte en espèces (dont le montant ne peut dépasser 10 % de la valeur nominale des parts, ou des actions, attribuées)[1].

Exemple :

Une SARL A va absorber par fusion une société anonyme (SA) B. La SARL A a un capital social de 100 000 € divisé en 1 000 parts sociales de 100 €. La valeur globale de la SARL A a été estimée à 200 000 €.

La SA B a un capital social de 80 000 € divisé en 2 000 actions de 40 €. La valeur globale de la SA B a été estimée à 100 000 €.

> Détermination de la valeur unitaire des titres de chaque société :

Valeur unitaire des parts de la SARL A :   200 000 ÷ 1000 = 200 €

Valeur unitaire des actions de la SA B :   100 000 ÷ 2000 = 50 €

> Détermination du rapport théorique d'échange :

---

[1] Art. L. 236-1 al. 4 C. com.

[Valeur unitaire de A ÷ Valeur unitaire de B = Parité d'échange]
Soit : 200 ÷ 50 = 4 La parité d'échange est de 4, c'est-à-dire 1 part sociale de la SARL A pour 4 actions de la SA B (c'est-à-dire 1/4).
Pour absorber les associés de B, la SARL A doit donc créer le nombre de parts sociales nouvelles suivantes :
[Nombre d'actions de B x 1/4 = nombre de parts sociales nouvelles à émettre]
Soit : 2 000 x 1/4 = 500 parts sociales nouvelles

À noter : Lorsque la valeur réelle des titres de la société absorbante est supérieure à leur valeur nominale, une prime de fusion est créée (portée au passif de la société absorbante) dans des conditions analogues à la prime d'apport *(voir p. 165 s.)*.

> 3ème étape : Rédaction du projet de fusion ou de scission

Toutes les sociétés qui participent à l'opération établissent un projet de fusion ou de scission (selon le cas). Ce projet est déposé au greffe du tribunal de commerce du siège des sociétés et doit faire l'objet de mesures de publicité[1].

Enfin, sous peine de nullité de l'opération, les sociétés participantes sont tenues de déposer au greffe une déclaration dans laquelle elles relatent tous les actes effectués et par laquelle elles affirment que l'opération a été réalisée conformément à la législation.

> 4ème étape : Désignation du commissaire à la fusion

Un ou plusieurs commissaires à la fusion sont désignés judiciairement. Les commissaires à la fusion vérifient que les valeurs relatives attribuées aux parts (ou actions) des sociétés participant à l'opération sont pertinentes et que le rapport d'échange est équitable. Ils établissent un rapport écrit (mis à la disposition des associés) sur les modalités de la fusion.

À savoir : Les associés des sociétés participant à l'opération peuvent décider à l'unanimité de ne pas désigner de commissaire à la fusion[2].

Relevons par ailleurs, que si la société absorbée est une SARL ou une SA filiale à 100 % de l'absorbante il n'y a pas lieu de désigner un commissaire à la fusion.

> 5ème étape : Vote de la fusion ou de la scission aux conditions de majorité extraordinaire

La fusion (ou la scission) est décidée dans chaque société intéressée par un vote des associés aux conditions de majorité nécessaires pour la modification de ses statuts (décision extraordinaire).

Par exception, si l'opération projetée a pour effet d'augmenter les engagements d'associés de l'une ou de plusieurs sociétés en cause, elle ne peut être décidée qu'à l'unanimité desdits associés.

> Prise d'effet de la fusion ou de la scission :

En cas de création d'une ou plusieurs sociétés nouvelles, l'opération prend effet à la date d'immatriculation au RCS de la nouvelle société (ou de la dernière d'entre elles s'il y en a plusieurs) ;

Dans les autres cas : à la date de la dernière assemblée générale ayant approuvé l'opération <u>sauf</u> si le contrat prévoit que l'opération prend effet à une autre date, (laquelle ne doit être ni postérieure à la

---

[1] Art. R. 236-1 et R 236-2 C. com
[2] Art. L. 236-10 II C. com

date de clôture de l'exercice en cours de la ou des sociétés bénéficiaires ni antérieure à la date de clôture du dernier exercice clos de la ou des sociétés qui transmettent leur patrimoine).

4. En quoi consiste la fiscalité de faveur applicable aux opérations de fusion et de scission ?

Les opérations de fusion et de scission bénéficient d'un régime fiscal de faveur[1] rendant l'opération quasi-neutre sur le plan fiscal[2].

→ Impôt sur les sociétés :

Les opérations de fusion ou de scission réalisées entre sociétés soumises à l'impôt sur les sociétés bénéficient d'un régime de faveur qui permet une neutralité fiscale de l'opération.

Que deviennent...	... lors de la fusion ou de la scission...
... les provisions de la société absorbée	Les provisions figurant au bilan de la société absorbée ne sont pas soumises à l'IS (sauf si elles deviennent sans objet), **Conditions :** La société absorbante doit reprendre à son passif : - les provisions dont l'imposition est différée ; - elle doit se substituer à la société absorbée pour la réintégration des résultats dont la prise en compte avait été différée pour l'imposition de cette dernière. *(art. 210 A CGI)*
... les déficits de la société absorbée	Les déficits antérieurs peuvent être transférés dans leur intégralité et faire l'objet d'un **report en avant** sur les résultats de la société absorbante. **Conditions :** Obtenir un agrément de l'administration fiscale qui est délivré de droit si : **1-** L'opération est justifiée du point de vue économique et obéit à des motivations principales autres que fiscales ; **2-** L'activité transférée à l'origine des déficits doit être poursuivie au moins 3 ans. *(art. 209 II CGI)*

---

[1] Art. 210-0 A du CGI.

[2] Remarque : En l'absence de ces mesures les opérations seraient dans nombre de cas jugées trop couteuses fiscalement puisque l'opération serait analysée fiscalement chez la société absorbée (ou scindée) comme une dissolution au regard de l'IS (ou de l'IR). La société serait donc imposable dès la prise d'effet de la fusion sur :
- les bénéfices réalisés depuis l'ouverture de l'exercice avec impossibilité de report en avant des déficits.
- les bénéfices de l'exercice antérieur dont l'imposition avait été différée (notamment les provisions),
- les plus values d'actifs dégagées lors de la fusion (ou scission)

Que deviennent…	… lors de la fusion ou de la scission…
… les plus-values réalisées	Il faut distinguer les gains sur les actifs circulants (profits latents sur stocks), les immobilisations amortissables et les immobilisations amortissables :

- Les **profits latents sur stock**s peuvent être **au choix** :
  - imposés immédiatement au nom de l'absorbée,
  - imposés ultérieurement au fur et à mesure des ventes au nom de l'absorbante.

- Les **immobilisations non amortissables** (ex. : terrains) bénéficient d'un sursis d'imposition à condition que la société absorbante s'engage à calculer les plus-values ultérieures de cession de ces immobilisations d'après la valeur qu'elles avaient, du point de vue fiscal, dans les écritures de la société absorbée.

- Les **immobilisations amortissables** (autres constructions, biens d'investissement etc.) sont imposées de manière fractionnée (sur 5 ou 15 ans) chez la société absorbante qui doit les réintégrer dans ses bénéfices imposables.

(art. 210 A CGI)

→ Sort de la TVA

L'opération est neutre au regard de la TVA puisqu'elle entraîne :

- une dispense de régularisation de déductions antérieures,

- une dispense de soumission des apports à la TVA,

- un transfert du crédit de TVA à la société absorbante.

→ Droits d'enregistrement :

En principe, lorsque toutes les sociétés qui participent à l'opération sont soumises à l'impôt sur les sociétés, le droit d'enregistrement est de 375 € ou 500 € (selon que le capital social de la société absorbante est supérieur ou non à 225 000 €).

② L'apport partiel d'actif

1. Notion et intérêt de l'apport partiel d'actif

→ Qu'est-ce qu'un apport partiel d'actif ?

L'apport partiel d'actif est l'opération par laquelle une société apporte à une autre une partie de ses éléments d'actif (par exemple, un immeuble, une machine), voire une branche d'activité complète (avec tous ses éléments d'actif et de passif). En contrepartie, l'apporteuse reçoit des parts sociales ou actions de la société bénéficiaire des apports.

→ Quel est l'intérêt d'un apport partiel d'actif ?

L'opération peut présenter les mêmes avantages qu'une fusion ou une scission tout en laissant subsister les sociétés parties à l'opération. Cette opération peut être justifiée pour abandonner une activité peu rentable pour l'apporteuse afin par exemple, de se recentrer sur une activité plus porteuse ou mieux maitrisée par la société (la société bénéficiaire peut par exemple y trouver intérêt lorsqu'il s'agit de son cœur de métier).

2. Comment l'apport partiel d'actif peut-il bénéficier du régime de faveur applicable à la fusion ?

L'apport partiel d'actif peut bénéficier du régime de faveur décrit ci-dessus soit de plein droit, soit sous condition d'agrément administratif. Dans les deux cas, de strictes règles doivent être respectées.

→ Régime de faveur de plein droit[1]

L'apport partiel d'actif bénéficie de plein droit du régime de faveur aux conditions suivantes :

1- l'apport partiel d'actif doit concerner une branche complète d'activité ou d'éléments assimilés,

2- les sociétés apporteuse et bénéficiaire doivent décider d'un commun accord de soumettre l'opération à la procédure des fusions *(voir p. 335),*

3- la société apporteuse doit prendre le double engagement de :

- conserver pendant 3 ans les titres remis en contrepartie de l'apport,

- calculer ultérieurement les plus-values de cession afférentes à ces mêmes titres par référence à la valeur que les biens apportés avaient, du point de vue fiscal, dans ses propres écritures.

> **Attention !**
> La rupture de l'engagement de conservation des titres remis en contrepartie de l'apport entraîne la déchéance rétroactive du régime de faveur.

---

[1] Art. 210 B 1 du CGI.

→ Régime de faveur sur agrément administratif[1]

Lorsque les conditions nécessaires à l'application du régime de plein droit ne sont pas remplies, le régime de faveur peut cependant s'appliquer sur agrément administratif[2].

L'agrément est délivré à condition que l'opération :

1- se justifie par un motif économique se traduisant notamment par l'exercice d'une activité autonome ou l'amélioration des structures de la société bénéficiaire, ou encore par une association entre les parties,

2- n'ait pas comme objectif la fraude ou l'évasion fiscales ;

3- permette l'imposition future des plus-values mises en sursis d'imposition.

---

[1] Art. 210 B 3 du Code général des impôts
[2] L'agrément est délivré dans les conditions prévues à l'article 1649 nonies du Code général des impôts.

Chapitre 3

Prise de participation, filialisation, groupes de sociétés

Pour assurer son développement ou sa pérennité, la SARL peut être amenée à devenir associé d'autres sociétés ou, laisser d'autres sociétés entrer parmi ses associés.

Cette nouvelle relation peut avoir des objectifs variés :

- constituer un simple placement de capitaux visant à générer un revenu et/ou une plus-value lors de la revente des droits sociaux,

- créer des liens durables par une prise de participation,

- ou consister en une opération de filialisation ou de prise de contrôle qui pourront donner naissance à un groupe de sociétés qui permettra d'optimiser la fiscalité en optant pour le régime de l'intégration fiscale et des sociétés mères filiales.

Sommaire

① **Notions de base**

② **Techniques de prises de participation et de contrôle**

③ **Réglementation des participations croisées**

④ **Groupes de sociétés**

① Notions de base

1. Les prises de participation[1]

Lorsqu'une société possède entre 10 et 50 % du capital d'une autre société (sans autre participation indirecte), la première est considérée comme ayant une participation dans la seconde.

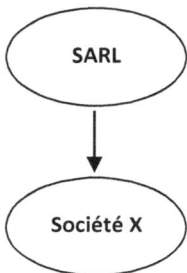

Votre SARL peut prendre des participations dans une autre société.

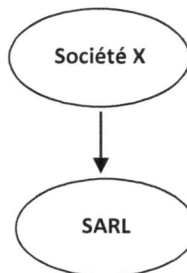

A l'inverse, une autre société peut prendre des participations dans votre SARL.

En dessous de 10 % de détention de capital, les sociétés concernées ne sont pas soumises à la réglementation sur les participations croisées *(voir p. 346)*. Au-dessus de 50 %, il ne s'agit plus d'une simple prise de participation mais d'une filialisation.

2. La filialisation[2]

Une SARL peut avoir des filiales ou devenir elle-même la filiale d'une autre société. Lorsqu'une société possède plus de la moitié du capital d'une autre société (directement ou indirectement), la seconde est considérée comme filiale de la première.

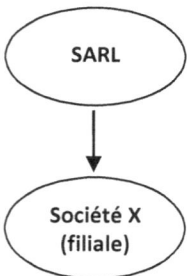

Si une SARL devient associé d'une autre société en détenant plus de 50 % du capital social de celle-ci, cette autre société devient sa filiale.

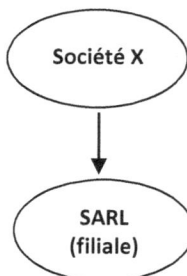

Si à l'inverse, une SARL laisse une autre société devenir l'un de ses associés à plus de 50 % de son capital social, la SARL devient la filiale de cette autre société.

---

[1] Art. L. 233-2 C. com.
[2] Art. L. 233-1 C. com.

3. La notion de contrôle[1]

La notion de contrôle est la pierre angulaire du droit applicable aux groupes de sociétés. La loi prend en compte des situations très diverses qu'elle considère comme étant des prises de contrôle.

Selon l'article L. 233-3 du Code de commerce, 6 cas relèvent de la prise de contrôle :

1er cas : Lorsqu'une société détient directement ou indirectement une fraction du capital d'une autre lui conférant la majorité des droits de vote dans les assemblées générales de cette société ;

2ème cas : Lorsqu'une société dispose seule de la majorité des droits de vote dans une autre société en vertu d'un accord conclu avec d'autres associés.

Il s'agit de l'hypothèse de conventions de vote *(voir p. 198 s.)*. Celles-ci étant le plus souvent secrètes, il est difficile pour les tiers de rapporter la preuve de cette forme de contrôle.

3ème cas : Lorsqu'une société détermine en fait, par les droits de vote dont elle dispose, les décisions dans les assemblées générales d'une autre société.
Il s'agit du contrôle de fait : les voix dont la société est titulaire lui permettent d'imposer ses vues lors des assemblées sans pourtant être majoritaire (par exemple 30 % du capital) en raison de la dispersion du capital restant entre de nombreux associés inorganisés (fréquent lorsque la société est cotée).

4ème cas : Lorsqu'une société est associé d'une autre société et dispose du pouvoir de nommer ou de révoquer la majorité des membres des organes d'administration, de direction ou de surveillance de cette société.
Par exemple, si la SARL prenait une participation dans une SAS assortie d'un pouvoir exclusif de nomination des représentants de celle-ci (ce qui est possible pour cette forme sociale).

5ème cas : Une société est présumée exercer le contrôle lorsqu'elle dispose directement ou indirectement, d'une fraction des droits de vote supérieure à 40 % et qu'aucun autre associé ne détient directement ou indirectement une fraction supérieure à la sienne.
Ce cas est très proche du contrôle de fait. Il s'agit d'une présomption simple : la preuve contraire peut être rapportée.

6ème cas : Lorsque deux ou plusieurs personnes agissant ensemble déterminent en fait les décisions prises en assemblée générale. On parle alors d'**action de concert**.

À savoir : Toute participation au capital détenue par une société contrôlée est considérée comme détenue indirectement par la société qui contrôle cette société (art. 233-4 C. com.)

---

[1] Art. L. 233-3 C. com.

Illustration d'une prise de contrôle directe/indirecte :

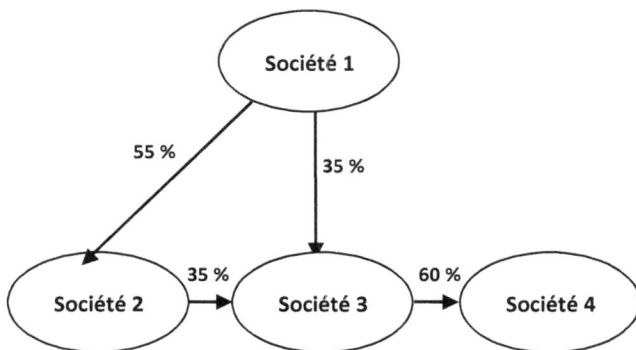

La société 1 contrôle :

→ **directement la société 2** par une participation directe de 55 %

→ **indirectement la société 3** par une participation directe de 35 % et une participation indirecte de 35 % (par l'intermédiaire de la société 2)

→ **indirectement la société 4** grâce à la participation de 60 % détenue par la société 3 qu'elle contrôle. Relevons que la société 1 ne détient pourtant aucun titre de la société 4.

Zoom

L'obligation d'information des associés
lorsque la SARL devient associée d'une autre société

Des obligations particulières naissent lorsque la SARL prend une participation représentant plus d'$1/20^{ème}$ du capital d'une société ayant son siège social en France ou si elle en a pris le contrôle.

Le rapport de gestion présenté aux associés et, le cas échéant, le rapport des commissaires aux comptes doivent en faire mention. Le gérant doit également rendre compte dans un autre rapport de l'activité et des résultats de la société, des filiales de la société et des sociétés qu'elle contrôle par branche d'activité. Lorsque la société publie des comptes consolidés, le rapport précité peut être inclus dans le rapport sur la gestion du groupe.

Attention : En cas de non-respect de ces obligations, le gérant est passible de 2 ans d'emprisonnement et d'une amende de 9 000 € (art. L. 247-1 C.com.).

À savoir : Ces mêmes obligations s'imposent lorsqu'au cours d'un exercice la prise de participation entraîne un dépassement du dixième, du cinquième, du tiers ou de la moitié du capital de cette société. Par ailleurs des règles spécifiques s'appliquent si la SARL prend des participations dans une société cotée (si vous êtes concernés par cette hypothèse reportez-vous à l'article L. 233-7 du Code de commerce).

② Techniques de prises de participation et de contrôle

Trois grandes techniques peuvent permettre la prise de participation ou de contrôle d'une autre société.

1. L'achat de parts ou d'actions de la société ciblée

La prise de participation ou de contrôle peut découler de simples opérations de rachat de droits sociaux de la société ciblée. C'est le moyen le plus simple.

Relevons que les modalités de l'achat varient selon la forme de la société ciblée.

2. L'apport en numéraire classique ou par compensation de créance

La société qui souhaite prendre une participation dans une autre peut souscrire à l'augmentation de capital de cette dernière en réalisant un apport en numéraire (classique ou par compensation de créance si l'apporteuse est créancière de la société)

→ Sur *ces notions, reportez-vous page 130 et suivantes.*

3. L'apport partiel d'actif

L'apport partiel d'actif peut également permettre une prise de participation ou de contrôle.

→ Pour *le détail de cette opération, reportez-vous page 339 et suivantes.*

③ Réglementation des participations croisées

Les participations croisées entre sociétés entrainent un certain nombre de conséquences qui pourraient s'avérer préjudiciables : elles peuvent gonfler artificiellement l'actif des sociétés concernées voire conduire à un autocontrôle. Aussi, des règles strictes s'appliquent pour limiter ces risques. Plusieurs cas doivent être envisagés :

→ 1er cas : Une société par actions détient plus de 10 % du capital social de la SARL[1]

Lorsqu'une société par actions (par exemple, une société anonyme, une société par actions simplifiée ou une société en commandite par actions) détient plus de 10 % du capital social de la SARL, celle-ci ne peut pas détenir d'actions de ladite société par actions. Si la SARL en détenait, elle devrait les vendre dans le délai de 1 an à compter de la date à laquelle les actions sont entrées dans son patrimoine (en outre, le droit de vote attaché à ces actions ne peut être exercé)[2].

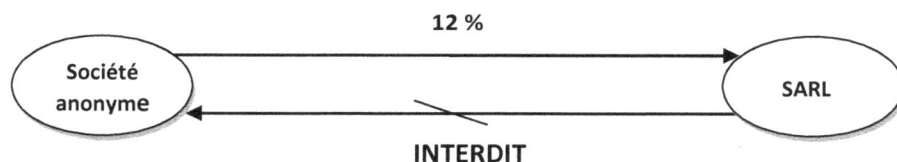

→ 2ème cas : Une société par actions détient au maximum 10 % du capital social de la SARL

Lorsqu'une société par actions détient au maximum 10 % du capital social de la SARL, celle-ci ne peut détenir qu'une fraction inférieure ou égale à 10 % des actions de ladite société par actions. Une participation réciproque limitée est donc possible.

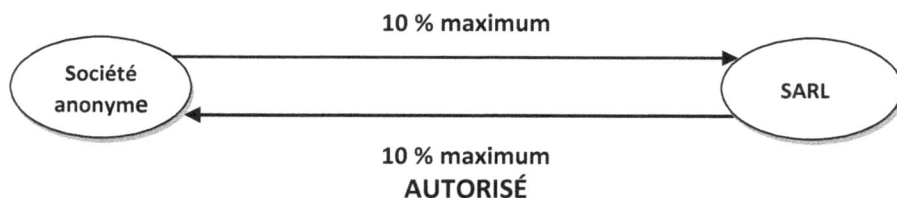

Si la SARL dépassait ce seuil de détention de 10 %, elle devrait vendre le surplus dans le délai de 1 an à compter de la date à laquelle les actions sont entrées dans son patrimoine (en outre, le droit de vote attaché à ces actions ne pourrait être exercé).

→ 3ème cas : La SARL en situation d'autocontrôle direct

---

[1] Art. L. 233-30, al. 1 et 2 C. com.
[2] Toutes les ventes d'actions effectuées dans ce cadre doivent être portées à la connaissance des associés par le rapport des gérants et par celui des commissaires aux comptes, lors de l'assemblée suivante (art. R. 233-19 C. com.)

Dans la limite des règles précitées, une SARL peut participer au capital d'une société par actions qui la contrôle directement ou indirectement (voir ci-dessus la notion de « prise de contrôle ») mais dans ce cas, les droits de vote attachés aux actions ne peuvent être exercés lors des assemblées générales de ladite société (il n'en est pas tenu compte pour le calcul du quorum et de la majorité)[1].

→ 4ème cas : La SARL en situation d'autocontrôle indirect

C'est l'un des avantages de la SARL. À la différence des sociétés par actions, la SARL n'est pas soumise à la législation des participations réciproques indirectes et de l'autocontrôle indirect : aussi une SARL peut s'autocontrôler indirectement : *pour une illustration voir page 451).*

Les informations obligatoires
(art. L. 233-12 C. com.)

Lorsqu'une SARL est contrôlée directement ou indirectement par une société par actions, elle notifie à cette dernière et à chacune des sociétés participant à ce contrôle le montant des participations qu'elle détient directement ou indirectement dans leur capital social respectif ainsi que les variations de ce montant.

Les notifications sont faites dans le délai d'un mois à compter :
- soit du jour où la prise de contrôle a été connue de la société pour les titres qu'elle détenait avant cette date,
- soit du jour de l'opération pour les acquisitions ou aliénations ultérieures.

Attention : Les gérants d'une SARL, qui ne procèdent pas aux notifications auxquelles la société est tenue du fait des participations qu'elle détient dans la société par actions qui la contrôle, sont punis d'une amende de 18 000 € (art. L. 247-2 II. C. com.).

---

[1] Art. L. 233-31 C. com.

④ Les groupes de sociétés

1. Qu'est-ce qu'un groupe de sociétés

Un groupe de sociétés est un ensemble de sociétés qui ont des liens juridiques, contractuels, financiers et hiérarchiques. L'une des sociétés domine l'ensemble, c'est la société mère (ou société dominante), les autres sociétés sont ses filiales.

Relevons que le groupe est dépourvu de personnalité juridique : chacune des sociétés qui le compose conserve sa propre personnalité morale.

En contrôlant l'ensemble des sociétés du groupe, la société mère peut ainsi mettre en œuvre une politique économique, commerciale et financière commune. Il peut également permettre :

- soit une concentration de sociétés qui peuvent être complémentaires, par exemple, parce qu'elles interviennent à différents stades d'un processus de production (concentration verticale) ou lorsqu'elles sont « concurrentes » mais souhaitent augmenter leur poids commercial et financier sur un marché déterminé (concentration horizontale). Si la seule finalité du groupe est l'augmentation du poids financier de l'ensemble sans rechercher de complémentarité industrielle ou commerciale on parle alors de conglomérat ;

- soit une déconcentration : la création de tel département ou succursale est dès l'origine organisée en filiale ce qui entraîne une autonomie patrimoniale des activités, permettant en principe de circonscrire les risques de chaque filiale.

2. Les structures de groupe envisageables

Le groupe auquel une société peut appartenir peut avoir des structures très variables.

→ La structure pyramidale

La société mère détient le contrôle d'un certain nombre de sociétés (filiales de premier rang) qui contrôle elle-même un certain nombre de sociétés filiales.

Ce montage permet à la société mère de contrôler indirectement l'ensemble des sociétés du groupe tout en limitant l'apport de capitaux nécessaire à cette prise de contrôle grâce à l'**effet de levier** sur les sous-filiales *(sur les autres intérêts de la holding, voir zoom p. 352).*

Dans ce type de montage, la société mère est appelée **société holding**. Le terme holding vient de l'anglais « to hold » signifiant « tenir » ou « détenir ». Une société holding a donc pour activité (principale ou unique) de détenir des parts ou actions d'autres sociétés.

Plus on multiplie les cascades de sociétés, plus la participation indirecte de la société mère nécessaire au contrôle de la sous-filiale est faible. L'effet de levier permet ainsi une déconnexion du pouvoir du capital détenu.

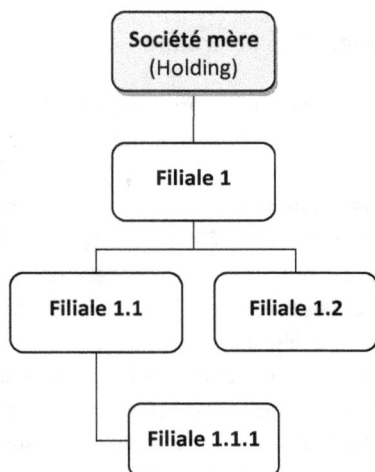

Expliquons ce principe au moyen de l'illustration ci-contre :

Pour contrôler l'ensemble de ses filiale, la société mère doit détenir directement ou indirectement au minimum 50 % + 1 des parts (ou actions) de celles-ci. Ce résultat peut par exemple être obtenu de la manière suivante :

> la société mère détient 50 % + 1 des parts (ou actions) de sa filiale 1,

> la filiale 1 détient elle-même au minimum 50 % + 1 des parts (ou actions) de sa filiale 1.1,

> la filiale 1.1 détient elle-même au minimum 50 % + 1 des parts (ou actions) de sa filiale 1.1.1.

Au final, la société mère pourra contrôler la société 1.1.1 en ne maitrisant indirectement qu'un peu plus de 12,5 % de son capital social (100 x 0.50 x 0.50 x 0.50 = 12,5 %) et non plus de la moitié de son capital comme cela aurait été nécessaire en l'absence du montage !

Une société holding peut être constituée par le haut ou par le bas :

- **Constitution par le haut** (par apports de titres) : Les associés d'une SARL (ou certains d'entre eux) peuvent apporter leurs parts sociales (apports en nature) à une société qu'ils créent (la société holding). En contrepartie de ces apports, ils reçoivent des parts ou des actions de la holding. C'est désormais la holding qui détient tout ou partie des parts de la SARL. Les associés ayant apporté des parts de la SARL sont désormais associés de la société holding.

- **Constitution par le bas** (par filialisation) : Si la SARL exploite un fonds de commerce (ou un fonds industriel ou artisanal), elle peut apporter ce fonds (apport en nature) à une autre société qu'elle crée pour l'occasion (sa future filiale). Cet apport est rémunéré par des parts ou actions de la société créée. Si l'apport du fonds représentait l'intégralité de l'activité de la SARL, cette dernière n'a plus d'autre activité que la gestion des participations dans la filiale créée : la SARL apporteuse devient une « holding pure ». Le cas échéant, l'opération nécessite une modification de l'objet social.

→ La structure radiale

La société mère contrôle des filiales isolées les unes des autres.

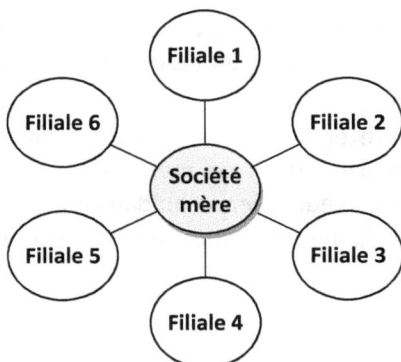

Dans ce type de montage, le contrôle est direct, sans mise en place de sous-filiales.

Il ne permet pas de bénéficier de l'effet de levier mais permet cependant de scinder nettement les branches d'activités en vue parfois d'opérations juridiques futures (cession de filiales, ouverture du capital etc.).

→ La structure circulaire

Ce type de structure se caractérise par un autocontrôle des sociétés membres du groupe.

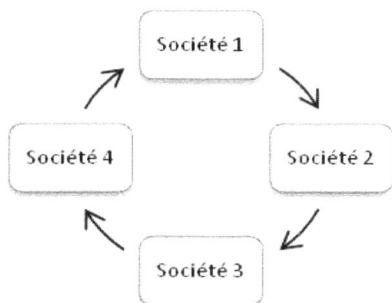

Dans l'illustration, la société 1 contrôle une société 2 qui contrôle une société 3 qui contrôle une société 4 qui elle même contrôle la société 1.

Par ce jeu, la société 1 est maître des décisions prises au sein de ses propres assemblées puisqu'elle contrôle indirectement la société 4. Une SARL peut donc s'autocontrôler ! C'est l'un des avantages de la SARL, car à la différence des sociétés par actions, elle n'est pas soumise à la législation des participations réciproques indirectes et de l'autocontrôle indirect. Si l'on appliquait cette même structure à une société par actions (SA, SAS, SCA…) celle-ci perdrait tout droit de vote indirect au sein de ses assemblées.

→ Les structures complexes

En pratique, il est fréquent que les groupes de taille importante combinent les différentes structures possibles (pyramidale, radiale et circulaire) et aboutissent à des contrôles indirects ou encore à la constitution de sous-groupes. Mais dans tous les cas, les règles de participations croisées et des participations indirectes doivent être respectées.

3. Intérêt fiscal du groupe de sociétés

Outre les avantages déjà abordés, la constitution d'un groupe présente un intérêt fiscal.

Un régime fiscal spécifique, l'intégration fiscale, permet à la société mère d'être seule redevable de l'impôt sur les sociétés dû sur le résultat d'ensemble des sociétés du groupe[1].

Ce régime de faveur s'applique sur **option** selon les modalités prévues à l'article 214 du CGI. L'option est valable 5 exercices ; elle est reconductible tacitement. Seules peuvent être membres du groupe les sociétés qui ont donné leur accord.

→ Quelles conditions structurelles le groupe doit-il remplir pour bénéficier du régime ?

L'option est ouverte à la fois :

- **aux groupes verticaux**, c'est-à-dire formés de la société mère et des sociétés dont elle détient 95 % au moins du capital de manière continue au cours de l'exercice, directement ou indirectement par l'intermédiaire de sociétés du groupe.

- **aux groupes horizontaux**, c'est à dire formés par la société mère et ses sociétés sœurs, dont le capital est détenu à 95 % au moins directement ou indirectement par une même mère, désignée « entité mère non résidente » et établie dans un État membre de l'Union européenne ou dans un autre État partie à l'accord sur l'Espace économique européen ayant conclu avec la France une convention d'assistance en vue de lutter contre la fraude et l'évasion fiscales.

---

[1] Art. 223 A à 223 U CGI

Relevons que la société mère ne peut pas être elle-même détenue à 95 % au moins par une autre société soumise à l'impôt sur les sociétés. Elle peut retenir toutes les sociétés qui peuvent être membres du groupe ou seulement certaines d'entre elles[1].

→ Comment détermine-t-on le résultat fiscal du groupe ?

Chaque société du groupe détermine et déclare normalement son résultat fiscal, mais n'acquitte pas l'impôt sur les sociétés. Celui-ci est calculé sur le résultat d'ensemble déterminé et déclaré par la société mère[2].

Le résultat d'ensemble correspond à la somme des résultats des sociétés membres du groupe. Le cas échéant, une compensation entre les bénéfices et les déficits entraîne une atténuation de la charge fiscale du groupe.

Remarques : Diverses rectifications doivent être apportées au résultat d'ensemble par la société mère afin d'assurer la neutralité de certaines opérations entre des sociétés du groupe ou d'éviter un cumul d'avantages fiscaux : par exemple, les abandons de créances, les résultats des cessions d'immobilisations, les crédits d'impôt recherche, etc.) :

Attention !
Chaque société membre du groupe est solidairement tenue au paiement des impôts dus par le groupe et, le cas échéant, des pénalités correspondantes dans la limite de l'impôt et des pénalités dont la société serait redevable si celle-ci n'était pas membre du groupe.

→ Pourquoi opter cumulativement pour le régime des « sociétés mères et filiales » ?

Ce régime optionnel peut se combiner avec celui de l'intégration fiscale. Il permet à la société mère de bénéficier d'une exonération à 95 % des dividendes reçus des filiales, ce qui évite une double imposition à l'impôt sur les sociétés[3] (les dividendes étant déjà imposés au niveau de la filiale).

Attention !
Le Code général des impôts prévoit une « clause anti abus » qui écarte cette faveur si le montage est mis en place avec pour but principal l'exonération des dividendes reçus par une société mère de sa filiale à l'encontre de l'objectif poursuivi par la loi et s'il ne repose pas sur une justification économique.

---

[1] BOI-IS-GPE-10 ; BOI-IS-GPE-10-20 ; BOI-IS-GPE-10-30
[2] Les obligations déclaratives sont commentées par le BOI-IS-GPE-70.
[3] Plus précisemment, les dividendes sont exonérés sous réserve d'une quote part de frais et charges égale à 5 % du montant de ces produits, crédit d'impôt compris. Le taux est ramené à 1 % pour les produits de participations perçus par les sociétés membres d'un groupe mentionné à l'article 223 A du CGI ou de l'article 223 A bis du CGI.

Zoom

Intérêt des sociétés holding

La mise en place d'une société holding peut avoir des justifications multiples.

→ **Déconnecter le pouvoir du capital :** On l'a vu, la création d'une holding permet d'exploiter l'effet de levier aboutissant ainsi à une « déconnexion » du pouvoir et du capital. La société mère détient le contrôle de sociétés (filiales de premier rang) qui contrôle elle-même un certain nombre de sociétés filiales. Ce montage permet à la société mère de contrôler indirectement l'ensemble des sociétés du groupe tout en limitant l'apport de capitaux nécessaire à cette prise de contrôle grâce à l'effet de levier sur les sous-filiales *(voir p. 348).*

→ **Racheter une société avec effet de levier (Leverage buy-out [LBO]) :** Le LBO consiste en une opération de rachat d'une société cible largement financée par l'endettement. La société cible doit être suffisamment rentable pour assurer à la fois le service de la dette de la holding et de sa propre dette, tout en restant attractive pour les investisseurs.

Le LBO repose sur un triple effet de levier :
- **un effet de levier financier** : La holding s'endette pour acheter la majorité des titres de la cible. Le service de la dette (paiement des intérêts et remboursement d'échéance) souscrit par la holding est assuré par les flux générés par la cible (versements de dividendes, de management fees[1]). Le coût du rachat est donc principalement supporté par la société rachetée. La réussite financière de l'opération dépend donc de 3 facteurs essentiels :
- la part de capitaux propres utilisés et d'endettement pour l'acquisition de la société cible,
- le taux d'intérêt de l'emprunt contracté par la holding,
- la rentabilité économique de la cible.
- **un effet de levier juridique** qui permet d'accroître la capacité de contrôle avec une mise de fonds initiale limitée.
- **un effet de levier fiscal** qui résulte de l'application, sur option, du régime mère fille et de l'intégration fiscale (qui permet à la holding d'être seule redevable de l'impôt sur les sociétés à raison du résultat d'ensemble du groupe et ainsi, d'imputer les frais financiers relatifs à ses emprunts sur les bénéfices de la société cible).

→ **Permettre une transmission familiale de l'entreprise (en conservant l'unité du contrôle) :** La holding peut servir d'outil de transmission familiale d'une entreprise avec conservation de l'unité de la direction. Ainsi, par exemple, le principal associé d'une SARL apporte la majorité de ses parts à une société holding qui sera majoritaire dans ladite SARL.
La majorité des droits sociaux de la holding fera ensuite l'objet d'une donation (ou d'un leg) à l'héritier repreneur. Ce dernier sera par conséquent majoritaire dans la holding qui est elle-même majoritaire dans la SARL. Cependant, les autres héritiers ne seront pas lésés patrimonialement, la valeur des droits sociaux de la holding qui permettent à l'héritier repreneur de contrôler indirectement la SARL ne sera pas plus élevée que la valeur des droits sociaux attribués aux autres héritiers.

Exemple : M. Martin, détient 99 % des actions d'une SARL « X » valorisée à 2 M€. M. Martin à 3 héritiers. Un seul de ses héritiers souhaite devenir repreneur. Pour ne léser aucun de ses héritiers

---

[1] Les « management fees » sont des prestations facturées par la holding à ses filiales en contrepartie de services administratifs rendus et d'une implication dans la gestion ou la définition de la stratégie.

patrimonialement, tout en permettant le maintien d'un contrôle unitaire de la SARL « X », il créé une société holding sous forme de SASU (future SAS), à laquelle il apporte 51 % des parts de la SARL « X » (soit en valeur 1 020 000 €). En contrepartie de cet apport, il reçoit des actions de la holding.

Par conséquent, le capital de la SARL « X » est détenu par la holding à hauteur de 51 % et à hauteur de M. Martin à hauteur de 48 % (et 1 % par les autres associés).

M. Martin procède ensuite à une donation-partage des actions qu'il détient dans les 2 sociétés :

- L'héritier repreneur se verra attribuer 64 % des actions de la holding (soit une valeur de 652 800 €).

- Chaque héritier non repreneur se verra attribué 24 % des parts de la SARL « X » (soit 480 000 € chacun en valeur) et 18 % de la SAS holding (soit 183 600 € chacun en valeur) soit au total 663 600 € en valeur).

L'opération permet ainsi d'assurer une quasi-égalité entre héritiers tout en permettant à l'héritier repreneur de détenir le contrôle du groupe (unité de direction). Et le cas échéant, le léger différentiel de valeur entre héritiers pourra être compensé.

→ **Assurer une politique de groupe :** Pour assurer une unité de politique au groupe, la holding détient la majorité des parts ou actions des filiales ce qui permet d'éviter les divergences lors des prises de décisions par chaque filiale. En chapeautant plusieurs sociétés, la holding renforce leur cohésion.

Partie 6

Transmettre la SARL

Nombre de « chefs d'entreprises » associés de SARL n'organisent pas leur succession, d'autres en revanche l'anticipent en préparant cette transmission de leur vivant.

La transmission organisée peut découler d'une cession classique des parts sociales *(voir p. 168 et suivantes)*, ou résulter d'une transmission des parts à titre gratuit soit par donation (à effets immédiats), soit par legs, c'est-à-dire par testament, qui ne produit d'effets qu'à son décès.

Nous verrons que la législation fiscale favorise, sous conditions, les transmissions des parts sociales de SARL à titre gratuit.

Sommaire

① Transmission inorganisée de la SARL

Nous présenterons ici les principales conséquences du décès d'un associé qui n'aurait pas organisé sa succession. Une personne qui décède sans avoir pris de décisions pour son patrimoine est dite décédée « ab intestat » (sans testament).

1. Règles de succession en l'absence et en présence d'un conjoint

→ En l'absence de conjoint survivant

En l'absence de conjoint survivant, le Code civil prévoit des ordres (groupes de personnes) déterminés en fonction des liens familiaux avec le défunt et un degré de parenté dans chaque ordre.
Chaque ordre exclut, à lui seul, les ordres inférieurs.
Et, dans un même ordre, la préférence est accordée au degré le plus proche (sauf situations particulières).

> Les ordres successoraux

En l'absence de conjoint successible, les parents sont appelés à succéder ainsi qu'il suit :
1- Les enfants et leurs descendants[1] ;
2- Les père et mère[2] ; les frères et sœurs et les descendants de ces derniers[3] ;
3- Les ascendants autres que les père et mère ;
4- Les collatéraux autres que les frères et sœurs et les descendants de ces derniers.

Chacune de ces quatre catégories constitue un ordre d'héritiers qui exclut les suivants (art. 734 C. civ.).

---

[1] Même s'ils sont issus d'unions différentes (art. 735 C. civ.).
[2] Lorsque le défunt ne laisse ni postérité, ni frère, ni sœur, ni descendants de ces derniers, ses père et mère lui succèdent, chacun pour moitié (art. 736 C. civ.).
[3] Lorsque les père et mère sont décédés avant le défunt et que celui-ci ne laisse pas de postérité, les frères et sœurs du défunt ou leurs descendants lui succèdent, à l'exclusion des autres parents, ascendants ou collatéraux (art. 737 C. civ.).
Lorsque les père et mère survivent au défunt et que celui-ci n'a pas de postérité, mais des frères et sœurs ou des descendants de ces derniers, la succession est dévolue, pour un quart, à chacun des père et mère et, pour la moitié restante, aux frères et sœurs ou à leurs descendants.
Lorsqu'un seul des père et mère survit, la succession est dévolue pour un quart à celui-ci et pour trois quarts aux frères et sœurs ou à leurs descendants (art. 738 C. civ.).
Lorsque seul le père ou la mère survit et que le défunt n'a ni postérité ni frère ni sœur ni descendant de ces derniers, mais laisse un ou des ascendants de l'autre branche que celle de son père ou de sa mère survivant, la succession est dévolue pour moitié au père ou à la mère et pour moitié aux ascendants de l'autre branche (art. 738-1 C. civ.).

> Les degrés

Dans un même ordre, la préférence est accordée au degré le plus proche (sauf règles particulières). En ligne directe (ascendants et descendants), le degré se calcule en comptant le nombre de générations entre le défunt et la personne appelée à la succession.

📄 *Exemples : Il y a 1 degré entre le père et sa fille, 2 degrés entre le grand-père et sa petite fille.*

En ligne collatérale, on remonte jusqu'au parent commun pour redescendre jusqu'au défunt.

📄 *Exemples : Il y a 2 degrés entre la sœur décédée et son frère : 1 degré pour remonter au parent commun et 1 degré du parent au frère.*

	1er degré	2ème degré	3ème degré	4ème degré
1er ordre (descendants)	Enfants	Petits enfants	Arrières petits enfants	Arrières arrières petits enfants
2ème ordre (ascendants et collatéraux « privilégiés »)	Pères et mères	Frères et sœurs	Neveux et nièces	Petits neveux et petites nièces
3ème ordre (ascendants « ordinaires »)		Grands parents	Arrières grands parents	Arrières arrières grands parents
4ème ordre (collatéraux « ordinaires »)		Oncles et tantes	Grands oncles et grandes tantes	Cousins germains
5ème ordre	État			

→ En présence d'un conjoint survivant

Plusieurs situations doivent être distinguées :

o Si l'époux prédécédé laisse des enfants ou descendants, le conjoint survivant recueille, à son choix :
- l'usufruit[1] de la totalité des biens existants <u>ou</u> la propriété du 1/4 des biens lorsque tous les enfants sont issus des deux époux ;
- et la propriété du 1/4 en présence d'un ou plusieurs enfants qui ne sont pas issus des deux époux (art. 757 C. civ.).

o Si, en l'absence d'enfants ou de descendants, le défunt laisse ses père et mère, le conjoint survivant recueille la moitié des biens. L'autre moitié est dévolue pour un 1/4 au père et pour un 1/4 à la mère.
Quand le père ou la mère est prédécédé, la part qui lui serait revenue échoit au conjoint survivant (art. 757-1 C. civ.).

---

[1] Rappelons que « L'usufruit est le droit de jouir des choses dont un autre a la propriété, comme le propriétaire lui-même, mais à la charge d'en conserver la substance.» (art. 578 C. civ.)

o En l'absence d'enfants ou de descendants du défunt et de ses père et mère, le conjoint survivant recueille toute la succession (art. 757-2 C. civ.).

Quand le père et la mère est prédécédé, les biens que le défunt avait reçus de ses ascendants par succession ou donation et qui se retrouvent en nature dans la succession sont, en l'absence de descendants, dévolus pour moitié aux frères et sœurs du défunt ou à leurs descendants, eux-mêmes descendants du ou des parents prédécédés à l'origine de la transmission (art. 757-3 C. civ.).

En bref

Parents laissés par le défunt	Le conjoint survivant recueille
Descendants issus des 2 époux : enfants, petits-enfants	100% de l'usufruit ou 1/4 en pleine propriété
Enfants issus d'une autre union	1/4 en pleine propriété
Père et mère (ascendants privilégiés)	1/2 en pleine propriété
Père ou mère (ascendants privilégiés)	3/4 en pleine propriété
Frères et sœurs (et leurs descendants)	100 % en pleine propriété
Ascendants ordinaires dans les 2 branches	100 % en pleine propriété
Ascendant ordinaire dans une seule branche	100 % en pleine propriété
Collatéraux ordinaires (oncles, cousins éloignés)	100 % en pleine propriété

Pour la liquidation des droits d'enregistrement et de la taxe de publicité foncière, la valeur de la nue-propriété et de l'usufruit est déterminée par une quotité de la valeur de la propriété entière.

La valeur représentée par l'usufruit décroît avec l'âge du conjoint survivant (art. 669 CGI), conformément au barème ci-après :

Âge de l'usufruitier	Valeur de l'usufruit	Valeur de la nue-propriété
Moins de 21 ans révolus	90 %	10 %
Moins de 31 ans révolus	80 %	20 %
Moins de 41 ans révolus	70 %	30 %
Moins de 51 ans révolus	60 %	40 %
Moins de 61 ans révolus	50 %	50 %
Moins de 71 ans révolus	40 %	60 %
Moins de 81 ans révolus	30 %	70 %
Moins de 91 ans révolus	20 %	80 %
Plus de 91 ans révolus	10 %	90 %

Pour déterminer la valeur de la nue-propriété, il n'est tenu compte que des usufruits ouverts au jour de la mutation de cette nue-propriété.

Remarque : L'usufruit constitué pour une durée fixe est estimé à 23 % de la valeur de la propriété entière pour chaque période de 10 ans de la durée de l'usufruit, sans fraction et sans égard à l'âge de l'usufruitier.

2. Options des héritiers

L'héritier peut accepter la succession :
- purement et simplement,
- y renoncer,
- ou accepter la succession à concurrence de l'actif net (lorsqu'il a une vocation universelle ou à titre universel : voir ci-dessous).

Attention !
L'option conditionnelle ou à terme est nulle (art. 768 C. civ.).

→ Acceptation pure et simple de la succession

L'acceptation pure et simple entraine transmission de la succession à l'héritier en fusionnant le patrimoine du défunt avec le sien. L'héritier devient propriétaire de l'actif et du passif. L'acceptation pure et simple peut être expresse ou tacite (elle est tacite quand un héritier accomplit un acte qu'il n'aurait le droit de faire qu'en qualité d'héritier acceptant, par exemple, vendre les parts sociales de la SARL).

Attention !
L'héritier acceptant purement et simplement ne peut plus renoncer à la succession ni l'accepter à concurrence de l'actif net. Toutefois, il peut demander à être déchargé en tout ou partie d'une dette successorale qu'il avait des motifs légitimes d'ignorer au moment de l'acceptation, lorsque l'acquittement de cette dette aurait pour effet d'obérer gravement son patrimoine personnel.

→ Renonciation à la succession

L'héritier qui renonce est censé n'avoir jamais été héritier (art. 805 C. civ.). Il conserve cependant les libéralités qu'il avait reçues du défunt[1].

La renonciation à la succession a généralement lieu lorsque les dettes de la succession sont supérieures aux actifs.

À savoir : Les enfants de l'héritier renonçant peuvent, par le jeu de la représentation[2] recueillir la part de succession à laquelle il a renoncé ou à défaut, augmente celles de ses cohéritiers (art. 754 et 805 C. civ.).

→ Acceptation de la succession à concurrence de l'actif net

Un héritier peut déclarer qu'il n'entend prendre cette qualité qu'à concurrence de l'actif net (art. 787 C. civ.).

L'acceptation à concurrence de l'actif net donne à l'héritier l'avantage :
1- D'éviter la confusion de ses biens personnels avec ceux de la succession,

---

[1] Pour le détail : art. 845 C. civ.
[2] **La « représentation »** permet aux descendants d'une personne décédée avant la personne dont on règle la succession ou renonçant à cette succession ou indigne d'y venir, d'hériter à sa place. Elle joue au bénéfice des descendants en ligne directe et des descendants des frères et sœurs du défunt.

2- De conserver contre celle-ci tous les droits qu'il avait antérieurement sur les biens du défunt,
3- De n'être tenu au paiement des dettes de la succession que jusqu'à concurrence de la valeur des biens qu'il a recueillis (art. 791 C. civ.).

La déclaration doit être faite au greffe du tribunal de grande instance dans le ressort duquel la succession est ouverte (art. 788 C. civ.). Elle est accompagnée ou suivie de l'inventaire[1] de la succession qui comporte une estimation des éléments de l'actif et du passif (art. 789 C. civ.).

3. Démembrement des parts sociales de la SARL

En l'absence d'anticipation, il est fréquent qu'en présence d'un conjoint et d'enfant(s) du défunt, la propriété des parts sociales soit démembrée *(pour le détail, reportez-vous p. 356)*. Dans ce cas, la qualité d'associé appartient au nu-propriétaire.

L'usufruitier a droit aux bénéfices et le nu-propriétaire a droit à la restitution des apports, aux réserves et au boni de liquidation.

En principe, le droit de vote appartient au nu-propriétaire, sauf pour les décisions concernant l'affectation des bénéfices, où il est réservé à l'usufruitier. Les statuts de la SARL peuvent toutefois déroger à ces règles dans les limites suivantes :
- il n'est pas possible de priver l'usufruitier du droit de vote lors de l'assemblée décidant de l'affectation du résultat,
- ni de priver le nu-propriétaire du droit de participer aux assemblées (selon la jurisprudence, la participation n'inclut pas le droit de vote).

4. L'indivision

L'indivision est la situation juridique dans laquelle deux ou plusieurs personnes sont propriétaires ensemble d'un même bien (ils sont chacun titulaires d'une quote-part abstraite de mêmes droits). Les parts sociales peuvent être la propriété indivise de plusieurs personnes.

L'indivision est un état précaire, puisque tout indivisaire peut demander de sortir de l'indivision : « Nul ne peut être contraint à demeurer dans l'indivision et le partage peut toujours être provoqué, à moins qu'il n'y ait été sursis par jugement ou convention. » (art. 815 C. civ).
Dans ce cas, sa quote-part de droits se transforme en une attribution matérielle d'un ou plusieurs éléments de la masse indivise (ou sa contrepartie pécuniaire).

> **Attention !**
> Ne confondez pas l'indivision avec le démembrement de propriété présenté ci-dessous, les deux peuvent se combiner.

→ Régime légal de l'indivision

> Sort des résultats de l'exploitation

Les fruits et revenus des biens indivis s'ajoutent à l'indivision (sauf partage provisionnel ou de tout autre accord établissant la jouissance divise).

---

[1] L'inventaire est établi par un commissaire-priseur judiciaire, un huissier ou un notaire.

Chaque indivisaire a droit aux bénéfices provenant de l'activité de la SARL. Ils participent aux résultats proportionnellement à leurs droits dans l'indivision. Ils peuvent demander leur part annuelle dans les bénéfices, déduction faite des dépenses entraînées par les actes auxquels il a consenti ou qui lui sont opposables.

Attention !
Aucune recherche relative aux fruits et revenus n'est recevable plus de 5 ans après la date à laquelle ils ont été perçus ou auraient pu l'être.

Lorsqu'un indivisaire a amélioré à ses frais l'état d'un bien indivis, il faut en tenir compte ; et inversement, il doit répondre des dégradations et détériorations qui ont diminué la valeur des biens indivis par son fait ou par sa faute (art. 815-13 C. civ.).

Remarque : À défaut d'autre titre, l'étendue des droits de chacun dans l'indivision résulte de l'acte de notoriété ou de l'intitulé d'inventaire établi par le notaire (art. 815-11 C. civ.).

> Gestion des biens indivis (règles de majorité)

L'article 815-3 du Code civil prévoit que le ou les indivisaires titulaires d'au moins 2/3 des droits indivis peuvent, à cette majorité :
1- Effectuer les actes d'administration relatifs aux biens indivis ;
2- Donner à l'un ou plusieurs des indivisaires ou à un tiers un mandat général d'administration ;
3- Vendre les meubles indivis pour payer les dettes et charges de l'indivision ;
4- Conclure et renouveler les baux autres que ceux portant sur un immeuble à usage agricole, commercial, industriel ou artisanal.

Ils sont tenus d'en informer les autres indivisaires. À défaut, les décisions prises sont inopposables à ces derniers.

Relevons toutefois que :
- l'unanimité est requise pour les actes ne relevant pas de l'exploitation normale des biens indivis et pour effectuer tout acte de disposition autre que ceux visés au 3 ci-dessus.
- et que tout indivisaire peut prendre les mesures nécessaires à la conservation des biens indivis même si elles ne présentent pas un caractère d'urgence (...) (art. 815-2 C. civ.).

> Mandat d'administration

Un ou plusieurs indivisaires peuvent recevoir un mandat d'administration pour accomplir les actes relevant normalement de la majorité des 2/3 des indivisaires (à l'exclusion des actes de vente des immeubles ou de la conclusion ou du renouvellement des baux qui requièrent l'unanimité).

L'indivisaire qui gère un ou plusieurs biens indivis est redevable des produits nets de sa gestion. Il a droit à la rémunération de son activité dans les conditions fixées à l'amiable ou, à défaut judiciairement (art. 815-12 C. civ.).

Le mandat d'administration peut être exprès, tacite ou judiciaire :

Mandat exprès	Les indivisaires titulaires d'au moins 2/3 des droits indivis peuvent, à cette majorité, donner à l'un ou plusieurs des indivisaires ou à un tiers un mandat général d'administration.

Mandat tacite	Si un indivisaire prend en main la gestion des biens indivis, au su des autres et sans opposition de leur part, il est censé avoir reçu un mandat tacite, couvrant les actes d'administration mais non les actes de disposition ni la conclusion ou le renouvellement des baux.
Mandat judicaire	Un indivisaire peut être autorisé par décision de justice à passer seul un acte pour lequel le consentement d'un coïndivisaire serait normalement nécessaire, si le refus de celui-ci met en péril l'intérêt commun.

→ Régimes conventionnelles de l'indivision (maintien dans l'indivision)

Les coïndivisaires, s'ils y consentent tous, peuvent convenir de demeurer dans l'indivision (1873-2 C. civ.) Pour faciliter la gestion, « les indivisaires peuvent passer des conventions relatives à l'exercice de leurs droits indivis » (art. 815-1 C. civ.).

Conclusion de la convention	La convention est conclue à l'unanimité des indivisaires.
	À peine de nullité, la convention doit être établie par un écrit comportant la désignation des biens indivis et l'indication des quotes-parts appartenant à chaque indivisaire (art. 1873-2 C. civ.).
Durée de la convention	**Durée déterminée :** Elle peut être conclue pour une durée déterminée sans être supérieure à 5 ans. Elle est renouvelable par une décision expresse des parties. Dans ce cas, le partage ne peut être provoqué avant le terme convenu sauf justes motifs.
	Durée indéterminée : Elle peut également être conclue pour une durée indéterminée. Dans ce cas, le partage peut être provoqué à tout moment, pourvu que ce ne soit pas de mauvaise foi ou à contretemps.
	Renouvellement : Les indivisaires peuvent décider que la convention à durée déterminée se renouvellera par tacite reconduction pour une durée déterminée ou indéterminée. À défaut à l'expiration de la convention à durée déterminée, l'indivision sera régie par le régime légal présenté ci-dessus page 359 (art. 1873-3 C. civ.).
Gestion	Un ou plusieurs gérants sont nommés. Ils peuvent accomplir les principaux actes nécessaires à l'entreprise individuelle (ou aux droits sociaux indivis), c'est-à-dire, les actes relevant normalement de la majorité des 2/3 des indivisaires (à l'exclusion des actes de vente des immeubles ou de la conclusion ou du renouvellement des baux qui requièrent l'unanimité).

→ Sortie de l'indivision (le partage)

On l'a dit, l'indivision est un état précaire, puisque « Nul ne peut être contraint à demeurer dans l'indivision et le partage peut toujours être provoqué, à moins qu'il n'y ait été sursis par jugement ou convention. » (art. 815 C. civ.). En cas de cession, les indivisaires disposent alors d'un droit de préemption.

Droit de préemption des indivisaires

L'indivisaire qui entend céder, <u>à titre onéreux</u>, à une personne étrangère à l'indivision, tout ou partie de ses droits dans les biens indivis est tenu de notifier par acte extrajudiciaire aux autres indivisaires le prix et les conditions de la cession projetée ainsi que les nom, domicile et profession de la personne qui se propose d'acquérir.

Dans le délai d'1 mois qui suit cette notification, tout indivisaire peut faire connaître au cédant, par acte extrajudiciaire, qu'il exerce un droit de préemption aux prix et conditions qui lui ont été notifiés.

En cas de préemption, celui qui l'exerce dispose de 2 mois pour réaliser l'acte de vente (2 mois à compter de la date d'envoi de sa réponse au vendeur).

Passé ce délai de 2 mois et 15 jours après une mise en demeure restée sans effet, sa déclaration de préemption est nulle de plein droit et sans préjudice des dommages-intérêts qui peuvent lui être demandés par le vendeur.

Si plusieurs indivisaires exercent leur droit de préemption, ils sont réputés, sauf convention contraire, acquérir ensemble la portion mise en vente en proportion de leur part respective dans l'indivision (art. 815-14 C. civ.).

> Masse partageable

La masse partageable comprend :
- les biens existant à l'ouverture de la succession, (ou ceux qui leur ont été subrogés) dont le défunt n'a pas disposé à cause de mort,
- les fruits y afférents,
- les valeurs soumises à rapport ou à réduction[1].
Desquels il faut soustraire les dettes des copartageants envers le défunt ou l'indivision (art. 825 C. civ.).

> Principe de l'égalité en valeur

L'égalité dans le partage est une <u>égalité en valeur</u>. Chaque copartageant reçoit des biens pour une valeur égale à celle de ses droits dans l'indivision. S'il y a lieu à tirage au sort, il est constitué autant de lots qu'il est nécessaire.

Si la consistance de la masse ne permet pas de former des lots d'égale valeur, leur inégalité se compense par une soulte (art. 826 C. civ.).

Remarque : Lors de la répartition, on s'efforce d'éviter de diviser les unités économiques et autres ensembles de biens dont le fractionnement entraînerait la dépréciation (art. 830 C. civ.).

> Partage d'un usufruit

Chaque usufruitier peut demander le partage de l'usufruit indivis :
- par « cantonnement » (le cantonnement est la faculté pour le conjoint survivant, bénéficiaire d'une donation au dernier vivant ou d'un testament, ou pour un légataire, de limiter ses droits à une partie seulement de ce qu'il doit recevoir dans la succession)[2],

---

[1] Art. 843 al. 1 C. civ. : « Tout héritier, même ayant accepté à concurrence de l'actif, venant à une succession, doit rapporter à ses cohéritiers tout ce qu'il a reçu du défunt, par donations entre vifs, directement ou indirectement ; il ne peut retenir les dons à lui faits par le défunt, à moins qu'ils ne lui aient été faits expressément hors part successorale ».
[2] Une fois le cantonnement effectué, chacun paiera des droits de succession en fonction de la part d'héritage qu'il reçoit et de son lien de parenté avec le défunt.

- ou en cas d'impossibilité de cantonnement, par voie de « licitation » de l'usufruit (la licitation est la vente aux enchères, amiable ou judiciaire, d'un bien indivis).

Lorsqu'elle apparaît seule protectrice de l'intérêt de tous les titulaires de droits sur le bien indivis, la licitation peut porter sur la pleine propriété (art. 817 C. civ.).

> Attribution préférentielle d'une entreprise (facultatif)

L'attribution constitue une modalité du partage qui permet d'attribuer les parts sociales de la SARL à un indivisaire déterminé, charge à celui-ci de verser une soulte le cas échéant. Cette possibilité d'attribution est laissée à l'appréciation souveraine du juge.

En effet, selon l'article 831 du Code civil : « Le conjoint survivant ou tout héritier copropriétaire peut demander l'attribution préférentielle par voie de partage, à charge de soulte s'il y a lieu, de toute entreprise, ou partie d'entreprise agricole, commerciale, industrielle, artisanale ou libérale ou quote-part indivise d'une telle entreprise, même formée pour une part de biens dont il était déjà propriétaire ou copropriétaire avant le décès, à l'exploitation de laquelle il participe ou a participé effectivement.
Dans le cas de l'héritier, la condition de participation peut être ou avoir été remplie par son conjoint ou ses descendants.
S'il y a lieu, la demande d'attribution préférentielle peut porter sur des droits sociaux, sans préjudice de l'application des dispositions légales ou des clauses statutaires sur la continuation d'une société avec le conjoint survivant ou un ou plusieurs héritiers ».

Le conjoint survivant ou tout héritier copropriétaire peut également demander l'attribution préférentielle de la propriété ou du droit au bail du local à usage professionnel servant effectivement à l'exercice de sa profession et des objets mobiliers nécessaires à l'exercice de sa profession (art. 832-2, 2° C. civ.).

② La transmission organisée de l'entreprise

On l'a compris, l'absence de préparation de la transmission de la SARL peut entrainer de multiples difficultés. Les associés, et en particulier l'associé majoritaire, ont tout intérêt à organiser la transmission actuelle ou future de la SARL de leur vivant par cession, donation ou legs (testament). La donation-partage avec ou sans réserve d'usufruit peut être particulièrement adaptée.

La cession des parts sociales de SARL étant traitée page 168 et suivantes ci-dessus, nous aborderons ici les techniques liées au droit des libéralités (donations et legs), avant d'évoquer quelques techniques propres au droit des sociétés.

Vous comprendrez tout **l'intérêt fiscal** d'anticiper la transmission des parts sociales de la SARL.

1. Techniques liées au droit des libéralités

→ Donation des parts sociales

Une donation est un acte par lequel le donateur se dépouille <u>actuellement</u> et <u>irrévocablement</u> de la chose donnée en faveur du donataire qui l'accepte (art. 894 C. civ.). Les parts sociales peuvent faire l'objet d'une donation. Nous verrons que la **donation-partage** et la **donation avec réserve d'usufruit** peuvent être particulièrement adaptées.

À savoir : L'irrévocabilité connait quelques exceptions : divorce, ingratitude du donataire, survenance d'enfant, non-respect d'une charge conditionnant la donation (obligation de faire, ne pas faire, donner).

> *Attention !*
> Le mécanisme de la donation comporte cependant une limite : **« la réserve héréditaire »**.
> En raison de cette réserve, les donations ne pourront excéder :
> - la moitié des biens du disposant, s'il ne laisse à son décès qu'un enfant,
> - le tiers des biens s'il laisse deux enfants,
> - le quart des biens s'il laisse trois enfants ou un plus (art. 813 C. civ.).

> Donation ordinaire

La donation est un bon moyen d'anticiper la transmission des parts sociales à des conditions fiscalement avantageuses. La transmission peut ainsi se faire progressivement en bénéficiant d'un abattement fiscal renouvelable tous les 15 ans.

> Donation-partage

Lorsqu'un associé de la SARL a plusieurs enfants, il est utile de recourir à la donation-partage. Par une donation-partage, l'associé peut attribuer ses parts sociales à un ou plusieurs de ses descendants, ou à un tiers, à même de prendre sa succession professionnelle, sous réserve des conditions stipulées dans les statuts de la SARL (art. 1075-2 C. civ.).

Les parts sociales concernées seront ainsi « écartées » de la succession et de l'indivision, puisqu'il s'agit d'une donation (seuls les biens exclus de la donation-partage formeront la masse successorale à partager entre les héritiers).

La réserve devra être respectée *(voir précédente)*. Si les biens restants sont insuffisants pour respecter la réserve de certains héritiers, ils devront être indemnisés par les autres : une action judiciaire en réduction de la donation est alors possible pour permettre de composer ou de compléter leur réserve).

Avantages de la donation-partage : Outre les avantages fiscaux classiques, elle est particulièrement intéressante concernant les transmissions de parts sociales puisqu'elle bénéficie à la fois d'une dispense de rapport successoral des biens donnés-partagés et de la non-réévaluation des biens à l'ouverture de la succession.

Les droits sociaux bénéficient en effet de l'avantage tiré de l'article 1078 du Code civil, qui prévoit l'évaluation des biens pour le calcul de la réserve et de la quotité disponible, <u>au jour de la donation</u>, et non pas au jour de l'ouverture de la succession comme ce serait le cas dans la donation simple.

Par conséquent, dans le cadre de la donation-partage, la valorisation des parts sociales profitera aux seuls donataires.

Remarque : L'objectif de la donation-partage sera souvent d'attribuer la majorité des droits à l'héritier repreneur sans pour autant léser les autres héritiers, le cas échéant en constituant une holding *(voir p. 348 et suivantes)*.

> Donation avec réserve d'usufruit

Il est possible d'assortir une donation ordinaire ou une donation-partage d'une clause de réserve d'usufruit. Compte tenu des avantages qu'elle présente, la donation avec réserve d'usufruit est très pratiquée.

La réserve d'usufruit permet à l'associé de conserver l'usufruit des parts sociales qu'il a donné de son vivant.

En application de cette clause, le bénéficiaire de la donation reçoit seulement la nue-propriété des parts sociales. Puis, au décès du donateur, il en récupère la pleine propriété sans formalités.

Avec l'usufruit, le donateur conserve de son vivant une source de revenu résultant des dividendes sociaux.

Remarque : La donation avec réserve d'usufruit de droits sociaux, la donation aura une incidence sur les droits de vote répartis entre le nue propriétaire et l'usufruitier *(voir p.359)*.

Fiscalement, la donation avec réserve d'usufruit est avantageuse puisque les droits de mutation à titre gratuit seront calculés sur la valeur de la nue- propriété selon le barème de l'article 669 du CGI (ils bénéficient donc d'une réduction proportionnelle à l'âge du donateur).

→ *Sur le barème applicable, voir p. 355 et suivantes.*

Pour déterminer la valeur de la nue-propriété, il n'est tenu compte que des usufruits ouverts au jour de la mutation de cette nue-propriété.

→ Les legs

Le legs est la disposition testamentaire contenant une transmission de biens à titre gratuit à son bénéficiaire. Les parts sociales de SARL peuvent naturellement être légués par testament.

Les dispositions testamentaires sont ou « universelles », ou « à titre universel », ou « à titre particulier » (art. 1002 C. civ.) :

Legs universel	Le legs universel est la disposition testamentaire par laquelle le testateur donne à une ou plusieurs personnes l'universalité des biens qu'il laissera à son décès (art. 1003 C. civ.)
	Autrement dit, le légataire universel reçoit la totalité de la quotité disponible (dans le respect de la réserve héréditaire : *voir ci-dessus p. 364).*
	Le légataire universel est tenu des dettes et charges de la succession. S'il vient en concours avec un héritier réservataire, il n'est tenu qu'à proportion de sa part.
	Il peut y avoir plusieurs légataires universels, dans ce cas chacun reçoit une part égale de la quotité disponible.
Legs à titre universel	Le legs à titre universel est celui par lequel le testateur lègue une quote-part des biens dont la loi lui permet de disposer (telle qu'une moitié, un tiers, ou tous ses immeubles, ou tout son mobilier, ou une quotité fixe de tous ses immeubles ou de tout son mobilier).
	Tout autre legs ne forme qu'une disposition à titre particulier (art. 1010 C. civ.).
	Il sera tenu, comme le légataire universel, des dettes et charges de la succession du testateur, personnellement pour sa part et portion, et hypothécairement pour le tout (art. 1012 C. civ.).
Legs particulier	Le legs particulier porte sur des objets déterminés.
	Le légataire particulier n'est pas tenu des dettes de la succession.

Révocation du testament : Un testament peut toujours être révoqué en tout ou partie du vivant du testateur. La révocation peut résulter expressément ou tacitement des dispositions d'un testament postérieur. Elle peut, également, être faite par un acte reçu par deux notaires (1035 C. civ.). En dehors de la volonté du testateur, un legs peut également être révoqué par le juge (art. 1046 C. civ.) :
- en cas d'inexécution d'une condition du legs ;
- ou en cas d'attentat commis contre la personne du testateur ou d'injures graves à sa mémoire.

Cas particulier du « testament-partage » : Outre la donation-partage *(voir p. 364 s.),* l'article 1075-2 du Code civil prévoit le « testament-partage » qui se distingue de la donation-partage sur les points suivants :
- les formes sont celles des testaments (écrit authentique, olographe ou mystique) et non celles des donations,

- le testament est révocable,
- le testament produit effet au décès du testateur (et non immédiatement comme la donation acceptée),
- le testament n'a pas à être accepté par les bénéficiaires avant le décès du testateur (il peut même être dissimulé aux bénéficiaires),
- les dispositions testamentaires peuvent s'appliquer, non seulement aux biens présents, mais aussi aux biens à venir, dont le testateur n'est pas encore propriétaire,
- les biens partagés sont évalués <u>à la date du décès</u> du testateur,
- les époux ne peuvent pas faire de testament ensemble (contrairement à la donation, un **testament** fait par plusieurs personnes (« **testament conjonctif** ») est nul.

2. Techniques spécifiques au droit des sociétés

Lors de la donation ou du leg des parts sociales, l'objectif est souvent d'attribuer la majorité des droits à l'héritier repreneur sans pour autant léser les autres héritiers.

Plusieurs solutions sont envisageables (avec ou sans soulte), notamment : dissocier les actifs commerciaux des actifs immobiliers, constituer une holding *(voir p. 348 et suivantes)* ou encore transformer la SARL en société par actions (par exemple en SAS) en vue d'attribuer des actions de préférence ou des droits privilégiés au repreneur.

3. Fiscalité de faveur de la transmission à titre gratuit

→ Transmission par donation ou succession de parts sociales (art. 787 B CGI)

Les transmissions de parts sociales par donation ou succession bénéficient d'un régime fiscal de faveur si toutes les conditions présentées dans le tableau ci-dessous sont remplies.

Conditions d'application du régime fiscal de faveur
Les transmissions de parts sociales par donation ou succession sont exonérées de droits de mutation à concurrence de 75 % de leur valeur si la SARL a une activité industrielle, commerciale, artisanale, agricole ou libérale et que les conditions suivantes sont réunies :
a. Les parts ou les actions doivent faire l'objet d'un engagement collectif de conservation d'une durée minimale de 2 ans.
En principe, cet engagement doit être effectif au jour de la transmission. Il doit donc avoir été pris préalablement par le défunt ou le donateur (pour lui et ses ayants cause à titre gratuit) avec d'autres associés.
Par exception, lorsque les parts ou actions transmises par décès n'ont pas fait l'objet de cet engagement collectif, un ou des héritiers ou légataires peuvent prendre cet engagement entre eux ou avec d'autres associés dans les 6 mois qui suivent la transmission.
b. L'engagement collectif de conservation doit porter sur au moins 20 % des droits financiers et des droits de vote attachés aux titres émis par la société s'ils sont admis à la négociation sur un marché réglementé ou, à défaut, sur au moins 34 % (y compris les parts ou actions transmises).
Ces pourcentages doivent être respectés tout au long de la durée de l'engagement collectif de conservation.
Les associés de l'engagement collectif de conservation peuvent effectuer entre eux des cessions ou donations des titres soumis à l'engagement. Ils peuvent également admettre un nouvel associé dans l'engagement collectif à

condition que cet engagement collectif soit reconduit pour une durée minimale de 2 ans.

L'engagement collectif de conservation est réputé acquis lorsque les parts ou actions détenues depuis 2 ans au moins par une personne physique seule ou avec son conjoint ou le partenaire avec lequel elle est liée par un pacte civil de solidarité atteignent les seuils prévus au premier alinéa, sous réserve que cette personne ou son conjoint ou son partenaire lié par un pacte civil de solidarité exerce depuis plus de 2 ans au moins dans la société concernée son activité professionnelle principale.

c. Chacun des héritiers, donataires ou légataires prend l'engagement dans la déclaration de succession ou l'acte de donation de conserver les parts ou les actions transmises pendant une durée de 4 ans à compter de la date d'expiration du délai de 2 ans (visé au a).

d. L'un des associés (mentionnés au a) ou l'un des héritiers, donataires ou légataires (mentionnés au c) doit exercer effectivement dans la société (…) les fonctions de dirigeant ou son activité principale pendant la durée de l'engagement de 2 ans (prévu au a) et pendant les 3 années qui suivent la date de la transmission.

Ces dispositions s'appliquent également en cas de donation avec réserve d'usufruit à condition que les droits de vote de l'usufruitier soient statutairement limités aux décisions concernant l'affectation des bénéfices.

Remarque : À compter de la transmission et jusqu'à l'expiration de l'engagement collectif de conservation, la société doit en outre adresser, dans les trois mois qui suivent le 31 décembre de chaque année, une attestation certifiant que les conditions de conservation sont remplies au 31 décembre de chaque année.

→ Donation des parts sociales en pleine propriété aux salariés (art. 790 A CGI)

En cas de donation en pleine propriété aux salariés des parts sociales de la SARL, cette donation bénéficie sur option[1] du donataire d'un abattement de 300 000 € sur la valeur des parts sociales représentatives du fonds ou de la clientèle si les conditions suivantes sont réunies :
1- La SARL exerce une activité industrielle, commerciale, artisanale, agricole ou libérale ;
2- La donation est consentie aux personnes titulaires d'un contrat de travail à durée indéterminée depuis au moins 2 ans (à temps plein) ou d'un contrat d'apprentissage au jour de la transmission (conclu avec la SARL dont les parts sont transmises) ;
3- Lorsqu'ils ont été acquis à titre onéreux, le fonds ou la clientèle doivent avoir été détenus depuis plus de 2 ans par la SARL ;
4- Lorsque la transmission porte sur des parts sociales acquises à titre onéreux, celles-ci ont été détenues depuis plus de 2 ans par le donateur ;
5- Les donataires doivent poursuivre, à titre d'activité professionnelle unique et de manière effective et continue pendant les 5 années qui suivent la date de la transmission, l'activité de la SARL dont les parts sont transmises et dont l'un d'eux assure, pendant la même période, la direction de la société.

Remarque : L'abattement ne peut s'appliquer qu'une seule fois entre un même donateur et un même donataire.

---

[1] Le bénéfice de ses dispositions (lorsque l'option précitée est exercée) exclut l'application de l'article 787 B CGI sur la fraction de la valeur des parts représentatives des biens autres que le fonds artisanal, le fonds de commerce, le fonds agricole ou la clientèle, et de l'article 787 C CGI à raison de la donation à la même personne des biens autres que le fonds artisanal, le fonds de commerce, le fonds agricole ou la clientèle, affectés à l'exploitation de l'entreprise.

Partie 7

Prévenir et traiter les difficultés de la SARL

Sommaire

La prévention et la réactivité sont souvent efficaces pour éviter les difficultés. Utiliser les outils d'aide à la détection des difficultés, savoir négocier avec ses créanciers, mobiliser ses créances (par affacturage, cession ou escompte), tenter d'accélérer le recouvrement des créances dues à la SARL, savoir assurer son financement ou encore obtenir une aide publique par le biais du CODEFI : autant de mesures simples parfois suffisantes.

Si néanmoins la SARL rencontre des difficultés financières passagères ou plus durables, l'important est de prendre des mesures adaptées à la situation et de ne pas s'isoler !

En fonction du degré de gravité des difficultés, plusieurs dispositifs préventifs ou curatifs peuvent permettre à une SARL de sortir de situations qui à première vue pourraient laisser pessimiste sur le devenir de la société.

Les défaillances sont souvent prévisibles et le redressement de la situation aura d'autant plus de chances de succès que les difficultés seront traitées tôt.

Préventivement, les gestionnaires novices peuvent adhérer à un **centre de prévention agréé** en vue de détecter les difficultés au plus tôt et d'y remédier. Les différentes **alertes** devront également être prises en compte par le gérant avant que la situation ne s'aggrave.

Si les dettes s'accumulent néanmoins, la SARL à la possibilité de recourir à un **mandataire ad hoc** ou à la **conciliation**. Ces deux procédures visent à aboutir à un accord négocié avec les créanciers de la SARL.

Lorsque les négociations s'avèrent insuffisantes ou ont échouées, reste le recours à une procédure de **sauvegarde**.

Dans les situations les plus délicates, l'état de cessation des paiements n'est pas nécessairement insurmontable si l'activité de la SARL est viable, le **redressement judiciaire** peut être une chance de rebondir, encore faut-il continuer à y croire !

Attention !
L'optimisme ne doit cependant pas conduire à l'entêtement lorsque la situation de la SARL est définitivement compromise. La liquidation est alors la seule issue, l'aventure de cette SARL sera terminée, mais d'autres plus fructueuses resteront possible !

Après le rappel de quelques règles de bon sens pour prévenir les difficultés (Chapitre 1), nous aborderons les procédures négociés et judiciaires qu'il ne faut pas craindre de mettre en œuvre tant elles apparaissent souvent déterminantes pour rétablir la situation (Chapitre 2).

Chapitre 1

Prévenir et résoudre les difficultés de trésorerie

Sommaire

① **Aide à la détection des difficultés**

② **Savoir négocier avec ses créanciers**

③ **Savoir mobiliser ses créances**

④ **Savoir accélérer le recouvrement des impayés des clients**

⑤ **Assurer le financement de la SARL**

① L'aide à la détection des difficultés

1. Les centres d'information et de prévention (CIP)

Les CIP ont été créés pour informer les entrepreneurs et les orienter. Ils proposent en accès gratuit une importante base documentaire composée de fiches pratiques et d'outils de prévention et de traitement des difficultés. Des entretiens sont également organisés au sein des conseils régionaux de l'Ordre des experts-comptables.

→ *Pour accéder au site internet et trouver un CIP : www.entrepriseprevention.com*

2. L'adhésion à un groupement de prévention agréé (GPA)

Si vous n'êtes pas un spécialiste de la gestion et que l'avenir de la SARL reste incertain, il peut être judicieux d'adhérer à un groupement de prévention agréé (GPA) qui vous aidera, non seulement à détecter les difficultés au plus tôt, mais également à y remédier avant que la situation ne s'aggrave.

Il est conseillé de passer par les CIP, la CCI ou les Chambres des métiers pour obtenir les coordonnées d'un groupement qui répondra au mieux à vos attentes.

→ Quel est l'intérêt de cette adhésion ?

Les GPA fournissent de façon **confidentielle** à leurs adhérents une **analyse économique, comptable et financière** sur la base des informations que le gérant lui transmettra régulièrement[1].

Lorsque des indices de difficultés sont détectés, le gérant en est averti et sera alors à même d'agir rapidement par des mesures adaptées, assisté si nécessaire par des conseils ou l'intervention d'un expert. Ils peuvent être habilités à conclure, notamment avec les établissements de crédit et les entreprises d'assurance, des conventions au profit de la SARL.

En outre, ces groupements peuvent recevoir le concours des diverses administrations publiques compétentes. La Banque de France peut être appelée à formuler des avis sur la situation financière de la SARL.

Les groupements de prévention agréés peuvent aussi bénéficier d'aides des collectivités territoriales.

→ Quel est le coût de cette adhésion ?

Chaque groupement a sa propre tarification qui varie selon la taille de la SARL et les actions entreprises.

À savoir : L'adhésion à un groupement de prévention agréé permet de bénéficier d'un **crédit d'impôt** égal à 25% des dépenses relatives aux 2 premières années d'adhésion (plafonné à 1 500 € par an)[2].

---

[1] L. 611-1 C. com.
[2] CGI, art. 244 quater D ; BOI-BIC-RICI-10-20

3. Tenir compte des alertes

En cas de difficultés pouvant compromettre la continuité de l'activité ou affecter la situation économique de l'entreprise, la loi prévoit plusieurs procédures destinées à vous alerter.

Le gérant ne doit pas faire la sourde oreille lorsque l'alerte est déclenchée. Il est souvent encore temps de rétablir une situation difficile par des mesures adaptées, plus tard, il sera peut-être trop tard.

Ces alertes peuvent vous inciter à anticiper une situation plus délicate. Elles peuvent être un premier indicateur de l'utilité de recourir à un mandataire ad hoc ou à un conciliateur voire au déclenchement d'une procédure de sauvegarde. L'idée est qu'il est toujours plus facile de prévenir que de guérir.

L'alerte peut être déclenchée par les associés, le Président du Tribunal de commerce, le commissaire aux comptes et le comité d'entreprise ou les délégués du personnel.

→ L'alerte par les associés

Les associés qui auraient connaissance de tout fait de nature à compromettre la continuité de l'activité peuvent alerter le gérant par le biais d'une question écrite.

La réponse doit être communiquée au commissaire aux comptes, qui peut alerter le président du tribunal de commerce s'il le juge utile.

→ L'alerte par le Président du Tribunal de commerce

Lorsqu'il résulte de tout acte, document ou procédure que la SARL connaît des difficultés de nature à compromettre la continuité de l'exploitation, le gérant peut être convoqué par le président du tribunal de commerce pour que soient envisagées des mesures destinées à redresser la situation.

À l'issue de l'entretien (ou si le gérant ne s'y est pas rendu), le président du tribunal est en droit d'obtenir communication de tous les renseignements relatifs à la situation économique et financière de la SARL auprès du commissaire aux comptes, des membres et représentants du personnel, des administrations publiques, des organismes de sécurité sociale et de la Banque de France.

Si nécessaire, il peut proposer une procédure amiable de conciliation ou décider de saisir le tribunal en vue d'ouvrir une procédure collective.

→ L'alerte par le commissaire aux comptes

Si la SARL a un commissaire aux comptes, celui-ci doit alerter le gérant dès qu'il relève des faits susceptibles de compromettre la continuité de l'activité.

Si le commissaire aux comptes constate que les décisions prises ne permettent pas d'améliorer la situation, il doit en informer le président du tribunal de commerce *(pour le détail, voir page 150)*.

→ L'alerte par le comité d'entreprise ou les délégués du personnel

Lorsque le comité d'entreprise (ou les délégués du personnel) a connaissance de faits pouvant affecter la situation économique de l'entreprise, il peut demander des explications au gérant.

Si les réponses sont jugées insuffisantes ou si elles confirment la situation détectée, le comité d'entreprise peut décider d'adresser un rapport au gérant et aux commissaires aux comptes.

② Savoir négocier avec ses créanciers

En cas de problèmes de trésorerie, prenez l'initiative d'approcher vos créanciers, anticipez les relances, vous gagnerez en crédibilité !

Le Trésor public, les banques, voire les fournisseurs préfèrent un interlocuteur capable d'appréhender rapidement les difficultés à un interlocuteur qui fait le mort et laisse se dégrader une situation compliquée.

En manifestant une volonté réaliste de trouver des solutions adaptées, vous augmenterez d'autant plus vos chances de parvenir à un rééchelonnement, voire à une remise de dette dans le meilleur des cas.

Face aux problèmes de trésorerie, la gestion du temps est souvent capitale !

1. Obtenir des délais de paiement pour les dettes fiscales et sociales

Le Trésor public et les organismes sociaux (URSAFF etc.) acceptent fréquemment de consentir des délais de paiements, voire des remises de dettes notamment des majorations ou pénalités, sachez faire bénéficier la SARL de ces facilités !

Vous pouvez négocier directement avec le Trésor public ou les organismes sociaux (URSAFF etc.) ou par l'intermédiaire de la Commission des chefs de services financiers et des organismes de sécurité sociale et de l'assurance chômage (CCSF), ce qui permet souvent d'obtenir des facilités supplémentaires.

→ Négocier directement avec le Trésor public et les organismes sociaux

Sans déclarations, pas de négociations directes possibles : il est donc essentiel de toujours réaliser les déclarations fiscales et sociales obligatoires même si vous savez que la SARL n'est pas en mesure de procéder aux règlements.

Dans le même temps, sollicitez du Trésor public ou des organismes sociaux concernés un **plan de rééchelonnement de la dette**. Une proposition de rééchelonnement réaliste, sur 6 à 12 mois, est généralement acceptée.

Assurez-vous que les nouvelles échéances peuvent être tenues par la SARL car faute de règlement dans les temps vous pouvez perdre le bénéfice du rééchelonnement et il deviendra très difficile de négocier un nouvel accord tant directement que par l'intermédiaire d'un mandataire ad hoc ou d'un conciliateur.

Une fois le montant principal de la dette payé, la SARL pourra solliciter une remise des majorations et pénalités de retard.

→ **Obtenir des délais de paiement grâce à la CCSF**

Si les négociations individuelles avec le Trésor public ou les organismes sociaux n'aboutissent pas ou que vous ne vous sentez pas capable de les mener à bien, passez par la Commission des chefs de services financiers et des organismes de sécurité sociale et de l'assurance chômage (CCSF).

La CCSF peut accorder des délais de paiement pour les dettes fiscales et sociales et une suspension des poursuites des créanciers publics, et cela, en toute confidentialité, ce qui est appréciable pour l'image de la SARL.

Pour bénéficier du concours de la CCSF, la SARL doit, en principe, être à jour de ses obligations déclaratives et de paiement de la part salariale des cotisations sociales (vous pouvez cependant demander une dérogation à l'URSSAF si vous ne remplissez pas cette condition).

Après étude du dossier, le secrétaire permanent de la CCSF reçoit généralement le gérant de la société (assisté éventuellement de son comptable ou expert-comptable) pour définir un plan de règlement.

> **Quels avantages la SARL peut-elle espérer du plan de règlement ?**

Le plan de règlement prévoit un rééchelonnement des dettes fiscales et sociales qui peut aller jusqu'à **36 mois**. L'échéancier peut être linéaire (dettes divisées par le nombre de mois) ou progressif (débuter avec des échéances réduites puis qui augmentent progressivement).

La mise en place du plan et son respect par la SARL entraînent la suspension des poursuites des créanciers publics et sociaux.

Si le plan est intégralement honoré pour le principal des dettes, ces créanciers peuvent accorder la remise de tout ou partie des majorations et pénalités encourues par la SARL.

> **Comment saisir la CCSF ?**

Un dossier doit être adressé au secrétariat permanent de la CCSF, situé à la Direction départementale des finances publiques ou au Service des impôts des entreprises du ressort de son siège social (Consultez le site : www.impots.gouv.fr, rubrique Contacts).

Le dossier doit notamment comporter :

- une attestation justifiant de l'état de ses difficultés financières,

- une attestation sur l'honneur justifiant le paiement des parts salariales des cotisations de sécurité sociale, des états prévisionnels de chiffre d'affaires et de trésorerie pour les prochains mois, du dernier bilan clos et de la situation actuelle de la trésorerie.

2. Savoir négocier avec les créanciers privés

Ne perdez jamais de vue qu'il est possible de transiger avec les créanciers de la SARL pour obtenir des délais supplémentaires ou des remises de dettes. La SARL est un client pour ses créanciers et il est parfois préférable d'accorder gracieusement un délai de paiement supplémentaire que de perdre définitivement un client !

Pour accroitre vos chances de parvenir à un accord amiable, la proposition d'échelonnement doit tenir compte :

- **de la nature de vos relations avec le créancier :** sa durée, sa qualité, son importance pour le créancier (montant du chiffre d'affaires réalisé grâce à la SARL), son importance pour la SARL (le créancier, un fournisseur par exemple, est-il facilement remplaçable) etc.

- **de la situation financière du créancier**

→ Obtenir des remises de dette

Lorsque la SARL est en relation d'affaires suivie avec un créancier, le gérant peut essayer d'obtenir un abandon de créance.

Si le créancier y consent, il sera prudent de formaliser l'accord par écrit afin d'éviter toute contestation ultérieure.

À savoir : Pour vous protéger, cet écrit dressé en deux exemplaires doit comporter :

- l'identité de la SARL (dénomination, numéro de RCS et adresse du siège) et du créancier (dénomination [ou nom et prénom], numéro professionnel et adresse du siège),

- la nature, la date d'échéance et le montant de la dette concernée par la remise totale ou partielle,

- la date du jour,

- la signature du gérant de la SARL et du créancier.

Notons qu'il est possible de prévoir une clause de retour à meilleure fortune (la somme sera payée uniquement si la SARL redevient bénéficiaire).

→ Obtenir des délais de paiement

Temporiser peut être une solution pour faire face à une difficulté de trésorerie, voire éviter l'état de cessation des paiements.

Aussi, chaque fois que cela s'avère utile, prenez l'initiative d'approcher vos créanciers afin de leur proposer des délais de paiement.

Sachez que le créancier peut avoir tout intérêt à accorder volontairement un délai, car en l'absence d'accord amiable, il est possible à la SARL de demander au tribunal de commerce des délais de paiement (moratoire judiciaire) qui peuvent aller jusqu'à 2 ans (article 1343-5 du Code Civil).

Un créancier avisé pourra ainsi accepter votre demande, pour être payé avant 2 ans, éviter les délais et frais de procédure et conserver de bonnes relations avec la SARL.

→ Anticipez en prévoyant des délais de paiement dès la conclusion des contrats

Lors de la conclusion d'un contrat, les délais de paiement sont encadrés par la loi pour éviter les abus. Sachez qu'en principe, le **délai de paiement entre professionnels est fixé à 30 jours** (à compter de la réception des marchandises ou l'exécution de la prestation de service).

Mais le contrat peut prévoir un **délai supérieur à 30 jours**, sans pouvoir dépasser, au choix des contractants :

- **45 jours fin de mois.** Dans ce cas, deux modes de calcul sont possibles :

- Soit en ajoutant 45 jours à la fin du mois d'émission de la facture (une facture datée du 3 juin doit être payée avant le 18 juillet),

- Soit en ajoutant 45 jours à la date d'émission de la facture, la limite de paiement intervenant à la fin du mois au cours duquel expirent ces 45 jours (une facture datée du 3 juin doit être payée avant le 31 juillet).

- ou 60 jours de la facturation (des dérogations existent pour les produits alimentaires périssables, les délais sont alors de 30 jours après la fin de la décade de livraison (par exemple, pour une livraison le 3 du mois, le calcul des 30 jours se fait à partir du 10 du mois).

Zoom

Les pénalités de retard

Les conditions générales de vente (ou le contrat) peuvent également prévoir des pénalités dues en cas de retard de paiement. Le taux d'intérêt prévu correspond généralement au taux directeur semestriel de la Banque centrale européenne (BCE), en vigueur au 1er janvier ou au 1er juillet, majoré de 10 points : soit à partir du 1er Juillet 2016 : 10,00 % (0,00 + 10) pour les pénalités.

Toutefois, ce taux peut être inférieur, sans pouvoir passer en dessous de 3 fois le taux de l'intérêt légal (0,93% au 1er Juillet 2016) soit un taux minimal de 2,79 % (= 3 x 0,93 %).

Le taux, annuel ou mensuel, peut être converti en taux journalier. Il est alors multiplié par le nombre de jours écoulés entre la date d'échéance et la date d'encaissement (ou la date à laquelle est fait le calcul, si le paiement n'est pas encore effectué).

Les pénalités de retard courent de plein droit -sans aucune formalité- dès le jour qui suit la date de règlement portée sur la facture (ou, à défaut, le 31ème jour qui suit la date de réception des marchandises ou de la fin de la prestation de service).

Remarques : Les pénalités ne sont pas soumises à TVA**.**

3. Les aides publiques aux entreprises en difficulté

Une SARL qui rencontre des difficultés peut recevoir une aide de l'État et des collectivités territoriales sous différentes formes. On l'a vu, elle peut obtenir des délais de paiement ou des remises de dettes, mais elle peut aussi obtenir la réalisation d'audits ou encore des prêts grâce à la saisine du Comité départemental d'examen des problèmes de financement des entreprises (CODEFI). Le CODEFI représente l'ensemble des services de l'État pour orienter et informer les entreprises en difficultés, tous secteurs confondus.

→ Dans quelle situation peut-on faire intervenir le CODEFI ?

Le CODEFI aide les entreprises en difficulté à élaborer et à mettre en œuvre des solutions à leurs problèmes de financement afin d'assurer leur pérennité et leur développement et les réoriente si nécessaire (ainsi, par exemple, s'il est saisi d'une demande de délais de règlement des dettes fiscales et sociales, il transmet celle-ci à la CCSF : voir ci-dessus).

Le CODEFI peut réaliser un **audit** permettant notamment de valider les hypothèses de redressement de l'entreprise ou d'**accorder des prêts** permettant de financer sa restructuration.

Il peut également servir **de médiateur auprès des partenaires** de la SARL (banquiers, créanciers publics ou privés, fournisseurs, etc.).

→ A quelles conditions une SARL peut saisir le CODEFI ?

La SARL ne doit pas être dans une situation manifestement compromise et sans perspective de redressement. Elle doit également avoir moins de 400 salariés (les SARL qui ont plus de 400 salariés relèvent du Comité interministériel de restructuration industrielle (CIRI) qui a des attributions similaires).

→ Comment saisir le CODEFI ?

La SARL en difficulté doit faire sa demande par courrier au CODEFI situé à la Direction départementale des finances publiques du ressort de son siège social (Consultez le site : www.impots.gouv.fr, rubrique Contacts).

③ Savoir mobiliser ses créances

Si vous souhaitez renforcer la trésorerie de la SARL, voire combler un déficit résultant des décalages dans le temps entre les flux financiers entrants (encaissements de créances) et les flux sortants (règlements des dettes), vous pouvez « mobiliser » les créances de la SARL. La mobilisation de créances permet de transformer les créances en liquidités sans attendre leur échéance.

Nous présenterons les 3 principales techniques de mobilisation de créances :
- l'affacturage,
- la cession de créances,
- l'escompte.

1. L'affacturage

Il existe plusieurs formes d'affacturage : l'affacturage traditionnel et les « nouvelles » formes d'affacturage.

→ Qu'est-ce que l'affacturage traditionnel (Old line factoring) ?

L'affacturage traditionnel comporte 3 types de prestations :

- le recouvrement du poste client : l'affactureur gère pour le compte de son client l'enregistrement des factures, la relance des débiteurs en cas de retard de paiement, et procède aux encaissements.

- le financement des créances clients : l'affactureur avance le montant des créances qui lui sont cédées. L'opération répond au besoin de financement à court terme des entreprises (moins de 180 jours). Le montant avancé représente généralement entre 85 et 95% du montant des créances cédées.

- l'assurance-crédit : l'assurance-crédit propose la prévention et la surveillance des clients, la gestion des contentieux, et l'indemnisation des impayés. L'affactureur garantit le paiement de la créance (il supporte le risque de non-paiement du débiteur).

Schéma de l'affacturage traditionnel

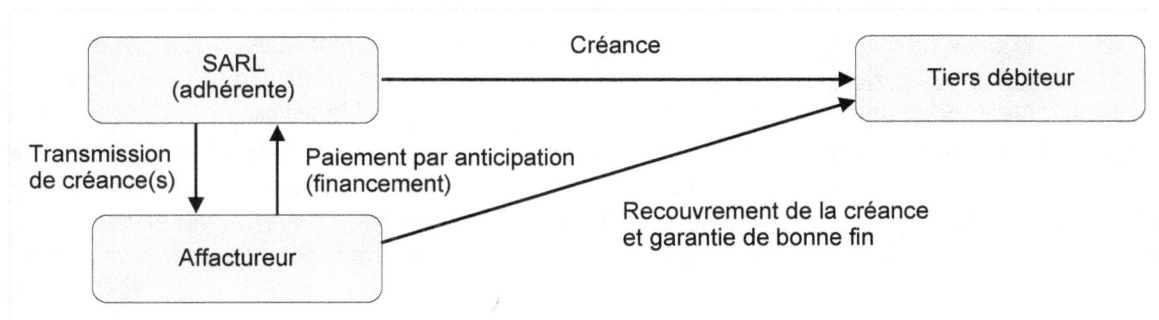

Dans l'affacturage traditionnel, l'affactureur n'a aucun recours contre l'adhérent dès lors qu'il garantit la bonne fin du recouvrement (à la différence du factoring with recourse : voir ci-dessous). Il appartient donc à l'affactureur de recouvrer la créance auprès du débiteur.

→ Quel est le coût de l'affacturage ?

La rémunération de la société d'affacturage comporte deux volets :

- **la commission d'affacturage** qui rémunère le service de recouvrement et éventuellement l'assurance-crédit. Elle est prélevée à chaque transaction (cession de créances) et basée sur un taux (fixe ou variable) ou un forfait.

- **la commission de financement** qui rémunère l'avance de trésorerie.

Le **TEG** doit figurer dans le contrat d'affacturage à peine de nullité de la stipulation d'intérêt.

À savoir : L'affactureur conserve à titre de garantie une partie du montant des créances qui lui sont cédées pour faire face aux éventuels impayés, ou pour se prémunir d'un éventuel droit de préemption (URSSAF par exemple). La somme bloquée, proportionnelle au montant des créances cédées, est restituée à l'expiration du contrat.

→ Comment sont transmises les créances à l'affactureur ?

Après adhésion à la société d'affacturage, la transmission des créances découle d'une convention qui contient généralement une clause de globalité ou d'exclusivité : par cette clause, la SARL s'engage à ne pas transférer ses créances, pour affacturage, à une autre personne que son cocontractant.

En revanche, votre affactureur ne sera pas tenu d'accepter toutes les créances que vous lui présenterez, Il conservera la liberté d'approuver ou de rejeter les créances.
Les créances qui ne seront pas approuvées par l'affactureur pourront néanmoins être recouvrées par lui en qualité de mandataire (mais non comme propriétaire de créances).

En règle générale, l'affacturage repose sur la technique de la subrogation conventionnelle (art. 1346-1 C. civ. s. nouv.) : l'affactureur (subrogé), par le paiement des créances à son adhérent (le subrogeant), se substitue dans les droits, privilèges ou sûretés de celui-ci contre le tiers débiteur. L'affactureur devient propriétaire des créances.

Remarque : L'affactureur ne peut se substituer à l'adhérent pour recevoir le paiement que s'il est en possession d'une quittance subrogative remise par ce dernier (qui atteste du paiement effectué par l'affactureur).

→ Quelles sont les nouvelles techniques d'affacturage (New line factoring) ?

Plusieurs « nouvelles » techniques apportent plus de souplesse à l'affacturage :

- **le Maturity Factoring** qui permet de déléguer au factor la gestion du poste clients et la garantie des créances, mais sans avance de trésorerie. L'entreprise charge le factor du suivi, de l'encaissement et du recouvrement des factures incluant la garantie des créances en cas d'impayés.

- **l'Agency Factoring** qui permet de remettre à un factor des créances notifiées, c'est à dire avec la mention subrogative qui indique que cette créance a été cédée à une société d'affacturage tout en conservant la gestion des créances et leur recouvrement (utile pour les entreprises qui ne souhaitent pas que leurs clients règlent directement une société d'affacturage et qui veulent garder la gestion de leur poste clients).

- **le Recourse Factoring** (ou Factoring with Recourse) qui est une solution de financement basée sur l'affacturage sans l'option de garantie de paiement des factures par le factor. <u>En cas d'impayé des factures, la société d'affacturage se retourne vers son adhèrent</u> (en règle générale c'est une solution moins chère que le factoring sans recours car le factor supporte moins de risque).

2. La cession de créances professionnelles (cession Dailly)

Les créances détenues par le SARL peuvent être utilisées pour faciliter l'obtention de crédits accordés par des organismes financiers[1]. La loi Dailly (du nom du sénateur qui en est à l'origine) permet en effet de simplifier la mobilisation des créances professionnelles.

→ Quel est l'objectif d'une cession Dailly ?

Par cession Dailly, la SARL peut céder une partie de ses créances à une banque qui les accepte. La cession est réalisée par la simple remise d'un bordereau Dailly qui récapitule les créances commerciales cédées.

En contrepartie de cette remise, la banque pourra vous consentir un crédit sous forme d'avance ou de découvert autorisé à hauteur du montant des créances cédées.

Schéma de la cession Dailly

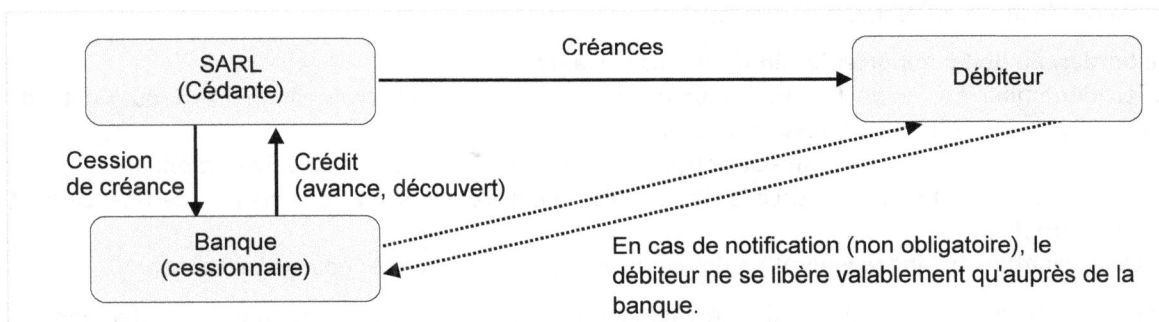

→ Quelles créances peuvent être cédées par bordereau Dailly ?

Peuvent être cédées (ou données en nantissement) les créances liquides et exigibles, même à terme, ainsi que les créances résultant d'un acte déjà intervenu ou à intervenir mais dont le montant et l'exigibilité ne sont pas encore déterminés (factures, marchés et états d'avancement de travaux, reconnaissances de dettes etc.).

À savoir : Le débiteur de la créance cédé ne peut pas refuser la cession : l'article L. 442-6, II, c. C. com. déclare nuls les clauses ou contrats prévoyant la possibilité d'interdire au cocontractant la cession à des tiers des créances qu'il détient sur lui.

---

[1] Selon l'article L. 313-23 al. 1 C. mon. Fin. : « Tout crédit qu'un établissement de crédit ou qu'une société de financement consent à une personne morale (…) peut donner lieu au profit de cet établissement ou de cette société, par la seule remise d'un bordereau, à la cession ou au nantissement par le bénéficiaire du crédit, de toute créance que celui-ci peut détenir sur un tiers, personne morale de droit public ou de droit privé ou personne physique dans l'exercice par celle-ci de son activité professionnelle. »

La cession (ou le nantissement) prend effet entre les parties et devient opposable aux tiers à la date apposée sur le bordereau lors de sa remise, quelle que soit la date de naissance, d'échéance ou d'exigibilité des créances, sans qu'il soit besoin d'autre formalité[1].

La remise du bordereau entraîne de plein droit le transfert des sûretés, des garanties et des accessoires attachés à chaque créance, y compris les sûretés hypothécaires, et son opposabilité aux tiers sans qu'il soit besoin d'autre formalité (art. L. 313-27 C. mon. fin.).

> *Attention !*
> En l'absence de convention contraire, la SARL cédante (ou signataire de l'acte de nantissement) est garante solidaire du paiement des créances cédées.

Sachez que dès la cession, la SARL ne sera plus en droit de demander paiement de la créance « cédé » puisqu'il n'est plus propriétaire de la créance transmise.
Toutefois si la cession est réalisée à titre de garantie provisoire, une fois la créance garantie éteinte, le cédant pourra demander paiement au cédé.

→ Quel formalisme doit respecter la cession Dailly ?

La cession Dailly est réalisée par la seule remise d'un bordereau (accompagnée éventuellement de la copie des factures adressées aux clients).

Le bordereau doit comporter les énonciations suivantes :
1. La dénomination, selon le cas, « acte de cession de créances professionnelles » ou « acte de nantissement de créances professionnelles » ;
2. La mention que l'acte est soumis aux dispositions des art. L. 313-23 à L. 313-34 C. mon. fin. ;
3. Le nom ou la dénomination sociale de l'établissement de crédit ou de la société de financement bénéficiaire ;
4. La désignation ou l'individualisation des créances cédées ou données en nantissement.

Toutefois, lorsque la transmission des créances cédées ou données en nantissement est effectuée par un procédé informatique permettant de les identifier, le bordereau peut se borner à indiquer, outre les mentions indiquées aux 1, 2 et 3 ci-dessus, le moyen par lequel elles sont transmises, leur nombre et leur montant global.

Le bordereau est signé par le cédant. La signature est apposée soit à la main, soit par tout procédé non manuscrit. Le bordereau peut être stipulé à ordre. La date est apposée par le cessionnaire (art. L. 313-25 C. mon. fin.).

> *Attention !*
> Le titre dans lequel une des mentions indiquées ci-dessus fait défaut ne vaut pas comme acte de cession ou de nantissement de créances Dailly.

---

[1] Et cela quelle que soit la loi applicable aux créances et la loi du pays de résidence des débiteurs.

3. L'escompte des lettres de change et des billets à ordre

→ Qu'est-ce que l'escompte ?

Si la SARL est bénéficiaire d'un effet de commerce[1], elle peut l'escompter pour obtenir de la trésorerie. L'escompte est l'opération par laquelle une banque accepte de verser une avance à un client qui lui transmet un effet de commerce. La banque verse alors le montant du titre, sous déduction d'une somme représentant la rémunération du service et le montant des intérêts à courir jusqu'à l'échéance. Ainsi, l'escompte est une réponse aux décalages de trésorerie, et plus généralement à la gestion du poste client. C'est une forme de crédit à court terme.

→ Quel est le mécanisme et l'intérêt d'une lettre de change ?

La lettre de change (encore appelée « traite ») est l'écrit par lequel une personne, le tireur, invite une deuxième personne, le tiré, à payer à une troisième personne, le bénéficiaire ou porteur ou à l'ordre de cette dernière une somme d'argent à une échéance en général assez proche (le tireur, en tant que signataire, est responsable de la création de la lettre et est tenu de la payer si le tiré ne le fait pas).

Exemple d'escompte d'une lettre de change : Une SARL vend à une entreprise X un bien d'une valeur de 10 000 €. La SARL est donc le créancier et l'entreprise X (le débiteur).
Une lettre de change va être signée entre la SARL et l'entreprise X. Par la lettre de change, la SARL donne l'ordre à l'entreprise X de payer les 10 000 € dans 45 jours. Ainsi, la SARL a vendu le bien mais n'encaissera les 10 000 € que dans 45 jours, ce qui entraine un décalage de trésorerie.
Cependant, l'intérêt de la lettre de change est qu'elle peut servir de moyen de paiement ou être escomptée. Ainsi, la SARL peut faire circuler la lettre de change pour payer ses propres créanciers ou porter la lettre à l'escompte en demandant une avance de trésorerie à la banque. Cette avance de trésorerie correspondra au montant de la lettre de change (sous déduction des frais et intérêts).

→ Le billet à ordre

Le billet à ordre est un document par lequel le tireur (ou souscripteur), se reconnaît débiteur du bénéficiaire auquel il promet de payer une certaine somme d'argent à une échéance spécifiée sur le titre. Si la SARL est bénéficiaire d'un billet à ordre, elle pourra comme pour la lettre de change, la transmettre par voie d'endossement ou la porter à l'escompte.

→ La banque peut-elle refuser les lettres de change ou billets à ordre apportés à l'escompte ?

Deux situations doivent être distinguées. Si la banque ne vous a pas consenti de « crédit d'escompte », elle est en droit de refuser les titres que vous lui présentez à l'escompte (une banque peut toujours refuser une demande de crédit quelle qu'en soit la forme).

En revanche, si la banque a ouvert un crédit d'escompte au profit de la SARL, elle est contrainte d'accepter les titres que vous lui apportez à l'escompte lorsque les conditions prévues sont remplies. Dans ce dernier cas, la banque ne pourra refuser l'escompte que si la situation financière de la SARL est telle qu'il engagerait sa responsabilité en octroyant le crédit ou si vous refusez les renseignements que la banque vous demande sur le tiers tiré.

---

[1] **« Effet de commerce »** est le nom générique donné à tout titre négociable qui donne droit au paiement d'une somme d'argent à vue ou à une échéance assez proche. Par exemple, une lettre de change, un billet à ordre, chèque etc.

④ Savoir accélérer le recouvrement des impayés des clients

Généralement, les impayés des clients résultent de 3 hypothèses :
- le client mécontent (il existe un litige entre vous),
- le client dont l'usage est de payer le plus tard possible,
- le client en difficulté.

Un préalable est de relancer une première fois votre débiteur par écrit (mail, lettre) ou par téléphone tout en tenant compte de la qualité du débiteur.

> S'agissant des clients mécontents : Tentez de parvenir à un accord amiable. Plus le litige perdure, plus le paiement sera retardé voire difficile à obtenir.

Pour faciliter l'accord, vous pouvez accorder une remise exceptionnelle contre paiement immédiat, proposer une prestation complémentaire prévue dans le prix initial, échanger les marchandises etc.

> S'agissant des clients dont l'usage est de payer le plus tard possible : Échangez avec lui pour trouver une solution acceptable en rappelant que la législation vous autorise à facturer des pénalités de retard rendues obligatoires. Si la créance est incontestable, saisissez le juge en vue d'obtenir une injonction de payer.

> S'agissant des clients en difficultés, vous disposez de plusieurs solutions : Tout d'abord, si le débiteur cherche à éviter l'état de cessation des paiements en priorisant ses paiements, la menace de saisir le juge en déclaration de cessation des paiements suffit souvent à débloquer la situation à votre profit.

Parfois, il vaut mieux être payé partiellement tout de suite que pas du tout : vous pouvez également consentir un nouvel échelonnement de la dette (avec un écrit signé par le débiteur) ou encore négocier des abandons partiels **contre paiement immédiat du solde**.

Sauf s'il est important de conserver des relations commerciales avec votre débiteur défaillant, lorsqu'aucune solution n'est trouvée, adressez-lui une mise en demeure de payer et assignez-le en paiement devant le juge compétent. Parfois, la procédure d'injonction de payer est suffisante.

→ Pour *la mise en œuvre de ces procédures :* www.service-public.fr

À savoir : Sachez que vous pouvez également recourir aux techniques de l'affacturage ou de la cession de créances pour obtenir un paiement par anticipation *(voir p. 379 et suivantes)*.

⑤ Assurer le financement de la SARL

Le développement de la SARL suppose de réussir le financement de son activité. Pour cela il est nécessaire de connaître les modes de financement possibles. Ceux-ci sont développés tout au long de l'ouvrage, nous procédons ici par renvoi aux pages concernés.

Les modes de financement les plus couramment utilisés par les SARL sont les apports des associés *(voir p. 20 s.),* les emprunts traditionnels ou issus de financements participatifs (crowdfounding), les concours bancaires (lignes de crédit), la mobilisation de créances *(voir p. 379 s.),* les locations-financement, les aides de l'État, des collectivités territoriales ou d'organismes spécifiques *(voir p. 35 s.),* l'autofinancement par la mise en réserves des bénéfices qui ne sont pas distribués aux associés *(voir p. 127 s.),* les augmentations de capital *(voir p. 130 s.),* les versements en comptes courants d'associés *(voir p. 387 s.)* ou encore l'émission d'obligations si la SARL remplit les conditions *(voir p. 388).*

📑 ***En bref :* Le financement interne et externe**

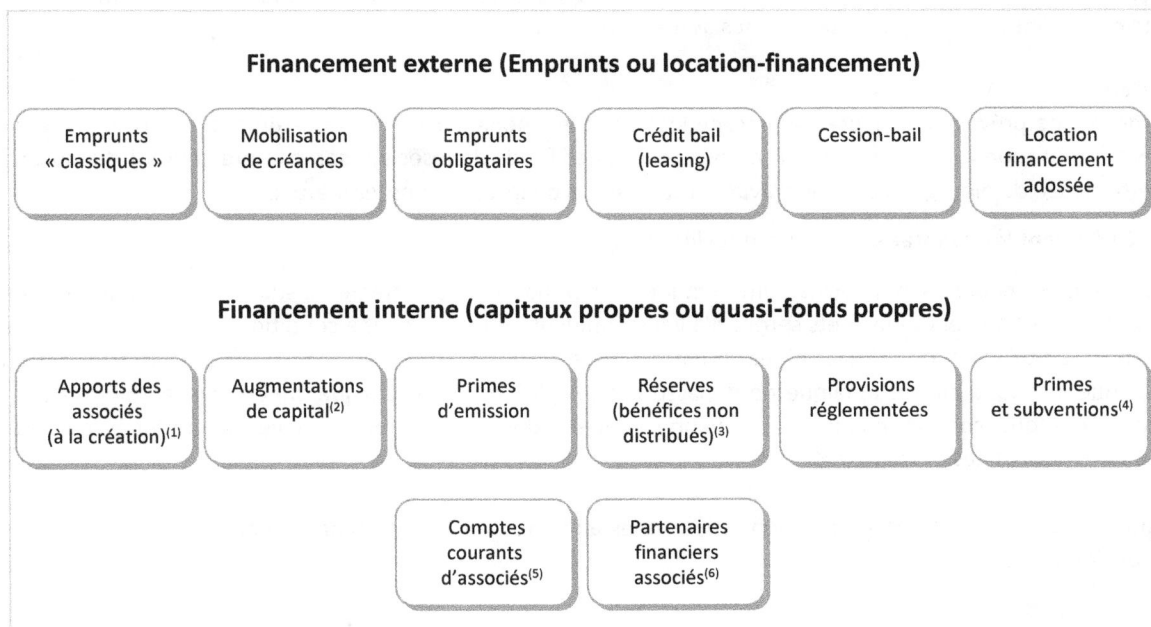

Financement externe (Emprunts ou location-financement)

Emprunts « classiques »	Mobilisation de créances	Emprunts obligataires	Crédit bail (leasing)	Cession-bail	Location financement adossée

Financement interne (capitaux propres ou quasi-fonds propres)

Apports des associés (à la création)[1]	Augmentations de capital[2]	Primes d'emission	Réserves (bénéfices non distribués)[3]	Provisions réglementées	Primes et subventions[4]

Comptes courants d'associés[5]	Partenaires financiers associés[6]

(1) Grâce aux économies des associés ou par endettement personnel *(voir p. 36)*
(2) Souscrites par les associés ou des tiers (grâce aux économies ou par endettement)
(3) Réserves statutaires ou facultatives, Report à nouveau créditeur
(4) Accordées par les collectivités territoriales, l'État ou l'Union européenne *(voir p. 35)*
(5) Quasi-fonds propres
(6) Sociétés de capital-risque, business angels, particuliers

→ *Pour trouver les organismes d'aide au financement de la SARL, consultez : www.les-aides.fr*

Zoom

Le versement en compte courant d'associé

→ Qu'est-ce qu'un versement en compte courant d'associé ?

Un versement en compte courant est un prêt consenti par un associé à la société (une avance de fonds). Ce versement est inscrit au passif du bilan. La SARL devra donc les rembourser.

Les sommes versées en comptes courants peuvent résulter d'un virement de fonds nouveaux à proprement parler ou correspondre à des créances acquises sur la SARL auxquelles l'associé renonce temporairement (versement de dividendes, remboursement de frais, rémunérations etc.).

Il ne s'agit pas à proprement parler d'un véritale compte courant puisqu'ils doivent toujours être créditeur : les prêts consentis par la société à l'associé sont strictement interdits *(voir p. 77)*.

→ Quels sont les avantages pour la SARL ?

Le versement en compte courant est bien plus simple qu'une augmentation de capital (qui nécessite des modifications de statuts). Autre avantage, la participation au capital social des associés reste inchangée (les versements ne modifient pas le capital social : il ne s'agit pas d'apports).

L'opération est souple à condition que la SARL détermine les modalités de remboursement des fonds avancés par l'associé *(voir illustration page suivante)*.

À savoir : Si une clause des statuts soumet la détermination des modalités de remboursement à une décision de l'assemblée générale, cette clause s'oppose alors à une demande de remboursement judiciaire sans consultation préalable des autres associés[1].

Attention !

À défaut de prévoir une clause de blocage indiquant les modalités de remboursement, l'associé prêteur peut à tout moment demander le remboursement des fonds déposés sur son compte courant d'associé. Cette clause de blocage peut être prévue au cas par cas ou insérée dans les statuts.

→ Quels sont les avantages pour les associés ?

Les comptes courants d'associés sont rémunérés par des intérêts même lorsque la SARL n'a pas de résultat distribuable. Ces intérêts seront d'ailleurs déductibles fiscalement à condition :
- que le capital social de la SARL soit entièrement libéré,
- et que le taux d'intérêt appliqué ne dépasse pas les plafonds fixés chaque année par l'administration fiscale (plafond correspondant à la moyenne annuelle des «taux effectifs moyens» pratiqués par les banques auprès des entreprises[2].

Pour l'associé prêteur, les intérêts sont **imposables à l'impôt sur le revenu** dans la catégorie des produits financiers.

---

[1] CA Paris 18 juin 2015 n° 14-16133.
[2] Soit 2,15 % maximum pour les intérêts versés au cours d'un exercice de 12 mois clos entre le 31 décembre 2015 et le 30 janvier 2016.

📑 *Illustration :* Convention de versement en compte courant

La présente convention de versement en compte courant est conclu entre :
- la SARL Optimal, au capital social de 50 000 €, dont le siège social est situé au 52, boulevard Ornano, 75 018 Paris, et immatriculée au RCS de Paris sous le n° 456 568 888, représenté par son gérant, Monsieur Jean Dutour, d'une part,
Et
- Madame Juliette Dupuis, née le 16 janvier 1980 à Nice (06), mariée sous le régime de la séparation de biens, demeurant au 10, rue de la Madone, 75 018 Paris, d'autre part.

Il a été convenu ce qui suit :

Article 1 :
Mme Juliette Dupuis verse à la SARL Optimal la somme de 10 000 € en compte courant. Cette somme sera inscrite en compte courant au nom de Mme Juliette Dupuis dans les livres de la SARL Optimal et sera productive d'intérêts au taux de 2 % qui seront capitalisés. Le compte courant de Mme Juliette Dupuis ne pourra pas présenter un solde comptable débiteur.

Aricle 2 :
Mme Juliette Dupuis pourra réclamer le remboursement de cette somme et des intérêts capitalisés, sous réserve de respecter un préavis de deux mois courant à compter de la notification par lettre recommandée avec accusé de réception de ladite demande de remboursement à la SARL Optimal.

Fait à Paris, le 22 septembre 2017

En deux exemplaires originaux.

Jean Dutour   Juliette Dupuis

Dutour   DUPUIS

Zoom

🔑 L'émission d'obligations nominatives

Toutes les SARL ne sont pas autorisées à émettre des obligations (art. L. 233-11 C. com.). Seules peuvent émettre des obligations, les SARL dans lesquelles :

1- la présence d'un commissaire aux comptes est obligatoire, c'est à dire les SARL dépassant à la clôture de l'exercice social 2 des 3 seuils suivants :
  - 1 550 000 € au total du bilan,
  - 3 100 000 € de chiffre d'affaires hors taxe,
  - un nombre moyen de 50 salariés.

2- les associés ont approuvé régulièrement les comptes des 3 derniers exercices de 12 mois.

L'émission d'obligations est décidée par l'assemblée générale des associés à la majorité ordinaire. La SARL doit mettre à la disposition des souscripteurs une notice comportant les conditions de l'émission (but, montant, nombre d'obligations, valeur nominale, taux d'intérêt, remboursement) et un document d'information sur la société.

Les obligations émises doivent obligatoirement être nominatives. Il est interdit de procéder à une offre au public de ces obligations.

Relevons que pour la défense de leurs intérêts, les obligataires seront groupés en une masse dotée de la personnalité morale[1].

---

[1] Pour connaître les règles applicables à la masse des obligataires, reportez-vous à l'article R. 223-10 du Code de commerce issu du Décret n° 2017-1165 du 12 juillet 2017.

Chapitre 2

Les procédures de résolution des difficultés

Sommaire

① Le recours à un mandataire ad hoc

La désignation d'un mandataire ad hoc par le président du tribunal de commerce peut aider à résoudre amiablement les difficultés financières. Il s'agit d'une procédure préventive et confidentielle[1] qui précède parfois la procédure de conciliation.

1. En quoi consiste la mission du mandataire ad hoc ?

Sa mission est définie par le Président du tribunal qui le charge généralement d'aider le gérant à négocier un rééchelonnement de dettes avec les principaux créanciers de la SARL. Il peut aussi le charger de résoudre toutes autres difficultés. L'objectif est d'**éviter la cessation des paiements**. Relevons que les créanciers de la SARL restent libres d'accepter ou non ce rééchelonnement. Pendant la procédure, le gérant continue à diriger et gérer seul la SARL.

2. Comment obtenir la désignation d'un mandataire ad hoc ?

Le gérant de la SARL doit rédiger une demande écrite au président du tribunal de commerce (adressée ou remise au greffe du tribunal de commerce). La demande doit exposer :
- les difficultés financières qui la motivent
- les mesures de redressement ou les remises de dettes qui permettraient la mise en œuvre des mesures de redressement
- et si le gérant propose un mandataire ad hoc, l'identité et l'adresse de celui-ci.

Un certain nombre de pièces justificatives seront également demandées (extrait Kbis, comptes annuels état des créances et des dettes, état des sûretés et des engagements hors bilan, etc.). Dès réception de la demande, le président du tribunal convoque le gérant de la SARL pour recueillir ses observations. Si la demande est justifiée, le président du tribunal désignera un mandataire ad hoc et fixera les conditions de sa rémunération. Si la SARL a un commissaire aux comptes, celui-ci devra être informé[2].

Sachez qu'en cas de refus de désignation, le gérant peut faire appel de la décision.

Un **modèle** de demande est à votre disposition sur le site du greffe du tribunal de commerce de paris : *www.greffe-tc-paris.fr*

3. À quel moment la mission du mandataire ad hoc prend-t-elle fin ?

La loi ne prévoit pas de durée spécifique. En général, le mandataire ad hoc est nommé pour 3 mois renouvelables. Le gérant peut demander à tout moment au tribunal la fin de la mission du mandataire. Sachez également que l'ouverture d'une procédure de sauvegarde, de redressement ou de liquidation judiciaires met fin à l'accord négocié.

---

[1] Art. L. 611-15 C. com.
[2] Art. L. 611-3 C. com.

② La procédure de conciliation

La conciliation est une **procédure facultative et volontaire**. Elle est déclenchée par une demande au tribunal de commerce du gérant de la SARL qui rencontre des difficultés juridiques, économiques ou financières (existantes ou prévisibles) sans être en cessation des paiements depuis plus de 45 jours.

À savoir : La procédure de conciliation peut être demandée même si la SARL a reçu une assignation en redressement ou liquidation judiciaire, tant que la procédure collective n'est pas ouverte.

1. Quel est l'intérêt de la procédure de conciliation ?

Cette procédure est un excellent outil de rétablissement des situations difficiles. L'objectif est de parvenir à un **accord amiable** avec les principaux créanciers et partenaires de la SARL. Cet accord négocié est **constaté ou homologué** par le tribunal.

Les négociations sont prises en charge par un **conciliateur**, ce qui est parfois fort utile pour rétablir un dialogue constructif avec les créanciers et partenaires. Le conciliateur étant un tiers, il est souvent mieux entendu que le gérant lorsqu'il s'agit de faire comprendre l'état réel de la situation et les solutions que chacun peut apporter : il vaut mieux parfois être payé à plus longue échéance, en acceptant un rééchelonnement, que ne pas être payé du tout si la SARL venait à être liquidée...

De plus, la procédure de conciliation **facilite l'obtention de trésorerie** par les banques ou l'apport de nouveaux biens ou services par les partenaires car dans le cadre d'une conciliation homologuée, ces créanciers bénéficient d'un privilège de conciliation. Ainsi en cas de sauvegarde, de redressement ou de liquidation, le juge ne pourra pas imposer d'autres délais de paiement[1] et ces créanciers seraient prioritaires pour le remboursement grâce à un rang privilégié.

La SARL trouve un autre intérêt à la conciliation, puisque, si au cours de la procédure elle est mise en demeure ou poursuivie par un créancier, le juge peut, à la demande du gérant, reporter ou échelonner le paiement des sommes dues dans la limite de 2 années et suspendre les procédures d'exécution qui auraient été engagées par le créancier.

On l'a compris, cette procédure est un véritable **outil de gestion de crise** qui peut se révéler très efficace pour **rétablir une situation difficile**. Le gérant de la SARL ne doit donc pas hésiter à y recourir !

À savoir : Si la procédure de conciliation échoue et que la SARL est en cessation des paiements, le tribunal se saisit d'office afin de statuer sur l'ouverture d'une procédure de redressement judiciaire. La SARL, un créancier ou le Ministère public peuvent également faire cette demande.

---

[1] L. 626-20 C. com.

2. Comment obtenir l'ouverture de la conciliation ?

Le gérant de la SARL doit faire la demande (par requête) au Président du tribunal de commerce en exposant :
- sa situation économique, sociale et financière,
- ses besoins de financement,
- et, le cas échéant, les moyens d'y faire face.

Elle peut également proposer le nom d'un conciliateur.

La demande doit être accompagnée des documents suivants :

1- Un extrait Kbis ;

2- L'état des créances et des dettes accompagné d'un échéancier ainsi que la liste des principaux créanciers ;

3- L'état actif et passif des sûretés ainsi que celui des engagements hors bilan ;

4- Les comptes annuels, le tableau de financement ainsi que la situation de l'actif réalisable et disponible, valeurs d'exploitation exclues, et du passif exigible des trois derniers exercices, si ces documents ont été établis ;

5- Une attestation sur l'honneur certifiant l'absence de procédure de conciliation dans les trois mois précédant la date de la demande.

Si l'ensemble des conditions sont réunies, la procédure de conciliation est ouverte par le président du tribunal qui désigne un conciliateur pour **4 mois** (prolongeable d'1 mois à la demande du conciliateur).

3. Quelle est la mission du conciliateur ?

Le conciliateur peut avoir 2 missions :
- favoriser la conclusion d'un accord amiable de conciliation entre la SARL et ses principaux créanciers afin de mettre fin aux difficultés rencontrées (au moyen par exemple, de rééchelonnements ou de remises de dettes, d'octroi de crédits ou encore d'une restructuration en vue de la poursuite de l'activité économique et du maintien de l'emploi),
- rechercher un repreneur pour une cession partielle ou totale de l'activité[1].

La SARL et le tribunal communiquent au conciliateur tous les renseignements utiles.

À noter : Le président du tribunal est en droit d'obtenir communication de tous les renseignements relatifs à la situation économique et financière de la SARL auprès du commissaire aux comptes, des membres et représentants du personnel, des administrations publiques, des organismes de sécurité sociale et de la Banque de France. Il peut également charger un expert de son choix d'établir un rapport sur la situation économique, sociale et financière de la SARL.

Le conciliateur rend compte de l'avancement de sa mission au président du tribunal et formule toutes les observations utiles sur l'activité déployée par le gérant de la SARL. En cas d'impossibilité de parvenir à un accord, le conciliateur présente un rapport au président du tribunal qui met fin à sa mission et à la procédure de conciliation.

---

[1] Art. L. 611-7 C. com.

4. Quel est le dénouement de la procédure de conciliation ?

La phase de négociation aboutit à la conclusion d'un accord amiable qui peut être soit « constaté » par le juge, soit « homologué » par le juge. Les effets seront sensiblement différents selon l'option choisie :

« Constatation » judiciaire de l'accord	Les parties peuvent demander conjointement au tribunal de constater l'accord afin de lui donner **force exécutoire**.
	Pendant l'exécution de l'accord, les créanciers signataires ne peuvent plus poursuivre le recouvrement de leurs créances contre la SARL.
	Les créanciers non signataires n'y sont pas tenus et peuvent poursuivre la SARL si nécessaire.
	L'accord constaté est confidentiel (seuls les signataires en ont connaissance).
« Homologation » judiciaire de l'accord	**L'accord homologué produit des effets supplémentaires** puisqu'outre la force exécutoire, l'interdiction ou l'arrêt des poursuites en justice de la part des signataires, il entraîne la levée de l'interdiction d'émettre des chèques si tel était le cas avant la conciliation. De plus, les créanciers ou partenaires qui s'engagent dans l'accord à apporter soit des fonds, soit des biens ou des services à la SARL en vue d'assurer la poursuite de son activité et sa pérennité seront remboursés avant les autres créanciers si la SARL était par la suite placée en redressement ou d'une liquidation judiciaires.
	La demande d'homologation au tribunal n'est possible que si les conditions suivantes sont réunies :
	1- La SARL n'est pas en cessation des paiements ou l'accord y met fin,
	2- L'accord est de nature à assurer la pérennité de l'activité de l'entreprise,
	3- L'accord ne porte pas atteinte aux intérêts des créanciers non signataires.
	L'accord homologué n'est pas confidentiel : il donne lieu à une insertion au BODACC.

5. Quand prend fin l'accord de conciliation ?

Dans le meilleur des cas, l'accord prend fin lorsque les parties ont respecté leurs engagements réciproques et que la pérennité de la SARL est assurée.

Mais il peut également prendre fin en cas d'inexécution des engagements. Le juge prononcera alors sa résolution et la déchéance de tout délai de paiement accordé durant la procédure.

Le gérant de la SARL doit donc tout mettre en œuvre pour honorer l'ensemble des obligations qui sont la contrepartie des faveurs accordées par les créanciers et partenaires.

L'ouverture d'une procédure de sauvegarde, de redressement judiciaire ou de liquidation judiciaire met également fin à l'accord de conciliation *(sur les effets de l'accord homologué dans cette hypothèse : voir page précédente)*.

6. Comment convertir une procédure de conciliation en procédure de sauvegarde ?

Cette conversion n'est possible qu'à condition de remplir l'une des conditions de seuils : 3 M€ de CA HT, 1,5 M€ au total du bilan ou 20 salariés (comptes certifiés ou établis par un expert-comptable) ou établissent des comptes consolidés.

En outre, la SARL doit justifier avoir élaboré un projet de plan visant à assurer la pérennité de l'entreprise et susceptible de recueillir un soutien suffisamment large de la part des créanciers, il est possible de demander l'ouverture d'une **procédure de sauvegarde accélérée**. Pour bénéficier de la procédure accélérée, les comptes de la SARL doivent être certifiés par un commissaire aux comptes ou établis par un expert-comptable.

La demande de procédure de sauvegarde accélérée est déposée par le gérant de la SARL au greffe du tribunal de commerce du lieu du siège social.

Les informations à fournir sont pour l'essentiel identiques à la procédure de sauvegarde classique mais il faudra également exposer les éléments démontrant que le projet de plan remplit les conditions légales (notamment, l'état chiffré des dettes distinguera les dettes qui ne seront pas soumises aux effets de la procédure en cas d'ouverture et celles ayant fait l'objet d'une négociation dans le cadre de la procédure de conciliation en cours).

Le gérant devra remettre au conciliateur une copie de la demande et des pièces qui y sont jointes.

③ Les procédures de sauvegarde et de redressement

Lorsque les procédures de règlement amiable des difficultés s'avèrent insuffisantes pour rétablir la situation, vous pouvez recourir à 2 procédures judiciaires : la sauvegarde ou le redressement.

Les avantages immédiats procurés par ces procédures sont très importants. Sans ces dispositifs très favorables, un rétablissement de la situation financière de la société aurait bien moins de probabilité d'intervenir.

Le recours à la sauvegarde est possible lorsque, sans être en cessation des paiements, la SARL justifie de difficultés qu'elle n'est pas en mesure de surmonter.

Si l'état de cessation des paiements est constaté depuis moins de 45 jours, la procédure de sauvegarde financière accélérée est possible, dans les autres cas, seul le recours au redressement judiciaire sera possible.

Zoom

Qu'est-ce que l'état de cessation des paiements ?

L'état de cessation des paiements est défini comme l'impossibilité de faire face au passif exigible avec son actif disponible.

L'actif disponible correspond à tout ce qui est mobilisable ou peut être transformé en liquidité à très court terme (quelques jours seulement) sans rendre impossible la poursuite de l'activité.

Le passif exigible correspond à l'ensemble des dettes arrivées à échéance et dont les créanciers peuvent exiger immédiatement le paiement. Ces dettes doivent être certaines (non litigieuses et non contestées) et liquides (au montant déterminé) : factures arrivées à échéance, salaires à verser, etc.

Si la SARL établit que les réserves de crédit ou les délais de paiement obtenus de ses créanciers lui permettent de faire face au passif exigible avec son actif disponible, elle n'est pas en cessation des paiements.

Articles L.631-1 s. et L. 640-4 s. du Code de commerce

En bref : Sauvegarde - Redressement : Quels avantages ?

L'ouverture d'une procédure de sauvegarde ou de redressement permet notamment de **geler le passif** ce qui offre une bouffée d'air frais à la SARL. Les principaux effets de ces procédures sont les suivants :

Suspension ou interdiction des poursuites des créanciers	Les créanciers voient leurs poursuites interdites ou suspendues. De plus, il est interdit à la SARL de payer les créances nées antérieurement au jugement d'ouverture (sauf en cas de paiement par compensation de créances connexes). Seules les créances nées régulièrement après le jugement d'ouverture pour les besoins du déroulement de la procédure ou de la période d'observation, ou en contrepartie d'une prestation fournie à la SARL pendant cette période, sont payées normalement à leur échéance.
Interruption des mesures d'exécution	Les créanciers ne peuvent plus faire procéder à des saisies pour l'exécution de décisions de justice obtenues avant le jugement d'ouverture, ni continuer des saisies déjà commencées (la suspension des poursuites ne bénéficie pas aux cautions du débiteur, à ses codébiteurs, ni à son conjoint).
Suspension des actions contre les personnes physiques coobligées	Durant la procédure, les personnes physiques coobligées ou qui ont consenti un cautionnement ou une garantie autonome en faveur de la SARL ne peuvent plus être poursuivis.
Remises de dettes	Les créanciers privés mais aussi publics peuvent accorder des remises de dettes (totales ou partielles). Notamment pour ces derniers, le Trésor public, les organismes de sécurité sociale, les institutions gérant le régime d'assurance chômage. S'agissant du Trésor public, celui-ci peut accorder : - pour les impôts directs (exemples : IS, Impôts locaux etc.) le Trésor public peut accorder des remises de dettes ; - pour les impôts indirects (exemples : TVA, droits de douane etc.), seuls les intérêts de retard, majorations, pénalités ou amendes peuvent faire l'objet d'une remise.
Arrêt des intérêts	Le cours des intérêts de retard (légaux ou conventionnels) liés à des contrats de prêts d'une durée inférieure à 1 an sont arrêtés.
Levée de l'interdiction d'émettre des chèques	Le tribunal peut suspendre l'interdiction d'émettre des chèques lorsqu'elle résulte de faits antérieurs au jugement d'ouverture.

③.1 La procédure de sauvegarde

La sauvegarde est une procédure relativement lourde, mais qui peut s'avérer d'une **grande efficacité** pour permettre à la SARL de surmonter ses difficultés.

Sa mise en œuvre est possible lorsque, **sans être en cessation des paiements**, la SARL justifie de **difficultés qu'elle n'est pas en mesure de surmonter**.

Sa finalité est de faciliter la réorganisation de l'entreprise afin :

- de permettre la poursuite de l'activité économique,

- le maintien de l'emploi,

- et l'apurement du passif.

Elle aboutit à un **plan de sauvegarde** arrêté par jugement à l'issue d'une période d'observation.

À la différence de la conciliation, **la sauvegarde est une procédure judiciaire** qui fait l'objet d'une publicité au registre du commerce (RCS) au Bulletin officiel des annonces civiles et commerciales (BODACC) et dans un journal d'annonces légales (JAL).

Zoom

La sauvegarde des SARL de taille importante

La sauvegarde accélérée : La procédure est réservée aux SARL engagées dans une conciliation et qui dépassent l'un des seuils suivants : 3 M€ de CA HT, 1,5 M€ au total du bilan ou 20 salariés (comptes certifiés ou établis par un expert-comptable) ou établissent des comptes consolidés. L'état de cessation des paiements est possible.

Sa durée est limitée à 3 mois. Durant la sauvegarde accélérée, les créanciers ne peuvent plus demander la résiliation d'un contrat en cours ou revendiquer des marchandises impayées.

La sauvegarde financière accélérée : La procédure est réservée aux SARL dont la procédure de conciliation a échoué et qui dépassent 20 M€ de CA HT, 25 M€ au total du bilan ou 150 salariés.
Sa durée est limitée à 2 mois. Son seul objectif est l'adoption d'un plan concernant les créances bancaires.

En bref : **Déroulement de la sauvegarde**

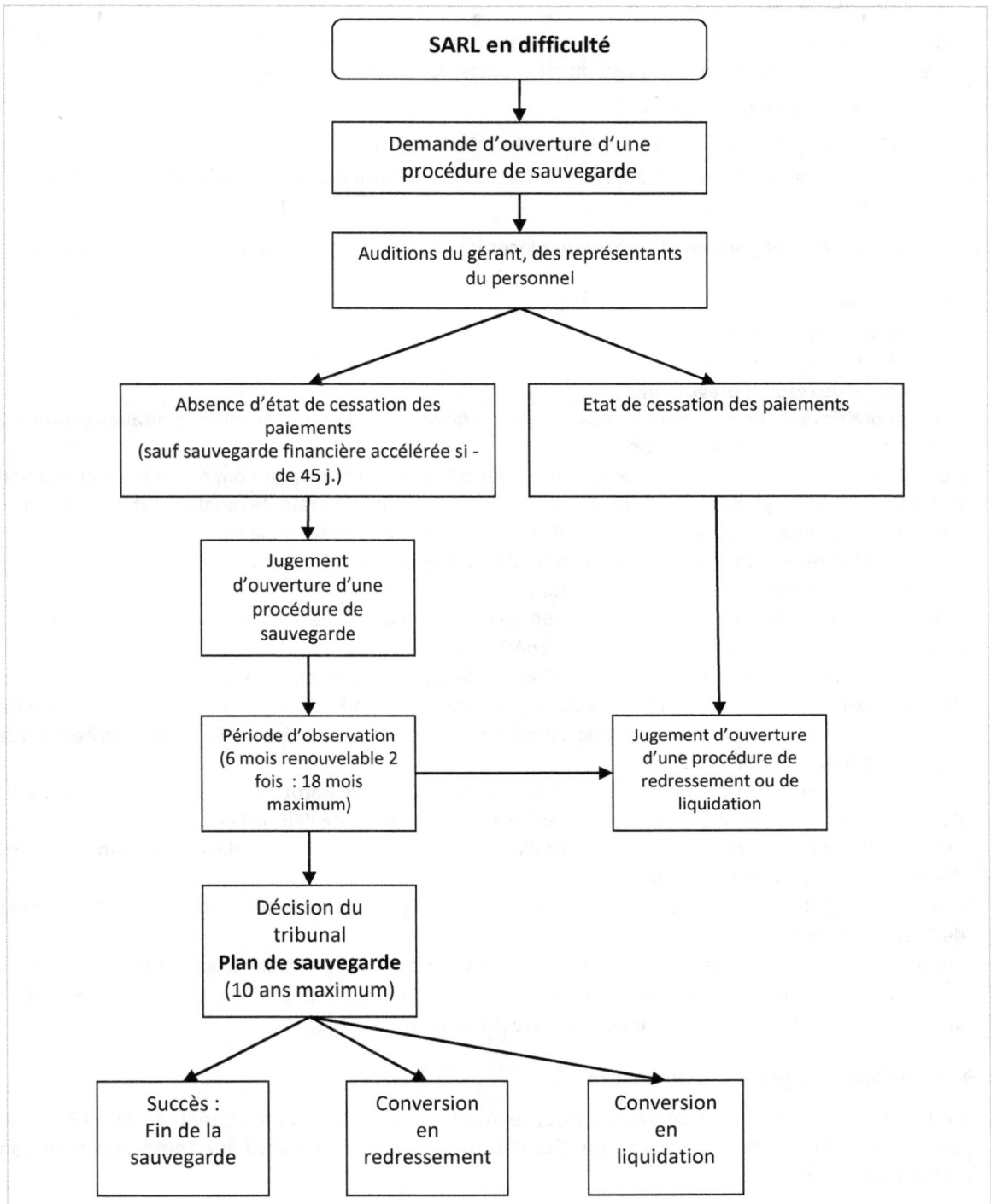

```
                        ┌─────────────────────────────────────┐
                        │         SARL en difficulté            │
                        └─────────────────────────────────────┘
                                          │
                        ┌─────────────────────────────────────┐
                        │   Demande d'ouverture d'une           │
                        │   procédure de sauvegarde             │
                        └─────────────────────────────────────┘
                                          │
                        ┌─────────────────────────────────────┐
                        │   Auditions du gérant, des représentants │
                        │   du personnel                        │
                        └─────────────────────────────────────┘
```

SARL en difficulté

Demande d'ouverture d'une procédure de sauvegarde

Auditions du gérant, des représentants du personnel

Absence d'état de cessation des paiements
(sauf sauvegarde financière accélérée si - de 45 j.)

Etat de cessation des paiements

Jugement d'ouverture d'une procédure de sauvegarde

Période d'observation
(6 mois renouvelable 2 fois : 18 mois maximum)

Jugement d'ouverture d'une procédure de redressement ou de liquidation

Décision du tribunal
Plan de sauvegarde
(10 ans maximum)

Succès :
Fin de la sauvegarde

Conversion en redressement

Conversion en liquidation

1. Comment obtenir l'ouverture d'une procédure de sauvegarde ?

→ La demande d'ouverture

La demande d'ouverture de la procédure de sauvegarde est déposée par le gérant de la SARL au greffe du tribunal de commerce du lieu du siège social. Cette demande expose :

- la nature des difficultés rencontrées,

- les raisons pour lesquelles la SARL n'est pas en mesure de les surmonter,

- et précise si le gérant s'engage à établir l'inventaire ou s'il demande la désignation par le tribunal d'une personne chargée de le réaliser.

À cette demande sont joint un ensemble de pièces justificatives dont vous trouverez la liste ci-dessus :

- Les comptes annuels,
- Un extrait d'immatriculation aux RCS ;
- Une situation de trésorerie ;
- Un compte de résultat prévisionnel ;
- Le nombre des salariés employés à la date de la demande et le montant du chiffre d'affaires apprécié à la date de clôture du dernier exercice ;
- L'état chiffré des créances et des dettes avec l'indication, selon le cas, du nom ou de la dénomination et du domicile ou siège des créanciers ainsi que, par créancier ou débiteur, le montant total des sommes à payer et à recouvrer au cours d'une période de trente jours à compter de la demande ;
- L'état actif et passif des sûretés ainsi que celui des engagements hors bilan ;
- L'inventaire sommaire des biens du débiteur ;
- Le nom et l'adresse des représentants du comité d'entreprise ou des délégués du personnel habilités à être entendus par le tribunal s'ils ont déjà été désignés ;
- Une attestation sur l'honneur certifiant l'absence de mandat ad hoc ou de procédure de conciliation dans les dix-huit mois précédant la date de la demande ou, dans le cas contraire, mentionnant la date de la désignation du mandataire ad hoc ou de l'ouverture de la procédure de conciliation ainsi que l'autorité qui y a procédé ;
- Lorsque le débiteur exerce une profession libérale soumise à un statut législatif ou réglementaire ou dont le titre est protégé, la désignation de l'ordre professionnel ou de l'autorité dont il relève ;
- Lorsque le débiteur exploite une ou des installations classée(s) la copie de la décision d'autorisation ou d'enregistrement ou la déclaration ;
- Lorsque le débiteur propose un administrateur à la désignation du tribunal, l'indication de l'identité et de l'adresse de la personne concernée.

Ces documents doivent être datés, signés et certifiés sincères et véritables par le gérant de la SARL. Dans le cas où l'un ou l'autre de ces documents ne peut être fourni ou ne peut l'être qu'incomplètement, la demande indique les motifs qui empêchent cette production.

→ Auditions et jugement d'ouverture

Avant d'ouvrir la procédure de sauvegarde, le tribunal entend le représentant de la SARL et les représentants du comité d'entreprise (ou des délégués du personnel) ainsi que toute personne dont l'audition lui paraît utile.

Si le tribunal juge la demande recevable, la procédure de sauvegarde est ouverte :

- les différents intervenants de la procédure sont désignés,

- et la période d'observation débute.

Le jugement d'ouverture est mentionné au RCS et publié au BODACC et dans un journal d'annonces légales du lieu du siège social.

2. Quels sont les intervenants de la procédure de sauvegarde ?

Le gérant de la SARL conserve une partie de ses prérogatives d'administration. L'étendue de ses pouvoirs sera toutefois fonction de ceux qui seront confiés à l'administrateur par le tribunal. Quoiqu'il en soit, durant la sauvegarde, la gestion de la SARL se déroulera sous le contrôle des intervenants de la procédure :

> **Le tribunal de commerce :** Il ouvre et conduit la procédure pendant la période d'observation. Il nomme et contrôle les autres intervenants dans la procédure.

> **Le juge-commissaire :** Il est chargé de veiller au déroulement rapide de la procédure et à la protection des intérêts de l'ensemble des parties en présence.

> **L'administrateur judiciaire :** Il n'est obligatoire que si la SARL emploie plus de 20 salariés ou réalise plus de 20 millions d'euros de chiffres d'affaires HT. En dessous de ces seuils, le gérant de la SARL peut conserver ses prérogatives sous le contrôle du juge-commissaire.
Lorsqu'un administrateur est désigné, le tribunal le charge de surveiller la gestion du gérant ou de l'assister.
En cas d'interdiction bancaire, l'administrateur peut faire fonctionner les comptes bancaires sous sa signature.

À savoir : Si la SARL a bénéficié précédemment d'un mandataire ad hoc ou d'un conciliateur, ceux-ci peuvent être désignés administrateurs par le tribunal.

> **Le mandataire judiciaire :** Il a seul qualité pour agir au nom et dans l'intérêt collectif des créanciers (en cas de carence du mandataire judiciaire, les contrôleurs peuvent agir dans cet intérêt).
Le mandataire judiciaire communique au juge-commissaire et au ministère public les observations qui lui sont transmises à tout moment de la procédure par les contrôleurs.

> **Les contrôleurs :** Le juge-commissaire désigne 1 à 5 contrôleurs parmi les créanciers qui lui en font la demande. Les contrôleurs assistent le mandataire judiciaire et le juge-commissaire. Ils peuvent prendre connaissance de tous les documents transmis à l'administrateur et au mandataire judiciaire. Ils sont tenus à la confidentialité.

> **Le représentant des salariés :** Il a une mission d'assistance pour les questions qui touchent aux intérêts des salariés (et notamment la vérification des créances salariales).

> **Le commissaire à l'exécution du plan :** Il est chargé de veiller à la bonne exécution du plan de sauvegarde. Il s'agit soit de l'administrateur, soit du mandataire judiciaire.

> **L'expert en diagnostic d'entreprise** (facultatif) [1] **:** Il peut être désigné par le juge pour établir un rapport sur la situation économique et financière de l'entreprise en cas de procédure de conciliation

---

[1] Sur le statut de l'expert en diagnostique d'entreprise voir article L 813-1 du Code de commerce

ou de procédure de sauvegarde ou de redressement judiciaire, ou concourir à l'élaboration d'un tel rapport en cas de procédure de sauvegarde ou de redressement judiciaire.

3. La période d'observation

Son objectif est de procéder au **diagnostic économique et social de la SARL** ainsi qu'à l'**inventaire** de ses éléments patrimoniaux.

La durée de la période d'observation est de **6 mois renouvelable une fois**. Exceptionnellement, elle peut être prolongée à la demande du procureur de la République jusqu'à 18 mois.

Durant cette période la SARL poursuit son activité. Le gérant conserve son pouvoir de gestion, l'administrateur judiciaire n'assure qu'une mission d'assistance et de surveillance.

La SARL et, le cas échéant, l'administrateur judiciaire élaborent un **projet de plan de sauvegarde** qu'ils soumettront au tribunal.

> *Attention !*
> À tout moment de la période d'observation, si la situation l'impose, le tribunal peut :
> - ordonner la cessation partielle de l'activité,
> - convertir la sauvegarde en un redressement judiciaire notamment si l'état de cessation des paiements est constaté ou si l'adoption d'un plan de sauvegarde est manifestement impossible et que la clôture de la procédure conduirait, de manière certaine et à bref délai, à la cessation des paiements,
> - prononcer la liquidation judiciaire si l'état de cessation des paiements est constaté et que le redressement est manifestement impossible.

4. Le projet de plan de sauvegarde proposé par la SARL et l'administrateur

Le plan de sauvegarde arrêté par le tribunal résulte en partie des propositions faites par la SARL et l'administrateur dans un **projet de plan** de sauvegarde dont le contenu :

- détermine les **perspectives de redressement** en fonction des possibilités et des modalités d'activités, de l'état du marché et des moyens de financement disponibles ;

- définit les **modalités de règlement du passif** et les garanties éventuelles que la SARL doit souscrire pour en assurer l'exécution : les propositions pour le règlement des dettes peuvent porter sur des délais, remises et conversions en titres donnant ou pouvant donner accès au capital (lorsque la proposition porte sur des délais et remises, le mandataire judiciaire recueille, individuellement ou collectivement, l'accord de chaque créancier qui a déclaré sa créance) ;

- expose et justifie le **niveau et les perspectives d'emploi** ainsi que les conditions sociales envisagées pour la poursuite d'activité. Lorsque le projet prévoit des licenciements pour motif économique, il rappelle les mesures déjà intervenues et définit les actions à entreprendre en vue de faciliter le reclassement et l'indemnisation des salariés dont l'emploi est menacé ;

- recense, annexe et analyse les **offres d'acquisition** portant sur une ou plusieurs activités, présentées par des tiers. Il indique la ou les activités dont on propose l'arrêt ou l'adjonction.

5. Le plan de sauvegarde décidé par le tribunal

Lorsqu'il existe une possibilité sérieuse pour la SARL d'être sauvegardée, le tribunal arrête un plan de sauvegarde qui met fin à la période d'observation. La durée du plan est fixée par le tribunal sans pouvoir excéder 10 ans.

Le plan désigne les personnes tenues de l'exécuter et mentionne l'ensemble des engagements qui ont été souscrits et qui sont nécessaires à la sauvegarde de la SARL.

Ces engagements portent sur l'avenir de l'activité, les modalités du maintien et du financement de l'entreprise, le règlement du passif soumis à déclaration ainsi que, s'il y a lieu, les garanties fournies pour en assurer l'exécution. Il mentionne également les modifications des statuts nécessaires à la réorganisation de l'entreprise.

Le tribunal peut décider que les biens qu'il estime indispensables à la continuation de l'entreprise ne pourront être vendus sans son autorisation pour une durée qu'il fixe.

6. Comment prend fin la procédure de sauvegarde ?

La procédure prend fin lorsque le plan est un succès ou prématurément en cas d'échec.

1er cas : La situation financière de la SARL est rétablie et les engagements tenus

Le tribunal constate que l'exécution du plan est achevée, le gérant retrouve alors l'ensemble de ses pouvoirs et la SARL poursuit sa vie dénouée de toutes contraintes spécifiques.

2ème cas : La SARL n'a pas respecté les engagements pris dans le plan

Le tribunal met alors fin à la sauvegarde et les créanciers retrouvent l'intégralité du montant de leurs créances et sûretés, déduction faite des sommes perçues. En outre, la SARL ne peut plus se prévaloir des délais de paiement qui avaient été accordés.

3ème cas : La SARL est en état de cessation des paiements

Le tribunal met fin à la sauvegarde et ouvre soit une procédure de redressement judiciaire, soit une procédure de liquidation judiciaire (si le redressement est manifestement impossible).

③.2 Le redressement judiciaire

Lorsque la SARL est en état de cessation des paiements, le recours à la sauvegarde classique[1] n'est plus possible. Seule la procédure de redressement judiciaire est envisageable si la situation n'est pas définitivement compromise. Le redressement judiciaire a pour objectifs de permettre la poursuite de l'activité, le maintien de l'emploi et l'apurement de son passif.

Ces objectifs sont facilités grâce aux puissants effets de la procédure qui doit donc être vue comme une opportunité de rétablissement (*voir p.395*).

L'ouverture de la procédure doit être demandée par la SARL au plus tard dans les 45 jours qui suivent la cessation des paiements (sauf si dans ce délai, il a été demandé l'ouverture d'une procédure de conciliation pour les SARL de taille importante *(voir page 390 s.)*.

À savoir : Si la SARL ne peut pas être redressée, le tribunal prononce la liquidation judiciaire.

1. Qui peut demander l'ouverture d'une procédure de redressement ?

Elle peut être ouverte à la demande :
- de la SARL au plus tard dans les 45 jours qui suivent la cessation des paiements,
- d'un créancier,
- du procureur de la République sauf si une procédure de conciliation est en cours,
- du tribunal qui peut se saisir d'office.

La procédure est ouverte devant le tribunal de commerce du lieu du siège social.

2. Que peut décider le tribunal ?

Selon la situation, le tribunal décidera :
- soit de l'ouverture d'une procédure de redressement,
- soit de la liquidation judiciaire immédiate (si la SARL a cessé toute activité ou que son redressement est manifestement impossible).

Si une procédure de redressement judiciaire est décidée, le jugement :
- fixe la date de cessation des paiements (sans que celle-ci puisse être antérieure de plus de 18 mois à la date du jugement),
- nomme le représentant des créanciers (chargé de défendre l'intérêt collectif des créanciers notamment en procédant à la vérification des créances) ainsi que les organes de la procédure *(voir p.399)*,
- ouvre une période d'observation de 6 mois maximum, renouvelable une fois (exceptionnellement prolongée jusqu'à 18 mois sur décision motivée du tribunal)[2].

---

[1] Par exception, la sauvegarde accélérée est possible *(voir p.446)*.
[2] Art. L. 621-3 C. com.

En bref : Déroulement de la procédure de redressement

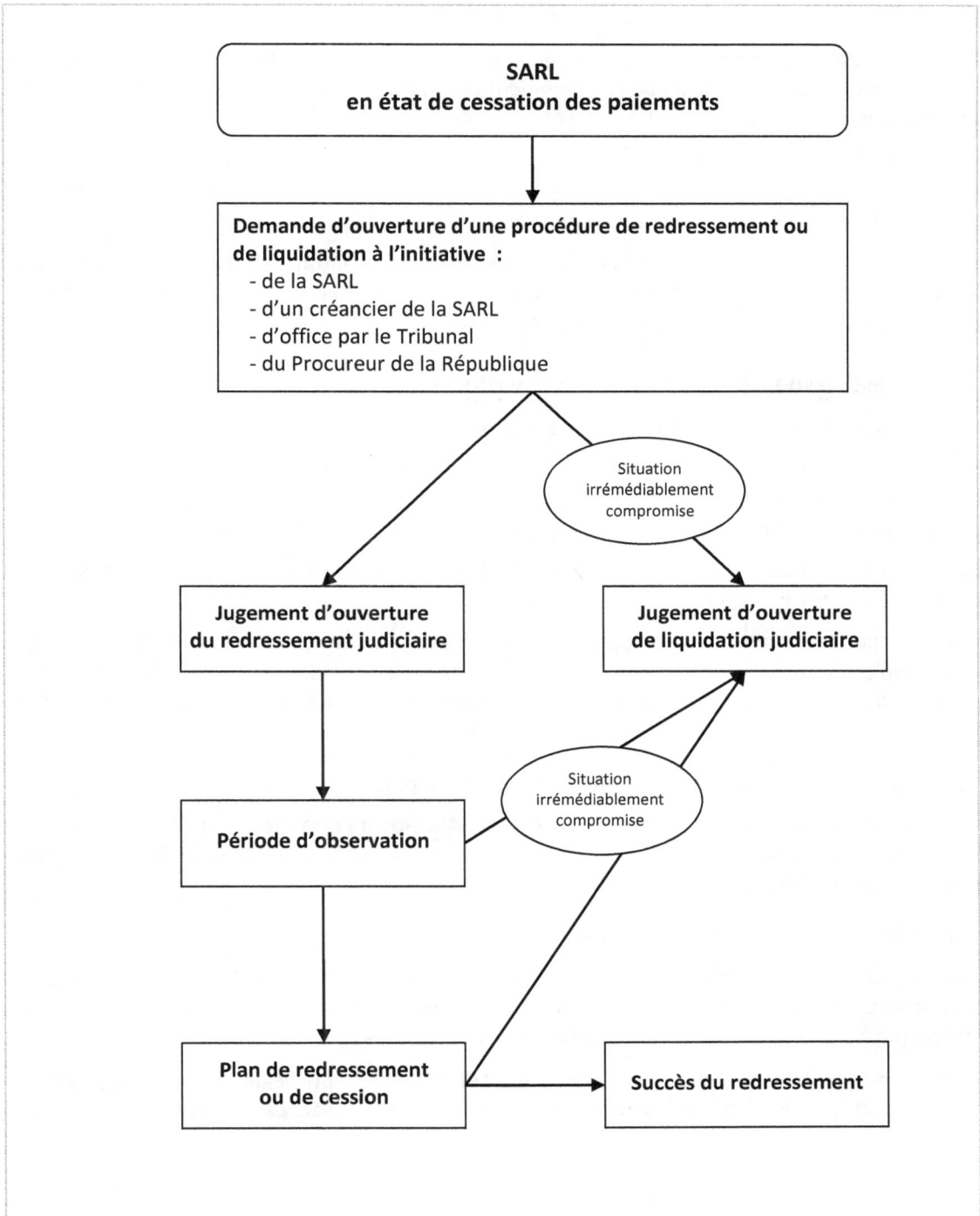

SARL
en état de cessation des paiements

Demande d'ouverture d'une procédure de redressement ou
de liquidation à l'initiative :
  - de la SARL
  - d'un créancier de la SARL
  - d'office par le Tribunal
  - du Procureur de la République

Situation irrémédiablement compromise

Jugement d'ouverture
du redressement judiciaire

Jugement d'ouverture
de liquidation judiciaire

Situation irrémédiablement compromise

Période d'observation

Plan de redressement
ou de cession

Succès du redressement

3. Quel est l'objectif de la période d'observation ?

Son objectif est d'apprécier les chances de redressement de la SARL et notamment sa capacité à apurer son passif.

Elle permet également de dresser un bilan économique et social, de déterminer le passif qui devra être réglé dans le cadre d'un plan de redressement ce qui permettra de se prononcer sur la faisabilité du plan et d'élaborer le plan de redressement.

Pendant cette période la SARL poursuit son activité. L'administrateur judiciaire surveille ou assiste le gérant. Des mesures sont prises pour préserver ou reconstituer les actifs (inventaire, recouvrement des créances, interdiction de payer toute créance née antérieurement).

L'administrateur a la possibilité d'imposer l'exécution des contrats en cours en fournissant la prestation promise au cocontractant (par exemple : contrat de fourniture de service, contrat de bail, contrat de crédit-bail, conventions de compte courant etc.).

4. Quelle est l'issue de la période d'observation ?

La période d'observation aboutit à l'une des situations suivantes :

- mise en place d'un plan de redressement, limité à 10 ans, si la SARL est viable,

- cessation partielle ou totale de l'activité,

- ouverture d'une liquidation judiciaire si la situation de la SARL est irrémédiable,

- clôture de la procédure s'il apparaît que la SARL dispose à nouveau des fonds suffisants pour payer ses créanciers et régler les frais.

Pendant la période d'observation, seuls les licenciements économiques ayant un caractère urgent, indispensable et inévitable peuvent être prononcés. Après information des représentants du personnel, ils doivent être autorisés par le juge commissaire, qui fixe le nombre de salariés licenciés et leur activité.

→ Dans quels cas un plan de continuation est-il mis en place ?

Un plan de continuation est mis en place lorsque la SARL apparaît en mesure de générer un résultat bénéficiaire suffisant pour apurer le passif. Dans ce cas, il y aura poursuite de l'activité avec obligation de régler le passif selon les conditions définies dans le plan.

→ Que prévoit le plan de continuation ?

Après consultation, le plan peut imposer un certain nombre de mesures aux créanciers. Les créanciers ont été consultés par le mandataire judiciaire sur les propositions de règlement dans le cadre du bilan économique, social et environnemental, ou celui des comités de créanciers.

Des délais et remises de dettes sont proposés. Les créanciers privilégiés ou chirographaires qui refusent les propositions du plan, peuvent se voir imposer des délais par le Tribunal (mais non des remises).

→ 3 catégories de créanciers doivent être distingués :

Créanciers	Qui sont-ils ?
Super privilégiés	Créanciers titulaires de créances correspondant aux salaires et frais de justice. Ils ne peuvent se voir opposer de délais ou de remises. **À savoir :** Pour les créances salariales, il est possible de négocier des délais avec l'AGS.
Privilégiés	Créanciers titulaires de créances affectées de sureté, de l'URSSAF, du Trésor public. Ils peuvent se voir imposer des délais par le plan
Chirographaires	Créanciers qui ne disposent d'aucun rang de préférence. Ils peuvent se voir imposer des délais par le plan de redressement.

Outre le règlement du passif, le plan de redressement peut prévoir :

- la reconstitution des capitaux propres,

- le remplacement du ou des gérants,

- l'arrêt, la cession ou l'adjonction de certaines branches d'activités,

- l'inaliénabilité de certains biens (par exemple : fonds de commerce, immeuble, machine etc.) dépendant de l'actif et cela pour une durée maximale égale au plan.

À savoir : Le plan peut accorder au débiteur une franchise pour commencer le règlement du passif (6 mois à 1 an maximum). Par exemple, pour un plan arrêté en janvier 2016, le premier règlement pourra avoir lieu en juillet 2016 ou janvier 2017.

> *Attention !*
> Si la SARL n'exécute pas ses engagements dans les délais fixés par le plan, le Tribunal peut prononcer sa résolution et l'ouverture d'une procédure de liquidation judiciaire.

→ Dans quels cas un plan de cession est-il décidé ?

Le tribunal peut, à la demande de l'administrateur, ordonner la cession totale ou partielle de l'entreprise si faute de résultats ou de ressources financières suffisants pour apurer le passif, la SARL est dans l'impossibilité d'opérer son redressement.

Les repreneurs intéressés par l'activité de la SARL peuvent alors présenter leurs offres à l'administrateur qui les soumettra au Tribunal.

Partie 8

Dissolution et liquidation

de la SARL

La dissolution est la première étape du processus qui met fin à la SARL. **La dissolution ouvre une période de liquidation** durant laquelle le gérant est remplacé par un ou plusieurs liquidateurs chargés de réaliser l'actif de la société afin de désintéresser les créanciers sociaux. À l'issue de ce processus, s'il reste des actifs, ceux-ci font l'objet d'un partage entre les associés.

Durant la période de sa liquidation, la société continue d'être identifiée par sa dénomination sociale qui devra être obligatoirement suivie de la mention *« société en liquidation »* et du nom du ou des liquidateurs. Ces mentions doivent figurer sur tous les actes et documents émanant de la société (les contrevenants sont passibles d'une amende de 1 500 €).

De la dissolution jusqu'à la clôture des opérations de liquidation du patrimoine de la SARL, la société continue d'exister en tant que personne morale, mais uniquement pour les besoins de la liquidation. La personne morale ne s'éteint définitivement qu'après sa radiation du RCS.

La chronologie des opérations est schématisée à la page suivante.

Sommaire

1 **Dissolution de la SARL**

2 **Liquidation de la SARL**

3 **Cas particulier de la liquidation judiciaire**

En bref : Chronologie des étapes suivant la dissolution volontaire

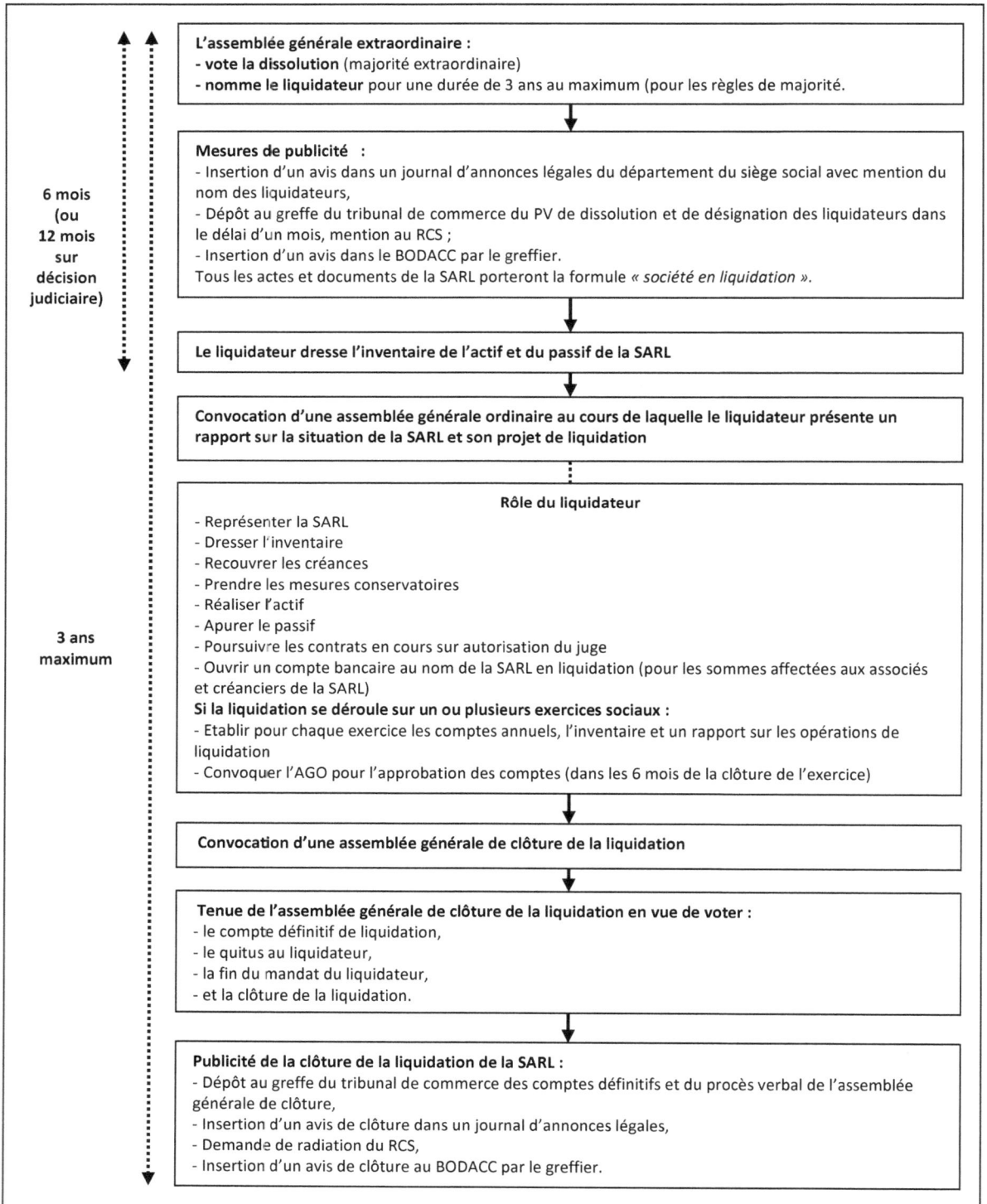

6 mois (ou 12 mois sur décision judiciaire)

L'assemblée générale extraordinaire :
- **vote la dissolution** (majorité extraordinaire)
- **nomme le liquidateur** pour une durée de 3 ans au maximum (pour les règles de majorité.

Mesures de publicité :
- Insertion d'un avis dans un journal d'annonces légales du département du siège social avec mention du nom des liquidateurs,
- Dépôt au greffe du tribunal de commerce du PV de dissolution et de désignation des liquidateurs dans le délai d'un mois, mention au RCS ;
- Insertion d'un avis dans le BODACC par le greffier.
Tous les actes et documents de la SARL porteront la formule *« société en liquidation ».*

Le liquidateur dresse l'inventaire de l'actif et du passif de la SARL

Convocation d'une assemblée générale ordinaire au cours de laquelle le liquidateur présente un rapport sur la situation de la SARL et son projet de liquidation

3 ans maximum

Rôle du liquidateur
- Représenter la SARL
- Dresser l'inventaire
- Recouvrer les créances
- Prendre les mesures conservatoires
- Réaliser l'actif
- Apurer le passif
- Poursuivre les contrats en cours sur autorisation du juge
- Ouvrir un compte bancaire au nom de la SARL en liquidation (pour les sommes affectées aux associés et créanciers de la SARL)
Si la liquidation se déroule sur un ou plusieurs exercices sociaux :
- Etablir pour chaque exercice les comptes annuels, l'inventaire et un rapport sur les opérations de liquidation
- Convoquer l'AGO pour l'approbation des comptes (dans les 6 mois de la clôture de l'exercice)

Convocation d'une assemblée générale de clôture de la liquidation

Tenue de l'assemblée générale de clôture de la liquidation en vue de voter :
- le compte définitif de liquidation,
- le quitus au liquidateur,
- la fin du mandat du liquidateur,
- et la clôture de la liquidation.

Publicité de la clôture de la liquidation de la SARL :
- Dépôt au greffe du tribunal de commerce des comptes définitifs et du procès verbal de l'assemblée générale de clôture,
- Insertion d'un avis de clôture dans un journal d'annonces légales,
- Demande de radiation du RCS,
- Insertion d'un avis de clôture au BODACC par le greffier.

① La dissolution de la SARL

1. Les causes de dissolution

Causes possibles	Quelques explications...
Arrivée du terme	Une société prend fin à l'expiration du temps pour lequel elle a été constituée. Cette durée, précisée dans les statuts, est de 99 ans au maximum, mais elle peut être prorogée une ou plusieurs fois par décision des associés. Le gérant doit consulter les associés un an au moins avant que le terme ne survienne pour proroger l'existence de la société. Si cette consultation n'a pas lieu, tout associé peut demander au président du tribunal de commerce de désigner un mandataire chargé de convoquer l'assemblée générale.
Décision volontaire des associés	La décision de dissolution peut être prise par les associés aux conditions de quorum et de majorité requises pour les décisions extraordinaires.
Dissolution judiciaire sur demande d'un associé	Tout associé peut demander en justice la dissolution de la société pour justes motifs. *Exemple : Mésentente entre associés entrainant la paralysie de la SARL ou encore inexécution de ses obligations par un associé.*
Clauses statutaires de dissolution	Les statuts peuvent prévoir que la SARL sera dissoute pour des causes déterminées. Ces causes peuvent être stipulées dans les statuts dès l'origine ou au cours de vie sociale.
Dépassement du plafond de 100 associés	Si le nombre de 100 associés est dépassé, la société doit être transformée dans un délai de 2 ans (L. 223-3 C. com). À défaut, elle est automatiquement dissoute, à moins que pendant ce délai, le nombre des associés ne soit redevenu égal ou inférieur à 100.
Capitaux propres inférieurs à la moitié du capital social	Les SARL peuvent être dissoutes par décision du tribunal de commerce lorsque leurs capitaux propres sont devenus inférieurs à la moitié du capital social et que les associés n'ont pas délibéré ou n'ont pas régularisé la situation dans le délai imparti par la loi.
Réalisation de l'objet social	La réalisation de l'objet social suppose que l'opération pour laquelle la SARL a été constituée est entièrement réalisée. *Exemple : Construction d'un bâtiment déterminé.*
Extinction de l'objet social	L'extinction de l'objet social suppose que l'activité pour laquelle la SARL a été constituée se révèle impossible. *Exemple : objet social déclaré illicite, interdiction judiciaire de l'activité qui était l'unique objet social de la SARL.*
Nullité de la société	La nullité du contrat de société constitue une sanction exceptionnelle des irrégularités commises lors de la constitution et du fonctionnement de la SARL. La nullité est prononcée par le tribunal de commerce. La société est dissoute le jour où la décision de justice est devenue définitive.
Liquidation judiciaire	Le jugement ordonnant la liquidation judiciaire d'une société dans le cadre d'une procédure collective entraîne automatiquement sa dissolution.
La dissolution à titre de sanction pénale	Les juridictions pénales peuvent prononcer la dissolution de la société lorsque la SARL est pénalement responsable d'un crime ou d'un délit, et lorsqu'elle a été créée ou détournée de son objet pour commettre une infraction.

2. La dissolution doit-elle faire l'objet de mesures de publicité ?

Oui, il s'agit d'une obligation afin d'assurer l'information des tiers.

Les formalités de publicité suivantes doivent être accomplies :

- insertion d'un avis dans un journal d'annonces légales du département du siège social avec mention du nom des liquidateurs,

- dépôt au greffe du tribunal de commerce de la décision de dissolution et de désignation des liquidateurs dans le délai d'un mois, mention au RCS,

- insertion d'un avis dans le BODACC par le greffier.

Sachez en outre que la publicité de la dissolution est également opérée par la mention obligatoire, sur tous les actes et documents sociaux à la suite de la dénomination sociale, de la formule *« société en liquidation ».*

② La liquidation de la SARL

1. En quoi consiste la liquidation de la SARL ?

La liquidation est l'ensemble des opérations consécutives à la dissolution. Elle consiste à terminer les opérations de la société, à recouvrer les créances, à éteindre le passif et, le cas échéant, à transformer l'actif net en valeurs partageables pour permettre l'apurement des comptes entre les associés.

Une fois la SARL dissoute, le gérant perd ses fonctions et est remplacé par un liquidateur. Ce dernier doit accomplir tous les actes nécessaires pour terminer les affaires en cours. Exceptionnellement, il peut être autorisé par les associés ou par le président du tribunal de commerce à engager de nouvelles affaires mais uniquement pour les besoins de la liquidation. Le siège social statutaire est maintenu sauf si les associés choisissent une adresse différente qui servira de siège à la liquidation (lieu où seront envoyés les correspondances et les actes relatifs à la liquidation).

2. Quelles sont les procédures de liquidation envisageables ?

Il existe deux procédures :

- la liquidation amiable (ou conventionnelle),

- et la liquidation légale (outre la procédure résultant d'une liquidation judiciaire).

→ Dans quels cas une procédure de liquidation amiable est-elle possible ?

Une liquidation amiable est possible lorsque les associés le décident dans les statuts ou en assemblée de dissolution. Cette procédure amiable peut néanmoins être écartée par le juge au profit de la procédure de liquidation légale *(voir ci-dessous)*.

Si la liquidation amiable est retenue, les associés organisent les opérations de liquidation à leur convenance, à condition de respecter les règles impératives concernant les interdictions d'exercer les fonctions de liquidateur, la publicité de la nomination des liquidateurs, les cessions d'actifs ou les apports d'actifs à une autre société, la réunion des associés pour statuer sur les comptes définitifs et constater la clôture de la liquidation, les règles de responsabilité civile et pénale des liquidateurs, la publicité de la clôture de liquidation (ces règles sont exposées ci-dessous dans le cadre de la procédure de liquidation légale).

Si les associés n'ont rien prévu, la procédure de liquidation légale s'applique obligatoirement.

→ Dans quels cas la procédure de liquidation légale s'applique-t-elle ?

Elle s'applique soit à défaut de clause statutaire ou conventionnelle expresse, soit sur décision de justice prise par le président du tribunal de commerce statuant en référé, et cela malgré l'existence d'une décision prévoyant l'application de la procédure amiable si la demande est formulée :

- soit par un ou plusieurs associés représentant au moins 10 % du capital social,

- soit par les créanciers sociaux,

- soit par le représentant de la masse des obligataires.

3. Les pouvoirs du gérant prennent-ils fin ?

Oui, les pouvoirs du gérant de la SARL prennent fin à la date de dissolution de la SARL. Durant toute la période de liquidation, seul le liquidateur a le pouvoir d'assurer la représentation et la gestion de la société. Le commissaire aux comptes s'il en existe un continue, après la dissolution, d'exercer ses fonctions.

4. Statut du liquidateur

→ Qui peut être désigné liquidateur ?

Un ou plusieurs liquidateurs est choisi parmi les associés ou les tiers. Il peut s'agir d'une personne physique ou d'une personne morale. En toute hypothèse, il doit avoir la capacité juridique d'administrer et de représenter la société vis-à-vis des tiers. Aussi, les personnes frappées d'une interdiction de diriger, de gérer ou d'administrer une société commerciale ou civile ne peuvent pas être désignées liquidateurs.

→ Comment le liquidateur est-il désigné ?

En cas de dissolution judiciaire, le liquidateur est désigné par le tribunal. Dans tous les autres cas, le liquidateur peut être désigné :

- soit par les statuts,

- soit par une décision collective selon les conditions de majorité prévues par les statuts (ou à défaut, sur décision unanime des associés). Toutefois, par exception, lorsque la dissolution résulte du terme statutaire ou d'une décision volontaire des associés, la désignation fait l'objet d'une décision à la majorité en capital des associés.

À défaut d'accord entre les associés sur le choix d'un liquidateur, celui-ci est désigné par une ordonnance du président du tribunal de commerce statuant sur requête.

Dès son entrée en fonction, le liquidateur accomplit les formalités de publicité consécutives à sa nomination pour la rendre opposable aux tiers.

→ Quelle est la durée du mandat du liquidateur ?

La durée du mandat du liquidateur ne peut dépasser 3 ans à compter de la dissolution, sauf renouvellement par l'organe qui l'a désigné, c'est-à-dire par les associés ou le président du tribunal de commerce. Pour obtenir son renouvellement, le liquidateur doit indiquer les raisons pour lesquelles la liquidation n'a pu être clôturée et les mesures qu'il prendra pour achever les opérations de liquidation.

→ Le liquidateur peut-il être révoqué ?

Oui, si le liquidateur a eu un comportement fautif dans l'exercice de la mission, il peut être révoqué et remplacé selon des modalités identiques à sa nomination.

→ Le liquidateur peut-il voir sa responsabilité civile et pénale engagée ?

Oui, le liquidateur est responsable civilement et pénalement.

Il est responsable civilement à l'égard de la société et des tiers, des fautes dommageables commises dans l'exercice de sa mission. Les associés peuvent demander réparation du préjudice subi par la société devant le tribunal de commerce. Les dommages et intérêts sont versés par le liquidateur dans les caisses de la SARL.

Mais attention, cette action en responsabilité est exclue si les associés ont donné *quitus* au liquidateur.

À savoir : Le *quitus* est l'acte par lequel les associés déchargent le liquidateur de toute responsabilité en reconnaissant que celui-ci a valablement accompli sa mission. Le quitus des associés laisse en revanche intact le droit des tiers d'agir en responsabilité contre le liquidateur *(voir également ci-dessous : La clôture des opérations de liquidation)*.

De même, le liquidateur est également responsable à l'égard des associés qui subissent un préjudice personnel du fait d'une faute commise à leur égard.

Dans tous les cas, l'action en responsabilité se prescrit par 3 ans à compter du fait dommageable ou de sa révélation, s'il a été dissimulé.

5. Missions du liquidateur

Le liquidateur représente la société en liquidation vis-à-vis des tiers. Il agit au nom de celle-ci et l'engage pour tous les actes de la liquidation. Le liquidateur doit réaliser l'actif et régler le passif. Il incombe en outre au liquidateur de respecter le droit à l'information des associés.

→ La réalisation de l'actif

Afin de « réaliser l'actif », le liquidateur :

- cherche à vendre les biens meubles et immeubles aux conditions les plus intéressantes pour la SARL,

- met en œuvre tous les actes nécessaires à la conservation de l'actif (par exemple, le renouvellement d'un bail ou d'un contrat d'assurance),

- poursuit le recouvrement des créances dues à la SARL par les tiers ou ses associés (tel que la part du capital souscrit non encore libéré).

À savoir : Le liquidateur doit obtenir l'autorisation des associés pour la cession globale de l'actif ou l'apport de l'actif à une autre société.
En outre, il lui est interdit sous peine de sanctions pénales, de réaliser la cession totale ou partielle, directe ou indirecte, des biens composant l'actif à lui-même ou à un salarié, conjoint, ascendant ou descendant du liquidateur.

→ L'apurement du passif

L'objectif de la réalisation de l'actif est d'apurer le passif, c'est-à-dire de payer les créanciers de la SARL. Relevons que la liquidation ne rend pas exigibles les créances non échues.

→ L'information des associés

Dans les 6 mois de sa nomination	Le liquidateur doit convoquer l'assemblée des associés en vue de présenter un rapport sur la situation, le déroulement des opérations de liquidation et le délai requis pour les achever. Les délibérations sont adoptées selon les règles des assemblées générales.
Une fois par an et dans les 6 mois de la clôture de l'exercice	Le liquidateur doit convoquer l'assemblée des associés pour statuer sur les comptes annuels, donner les autorisations nécessaires, renouveler le mandat des commissaires aux comptes.

6. Comment prennent fin les opérations de liquidation et de partage ?

À la fin des opérations de liquidation, les associés sont consultés pour statuer sur le compte de liquidation, donner *quitus* au liquidateur, décharger ce dernier de son mandat et constater la clôture de la liquidation. Si l'assemblée ne peut pas délibérer ou si elle refuse d'approuver les comptes, le liquidateur (ou tout intéressé) peut saisir le tribunal de commerce pour qu'il statue sur ces comptes et constate la clôture et la disparition de la personnalité morale.

Les comptes définitifs établis par le liquidateur ainsi que la décision de clôture de la liquidation sont déposés au greffe du tribunal de commerce. Le liquidateur publie un avis de clôture de la liquidation dans le même journal d'annonces légales que celui ayant publié sa nomination. Sur justification des formalités précitées, le liquidateur demande la radiation de la société au RCS dans un délai d'un mois à compter de la publication de la clôture de la liquidation. Le greffier du tribunal de commerce fait insérer au BODACC un avis de radiation de la société.

Sachez que même si les formalités de publicité ont été accomplies, la personnalité morale subsiste aussi longtemps que les droits et les obligations de la société n'ont pas été liquidés. Tout créancier impayé peut faire rouvrir la liquidation et poursuivre la société, à condition d'obtenir la nomination d'un mandataire chargé de reprendre les opérations de liquidation pour le compte de la société.

7. Qu'advient-il des actifs pouvant demeurer à l'issue de la liquidation ?

Si des actifs subsistent, en nature ou en espèces, après extinction totale du passif, ils sont partagés entre associés selon les stipulations statutaires. Chaque associé reçoit une part égale au montant nominal de chaque part (non amortie) qu'il détient. Si la somme disponible est insuffisante, les associés ne seront remboursés que partiellement (à proportion de leurs droits).
Généralement, ce partage est réalisé en espèces après que tous les biens de la SARL aient été vendus. Cependant, si des biens résultants d'apports des associés demeurent dans la masse à partager, chaque associé apporteur peut demander l'attribution préférentielle des biens qu'il avait apportés (reprise d'apport). À charge de verser éventuellement une soulte à ses coassociés si la valeur attribuée à ce bien excède le montant des droits de l'intéressé dans le capital social et dans *le boni* de liquidation.
Sachez également que cette attribution peut être demandée par un autre associé si le bien concerné n'a pas fait l'objet d'une reprise d'apport.
Enfin, après ces remboursements ou reprises d'apports, il peut subsister un ***boni* de liquidation**. Les droits des associés sur le boni de liquidation sont, sauf disposition contraire des statuts, proportionnels aux parts sociales détenues.

③ Cas particulier de la liquidation judiciaire

La liquidation judiciaire met définitivement fin à la SARL. Elle est prononcée par le tribunal de commerce en cas d'état de cessation des paiements lorsque le redressement est manifestement impossible. La procédure peut être déclenchée par :

- la SARL,

- un créancier,

- le procureur de la République sauf si une procédure de conciliation est en cours,

- ou encore le tribunal qui peut se saisir d'office.

Il existe 3 types de procédure de liquidation judiciaire :

Types de procédures	SARL concernées	
Procédure simplifiée	→ obligatoire	**SARL :** - dont le chiffre d'affaires HT est inférieur ou égal à 300 000 €, - qui n'emploie pas plus d'un salarié, - et dont l'actif ne comprend pas de biens immobiliers.
	→ facultative	**SARL :** - dont le chiffre d'affaires HT est supérieur à 300 000 € et inférieur ou égal à 750 000 €, - qui emploie moins de 5 salariés, - et dont l'actif ne comprend pas de biens immobiliers.
À tout moment, le tribunal peut décider de ne plus appliquer la procédure simplifiée et de revenir à la procédure normale.		
Procédure normale	Toutes les SARL qui ne remplissent pas les conditions de la procédure de liquidation simplifiée.	

Pour en savoir plus : www.servicepublic.gouv

Livre ②

→ EURL

Entreprise unipersonnelle à responsabilité limitée

Chapitre 1

La création de l'EURL

Sommaire

① Caractéristiques et formalités de constitution

1. Caractéristiques de l'EURL

L'EURL n'est rien d'autre qu'une SARL unipersonnelle, c'est-à-dire une SARL qui ne comporte qu'un seul associé. En créant une EURL, il sera possible de s'associer ultérieurement avec une ou plusieurs autres personnes : l'EURL deviendra alors une SARL.

L'existence d'une EURL peut découler :

> soit d'une création pure et simple en vue d'exercer une activité nouvelle ou de reprendre l'activité existante d'un entrepreneur individuel,

> soit de la réunion de toutes les parts sociales d'une SARL entre les mains d'un seul associé : la SARL devient alors EURL,

> soit enfin de la transformation d'une autre forme sociale en EURL.

L'associé unique peut être une personne physique ou une personne morale (y compris une autre EURL). Les règles relatives à l'associé sont identiques à celles applicables à la SARL *(voir p. 10 s.)*.

Le patrimoine de l'EURL est séparé du patrimoine personnel de l'associé ce qui scinde également la comptabilité de l'entreprise et de son associé. L'associé bénéficie d'une responsabilité limitée au montant de ses apports (à condition de ne pas consentir de garanties personnelles aux créanciers de l'EURL).

Fiscalement, l'EURL relève de droit de l'impôt sur le revenu (IR) mais peut opter pour l'impôt sur les sociétés (IS) si celui-ci s'avère plus intéressant au regard de sa situation (la SASU relève quant à elle par principe de l'IS et ne peut relever de l'IR que pendant 5 ans, l'EURL présente donc un avantage sur ce point).

Socialement, si l'associé unique exerce une activité au sein de l'EURL, il relève du régime social des indépendants (RSI) : soit sur la base du bénéfice si l'EURL est à l'IR, soit sur celle de la rémunération des fonctions qu'il occupe si l'EURL est à l'IS.

Hormis les particularismes découlant de son caractère unipersonnel, les caractéristiques de l'EURL sont identiques à la SARL. Ainsi sont transposables, les règles relatives au capital social *(voir p. 26 s.)*, aux apports *(voir p. 20 s.)*, à l'objet social *(voir p. 12 s.)*, au siège social *(voir p. 14 s.)*, à la dénomination *(voir p. 16 s.)* et à la durée *(voir p. 19 s.)*, aux statuts de conjoint du gérant ou partenaire de pacs [salarié *(voir p. 309)* ou collaborateur *(voir p.314)*].

Son fonctionnement et les conséquences de sa dissolution varient en revanche sur un certain nombre de points que nous relèverons dans les chapitres qui suivent.

2. Formalités de constitution de l'EURL

Pour optimiser pleinement la création de votre EURL, reportez-vous aux pages 31 et suivantes. Ces règles s'appliquent à l'EURL sauf particularismes indiquées ci-dessous.

Avant la signature des statuts de l'EURL

- Ouverture d'un compte bancaire au nom de l'EURL
- Réalisation des apports

Rédaction des statuts

Les statuts de l'EURL doivent être établis par écrit : soit sous seing privé soit par acte notarié.

Attention : L'acte notarié est obligatoire lorsqu'un apport fait à l'EURL implique une mutation de propriété immobilière, assujettie à la publicité foncière : apport d'un immeuble, d'un fonds de commerce, bail de plus de 12 ans…[1].

Un modèle de statuts types d'EURL dont l'associé unique, personne physique, assume la gérance est mis à disposition gratuitement par les centres de formalités des entreprises. Ces statuts types s'appliquent à moins que vous n'adressiez des statuts différents lors de la demande d'immatriculation[2] (voir ci-après).

Les statuts indiquent obligatoirement : la forme sociale (Société à Responsabilité Limitée unipersonnelle), la durée de la société, la dénomination sociale, le siège social, l'objet social, le montant du capital social, les apports et l'évaluation des apports en nature, le nombre et la libération des parts sociales, la mention du dépôt des fonds correspondant aux apports en numéraire, le paraphe de l'associé sur chaque page ainsi que sa signature à la fin des statuts.

Facultativement, vous pouvez également indiquer : l'identité du gérant, les pouvoirs des gérants, les règles de transmission des parts sociales, les modalités d'information et de consultation de l'associé, les dates d'ouverture et de clôture des exercices, les modalités de liquidation

Mesures de publicité

- Publication d'un avis de constitution dans un Journal d'annonces légales (JAL)
- Dépôt du dossier au Centre de Formalités des Entreprise (CFE)
- Le CFE se chargera ensuite de transmettre les pièces aux organismes et administrations destinataires dont le greffe du tribunal de commerce qui procèdera à l'immatriculation de l'EURL au Registre du commerce et des sociétés (RCS) et à l'insertion au BODACC (sauf si l'associé unique est une personne physique).

L'EURL est créée ! Pensez à adhérer à un centre de gestion agréé sous 3 mois pour bénéficier des avantages fiscaux qui en découlent *(voir p. 244 s.).*

---

[1] D. n° 55-22, 4 janv. 1955, art. 4 et 28.
[2] Art. D. 223-2 C. com.

→ Comment limiter le coût de la constitution d'une EURL ?

Le coût de la constitution est essentiellement lié à la rédaction des statuts, aux mesures de publicité et le cas échéant à la fiscalité des apports *(voir p. 31 s.)*.

Les **économies envisageables** dépendront donc essentiellement :

- de la possibilité de réaliser vous-même la constitution *(voir p. 33)*,

- de la nature et des modalités des apports réalisés (lesquels peuvent être exonérés d'impôts ou au contraire entraîner l'exigibilité de droit de mutation, d'impôt sur les plus-values ou de la TVA)

Sachez toutefois que la plupart des apports à une EURL soumise à l'IR peuvent être enregistrés gratuitement lors de la constitution *(règles identiques à la SARL : voir p. 228 s.)*,

- des réductions d'impôt auxquels l'associé peut prétendre *(voir p. 36 s.)*,

- des possibles aides *(voir p. 35)*,

- des exonérations *(voir p. 220 s.)*,

- des crédits d'impôts *(voir p. 300)*,

- du recours ou non à un commissaire aux apports *(voir p. 35)*,

- des éventuelles reprises d'actes *(voir p. 37)*. Au sein de l'EURL, relevons que la décision de « reprise volontaire » doit être consignée sur le registre des décisions.

→ Pour le détail, reportez-vous au chapitre **« Réduire les coûts de création de la SARL »** *page 31*

Modèle de statuts types d'EURL
dont l'associé, personne physique, assume personnellement la gérance

Société : (dénomination sociale)
Société à responsabilité limitée :
Au capital de : (à compléter)
Siège social : (à compléter) :

Le soussigné :

M. / Mme (nom de naissance et, le cas échéant, nom d'usage, prénom, domicile, date et lieu de naissance) a établi ainsi qu'il suit les statuts d'une société à responsabilité limitée dont le gérant est l'associé unique.

STATUTS

Article 1er : Forme
La société est à responsabilité limitée.

Article 2 : Objet
La société a pour objet : (indiquer ici toutes les activités qui seront exercées par la société).
Et, plus généralement, toutes opérations, de quelque nature qu'elles soient, juridiques, économiques et financières, civiles et commerciales, se rattachant à l'objet sus (indiqué ou à tous autres objets similaires ou connexes, de nature à favoriser, directement ou indirectement, le but poursuivi par la société, son extension ou son développement.

Article 3 : Dénomination
Sa dénomination sociale est : (nom de la société).
Son sigle est : (facultatif).
Dans tous les actes et documents émanant de la société, cette dénomination doit être précédée ou suivie immédiatement des mots : société à responsabilité limitée ou des initiales : SARL et de l'énonciation du capital social.

Article 4 : Siège social
Le siège social est fixé à : (indiquer ici l'adresse du siège social).
Il peut être transféré par décision de l'associé unique.

Article 5 : Durée
La société a une durée de années (indiquer ici la durée, sans qu'elle puisse excéder quatre-vingt-dix-neuf ans) sauf dissolution anticipée ou prorogation.

Article 6 : Apports
Apports en numéraire :
M. / Mme apporte et verse à la société une somme totale de (indiquer ici le montant des espèces en euros).
La somme totale versée, soit, (indiquer ici le montant des espèces en euros) a été déposée le (date) au crédit d'un compte ouvert au nom de la société en formation, à (indiquer ici les coordonnées de l'établissement financier).

Apports de biens communs (le cas échéant) :
(Il s'agit des biens appartenant à la communauté des époux.)
Cette somme provient de la communauté de biens existant entre l'apporteur et son conjoint :
(nom, prénoms), qui a été préalablement averti de cet apport par lettre recommandée avec demande d'avis de réception reçue le, comportant toutes précisions utiles quant aux finalités et modalités de l'opération d'apport.
Par lettre en date du,

M. / Mme, conjoint de l'apporteur, a renoncé expressément à la faculté d'être personnellement associé, pour la moitié des parts souscrites. L'original de cette lettre est demeuré annexé aux présents statuts.

Apports par une personne ayant contracté un PACS (le cas échéant) :

M. / Mme réalise le présent apport pour son compte personnel et est en conséquence seul propriétaire des parts sociales qui lui sont attribuées en rémunération de son apport.

Article 7 : Capital social et parts sociales

Le capital est fixé à la somme de : (indiquer le montant en euros.)

Le capital est divisé en (indiquer ici le nombre de parts sociales pour le montant du capital et, de manière facultative, le montant de ces parts) (parts égales d'un montant de chacune), intégralement libérées (ou : libérées chacune à concurrence du cinquième, du quart, de la moitié, etc.). La libération du surplus, à laquelle il s'oblige, interviendra en une ou plusieurs fois sur décision du gérant.

Article 8 : Gérance

La société est gérée par son associé unique, M. / Mme (nom de naissance et, le cas échéant, nom d'usage, prénom)

Article 9 : Décisions de l'associé

L'associé unique exerce les pouvoirs et prérogatives de l'assemblée générale dans la société pluripersonnelle. Ses décisions sont répertoriées sur un registre coté et paraphé. Il ne peut en aucun cas déléguer ses pouvoirs.

Article 10 : Exercice social

Chaque exercice social a une durée de douze mois qui commence le et finit le (par exception, le premier exercice sera clos le).

Article 11 : Comptes sociaux

L'inventaire et les comptes annuels sont établis par l'associé unique gérant. Leur dépôt au registre du commerce et des sociétés dans le délai de six mois à compter de la clôture de l'exercice vaut approbation des comptes.

Le rapport de gestion est établi chaque année par l'associé unique gérant et tenu à la disposition de toute personne qui en fait la demande.

Article 12 : Actes accomplis pour le compte de la société en formation

L'état des actes accomplis pour le compte de la société en formation a été annexé aux statuts. La signature de ceux-ci emportera reprise de ces engagements par la société, lorsque celle-ci aura été immatriculée au registre du commerce et des sociétés.

Article 13 : Frais et formalités de publicité

Les frais afférents à la constitution des présents statuts et de leurs suites seront pris en charge par la société.

Tous pouvoirs sont donnés au porteur d'une copie des présentes à l'effet d'accomplir toutes les formalités légales de publicité.

Fait à, le
En exemplaires.
Signature de l'associé

(Source : Annexe 2-1de la partie réglementaire du Code de commerce)

② Passer de la SARL à l'EURL

L'un des atouts de la SARL est de pouvoir devenir unipersonnelle. Lorsqu'elle n'a plus qu'un associé, la **SARL devient une EURL**. L'EURL n'est pas une autre forme de société mais une SARL unipersonnelle.

→ Dans quels cas une SARL devient-elle une EURL ?

Le passage de la SARL à l'EURL peut être décidé par les associés ou se réaliser indépendamment de leur volonté : seul point commun, il y aura **réunion de toutes les parts de la SARL entre les mains d'un seul associé**.

Ainsi, la SARL peut devenir une EURL à la suite du :

> **Départ volontaire** d'un ou de plusieurs associés qui cèdent leurs parts, soit à l'unique associé restant, soit à la SARL en vue de leur annulation (entraînant une réduction de capital social),

> **Refus d'agrément** : S'il ne demeure qu'un seul associé voulant poursuivre l'aventure de la SARL et que celui-ci refuse d'agréer le cessionnaire, il sera tenu dans les 3 mois à compter de ce refus, d'acquérir ou de faire acquérir les parts sociales du cédant (sur les conditions : *voir p. 168 s.*),

> **Décès d'un associé :** Ce décès ne met pas fin à la SARL (sauf clause statutaire contraire) mais peut entraîner la réunion de toutes les parts en une seule main par voie de succession (par exemple si la SARL est constituée entre deux époux ou parents ou encore si les associés décèdent et que leurs parts sociales sont attribuées par voie testamentaire à un **héritier unique** (ou à plusieurs héritiers qui décident de les attribuer à l'un d'eux à l'issu du partage de la succession)[1].

→ Quel coût fiscal entraîne le passage de la SARL à l'EURL ?

Le passage de la SARL à l'EURL ne constitue pas une transformation de société, par conséquent seuls les **droits d'enregistrement** relatifs à la cession des parts sociales doivent être acquittés.

Ces droits s'élèvent à 3 % du prix de vente des parts sociales augmenté des charges[2], le tout plafonné à 5 000 € après un abattement sur la valeur de chaque part égal au rapport entre la somme de 23 000 € et le nombre total de parts sociales de la société.

Le calcul est donc le suivant :

> Prix de cession augmenté des charges – [(23 000 € ÷ Nombre de parts cédées) ÷ Nombre total de parts sociales]
> =
> **Droit d'enregistrement**

---

[1] L'EURL peut encore naitre de la mise en œuvre d'une clause de poursuite avec les seuls associés. Selon l'article 223-13 al. 3 C. com. : « Les statuts peuvent stipuler qu'en cas de décès de l'un des associés la société continuera avec son héritier ou seulement avec les associés survivants. Lorsque la société continue avec les seuls associés survivants, ou lorsque l'agrément a été refusé à l'héritier, celui-ci a droit à la valeur des droits sociaux de son auteur. »
[2] Ou leur valeur réelle des parts si celle-ci est supérieure au prix de cession.

À savoir : Les intérêts de l'emprunt réalisé par une personne physique pour acheter les parts sociales entrainant le passage à l'EURL peuvent être déduits dès lors que l'emprunteur exerce son activité professionnelle dans le cadre de l'EURL et à condition que l'EURL n'opte pas pour l'IS. Les intérêts cessent d'être déductibles lorsque la société change de régime fiscal et qu'elle devient passible de l'IS (par exemple en redevenant SARL).

→ Quelles sont les conséquences sur le régime d'imposition de la société ?

Si la SARL était soumise à l'IR, le passage à l'EURL n'a pas de conséquences puisque l'EURL est par principe soumise à l'IR.

Si la SARL était soumise à l'IS (ce qui est le cas le plus fréquent), pour conserver ce régime d'imposition, l'EURL devra opter pour l'IS dans un délai de 3 mois à compter de la réunion des parts en une seule main. **Cette option à l'IS rend alors neutre fiscalement le passage à l'EURL.**

En revanche, si l'EURL n'opte pas dans les délais, elle sera soumise à l'IR ce qui entrainera en partie les conséquences fiscales d'une cessation d'entreprise.

> **Attention !**
> L'option pour l'IS est irrévocable. Si l'EURL redevient par la suite une SARL, puis à nouveau une EURL, l'option pour l'IS sera opposable à cette dernière[1].

→ Quelles mesures de publicité accomplir ?

Dans tous les cas cités, seules les formalités relatives à la cession de parts ou à la réduction de capital social doivent être respectées c'est-à-dire une modification des statuts de la société qui devient unipersonnelle. S'il y a également un changement de gérant, les mesures de publicité propres doivent être accomplies.

---

[1] Rép. Nicolin, JO 4 mai 2004, AN quest. p. 3297.

Chapitre 2

La gestion de l'EURL

Sommaire

① Désignation et statut du gérant de l'EURL

Lorsque la gérance n'est pas assurée par l'associé unique, l'importance de ses pouvoirs et son rôle clé nécessitent que le gérant désigné soit une **personne de confiance**.

1. Qui peut devenir gérant de l'EURL ?

Le gérant est obligatoirement une personne physique, il peut être l'associé unique ou un tiers. Par conséquent, lorsque l'associé unique est une personne morale, elle doit obligatoirement désigner une personne physique pour assurer la gérance. La personne choisie ne doit pas être frappée d'une interdiction de gérer ou d'administrer, d'incompatibilité.

À savoir : Un mineur non émancipé âgé de 16 ans révolus peut être désigné gérant[1]. Pour cela, il doit être autorisé, par ses deux parents qui exercent en commun l'autorité parentale ou par son administrateur légal sous contrôle judiciaire avec l'autorisation du juge des tutelles, à accomplir seul les actes d'administration nécessaires pour les besoins de la création et de la gestion d'une EURL. Il ne pourra en revanche pas effectuer seul les actes de disposition[2]. L'autorisation prend la forme d'un acte sous seing privé ou d'un acte notarié et comporte la liste des actes d'administration pouvant être accomplis par le mineur[3].

2. Comment est désigné le gérant ?

Lors de la constitution de l'EURL, le premier gérant est désigné par l'associé unique dans les statuts ou par un acte postérieur. Un gérant doit obligatoirement être nommé avant l'immatriculation de la société.
En cours d'activité, la nomination du gérant (ou la reconduction du gérant dans ses fonctions) est décidée par l'associé unique. La nomination doit être suivie des mesures de publicité obligatoires *(voir p.59s.)*.

3. La rémunération du gérant

Les fonctions de gérant peuvent être rémunérées ou exercées à titre gratuit.

→ Comment sa rémunération est-elle fixée ?

Lorsqu'il est rémunéré, sa rémunération est décidée par l'associé unique soit dans l'acte de nomination, soit dans les statuts ou par une décision ultérieure *(Pour le détail, reportez-vous p. 64 s.)*.

---

[1] Art. 389-8 et 408 al. 4 C. civ.

[2] Les actes de disposition ne peuvent être effectués que par ses deux parents ou, à défaut, par son administrateur légal sous contrôle judiciaire avec l'autorisation du juge des tutelles.

[3] Pour connaitre la liste des actes considérés comme des actes d'administration ou comme des actes de disposition reportez-vous au Décret du 28 décembre 2008 n° 2008-1484 (www.légifrance.gouv.fr)

→ Quel est l'intérêt de rémunérer le gérant lorsqu'il est l'associé unique ?

Prévoir le versement d'une rémunération offre au gérant un revenu régulier sans attendre la décision annuelle de distribution des dividendes (ou d'hypothétiques acomptes sur dividendes qui supposent l'intervention d'un commissaire aux comptes)[1].

> **Attention !**
> L'associé ne doit pas confondre le patrimoine de l'EURL avec votre patrimoine personnel ! Si le gérant exerce ses fonctions à titre gratuit, l'associé ne peut percevoir d'autre rémunération que les dividendes ; notamment, il ne peut pas puiser dans les caisses sociales sans commettre une infraction pénale (un délit d'abus de biens sociaux) et risquer en outre de perdre sa responsabilité limitée.

4. Quel statut fiscal et social pour le gérant de l'EURL ?

Le régime fiscal et social du gérant de l'EURL dépend de sa qualité d'associé unique ou non et du régime d'imposition de l'EURL.

En bref : Quel est le statut fiscal du gérant ?

Le gérant est l'associé unique	**> Si l'EURL est soumise à l'IR**, la rémunération du gérant associé ne peut pas être déduite, elle est incorporée aux bénéfices sociaux et soumise à l'impôt sur le revenu en fonction de la catégorie d'imposition (BIC ou BNC).
	> Si l'EURL est soumise à l'IS, la rémunération du gérant associé peut être déduite du résultat (sous réserve qu'elle ne soit pas excessive). Elle sera ensuite déclarée par le gérant associé au titre de ses revenus dans la catégorie des revenus des gérants (assimilés aux traitements et salaires).
Le gérant n'est pas l'associé unique	Que l'EURL soit soumise à l'IR ou à l'IS, la rémunération du gérant non associé et les cotisations sont déductibles du résultat imposable de la société (sous réserve qu'elle ne soit pas excessive).
	Elle sera ensuite déclarée par le gérant associé au titre de ses revenus personnels dans la catégorie des revenus des gérants (assimilés aux traitements et salaires).

En bref : Quel est le statut social du gérant ?

Le gérant est l'associé unique	Le gérant associé unique relève du régime social des indépendants (RSI) (comme l'associé unique non gérant qui exerce une activité non salariée au sein de l'EURL).
	Si l'EURL est soumise à l'IR, l'assiette des cotisations sociales est constituée par le revenu professionnel imposable.
	Si l'EURL est soumise à l'IS, l'assiette de la cotisation est constituée des rémunérations perçues à l'exclusion des dividendes (qui sont eux soumis aux contributions sociales).

---

[1] Le commissaire aux comptes devra certifier que l'EURL a réalisé des bénéfices depuis la clôture de l'exercice ou dispose d'un report bénéficiaire permettant la distribution d'acomptes avant l'approbation des comptes de l'exercice (Art. L. 232-12, al. 2 C. com.).

Le gérant n'est pas l'associé unique	→ **Principe :** Le gérant non associé est assujetti au régime général de la sécurité sociale. → **Exceptions :** S'il est cogérant avec l'associé unique ou si son conjoint est l'associé unique, le gérant non associé relève alors du régime social des indépendants (RSI).

Le régime fiscal et social du gérant est détaillé p. 301 et suivantes.

5. Quel statut pour le conjoint qui participe à l'EURL ?

Si l'associé unique ou le gérant se fait aider de manière régulière dans le cadre de l'activité de l'EURL par son conjoint (ou son partenaire de pacte civil de solidarité), ce dernier doit obligatoirement opter pour le statut de conjoint collaborateur ou de conjoint salarié[1].

Pour pouvoir opter pour le statut de conjoint collaborateur : le gérant doit être l'associé unique   et l'EURL ne doit pas employer plus de 20 salariés.

Le statut de conjoint salarié n'est en revanche soumis à aucune condition spécifique et s'imposera donc lorsque l'autre statut ne peut être choisi.

Pour le détail des deux statuts possibles : Voir p 306

---

[1] Art. R. 121-5 C. com.

② Pouvoirs, obligations et responsabilité du gérant de l'EURL

Le gérant est le **représentant légal** de l'EURL : il détient la signature sociale. Il doit assumer les missions de gestion imposées par la loi ou confiées par l'associé unique lorsque ce dernier n'assume pas la gérance.

Lorsqu'il passe des actes en qualité de gérant, il agit au nom et pour le compte de l'EURL : seule la société est engagée. Autrement dit, le gérant n'est pas tenu de répondre personnellement des engagements qu'il a souscrits pour l'EURL auprès des tiers[1].

> *Attention !*
> Que le gérant soit l'associé unique ou non, il ne doit jamais confondre le patrimoine de l'EURL avec son patrimoine personnel : il s'agirait d'un abus de biens sociaux qui pourrait en outre faire perdre sa responsabilité à l'associé pour avoir confondu son patrimoine personnel et celui de la société.

1. Quels sont les pouvoirs du gérant ?

Pour accomplir sa mission, le gérant l'EURL est investi des pouvoirs les plus étendus pour agir en toute circonstance au nom de la société dans la limite des pouvoirs attribués par la loi à l'associé unique *(voir p. 432)*.

Si le gérant n'est pas l'associé unique, il a les mêmes pouvoirs, envers l'associé unique et les tiers, que ceux du gérant de la SARL *(voir p. 74 s.)*.

Par conséquent, les pouvoirs du gérant sont en principe définis par les statuts[2] et il peut être judicieux dans ce cas, d'insérer une clause limitative de pouvoir qui permettra à l'associé unique d'exercer un contrôle efficace sur les actes les plus graves pour l'EURL *(sur l'utilité de ces clauses, voir p. 157)*.

2. Quelles sont les principales obligations du gérant ?

D'une manière générale, le gérant doit agir au mieux de l'intérêt de l'EURL. Il a un devoir de diligence, de vigilance et de loyauté et doit respecter les pouvoirs dévolus par la loi à l'associé unique *(voir p. 432)*. Ces obligations sont similaires à celles du gérant de SARL : reportez-vous au tableau de la page suivante.

---

[1] Cass. com. 3 avril 2007 n° 05-20.271.
[2] Art. L. 223-18 du Code de commerce

En bref : **Les principales obligations du gérant de l'EURL**

	Voir page
Représenter l'EURL	**78**
Respecter les lois, règlements et les statuts de l'EURL	**79**
Respecter l'intérêt social	**79**
Respecter les droits de l'associé unique	**432 s.**
Établir les comptes sociaux	**80 s.**
Publier les comptes sociaux	**83 s.**
Respecter les obligations fiscales et sociales	**84 s.**
Informer les tiers et procéder aux mesures de publicité	**86 s.**
Veiller à la désignation d'un CAC lorsqu'elle est obligatoire	**85 s.**
Procéder aux déclarations fiscales et sociales	**218 s.**
Mettre à jour les statuts	**87 s.**
Être loyal à l'égard de la société et de l'associé unique	**88**

3. La responsabilité du gérant de l'EURL

Le gérant de l'EURL est soumis au même régime de responsabilité que le gérant d'une SARL. Il est donc responsable civilement, pénalement et fiscalement *(Pour en savoir plus, voir p. 89 et suivantes)*.

4. La révocation du gérant non associé

Le gérant non associé est révoqué par une décision de l'associé unique qui doit être inscrite au registre des décisions et faire l'objet des mesures de publicité obligatoires. Le nouveau gérant désigné en remplacement devra accomplir les mesures de publicité nécessaires *(voir p. 209)*.

> **Attention !**
> Si ces formalités ne sont pas accomplies, la révocation est inopposable aux tiers (à moins que ceux-ci n'aient eu personnellement connaissance de la révocation, ce qui est difficile à prouver en pratique).

Comme au sein de la SARL pluripersonnelle, la révocation suppose en principe :
- l'existence d'un juste motif,
- le respect du contradictoire en laissant la possibilité au gérant de s'expliquer sur les faits reprochés,
- enfin, la révocation ne doit pas être brutale, injurieuse ou vexatoire.

À défaut, le gérant pourrait prétendre à des dommages-intérêts (même si la révocation est justifiée). Pour en savoir plus, voir p. 207 et suivantes

À savoir : Lorsque le gérant est l'associé unique et qu'il veut mettre fin à ses fonctions, il lui suffit de **démissionner** et de nommer un autre gérant (tiers) puis de procéder aux mesures de publicité habituelles *(voir p.59s.)*.

③ Pouvoirs, obligations et responsabilité de l'associé unique

1. Quels sont les pouvoirs de l'associé unique ?

L'associé unique exerce les pouvoirs attribués à l'assemblée des associés dans la SARL. Il est donc le seul à pouvoir prendre les décisions ordinaires et extraordinaires, comme, par exemple, l'approbation des comptes annuels, l'affectation du résultat, la nomination ou la révocation du gérant, l'augmentation ou la réduction du capital ou toute autre modification statutaire.

Les pouvoirs relevant de la compétence exclusive de l'associé unique

→ les modifications statutaires (par exemple, la modification du capital social...),

→ le changement de nationalité de la société,

→ l'approbation des comptes de l'exercice,

→ l'affectation du résultat,

→ la nomination et la révocation des gérants,

→ le transfert du siège social. Il convient de noter cependant que le gérant peut décider du transfert sur le territoire français si une clause des statuts l'y autorise (la ratification sur le registre des décisions par l'associé unique sera néanmoins indispensable).

Ces actes n'engagent donc pas la société lorsque le gérant les accomplit seul.

Attention !
Les délégations de pouvoirs pour l'adoption de ces décisions sont interdites. Les décisions prises en vertu de ces délégations pourraient être annulées à la demande de tout intéressé.

2. Comment l'associé unique prend ses décisions ?

Les décisions de l'associé unique doivent être consignées par lui dans un **registre des décisions** qui doit être tenu au siège social de l'EURL[1]. Ce registre doit être côté et paraphé, soit par un juge du tribunal de commerce, soit par un juge du tribunal d'instance, soit par le maire de la commune du siège social ou un adjoint du maire, dans la forme ordinaire et sans frais[2]. **Sachez que les décisions qui ne seraient pas répertoriées dans le registre peuvent être annulées à la demande de tout intéressé.**

Par ailleurs, les décisions de modification des statuts ou de révocation et de nomination d'un gérant doivent respecter les mesures de publicité.

À savoir : Les copies (ou extraits) du registre sont valablement certifiés conformes par le gérant.

[1] Art. L. 231-31 C. com.
[2] Art. R. 223-26 C. com.

3. L'approbation des comptes annuels

La procédure d'approbation des comptes de l'exercice est plus ou moins simplifiée :

→ **Lorsque l'associé unique est seul gérant l'EURL**, le dépôt au registre du commerce et des sociétés, dans les 6 mois de la clôture de l'exercice, de l'inventaire et des comptes annuels, dûment signés, vaut approbation des comptes sans qu'il soit nécessaire que l'associé unique ait porté au registre des décisions le récépissé délivré par le greffe du tribunal de commerce[1].

> **Attention !**
> En pratique, il conviendra néanmoins de prendre une décision d'approbation et d'affectation du résultat, qu'il consignera dans le registre des décisions. En effet, la distribution de dividendes nécessite une décision de l'associé unique portée au registre des décisions. Cette décision constatera l'existence de sommes distribuables et déterminera les dividendes attribués à l'associé unique. Les dividendes qui seraient distribués en violation de ces règles constitueraient des dividendes fictifs pénalement sanctionnés[2].
> De même, la dotation de la réserve légale jusqu'à un montant égal à 10 % du capital nécessite une décision d'affectation réalisée par décision de l'associé unique portée au registre des décisions.

→ **Lorsque le gérant n'est pas l'associé unique qu'il existe plusieurs gérants**, il sera nécessaire :

- d'établir le rapport de gestion sauf si l'EURL ne dépasse pas 2 des 3 seuils suivants : 4 millions € de total de bilan, 8 millions € de chiffre d'affaires HT, 50 salariés,

- et que l'associé unique approuve les comptes dans les 6 mois de la clôture de l'exercice.

Zoom

Quelles obligations s'imposent en cas de pertes importantes ?

Si à l'occasion de l'approbation des comptes, le montant des capitaux propres devient inférieur à la moitié du capital social l'associé unique doit obligatoirement :
- Se prononcer sur la dissolution ou la poursuite de l'EURL dans les 4 mois qui suivent l'approbation des comptes,
- Consigner la décision prise au registre,
- Publier cette décision au registre par une insertion dans un journal d'annonces légales et une inscription modificative au RCS.
Lorsque la dissolution est écartée, l'EURL est tenue au plus tard à la clôture du 2ème exercice qui suit celui au cours duquel les pertes ont été constatées, de réduire son capital d'un montant au moins égal à celui des pertes qui n'ont pu être imputées sur les réserves, si, dans ce délai, les capitaux propres n'ont pas été reconstitués à concurrence d'une valeur au moins égale à la moitié du capital social.

---

[1] Art. 223-31 al. 2 C. com.
[2] Art. L. 232-12 et L. 241-3 C. com.

4. Quelle est l'étendue de la responsabilité de l'associé unique ?

En principe, l'associé unique n'est tenu des pertes de l'EURL que dans la limite du montant de ses apports.

> **Attention !**
>
> Par exception, si l'associé commet une faute de gestion, il peut être condamné à prendre personnellement en charge tout ou partie des dettes ayant contribué à une insuffisance d'actif entraînant le redressement ou la liquidation de l'EURL.
>
> De même, en cas de non-respect grave et répétée des obligations fiscales de l'EURL rendant impossible le recouvrement des impositions et des pénalités dues (art. L. 267 LPF), le gérant (ou l'associé unique) peut être déclaré solidairement responsable des impôts et des pénalités.
>
> En cas de fraude fiscale (par exemple, dissimulation volontaire de sommes assujetties à l'impôt, organisation d'insolvabilité de l'EURL), les sanctions fiscales indiquées ci-dessus mais également de très lourdes sanctions pénales sont encourues (500 000 € d'amendes et 5 ans d'emprisonnement pour les peines encourues les plus faibles : art. 1741 CGI).

Enfin, la responsabilité limitée de l'associé unique sera affectée s'il consent à titre personnel des cautionnements et garanties au profit de l'EURL.

④ Contrôle de la gestion de l'EURL

1. Le droit à l'information de l'associé unique non gérant

Lorsqu'il n'est pas gérant, l'associé unique peut contrôler efficacement la gestion de l'EURL grâce au droit à l'information dont il dispose en vertu de la loi qui lui reconnait un droit à l'information similaire à ceux des associés d'une SARL pluripersonnelle :
- droit de consulter à tout moment les documents sociaux (notamment bilans, comptes de résultats, annexes et inventaires des 3 derniers exercices),
- droit de poser des questions écrites *(voir p. 193 s.)*,
- droit à l'expertise de gestion *(voir p. 203)*,
- droit d'alerte *(voir p. 206)*,
- demander une mesure d'instruction *(voir p. 204)*.

À savoir : Les statuts peuvent valablement aller au-delà en développant les droits de communication et d'information au profit des associés.

2. Le contrôle des conventions

→ Les conventions concernées

La procédure de contrôle concerne les conventions que l'EURL conclut avec son gérant ou son associé, mais aussi celles conclues avec leurs conjoints, ascendants, descendants ou avec toute personne interposée. Elle s'applique également aux conventions passées entre l'EURL et une autre société dont un associé indéfiniment responsable ou un dirigeant[1] **est simultanément** le gérant ou l'associé de l'EURL en question.

La loi distingue 3 catégories de conventions :

> Les conventions libres : Elles ne nécessitent aucune procédure particulière car portent sur des *opérations courantes* conclues à des *conditions normales*.

> Les conventions interdites : Il s'agit de l'emprunt, du découvert, du cautionnement, de l'aval qui serait consenti par l'EURL. Si ces conventions étaient conclues, elles seraient nulles de « nullité absolue » *(voir p. 77 s.)*. Par exception, ces conventions peuvent être valablement conclues au profit de l'associé unique s'il s'agit d'une personne morale.

> Les conventions réglementées : Il s'agit de toutes les conventions passées entre l'EURL et l'une des personnes précitées qui ne sont ni libres, ni interdites. Les conventions réglementées sont soumises à la procédure décrite ci-dessous.

---

[1] Le dirigeant en question peut être un gérant, un administrateur, un directeur général, un membre du directoire ou du conseil de surveillance de la société cocontractante.

→ Comment se déroule la procédure des conventions réglementées ?

Lorsque la convention n'est ni libre, ni interdite, elle doit être soumise à une procédure spécifique : la procédure des conventions réglementées. Deux cas doivent être distingués :

> 1er cas : Si l'EURL n'a pas de commissaire aux comptes et que la convention est conclue par un gérant qui n'est pas l'associé de l'EURL : la convention envisagée doit faire l'objet d'une autorisation préalable de l'associé consignée au registre des décisions.

> 2nd cas : Dans tous les autres cas, aucune autorisation préalable n'est requise, mais une procédure d'approbation a postériori est obligatoire. Le déroulement des opérations est alors le suivant :

1ère étape : Si l'EURL a un commissaire aux comptes, le gérant doit aviser celui-ci de la convention intervenue dans le délai d'1 mois à compter de sa conclusion.

2nde étape : L'associé approuve ou non la ou les conventions passées et consigne sa décision au registre des décisions.

Remarque : Si l'associé unique n'est pas le gérant il est recommandé de demander à ce dernier d'établir un rapport spécial sur les conventions réglementées au vu duquel l'associé approuvera ou non la convention.

→ Que se passe-t-il si la convention réglementée n'est pas approuvée par l'associé ?

Comme dans la SARL, les conventions réglementées conclues qui ne seraient pas approuvées ne sont pas nulles. Mais en cas de conséquences préjudiciables de la convention pour l'EURL, celles-ci pourront être mises à la charge du gérant.

→ Quel est le délai pour demander réparation du préjudice éventuel ?

L'action en responsabilité doit être intentée devant le tribunal de commerce dans un **délai de 3 ans** à compter de la conclusion de la convention ou, si elle a été dissimulée, à compter de sa révélation[1].

3. Le contrôle du commissaire aux comptes

L'EURL est tenue d'avoir un commissaire aux comptes (CAC) et un suppléant dans les mêmes conditions que la SARL *(voir p. 148)*. Dans tous les cas (sans conditions de seuils), l'associé unique peut demander la nomination d'un CAC s'il l'estime utile. Une fois désigné, le CAC a une mission identique à celui qu'il détient dans la SARL *(voir p. 149)*.

---

[1] Art. L. 223-23 C. com.

⑤ L'imposition de l'EURL

L'EURL dont l'associé unique est une personne physique est soumise à l'impôt sur le revenu (IR) sauf option pour l'impôt sur les sociétés (IS).

Les critères de choix sont présentés page 240 et les modalités d'imposition page 242 et suivantes (seule différence : le résultat fiscal est intégralement attribué à l'associé unique).

En revanche, si l'associé unique est une personne morale, elle est obligatoirement soumise à l'IS.

→ *Sur l'intérêt de l'adhésion à un organisme agréé, reportez-vous page 247 s.*

En bref : La fiscalité de l'EURL

L'EURL soumise à l'impôt sur le revenu	L'EURL soumise à l'impôt sur les sociétés	
L'EURL dont l'associé unique est une personne physique est soumise à l'IR sauf option pour l'impôt sur les sociétés.	**2 cas :**	
Lorsqu'elle est soumise à l'IR, les bénéfices réalisés sont imposés au nom de l'associé dans la catégorie correspondant à la nature de l'activité exercée par la société (BIC, BNC, BA).	**1-** Si l'associé personne physique a opté pour l'IS.	**2-** Si l'associé est une personne morale elle est obligatoirement soumise à l'IS.
Les bénéfices comprennent la rémunération de l'associé et les intérêts des capitaux propres et du compte courant. Si l'EURL est déficitaire et que son activité relève des BIC professionnels, les déficits sont imputables sur le revenu global. **Rappel :** Les intérêts de l'emprunt réalisé par une personne physique pour acheter les parts sociales de l'EURL peuvent être déduits intégralement dès lors que l'emprunteur exerce son activité professionnelle dans le cadre d'EURL soumise à l'IR.	Les **dividendes** distribués sont imposés dans la catégorie des revenus mobiliers.	Les **dividendes** distribués sont soumis soit : - à l'IS si l'associé unique est soumis à l'IS - à l'IR si la personne morale est à l'IR (dans les conditions présentées ci-contre).

Pour en savoir plus sur la fiscalité de l'EURL et les mesures d'optimisation, reportez-vous aux pages 242 et suivantes.

Chapitre 3

La dissolution de l'EURL

1. Quelles sont les causes de dissolution de l'EURL ?

Les causes de dissolution sont identiques à celles de la SARL (à l'exception de celles inapplicables comme la dissolution pour mésentente entre associés ou le dépassement de 100 associés !) (*reportez-vous p. 409*).

Sauf clause contraire des statuts, le décès de l'associé unique n'est pas une cause de dissolution de l'EURL dont les parts sociales seront transmises à un héritier (elle restera EURL) ou à plusieurs héritiers (elle deviendra SARL).

À savoir : La faillite personnelle, l'interdiction de gérer ou une mesure d'incapacité prononcée à l'encontre de l'associé unique ne sont pas des causes de dissolution de l'EURL. Seule conséquence, si l'associé unique était gérant, il doit nommer un nouveau gérant.

2. Quelles sont les effets de la dissolution de l'EURL ?

En cas de dissolution, les effets qui en découlent varient selon que l'associé unique est :

- une personne physique : il y a alors **liquidation** de l'EURL

- une personne morale : il n'y a pas de liquidation de l'EURL, mais **transmission universelle** du patrimoine à l'associé unique personne morale.

En bref : **Conséquences de la dissolution de l'EURL**

Si...	Que se passe-t-il après la dissolution de l'EURL ?
...l'associé unique est une personne physique	Il doit procéder à la liquidation de l'EURL. La liquidation met fin aux fonctions du gérant. Il est remplacé par un liquidateur : il peut s'agir de l'associé unique, de l'ancien gérant ou d'un tiers.
	Le liquidateur doit réaliser l'actif, payer les créanciers et attribuer le solde à l'associé unique. La personnalité morale de l'EURL subsiste pour les besoins de la liquidation jusqu'à la clôture de celle-ci.
	Pour le détail de la procédure de liquidation : voir p. 411 s.
...l'associé unique est une personne morale	La dissolution n'est pas suivie d'une liquidation de l'EURL.
	Il y a transmission universelle du patrimoine de l'EURL à l'associé unique personne morale, c'est-à-dire que l'ensemble de l'actif et du passif de l'EURL est transmis à son associé unique.
	Exemple :
	Une société anonyme est l'associé unique d'une EURL. Si la société anonyme décide une dissolution de l'EURL, son patrimoine (actif et passif) sera transmis à la société anonyme sans qu'aucune opération de liquidation ait lieu.
	À savoir : Lorsque la dissolution est volontaire, les créanciers peuvent faire opposition dans les 30 jours de la publication de celle-ci.

Dossier spécial

→ SELARL & SELARL U

Société d'exercice libéral à responsabilité limitée

Sommaire

① La SELARL pluripersonnelle

Une SELARL est une forme de société d'exercice libéral[1] renvoyant pour partie aux règles de fonctionnement de la SARL. Juridiquement, les SELARL ne sont rien d'autre que des SARL auxquelles la loi applique quelques règles particulières destinées à préserver les principes déontologiques propres aux professions réglementées (indépendance du professionnel, secret professionnel, interdiction d'exercer de manière répétée des actes de commerce etc.).

Comme les SARL, les sociétés d'exercice libéral à responsabilité limitée peuvent être :

- Pluripersonnelle, c'est-à-dire avoir plusieurs associés (la SELARL),

- Unipersonnelle, c'est-à-dire avoir un unique associé (la SELARL Unipersonnelle).

> **Ce dossier présente les règles spécifiquement applicables aux sociétés d'exercice libéral à responsabilité limitée (SELARL).**
>
> **En dehors des particularismes présentés ci-dessous, qui doivent obligatoirement être respectés, toutes les autres règles exposées dans le cadre du livre 1 consacré à la SARL s'appliquent aux SELARL : en les suivant vous pourrez ainsi réussir et optimiser la gestion de votre SELARL**
>
> → *Reportez-vous aux pages 9 à 415.*

Relevons que les particularismes applicables aux SELARL concernent essentiellement les modalités de création, la capacité du gérant, la détention du capital social, certaines décisions des associés ou encore les versements en comptes courants.

1. Généralités

→ En quoi consiste l'objet social d'une SELARL ?

L'objet social consiste en l'exercice d'une des professions réglementées ou en l'exercice commun de ces professions. Il est obligatoirement de nature civile, bien que la SELARL soit une société commerciale par la forme.

Pour en savoir plus, reportez-vous p. 12 et suivantes

→ Qu'est-ce qu'une profession libérale réglementée ?

Il s'agit de professions libérales soumises à un statut législatif ou réglementaire ou dont le titre est protégé. La loi du 22 mars 2012 a défini les professionnels libéraux comme « *les personnes exerçant à titre habituel, de manière indépendante et sous leur responsabilité, une activité de nature généralement civile ayant pour objet d'assurer, dans l'intérêt du client ou du public, des prestations*

---

[1] La loi n° 90-1258 du 31 décembre 1990 (entrée en vigueur le 1er janvier 1992) a généralisé la possibilité de recourir à une société commerciale par la forme en vue d'exercer une profession réglementée. Certaines professions libérales réglementées étaient déjà autorisées à exercer sous forme de sociétés commerciales (à l'époque : SARL, SA et SCA).

principalement intellectuelles, techniques ou de soins, mises en œuvre au moyen de qualifications professionnelles appropriées et dans le respect de principes éthiques ou d'une déontologie professionnelle, sans préjudice des dispositions législatives applicables aux autres formes de travail indépendant ».

📑 *Quelques exemples de professions réglementées :*

- *Professions organisées en ordres professionnels :* C'est le cas par exemple, des experts-comptables, architectes, avocats, médecins, géomètres-experts, pharmaciens, vétérinaires etc.

- *Professions sous statut particulier :* C'est le cas par exemple, des commissaires aux comptes, administrateurs judiciaires, mandataires liquidateurs, agents d'assurances, professions paramédicales, directeurs et directeurs adjoints de laboratoires d'analyses médicales etc.

- *Officiers publics ou officiers ministériels :* Ce sont, les avocats au Conseil d'État ou à la Cour de cassation, les avoués, les commissaires-priseurs, les greffiers des tribunaux de commerce, les huissiers de justice et les notaires.

2. Pour quelles raisons constituer une SELARL ?

> **Avantages :** La création d'une SELARL facilite l'exercice en commun d'une ou plusieurs professions libérales, favorise le regroupement de capitaux et la mobilité des professionnels concernés ou encore les transmission patrimoniales (entre vifs ou dans le cadre d'une succession).

La structure offre également un réel **intérêt fiscal** en permettant l'application de la fiscalité des sociétés commerciales *(voir p. 446)*.

Les professionnels libéraux associés qui seront désignés gérants pourront être rémunérés de deux manières :
- par une rémunération de gérant *(voir p. 64 s.)* imposée dans la catégorie des traitements et salaires et fiscalement déductible du résultat de la SELARL,
- et par des dividendes *(voir p. 161 s.)*.

Sur le plan social, les bases de cotisations pourront être limitées puisque, dans le cadre de la SELARL, elles seront assises sur les rémunérations réellement perçues, alors qu'en nom personnel elles sont assises sur le bénéfice mentionné sur la déclaration. Et d'une manière générale, votre expert-comptable aura davantage de latitudes pour réaliser une optimisation fiscale et sociale en fonction de votre situation particulière.

Enfin, la SELARL permet un bon encadrement juridique de l'activité des professionnels concernés puisqu'en dehors des règles spécifiques prévues par la loi, les SELARL sont soumises par renvoi aux règles de fonctionnement de la SARL.

> **Inconvénients :** Les inconvénients sont en réalité mineurs. La société alourdira quelque peu la gestion et de votre activité puisque hormis les particularismes présentées dans ce dossier, vous serez tenus aux obligations applicables aux SARL : par exemple, la désignation d'un gérant qui représentera la SELARL, la tenue d'une « comptabilité d'engagement » *(voir p. 269)* qui est un peu plus complexe que la « comptabilité de trésorerie », l'adoption des décisions collectives selon des règles strictes *(voir p. 99 s.)*, l'approbation des comptes annuels *(voir p. 115 s.)* etc.

Les coûts de gestion pourront également être plus élevés mais ils seront généralement largement compensés grâce aux économies sociales et fiscales. À cet égard, il faudra anticiper le passage du régime individuel en SELARL qui peut entraîner un coût fiscal (il y aura imposition immédiate des créances acquises sous déduction des dépenses engagées).

Enfin, lors de la création vous devrez veiller à **limiter tous les coûts inutiles.** Pour cela, **reportez-vous au chapitre « Réduire les coûts de création de la SARL »** page 31 et suivantes.

3. Existe-t-il des conditions préalables à la création d'une SELARL ?

Oui, les SEL ne peuvent exercer la ou les professions constituant leur objet social qu'après agrément par l'autorité compétente ou inscription sur la liste ou au tableau de l'ordre professionnel (exemple : inscription au tableau de l'ordre des experts-comptables, des avocats etc.). Cette condition d'agrément est le préalable à l'accomplissement des mesures de publicité habituelles et notamment à leur immatriculation au RCS.

→ *Pour en savoir plus, reportez-vous p. 41 et suivantes*

4. La détention du capital social

Comme pour la SARL classique, la loi ne fixe aucun montant de capital minimum *(voir p. 26 s.).*

En revanche, il existe des règles spécifiques de détention aux SEL. Relevons que La loi Macron du 10 août 2015 a quelque peu assoupli les règles de détention du capital social.

Sous réserve des règles particulières applicables aux professions de santé et aux professions juridiques et judiciaires, les règles applicables aux SEL sont les suivantes :

> La majorité du capital et des droits de vote doit être détenue par des personnes physiques ou morales (établies en France, dans un autre État membre de l'Union européenne ou de l'espace économique européen ou en Suisse) qui exercent la profession constituant l'objet social de la société mais non nécessairement dans cette société. Cette détention peut être prise directement ou par l'intermédiaire de sociétés de participations financières de professions libérales (SPFPL) ;

> Le complément de capital social peut être détenu :

- **en permanence** par une société constituée pour le rachat d'une entreprise par ses salariés (holding de rachat) à la condition que les membres de cette société exercent leur profession au sein de la SEL,

- **pendant 10 ans** par des personnes physiques qui, ayant cessé toute activité professionnelle, ont exercé, au sein de cette société, la ou les professions correspondant à l'objet de la SEL,

- **pendant 5 ans** par les ayants droit des personnes physiques mentionnées ci-dessus (cas du décès de ces dernières). Lorsqu'à l'expiration du délai de 5 ans, les ayants droit des associés ou anciens associés n'ont pas cédé les parts ou actions qu'ils détiennent, la société peut (malgré l'opposition de ces derniers) décider de réduire son capital du montant de la valeur nominale de leurs parts et de les racheter à un prix fixé dans les conditions prévues à l'article 1843-4 du code civil.

Les professions de santé et les professions juridiques et judiciaires sont quant à elles soumises aux règles de détention suivantes :

> Au sein des SEL exerçant une profession de santé, la majorité des droits de vote (mais non du capital social) doit être détenue par le ou les professionnels en exercice dans la SEL. La majorité du capital social peut quant à elle être détenue par des personnes n'exerçant pas au sein de la société. Par exemple, dans une SEL de médecins, la majorité des droits de vote doit être détenue par les médecins qui exercent au sein de la SEL, mais en revanche la majorité des parts sociales peut être détenue par un médecin n'exerçant pas sa profession au sein de cette SEL.

> Au sein des SEL exerçant une profession juridique ou judiciaire, la majorité du capital et des droits de vote peut être détenue par des personnes exerçant l'une quelconque des professions juridiques ou judiciaires. Cependant, au moins l'un des associés de la SEL devra exercer la profession constituant l'objet social de la société. Par exemple, la majorité des parts sociales et des droits de vote d'une SEL d'avocats pourra être détenue par un notaire ou par un huissier de justice (ou par un avocat n'exerçant pas dans la société) à condition qu'un avocat au moins soit associé de la SEL d'avocats.

> **Attention !**
> Sachez, qu'une fois par an, la société adresse à l'ordre professionnel dont elle relève un état de la composition de son capital social.
> Si l'une des conditions de détention n'est plus remplie, la société dispose d'un délai d'1 an pour se mettre en conformité. À défaut, tout intéressé peut demander en justice la dissolution de la société. Le tribunal peut accorder à la société un délai maximal de 6 mois pour régulariser la situation.
> La dissolution ne peut plus être prononcée si une régularisation a lieu.

5. À quelles règles est soumis le choix de la dénomination sociale ?

Le nom d'un ou plusieurs associés exerçant leur profession au sein de la société peut être inclus dans sa dénomination sociale.

La société peut faire suivre ou précéder sa dénomination sociale du nom et du sigle de l'association, du groupement ou réseau professionnel, national ou international, dont elle est membre.

Remarque : La dénomination doit être, immédiatement, précédée ou suivie de la mention « société d'exercice libéral à responsabilité limitée » ou des initiales « SELARL » (ou « SELARL Unipersonnelle »). Ces mentions sont immédiatement suivies du montant du capital social.

Pour en savoir plus, reportez-vous p. 16 et suivantes

6. Qui peut être nommé gérant de la SELARL ?

Seules les **personnes physiques associées professionnels en exercice au sein de la société** peuvent être désignées gérant. Par exemple, une SEL d'avocats doit être représentée par un avocat. La société ne peut en effet accomplir les actes relevant de la profession réglementée que par l'intermédiaire d'associés ayant qualité pour exercer cette profession.

Pour en savoir plus, reportez-vous p. 57 et suivantes

7. La responsabilité des associés de SELARL

La loi instaure un régime original de responsabilité qui distingue les dettes sociales et les dettes découlant des actes professionnels.

S'agissant des dettes sociales, c'est-à-dire celles générées par la société (qui ne découlent pas d'un acte professionnel) la responsabilité des associés est limitée à leurs apports comme pour une SARL classique.

En revanche, chaque associé répond de ses actes professionnels de manière indéfinie sur son patrimoine personnel et la SELARL est solidairement responsable avec lui.

Par conséquent, la société est à la fois responsable de ses propres dettes et solidairement des dettes découlant des actes professionnels des associés.

📄 *Exemple :*

Dans une SELARL de médecins, les dettes de loyers de la société n'engagent les associés que dans la limite de leurs apports (il s'agit d'une dette sociale et on le voit, le régime est identique à celui de la SARL).

En revanche, les dettes relatives à une faute professionnelle d'un médecin associé engagent le patrimoine personnel de celui-ci ainsi que la SELARL qui sera solidairement responsable des conséquences pécuniaires de cette faute. En pratique, les membres des professions libérales réglementées ont une obligation d'assurance qui couvre aussi la société (sauf naturellement lorsque la faute est volontaire).

8. La fiscalité de la SELARL

Le choix de l'exercice de votre profession sous forme de SELARL offre un réel **intérêt fiscal**, puisque celle-ci est soumise à l'impôt sur les sociétés qui se révélera globalement plus favorable que le régime des sociétés civiles ou des professionnels libéraux indépendants.

> Les principes présentés Partie 4 « Comprendre et Optimiser la fiscalité de la SARL » *(p. 219 à 317)* sont applicables à la SELARL. Prenez le temps d'en faire application, vous pourrez réaliser de substantielles économies.

9. Les versements en compte courant d'associé au sein des SELARL

Au sein des sociétés d'exercice libéral, les montants et les délais de remboursement des versements en compte courant d'associé sont soumis à des règles spécifiques.

→ Qu'est-ce qu'un versement en compte courant d'associé ?

Un versement en compte courant est un prêt consenti par un associé à la société (une avance de fonds). Ce versement est inscrit au passif du bilan dans les comptes de la société.

Les sommes versées peuvent résulter d'un virement de fonds nouveaux à proprement parler ou correspondre à des créances acquises sur la SELARL auxquelles l'associé renonce temporairement (versement de dividendes, remboursement de frais, rémunérations etc.).

→ Quelles sommes les associés peuvent-ils verser en comptes courants ?

Afin de ne pas rendre la SELARL dépendante d'un associé créancier, les montants des comptes courants d'associés sont plafonnés :

- **pour chaque associé professionnel en exercice au sein de la SELARL :** à deux fois le montant de ses apports au capital social ;

- **pour chaque associé n'exerçant pas la profession au sein de la SELARL :** au montant de ses apports au capital social.

→ Dans quels délais un associé peut-il obtenir le remboursement de sommes versées ?

Pour ne pas mettre en péril la SELARL, le remboursement des sommes versées en compte courant est soumise à un préavis :
- de 6 mois pour un associé exerçant la profession,
- d'1 an pour un associé n'exerçant pas la profession.

Exemple :

Dans une SELARL de médecins, au capital social de 100 000 € comprenant 3 associés :
- L'associé A, médecin, détient 60 % du capital (soit 60 000 €) ;
- L'associé B, médecin, détient 30 % du capital (soit 30 000 €) ;
- L'associé C, retraité, détient 10 % du capital (soit 10 000 €) ;
En l'espèce, le montant maximum des comptes courants d'associés sera de :
- pour A : 2 fois 100 000 € x 60 % = 120 000 € (remboursable avec un préavis minimum de 6 mois) ;
- pour B : 2 fois 100 000 € x 30 % = 60 000 € (remboursable avec un préavis minimum de 6 mois) ;
- pour C (non professionnel) : 100 000 € x 10 % = 10 000 € (remboursable avec un préavis minimum de 12 mois).

10. La procédure des conventions réglementées applicable aux SELARL

Lorsqu'une convention est conclue entre la SELARL et l'un de ses associés ou avec une société ayant un dirigeant en commun, la convention doit faire l'objet d'une procédure d'autorisation préalable et d'approbation. Compte tenu de la spécificité du caractère des SELARL, deux catégories de conventions doivent être distinguées :

Conventions relatives aux conditions d'exercice de la profession des associés	Seuls les professionnels exerçant au sein de la société peuvent prendre part à l'autorisation préalable et/ou aux délibérations des assemblées relatives à l'approbation desdites conventions (à l'exclusion de l'intéressé).
Conventions sans rapport avec les conditions dans lesquelles l'activité libérale est exercée	Soumises à la procédure classique applicable à la SARL. *Pour en savoir plus, reportez-vous p. 77 et suivantes*

11. La vente de parts sociales de SELARL

Les cessions de parts sociales à des tiers non associés nécessitent d'obtenir un agrément préalable à la double majorité représentant :

- la majorité des associés

- **et** au moins les 3/4 des porteurs de parts exerçant la profession concernée (et non des ¾ de l'ensemble des associés).

Les conditions requises sont par conséquent plus contraignantes que pour la SARL classique. En outre, les règles relatives à la détention du capital social devront également être respectées *(voir p. 444)*.

Pour les règles relatives à la cession de parts sociales, reportez-vous p. 168 et suivantes

12. Les associés de la SELARL peuvent-ils louer leurs parts sociales ?

Les associés de SELARL peuvent louer leurs parts sociales mais seulement au profit de professionnels salariés ou de collaborateurs libéraux exerçant au sein de la société.

Pour le reste, les conditions classiques de la location de parts sociales doivent être respectées.

Pour en savoir plus, reportez-vous p. 183 et suivantes

13. Existe-t-il d'autres règles spécifiques aux SELARL ?

Oui, afin de tenir compte de la spécificité des sociétés d'exercice libéral et notamment de la nature civile de leurs activités :

- seules les juridictions civiles sont compétentes lorsque qu'une SELARL est partie à l'instance,

- une SELARL ne peut bénéficier du statut des baux commerciaux,

- une SELARL ne peut pas être associée d'une SNC.

Relevons que les statuts peuvent prévoir de soumettre à l'arbitrage les litiges, relatifs à la société, qui surviendraient entre associés. Enfin, l'insertion d'une clause compromissoire dans les contrats relatifs à l'activité professionnelle des membres est valable sous réserve des dispositions législatives particulières existantes (art. 2061 C. civ.).

② La SELARL unipersonnelle (SELARL U)

La SELARL unipersonnelles est une société d'exercice libéral comportant un associé unique.

1. Intérêt de la SELARL U

Le choix de la SELARL unipersonnelle n'est pas dépourvu d'avantages. Cette forme permet notamment :
- d'opter pour l'impôt sur les sociétés, régime qui s'avère généralement plus favorable que l'imposition des professionnels libéraux indépendants *(voir p. 437 s.)*,
- de « transformer » son cabinet individuel en SELARL U en vue de préparer sa transmission ou d'ouvrir son capital à des conditions fiscalement intéressantes (si la SELARL U ouvre son capital social à un autre professionnel (par cessions de parts sociales ou augmentation de capital) elle devient alors une SELARL pluripersonnelle),
- au conjoint de l'associé unique de bénéficier du régime du conjoint collaborateur.

2. Limites de la SELARL U

Le gérant étant obligatoirement l'associé unique professionnel en exercice au sein de la société, la SELARL U ne présente pas les avantages traditionnels de l'EURL dans la mesure où l'associé unique de SEL répond des actes professionnels qu'il accomplit sur l'ensemble de son patrimoine et qu'il ne peut pas se décharger de la gérance sur un tiers.

Aussi, la responsabilité limitée de l'associé unique ne s'applique qu'aux dettes nées du fonctionnement de la SELARL U (par exemple, fonctionnement du cabinet : loyer, frais d'entretien du local professionnel, abonnements, électricité etc.).

3. Fonctionnement de la SELARL U

Son régime est à la fois soumis aux règles applicables aux sociétés d'exercice libéral et à l'EURL. Ainsi :
- les conditions requises pour sa création sont les mêmes que pour la SELARL pluripersonnelle,
- les décisions de l'associé unique sont adoptées selon les mêmes modalités qu'au sein de l'EURL.

Pour le fonctionnement de l'EURL, reportez-vous p 426 s.

4. La fiscalité de la SELARL U

La SELARL U est soumise par principe à l'IR mais peut opter pour l'IS. Les critères de choix sont présentés page 240 et les modalités d'imposition page 242 et suivantes (seule différence : le résultat fiscal est intégralement attribué à l'associé unique).

③ La SPFPL

Les professionnels libéraux exerçant une profession réglementée[1] peuvent créer une société **holding** sous forme de **société de participations financières de professions libérales** (SPFPL).

Une holding est une société dont l'objet est la prise de participations dans une ou plusieurs autres sociétés.

Généralités	Les SPFPL sont des sociétés holding de professions libérales. Elles peuvent avoir pour objectifs : - de réaliser des placements financiers, - de permettre à des professionnels de s'implanter sur l'ensemble du territoire en créant des filiales, - de regrouper des cabinets isolés, - de faciliter les cessions de transmissions de cabinets grâce à l'effet de levier financier et fiscal offert par la création d'une holding de rachat. Les SPFPL peuvent être majoritaires dans les SEL lorsque les titres sont détenus par des associés en exercice dans la SEL.
Objet social	Détention de parts ou d'actions de sociétés d'exercice libéral ayant pour objet l'exercice de la même profession (ainsi que la participation à tout groupement de droit étranger ayant pour activité la même profession). Elles peuvent avoir des activités accessoires à leur objet mais destinées exclusivement aux SEL dont elles détiennent des participations.
Forme	Constituées sous forme de SARL, SA, SAS ou SCA (elles doivent être inscrites sur la liste ou au tableau de l'ordre ou des ordres professionnels concernés).
Associés	**→ Principes :** Plus de la moitié du capital et des droits de vote doit être détenue par des personnes exerçant la même profession que celle exercée par les sociétés faisant l'objet de la détention des parts ou actions. **Le complément peut être détenu par :** - les personnes physiques qui, ayant cessé toute activité professionnelle, ont exercé cette ou ces professions au sein de la société, - les ayants droit des personnes physiques associés des SEL,

---

[1] Loi n° 2001-1168 du 11 décembre 2001 (à l'exception des greffiers des tribunaux de commerce).

Associés (suite)	- des personnes exerçant soit l'une quelconque des professions libérales de santé, soit l'une quelconque des professions libérales juridiques ou judiciaires, soit l'une quelconque des autres professions libérales soumise à un statut législatif ou réglementaire ou dont le titre est protégé selon que l'exercice de l'une de ces professions constitue l'objet social. **Rappel :** Une fois par an, la société de participations financières adresse à l'ordre professionnel dont elle relève un état de la composition de son capital social. **→ Exceptions propres à chaque profession :** Les décrets propres à chaque profession peuvent interdire la détention, directe ou indirecte, de parts ou d'actions représentant tout ou partie du capital social non détenu par des personnes visées au paragraphe précédent, à des catégories de personnes physiques ou morales déterminées, lorsqu'il apparaîtrait que cette détention serait de nature à mettre en péril l'exercice de la ou des professions concernées dans le respect de l'indépendance de ses membres et de leurs règles déontologiques propres.
Administration	Les dirigeants ainsi que les 2/3 tiers des membres de leur conseil d'administration ou de surveillance devront être choisis parmi les personnes exerçant la même profession que celle des sociétés faisant l'objet de la détention des parts en actions.
Titres sociaux	Parts ou actions (obligatoirement nominatives) selon la forme sociale adoptée
Régime fiscal	Régime de la forme choisie. Fiscalité des groupes de société possible *(voir p.349)*.

Remarques : Il existe des régimes particuliers applicables aux SPFPL « pluriprofessionnelles » juridiques ou judiciaires et aux SPFPL « interprofessionnelles » (y compris juridiques ou judiciaires) : pour en savoir plus, consultez : www.entrepreneur-competences.fr

Table des matières

Chapitre 4 : Fiscalité de la dissolution de la SARL 316

PARTIE 5 - RÉUSSIR LES TRANSFORMATIONS ET RESTRUCTURATIONS 318

Chapitre 1 : Transformation de la SARL 319

Chapitre 2 : Opérations de restructuration : Fusion, scission, apport partiel d'actif 331

Chapitre 3 : Prise de participation, filialisation, groupe de sociétés 341

www.ingramcontent.com/pod-product-compliance
Lightning Source LLC
Chambersburg PA
CBHW082123210326
41599CB00031B/5851